朝鮮独立運動と東アジア

1910―1925

小野容照 著

思文閣出版

目次

凡例

一、史料の引用にあたっては、韓国、台湾、中国の文献を含めて、原則として漢字を常用漢字に改めた。ただし、人名・固有名詞に関しては、原字を用いた箇所もある。

二、引用文中の（ ）は原注、［ ］は筆者注であり、引用者による省略は……で示した。外国語文献の引用も以上の方法で現代日本語訳したが、読みやすさを考慮して、原意をそこなわない限りにおいて意訳した箇所もある。

三、韓国の研究文献は、著者名を含めてすべてハングルで表記されている場合があるが、原則として著者名を含めて漢字表記に改めた。ただし、著者の漢字表記が不明な場合はそのままハングルで記した。

四、本書では、一九四五年八月以前の朝鮮半島の国家、地域、民族に関して、原則として朝鮮（人）という用語を使用している。ただし、一八九七年一〇月から一九一〇年八月のあいだ、朝鮮は大韓帝国という国号を用いていたため、この期間を扱う場合に限り、大韓帝国を省略した韓国、韓国社会などの用語を使用する場合がある。

序　章

獨立新聞

國民皆兵。國民皆納。國民皆業。

大韓民國二年新元의나의비름　安昌浩

六大事에關하야　安昌浩氏談

倭總督이驛屯土를竊賣함

新義州破獄事件詳報

將軍訪問記

大韓民国臨時政府の機関紙『独立新聞』（1920年１月13日付）

第一節　問題の所在

一九一〇年八月二二日の「日韓併合に関する条約」、そして同月二九日の「日韓併合に関する宣言」によって、朝鮮（当時の国号は大韓帝国）は国権を完全に喪失し、日本の統治下に置かれることを余儀なくされた。以降、日本の植民地支配からの解放を目指す朝鮮の活動家と民衆たちによる独立運動は、日本の朝鮮統治政策に大変革をもたらした一九一九年の三・一独立運動をはじめとして、日本の朝鮮統治の脅威であり続けた(1)。

一九四五年八月一五日、結果的に朝鮮は独立運動の成果ではなく、「日本の敗戦」を直接的な要因として独立した。しかし、「日本の敗戦」という外的要因によって朝鮮が独立したからといって、解放後の朝鮮半島において朝鮮独立運動の意義や価値がそこなわれたわけでは決してなかった。周知のように、解放後の朝鮮半島では北に朝鮮民主主義人民共和国（以下、北朝鮮）、南に大韓民国（以下、韓国）がそれぞれ一九四八年に建国されたが、とくに韓国では、植民地期の朝鮮独立運動の経験や歴史とそれについての記憶は、民族アイデンティティーを回復し、維持していくうえで必要不可欠なものとして重要な役割を果たしてきたのである。

例えば、三・一運動が勃発した三月一日は、韓国建国の翌年である一九四九年から「三・一節」という祝日になっている。伊藤博文を射殺した安重根は韓国では国民的英雄であり、一九七〇年に設立された安重根義士記念館では、今もなお彼の愛国精神が称えられている。安重根に限らず、韓国政府は現在も独立功労者の発掘、顕彰、遺族に対する保障を行っている。さらに教育においても独立運動は重要な位置を占めており、国史（韓国史）の国定教科書でも植民地期に関する叙述のほとんどが独立運動関係になっている(2)。

それゆえ、植民地期の朝鮮に関する歴史研究も独立運動に関するものが最も多くの蓄積を誇っている。近年減少傾向にあるとはいえ、依然として毎年発表される植民地期の朝鮮に関する著書と論文のうち約半数を独立運動に関するものが占めているのである[3]。

こうした事情により、朝鮮独立運動についての歴史研究は韓国を中心として膨大な数にのぼるのだが、その内容は極度に専門化・細分化されている。もっとも、研究蓄積の多い分野が専門化・細分化されていることはめずらしいことではない。ただし、朝鮮独立運動史研究の場合、運動自体が様々な勢力、方法によって広範な地域で展開されたことも、研究の専門化・細分化を招いた大きな要因だといえる。

まず運動の形態を大まかに分類すると、欧米各国に朝鮮の独立を陳情する外交活動、軍事行動によって独立を目指す武装闘争、武力ではなく何らかの理論や思想にもとづいて独立を目指す社会運動などが挙げられる。このなかで、朝鮮内で展開された独立運動の中心であった社会運動の場合、一九一九年の三・一独立運動後に左右に分裂し、一方に民族主義系列、そして他方に社会主義系列と二系列において展開され、さらに社会主義系列内でも幾多の勢力が生まれては消えていった。そして、これらの運動は朝鮮内のみならず、中国、ロシア、アメリカなどの亡命地域、さらには宗主国である日本でも展開された。これまでの朝鮮独立運動史研究では、形態別、地域別、勢力別にそれぞれ数多くの専論が発表されており、主要な独立運動家や団体の経歴、足取り、具体的な活動などについては詳細に解明されている。さらに、近年では朝鮮内の地方レベルでの独立運動の掘り起こしが進んでおり、独立運動の地域的特性も解明されつつある[4]。

本書もまた朝鮮独立運動史記述のひとつの試みである。具体的には、韓国併合後に日本の高等教育機関に通っていた朝鮮人学生が日本でいかなる独立運動を展開したのか、彼らが一九一九年の三・一運動を経て朝鮮内でいかにして社会主義運動を開始したのか、についての記述が中心となっている。独立運動史研究においては、運動の勢力としては社会主義勢力に、地域としては朝鮮内および日本に中心を置いた研究にカテゴライズされるものであり、扱う期間も韓国併合直後からの十数年間にすぎない。日本においては先行研究はほぼ皆無だが、韓国ではこの分野に関してもそれなりの研究蓄積があり、テーマとしては決して目新しいとはいえない。

このように、韓国では隅々まで詳細に解明しつくされた感のある朝鮮独立運動史研究の列のなかに、今また本書が新たに加わろうとしているわけであるが、本書に従来の研究にはないものがあるとすれば、それは、朝鮮独立運動が同時代の東アジアの社会・運動・思想状況とどう繋がっていたのか、それらから具体的にどのような影響を受けたり、与えたりしていたのか、という国際的な背景や要因に着目することで、朝鮮人による朝鮮固有の運動として捉えられがちな朝鮮独立運動を、東アジア全体の社会・運動・思想状況との相互関係のなかで展開した運動として捉えなおす試みであるという、研究上の視点の新しさに求められよう。

これまでの韓国における朝鮮独立運動史研究は、朝鮮独立のために闘った朝鮮人活動家と民衆たちの主体的努力を解明し、それを称え、記憶として保存することを目指して行われてきたといえる。今日に至るまで、数多くの独立運動家の存在が発掘されたこと、そして、彼らが独立功労者として韓国政府から顕彰されてきたことは、まさしくその最大の成果であろう。

しかしながら、これまでの独立運動史研究が朝鮮人活動家の主体性の解明に主眼を置いてきた反動として、朝鮮独立運動がいかなる国際的要因を背景として展開されたのか、同時代の他国の民族運動や思想とは具体的にどのような関係にあったのか、という問題についての検討が充分になされず、結果的に「朝鮮」一国に限定された枠組みによって分析されてきたことは指摘しなければならない。例えば、本書とも関連する日本地域での独立運動の研究の事例ひとつをとっても、主題とされているのは、日本で朝鮮人活動家が何を考え、どのような運動を展開していたのかという点にほぼ限定されており、稀に日本の知識人との関係を視野に入れて考察されることはあっても、同時代に日本に在留していた中国人や台湾人にまでその視野がおよぶことはほとんどなかった。

もちろん、国際的要因に着目した研究が全くないわけではない。とくに外交活動に関する分野では、長田彰文

『日本の朝鮮統治と国際関係』[5]によって、一九一九年のパリ講和会議などでの朝鮮人活動家による国際社会に対する働きかけと、それに対するアメリカの反応などが明らかになっている。また、独立運動家の呂運亨の活動に関する姜徳相『呂運亨評伝』[6]では、韓国併合後に呂運亨が亡命していた中国の活動家との交流や影響関係について分析されている。

以上は日本で発表された研究であるが、近年では、韓国でも三・一運動後の民族主義系列の知識人の思想的変遷や、社会主義者のマルクス主義受容を日本からの影響という要素に着目して分析した許洙や朴鐘隣の研究[7]が発表されるなど、「朝鮮」一国に限定された枠組みは改められつつある。しかし、こういった観点からの研究は、膨大な研究蓄積を誇る独立運動史研究にあってはごく一部にすぎない。また、許洙や朴鐘隣の研究は、朝鮮独立運動と日本思想界との影響関係に着目したという点は高く評価すべきであるが、影響関係の幅が日本に留まっている点、日本の史料の渉猟が充分になされていないという点で限界がある。それゆえ、研究蓄積の膨大さに比して、朝鮮独立運動と同時代の東アジアの運動や思想との影響関係については充分に明らかにされていないのが現状だといえる。

それでは、なぜ本書が朝鮮独立運動と東アジアの社会・運動・思想状況との相互関係に着目するのか。その最も大きな理由は、朝鮮の植民地化と独立運動が二〇世紀に生じた歴史事象であったこと、とくに朝鮮人が国際的コミュニケーションをとることが可能になっていたことを重視するからである。

今日の日本では、マスメディアやインターネットの発達によって、世界各国のありとあらゆる情報が国境を越えて瞬時に伝達されている。ハイテク旅客機を利用した人々の移動も盛んであり、日本で生活する外国人の数も増加している。こういった国際的コミュニケーションの発達により、経済や政治のみならず、社会や文化も日本一国の国内的要因では説明できなくなっている。このことは、国境を跨いで広がる様々な文化を生み出した反面、情報や人の移動が摩擦や誤解を生み、各国のナショナリズムを先鋭化させてもいる。

日本や朝鮮を含めて、地球規模で国際的コミュニケーションが進展したのは、決して最近のことではない。すでに一九世紀末には交通や通信網の飛躍的な発展を背景として、世界的規模で国境を越える人や情報の移動が盛んになっており、(8)二〇世紀に入るとアジアにおいても国際的コミュニケーションが急速に活発化していった。もちろん、朝鮮の場合、日本に比べて新聞雑誌などのメディアは未発達であったし、植民地化以降は日本による検閲や監視網などにより、国外からの情報の流入や朝鮮人の国境を越える移動は大幅に制限されていた。しかし、植民地期の朝鮮人独立運動家や知識人が国際的コミュニケーションから疎外されていたわけでは決してない。そもそも、日本の朝鮮・台湾支配を含めた帝国主義列強による世界分割自体が国際的コミュニケーションの産物であるため、これを過大評価するわけにはいかないのだが、朝鮮人独立運動家もまた国際的コミュニケーションを積極的に活用し、国際情勢に敏感に反応しながら、グローバルな視野を持って活動していたのではないかと考えられる。

このことは、第一次世界大戦後に開催されたパリ講和会議に朝鮮人が参加しようとしていたことや、三・一運動がW・ウィルソン（Thomas Woodrow Wilson）の民族自決主義に触発された運動という側面を持っていたことなどからも察せられるが、ここでは、もうひとつ事例を紹介しておきたい。三・一独立運動を受けて、日本から独立するという意思を朝鮮内外に示すために、一九一九年四月に上海で大韓民国臨時政府という亡命政府が樹立された。(9)その機関紙である『独立新聞』の一九二〇年一月一三日付の第三七号には、「까이다将軍訪問記」（ガイダ将軍訪問記）という記事が掲載されている（序章扉裏）。なお、ガイダ（Radola Gajda）とは、第一次世界大戦で活躍したチェコスロヴァキア軍団の少将だった人物である。

同記事には、一九一九年一二月中旬、ガイダがウラジオストクから母国（チェコスロヴァキアは一九一八年に独立）に帰還する途中でしばらく上海に滞在していることを知った『独立新聞』の記者が彼に面会を申し込んだこと、面会の際にガイダから三・一運動が「歴史上に類を見ない勇気と愛国心の発揮」であるとして称賛されたこと、「独立完成の日は決して遠くはない」と励まされたこと、「ヨーロッパに到着した暁には、筆舌を以て貴国の独立運動を宣伝」すると約束してもらったことが書かれている。さらに同記事によれば、ガイダは記者と面会した翌日以降にも大韓民国臨時政府の要人であった安昌浩や呂運亭と何度か面会しており、とくに呂運亭からはクリスマスプレゼントをもらうなど親密な関係を築いていたようである[10]。

チェコスロヴァキアに帰国して以降も朝鮮人独立運動家とガイダの交流が続いたのかどうかは定かではなく、両者の繋がりは微々たるものであったのかもしれない。しかし、この事例からは、朝鮮人独立運動家が複雑な中欧の民族運動の動きにある程度精通していたことや、他国の活動家と積極的に交流し、それを独立運動に利用しようとしていたことが窺い知れるだろう[11]。

朝鮮独立運動は、確かに日本の植民地支配からの解放を目的とする朝鮮民族のための運動であった。しかし、朝鮮独立運動が国際的コミュニケーションの発達した二〇世紀の歴史事象であったこと、そして実際に朝鮮独立運動が様々な地域で展開され、他国の運動や思想に接する機会が充分にあったことを勘案すれば、「朝鮮」一国に限定された狭い枠組みではなく、同時代の他国の運動や思想と相関関係を持ちながら展開された国際的な運動としてこれを捉えた方が、より実体に近づくことができると考えられる。

そうであれば、朝鮮独立運動と世界中の民族運動や思想との関係について検討されるべきであろう。にもかかわらず、あえて本書が東アジアとの相互関係に的を絞るのは、もちろん筆者の能力不足によるところも大きいのではあるが、地理的距離や文化が朝鮮と近かった東アジア各国の運動や思想と朝鮮独立運動との相互関係は、その他の地域に比べて最も密接であったと考えられるからである。

実際、朝鮮とともに東アジアを構成する日本、中国、台湾の戦前の社会運動・民族運動史や思想史研究の分野では、近年、東アジア社会運動・民族運動・思想史の一環としてそれぞれの国の運動や思想を捉える観点からの研究が進展している。日本・アジア・世界の三層を相互に交叉する複合的な関係性の諸相を構成するものとして捉えて、東アジア諸国が西洋近代の文物を摂取する際に日本がその結節点として機能していくプロセスを論じることで、戦前日本がアジアの近代のなかで占めた空間的・時間的位相を解明した山室信一『思想課題としてのアジア』[12]は、その代表的研究といえよう。

また、西洋起源のマルクス主義の世界・アジア各国への伝播と、世界革命を目指すコミンテルンの創設を背景として展開された日本や中国の共産主義運動について研究したものとして、山内昭人『初期コミンテルンと在外日本人社会主義者』[13]および石川禎浩『中国共産党成立史』[14]が挙げられる。両者は、日本と中国へのマルクス主義およびボリシェヴィズムの伝播、コミンテルンの国境を越えたネットワークと、それを介して日本、中国の共産党が成立する過程の解明を通して、日本や中国の共産党史を国際的文脈に位置づけている。

そして最後に、戦前台湾の民族運動史の分野でも、東アジア交流史の観点からの研究が出はじめている。とりわけ、戦前の在日台湾人留学生に関する紀旭峰の研究[15]によって、東京での東アジア諸国の知識人との交流を通して、台湾人留学生が近代的知識を吸収していく過程が明らかにされつつある。また、紀旭峰の研究では、東京在住台湾人の民族運動の展開に朝鮮人の民族運動が影響をおよぼしていたこと、在京台湾人の言論活動に朝鮮人が協力していたことなどが指摘されているが、これはこれまでの朝鮮独立運動史研究で看過されてきた事実である。

これら一連の研究により、日本、中国、台湾、そして朝鮮の個々の運動や思想の単なる集合体ではない、互いに交叉し、影響を与えあうことで相関的に展開する東アジアの社会運動・思想の姿が明らかになってきている。

また、これら日本、中国、台湾史側の研究では、朝鮮の独立運動や思想状況について少なくない分量の紙幅が割かれてきた。この事実は、朝鮮の独立運動や思想が日本、中国、台湾のそれと密接な関わりを持っていたこと（それゆえ日本、中国、台湾の事象と切り離して論じることができないこと）、そして、東アジアの社会運動・民族運動や思想を構成する重要なピースのひとつであったことを示していると思われる。したがって、これら日本、中国、台湾史側の研究成果を踏まえて、東アジア社会運動・民族運動・思想史との関連性において朝鮮の独立運動や思想を捉えることは、朝鮮史研究のみならず、東アジア近代史研究の進展という観点からみても重要な課題だといえる。

そこで、本書では、朝鮮独立運動がいかなる国際的要因によって展開していたのか、同時代の日本、中国、台湾の社会運動や民族運動との間にどのような相互作用があったのか、その事実関係をまず明らかにするとともに、さらにその検討作業を通して、朝鮮独立運動を東アジア全体の社会・運動・思想状況との相互関係のなかで展開した運動として捉えなおしたい。それはまた同時に、同時代の日本、中国、台湾史にも新たな知見を加えることを意味し、両者あいまって、東アジアの社会運動・民族運動・思想史研究に新たな貢献をすることを目指すことでもある。

第二節　分析方法

以上のような問題意識に立って朝鮮独立運動史を研究するならば、どのような分析視角と分析対象を採るべきか、それについて述べる。

本書の課題は、「朝鮮独立運動がいかなる国際的要因によって展開していたのか」、「同時代の日本、中国、台湾の社会運動や民族運動との間にはどのような相互作用があったのか」という問題を検討し、その相互関係を具体的に示す事実を明らかにし、その積み重ねをもって「朝鮮独立運動を東アジア全体の社会・運動・思想状況との相互関係のなかで展開した運動として捉えなおすこと」にある。そのために、以下の二つの点を重視して分析を進めていきたい。

ひとつは、朝鮮人活動家の主体的な努力や力量ではどうすることもできない領域、すなわち朝鮮独立運動が展開していくための外的条件である。朝鮮人活動家は独立運動を進めるために、常に様々な理論や思想を求め、それを朝鮮の民衆に広めようとしていた。しかし、朝鮮人活動家が頻繁に使用していた「民族」という語が、西洋起源の nation という概念を日本人が「漢字語」に訳出したものであったことからも分かるように[16]、朝鮮独立運動が展開していくための理論や思想（さらにその理論や思想を構成する概念や語句）は、その大半が朝鮮の外から流入してきたものであった。つまり、朝鮮人活動家の思想的営為は、他国からの思想や理論の朝鮮への流入如何という外的条件に常に規定されていたといえる。

また、日本をはじめとする朝鮮外での活動に目を転じれば、集会を開くにせよ、出版活動をするにせよ、現地人との接触を介さずに成し遂げることは不可能であった。例えば、本書でも大幅に紙幅を割いている日本での出版活動の場合、戦前にはほとんど朝鮮人経営の出版業者が存在しなかったため、日本人業者との取引が必須であり、彼らの協力如何という外的条件に規定されていた。したがって、こういった朝鮮人活動家に課せられた様々な外的条件をまず明らかにし、そのうえで、彼らが取った対策や行動を検討することにより、朝鮮独立運動がいかなる国際的要因によって展開していたのかが浮き彫りになるのではないかと考える。

いまひとつは、朝鮮人活動家と東アジアの知識人、活動家との人的なネットワークの復元である。朝鮮人活動家が執筆した著書や雑誌記事、回想録などの史料で、日本、台湾、中国の運動や思想との関連性について触れたものは、残念ながら少ない。しかし、史料に現れていないからといって、朝鮮人活動家が日本、台湾、中国の社会運動・民族運動や思想の状況に対して無知であったとは考えがたい。とくに、日本や中国で活動していた朝鮮人の場合、現地人と接触する機会も多かったため、彼らとの接触を通して、日本、台湾、中国の運動や思想の状況に関する情報を入手していた可能性は高い。

そこで、まずは朝鮮人活動家が同時代の東アジアのいかなる人物・団体と接点があったのかを具体的に明らかにすることに重点を置きたい。そのうえで、朝鮮人活動家と接点を持っていた東アジアの人物・団体の運動や思想の傾向を調査し、さらには朝鮮独立運動と同時代の東アジアの運動や思想との相互影響へと考察を広げることとしたい。本書では、数多くの日本人、中国人、台湾人が登場したり、これらの国の事象に関しても少なくない紙幅が割かれたりすることになるが、それは上記のような分析視角によるものであることを了承されたい。

次に具体的な分析対象の設定に移る。前述のように、日本による朝鮮の植民地支配は一九一〇年八月二九日から一九四五年八月一五日までの約三五年間にもおよび、その間、様々な地域で、様々な方法によって独立運動が展開された。そのなかで、本書では、運動の形態としては主に社会運動を扱うこととする。先述したように、朝鮮独立運動は社会運動のみならず、外交活動や武装闘争などの形態も活発であった。そのなかで、あえて社会運動に着目するのは、次の二つの理由による。

ひとつは、広範な地域で展開された朝鮮独立運動のなかで、社会運動が朝鮮内で展開された独立運動の主流だったからである。朝鮮内で独立運動が最も活発に展開されたのは、一九一九年の三・一運動とそこからの約一〇年間であったが、その間、社会運動は三・一運動によって民族意識が芽生えた民衆を動員しながら展開された。したがって、社会運動は朝鮮独立運動のなかで最も規模の大きかった運動であり、三・一運動に劣らぬ重要性を持っているといえる。

いまひとつは、朝鮮の社会運動が実際は同時代の東アジアと密接な関係を持ちながら展開されていたにもかかわらず、既存の研究ではその事実が充分に認識されず、「朝鮮」一国に限定された枠組みで分析されてきたことである。アメリカやイギリスを主な交渉相手としていた外交活動や、中国やロシアなどで活発に展開された武装闘争の場合、必然的に国際的な要素にもある程度は着目せざるを得ない。一方、朝鮮内の運動の主流であった社会運動の場合、朝鮮総督府などの支配当局との関係を除けば、あえて国際的な要素に着目せずとも分析することが可能であるため、「一国史」的な枠組みに陥りやすい傾向がある。

しかし、朝鮮半島のなかでのみ展開された運動であっても、それが他国の運動や思想と無関係だったとは限らない。朝鮮内の社会運動を主導していた知識人や活動家は、たびたび日本や中国に渡り、同地で日本や中国の知識人と接触したり、海外の情報を仕入れたりしていた。また、こうした朝鮮人活動家の国際的な移動に加えて、マスメディアも重要な役割を果たしていた。詳しくは第四章で述べるが、新聞や雑誌を通して朝鮮内に流入した海外の思想や情報は、時として朝鮮内の社会運動の展開に絶大な影響を与えることもあったのである。さらに、前述したように、近年、東アジアという枠組みによる社会運動・思想史研究が進展していることを鑑みれば、社会運動の形態による朝鮮独立運動を東アジアの運動との関連性に着目しながら分析することは非常に重要な作業となろう。

もっとも、民族主義系列と社会主義系列をはじめ、社会運動は多種多様な勢力によって展開されており、そのすべてを扱うことはできない。そこで、本書では社会運動の担い手のなかで〈在日朝鮮人留学生〉[17]と〈社会主義勢力〉を具体的な分析対象として設定する。

在日朝鮮人留学生を扱う理由は、大きくいって二つある。ひとつは、在日朝鮮人留学生が三・一運動以前の独立運動の主力だったからである。韓国併合によって朝鮮を植民地化した日本は、そこから三・一運動が勃発するまでの約一〇年間、「武断政治」と呼ばれる統治を行った。これは、朝鮮人から言論、結社、集会の自由を剥奪して彼らの政治的な活動を禁止し、さらに憲兵が警察業務を兼ねる憲兵警察制度によって徹底した軍事支配を行うものであった。そのため、武断政治下の朝鮮内で独立運動が封殺されていたのはもちろん、言論活動や文化的活動などの朝鮮人の民族運動全般が大幅に制限されていた。そして、朝鮮内がこうした状況に置かれていたため、この時期の独立運動は海外で活動する朝鮮人が率いていたのだが、在日朝鮮人留学生もその主要勢力のひとつであった。とくに三・一運動の約一カ月前の二月八日に朝鮮人留学生が東京で発表した二・八独立宣言は、今日、三・一運動の導火線のひとつとして高く評価されている。もちろん、三・一運動以前の朝鮮独立運動は、民族自決主義を提唱したウィルソンが大統領に就いていたアメリカや、朝鮮半島から陸伝いで移動できる極東ロシアなどに亡命していた活動家も重要な役割を果たしており、また在日朝鮮人留学生の動向とも関連してくるため、これらの亡命地域で展開された独立運動に関しても本書では適宜触れることとしたい。

そしていまひとつは、朝鮮独立運動の展開過程において、東アジア諸国のなかでも、とくに日本が空間的な意味で重要な役割を果たしていたからである。三・一運動を目の当たりにした朝鮮総督府は、それまでの武断政治から文化政治へと統治政策を転換させ、民族運動を一定程度許容する方針を取った。その結果、朝鮮内で社会運動の形態による独立運動を展開する余地が生まれたのだが、これを主導した活動家や知識人の大半は三・一運動以前に日本留学を経験していた。朝鮮内で高等教育機関がほとんど整備されていなかったため（朝鮮内で京城帝国大学が設立されたのは一九二六年のことであり、同大学が植民地期に設立された唯一の大学であった）、彼らにとって日本とは、打倒すべき大日本帝国の中心であると同時に、朝鮮では接することの難しい近代的学問、知識、技術に触れ、摂取することのできる場でもあった。したがって、三・一運動後の朝鮮内の独立運動を分析する場合、その主導者たちの日本留学時代の動向を追い、彼らの日本経験を解明することが必要不可欠となる。

また、東アジア知識人との交流という面からみても、日本は空間的に重要な役割を果たしていたといえる。当然のことながら、在日朝鮮人留学生は、学校に通うにせよ、運動をするにせよ、日々の活動のあらゆる面で日本人と密接な関係を持たざるを得ない存在であった。したがって、日本人との接触や交流の変遷を追うことは、朝鮮人留学生の思想的傾向や日本認識を知る重要な手がかりとなるだろう。逆に、この作業は戦前の日本人が朝鮮や帝国主義とどう向き合ったのかという問題を考察するうえでも示唆を与えてくれると思われる。

そして、さらに重要なのは、彼らが密接な関係を持っていたのは日本人のみにとどまらないということである。明治以降、東アジア諸国が西洋近代文物を摂取する際に日本がその結節点として機能していくにつれて、日本には東アジア各国から数多くの留学生が訪れるようになっていた(18)。つまり、在日朝鮮人留学生にとって日本は、朝鮮内にいては到底出会う機会のなかったであろう中国や台湾の人々と出会い、そして交流を深めることができる場でもあったのである。本書では、日本で朝鮮人留学生が同時期に日本を訪れていた中国人や台湾人とどのように交流を深めていったのか、それによって、朝鮮、中国、台湾の民族運動間でいかなる相互作用が生まれたのかを、各国の史料を活用しながらできる限り明らかにしていくつもりである。

次に社会主義勢力を扱う理由に移る。先に述べたように、三・一運動は統治者側の日本が政策を転換する契機となったが、運動側においても大きな転換点となった。三・一運動をもってしても独立を成し遂げられなかったという事実が、朝鮮の活動家や知識人に新たな理論武装の必要性を痛感させ、その結果、朝鮮独立運動が民族主義系列と社会主義系列に分化したのである。その双方の運動において日本留学経験者が主たる担い手として活躍するのだが、本書では、社会主義系列の独立運動の担い手（以下、社会主義勢力）の形成過程を分析対象とする。民族主義系列ではなく、社会主義勢力を分析対象とする理由は次の二つである。

ひとつは、朝鮮内で展開された独立運動のなかで、朝鮮の独立という課題に正面から向き合ったのが社会主義勢力だったからである。詳しくは第四章で述べるが、民族主義系列の運動は、将来の独立に備えて、朝鮮の産業、教育、思想などを発展させ、実力を養うことを第一の目的に据えた運動であった。一方、社会主義運動の場合は、民族と階級の解放を目的とした運動であった。それゆえ、一九二五年に結成された朝鮮共産党が一九二八年の解散まで四度にわたって弾圧されたことが示すように、支配当局は朝鮮内の運動では社会主義運動を最も警戒していた。

いまひとつは、朝鮮の社会主義勢力が、数多くの国際的要因を背景として形成されたからである。周知のように、一九一七年のロシア革命以降、東アジア規模で社会主義運動が本格化したが、その主な要因のひとつは世界革命を目指すコミンテルンが東アジアの民族運動に共産主義組織の設立を働きかけたからであった。また、世界革命を目指すなかで、創立初期のコミンテルンは東アジア書記局や東洋総局といった東アジアの共産主義ネットワークの構想を立てるなど[19]、東アジア各国の社会主義者が相互に緊密な関係を構築することを求めていた。それゆえ、朝鮮社会主義運動、とくに共産主義運動は日本、中国、台湾の運動と密接な関係を持ちながら展開された。

同様のことは、運動の理論的指針となるマルクス主義の受容に関しても該当する。立ち入った検討は次節で加えるが、これまでの研究では、朝鮮人活動家のマルクス主義受容は「独立のための努力」の一環という理由のみでしか説明されてこず、朝鮮人活動家がどのようにしてマルクス主義に接し、どのようにしてそれを受容したのか、その詳しい経緯が問題にされることはなかった。では、そもそも西洋起源であるマルクス主義は、どこから、どのようにして朝鮮に流入したのか。結論からいえば、その大半は日本経由であった。同時代の中国におけるマルクス主義受容も大半が日本経由であったことを想起すれば[20]、朝鮮におけるマルクス主義受容の問題も、日本を知の結節点とする東アジアにおける思想流通構造を踏まえたうえで検討すべきであろう。

このように、思想、運動の両面において、朝鮮社会主義勢力は、朝鮮独立運動史を東アジアの社会・運動・思想状況との相互関係のなかで展開した運動として描きなおすための格好の素材だといえよう。本書では、一九一〇年代に日本に留学していた朝鮮人が、三・一運動後にいかにして社会主義勢力を形成していったのかを、その国際的要因と東アジア各国の運動との関連性に着目しながら論じていく。

以上のように、本書は韓国併合直後の在日朝鮮人留学生の運動からはじめ、朝鮮における社会主義勢力の形成をもって、記述を終えることとなる。その意味で、本書は「植民地朝鮮における社会主義勢力の形成史」としての側面も持っている。しかも日本では、朝鮮社会主義運動史に関するまとまった研究がソ連崩壊以降は発表されていないという事情に鑑み[21]、本書が「植民地朝鮮における社会主義勢力の形成」の通史としても活用できるよう、記述にあたっては、全体性と統一性を持たせることに心がけた。

第三節　研究史

以上が本書の基本的な視点であるが、史料の扱い方や本書の構成とも関わってくるため、本論に入る前に、朝鮮社会主義運動史と在日朝鮮人留学生史の研究史に本研究を位置づけておきたい。まずは前者から論を進める。

日本の敗戦によってはじめて朝鮮の解放が実現したことが示すように、朝鮮独立運動の歩みは苦難の連続であったが、植民地期朝鮮の社会主義運動に関する研究もまた苦難の道のりを強いられた。確かに、独立運動の経験や歴史は韓国の民族アイデンティティーの回復と維持にとり必要不可欠なものであった。しかしその一方で、解放後の冷戦・分断体制のもとで反共政策をとった韓国において、朝鮮社会主義運動を独立運動の一部を構成するものとして認めることは、容易ではなかった。

朝鮮社会主義運動に関する研究は一九六〇年代後半からはじまり、体系的にまとまった著作がいくつか発表されたものの[22]、基本的には反共イデオロギーにもとづくものであり、アメリカの影響を受けてなされたものが大半であった。そのため、社会主義運動における朝鮮人活動家の主体性は軽視され、コミンテルンの影響が過度に強調された。また、その運動自体も、無原則的な派閥闘争に終始していたことや、社会主義者のマルクス・レーニン主義理解の未熟さなどが強調され、朝鮮独立運動に対する貢献はほとんど評価されなかった。

加えて、史料的にも多くの限界をともなっていた。コミンテルンの内部史料が公開されていなかったことに加え、朝鮮社会主義勢力の各種団体が発行した機関紙誌なども充分に発掘されていなかった。そのため、官憲側史料に大幅に依拠せざるを得なかった。

一九八〇年代中盤以降、韓国社会が徐々に民主化していくにつれて、韓国の学界も反共イデオロギーから解放され、社会主義運動に関する研究が本格化しはじめた。そして、社会主義運動を独立運動の一部として正当に評価することが目指され、一九二五年に設立された朝鮮共産党の活動や一九二八年に弾圧によって解散して以降の党再建運動に関する分野で研究成果が発表された(23)。一方、三・一運動後に社会主義勢力が形成される過程や朝鮮共産党以前の初期の社会主義運動に関しては、ほとんど注目されなかった。そうしたなか、いち早く、独立運動のなかから社会主義勢力が形成される過程に着目したものであるという点で、柳時賢の社会主義思想の受容に関する研究(24)は注目される。

朝鮮内の朝鮮語メディアでマルクス主義の紹介が本格的にはじまるのは一九二〇年代に入ってからであるが、柳時賢はその紹介記事の執筆者の来歴と思想を詳細に検討することによって、朝鮮内でマルクス主義を紹介した人物の大半が、三・一運動以前に日本に留学していたこと、三・一運動に参加していたことを明らかにしたうえで、彼らが独立運動に有効な理論を模索する過程でマルクス主義に着目し、受容するに至ったと指摘した。柳時賢の研究は、彼らマルクス主義の紹介者がどこからマルクス主義を受容したのかという外的要因には全く考察がおよんでいないものの、社会主義運動の理論的指針であるマルクス主義が朝鮮独立のための努力の一環として受容されたことを立証することにより、従来独立運動とは対立するものとして描かれてきた社会主義運動を独立運動として承認させることに大きく貢献したのであった。筆者は、これまで社会主義運動が独立運動の一部であることを当然の前提として論じてきたが、それが可能となった背景には、柳時賢ら韓国民主化以降の社会主義研究者の努力と研究蓄積があったのである。

一九九〇年代後半に入ると、社会主義運動に関する研究は新たな局面をむかえた。ソ連崩壊によって公開されはじめたコミンテルン文書を利用した研究が登場したからである。この時期になると、朝鮮人発行の新聞や雑誌、各種団体の機関紙誌の発掘もある程度まで進んでいたが、依然として運動側史料は少なく、その限界を克服するものとしてコミンテルン文書が積極的に活用されることとなった。その結果、中国、ロシアで結成された上海派とイルクーツク派の高麗共産党や、朝鮮内を代表する初期の社会主義グループである国内（朝鮮内）上海派、北風派、ソウル派など朝鮮社会主義運動の起源に関する分野で、数多くの研究が発表された。

まず、その代表的研究として林京錫『韓国社会主義의 起源』[25]（韓国社会主義の起源）を挙げたい。同書は、コミンテルン文書にもとづいた、朝鮮内の社会主義運動に先行して展開された高麗共産党をはじめとする在外朝鮮人社会主義運動に関する包括的研究であり、これにより中国とロシアにおける朝鮮人社会主義者の活動がほぼ明らかになった。しかし、ロシアや中国での中国人、日本人社会主義者との関係、コミンテルンがおよぼした影響などにはあまり関心が払われていない。

この点を克服する研究が劉孝鐘「コミンテルン極東書記局の成立過程[26]」である。朝鮮社会主義運動史ではなくインタナショナル（国際社会主義運動）史の観点から書かれた同論文は、創立初期のコミンテルンの対東アジア工作の拠点であったコミンテルン極東書記局の成立過程を実証的に跡づけるとともに、コミンテルンとロシア共産党の上層部の対立が中国、ロシアの朝鮮人社会主義者におよぼした影響を解明している。本研究におけるロシアや中国の朝鮮人社会主義運動に関する記述は、林京錫と劉孝鐘の研究に負うところが大きい。

次に、本研究と対象が重なる朝鮮内の社会主義勢力に関する研究としては、上海派高麗共産党の国内（朝鮮

内）支部として誕生した国内上海派、朝鮮内の民衆運動を最も重視して活動を行ったことで知られるソウル派の形成過程とそれらの活動を論じた李賢周『韓国社会主義勢力의 形成』[27]（韓国社会主義勢力の形成）、同じくソウル派を中心に据えて一九二〇年代の朝鮮内の社会主義運動を論じた全明赫『一九二〇年代 韓国社会主義運動研究』[28]、ソウル派と日本で形成された一派である北風派を含む朝鮮内の社会主義思想団体の組織と活動を論じた朴哲河「一九二〇年代 社会主義思想団体研究」[29]が代表的である。

李賢周、全明赫、朴哲河の研究は、次の三点において共通している。ひとつは、各派社会主義勢力の活動を、民族統一戦線論を中心として論じていることであり、いまひとつは、いずれの研究もソウル派を扱っていることである。そして最後に、コミンテルン文書を積極的に活用して、それまで未解明であった各派社会主義勢力の形成過程を論じていることである。これらの共通点は、現在の韓国における朝鮮社会主義運動研究のありようを、良くも悪くも示している。本研究とも大きく関わってくるので、詳しくみていこう。

李賢周、全明赫、朴哲河のいずれの研究も、朝鮮内における社会主義勢力の形成時期を一九二〇年から一九二二年あるいは一九二三年としており、社会主義勢力形成後の様々な活動のなかで、民族統一戦線、すなわち独立運動における民族主義系列と社会主義系列間の提携の問題を中心に論じている。その研究成果として、一九二二年のコミンテルン第四回大会で「反帝国主義統一戦線」のスローガンが採択されて以降、朝鮮内社会主義運動の主要課題として民族統一戦線の結成が浮上したこと、社会主義勢力内に民族主義者との提携を積極的に模索する動きがあったこと、この問題が朝鮮社会主義運動のみならず朝鮮独立運動全体の課題でもあったこと、以上の三点が明らかになった。

反共イデオロギー時代の研究で、朝鮮社会主義運動が民族主義系列と対立してきた側面が強調されてきた経緯を踏まえるならば、これらの研究がとりわけ後者の二点を解明したことは、社会主義運動が朝鮮独立運動全体における重要な一部を構成していたことを立証するものであったといえる。同様に、李賢周、全明赫、朴哲河の研究のいずれもが、共通して各派社会主義勢力のなかで民衆運動を重視したソウル派にかなりの紙幅を割いているのも、社会主義運動が朝鮮独立運動の一部、それも重要な一部にほかならなかったことを示さんとする問題意識からきているといえよう。

ソウル派は、一九二五年にコミンテルンの支部として朝鮮共産党が設立されて以降(30)、国際社会主義路線よりも民族解放の課題を重視したため、朝鮮の民衆運動に最も注力していたにもかかわらず、コミンテルンから排除された一派であった。それゆえ、コミンテルンの影響を強調する反共イデオロギー時代の研究では、ソウル派は非主流の烙印を押され、あまり重視されなかった。したがって、ソウル派を再評価することは、朝鮮社会主義運動が独立運動の重要な一部であったこと、そして、朝鮮社会主義者がコミンテルンに従属していたわけではなく自主的主体的に活動していたことを証明するうえで、必要不可欠な作業であったといえる。

とはいえ、これらの研究が朝鮮独立運動全体における社会主義運動の重要性を示すことに関心を集中させた結果、朝鮮社会主義運動が東アジアの社会主義運動と密接な関係にあったという点を逆にみえにくくしてしまったことは指摘しておかなければならない。とくに、ソウル派の形成過程や活動が解明されていく反面、日本社会主義運動と密接な繋がりがあった北風派に関する分析が手薄であることは、このことを顕著に示している。一九二四年に朝鮮内で結成された北風派は、国内上海派、ソウル派などとともに初期の朝鮮社会主義運動を代表する勢力であり、三・一運動後に日本で形成された在日朝鮮人の社会主義グループを母体としている。それゆえ、日本の社会主義運動や思想動向と朝鮮社会主義運動との関連性を明らかにするうえで重要な一派なのであるが、全明赫と朴哲河がコミンテルン文書にもとづいてその概略を述べているにすぎない。

加えて、そのコミンテルン文書の活用方法にも問題がある。発掘が進んだとはいえ、形成期の朝鮮社会主義運動に関しては運動側の史料があまり残されておらず、官憲側史料に頼らざるを得なかった。そのなかにあって、李賢周、全明赫、朴哲河の研究は、新史料であるコミンテルン文書に依拠して、国内上海派、ソウル派、北風派の形成過程を論じたという点で大きな意義がある。しかし、コミンテルン文書の内容の信憑性を検討する作業が不充分であるため、史料解釈においていくつかの問題を抱えていることもまた事実である。

　コミンテルン史料を所蔵しているモスクワのロシア国立社会――政治史アルヒーフ（以下、РГАСПИ《ルガスピ》）のフォント四九五、オーピシ一三五の朝鮮共産党ファイルには、朝鮮人活動家がコミンテルンに送った書簡や報告書が数多く残されている。しかし、朝鮮内の社会主義グループとコミンテルンとの間に連絡関係ができるのは一九二〇年代中盤に入ってからのことであり、三・一運動直後の社会主義勢力の形成期に朝鮮人活動家がコミンテルンに送った書簡や報告書はあまり残されていない。そのため、コミンテルン文書からは、形成期に関しては、一九二〇年代中盤に朝鮮人活動家が自分の所属するグループの沿革についてまとめた報告書を通してしか情報を得ることができない。また、本書の第六章で述べるが、いくつかの社会主義グループが並存する状況にあっては、当然ながら、自分の所属するグループの正統性や活動実績を誇張すると同時に、コミンテルンに知られたくない事柄を隠蔽する傾向が生じる。

　このように、コミンテルン文書の活用には充分な注意を要する。にもかかわらず、全明赫と朴哲河の研究[31]は、充分な史料批判を加えないまま、コミンテルン文書に大幅に依拠して各派社会主義勢力の形成過程を論じている。コミンテルン文書にいち早くアクセスして新たな史実を明らかにした点は高く評価すべきであるが、活用するコミンテルン文書が作成されたときの時代状況を踏まえ、その他の様々な史料と突き合わせて、内容の信憑性を検証しながら記述していく必要があるだろう。

　以上、朝鮮社会主義運動に関する研究史をみてきた。近年のものも含めて、これまでの研究は、大まかにいえば次の二点において限界がある。ひとつは、朝鮮独立運動全体における社会主義運動の重要性、朝鮮人活動家の自主的主体的な活動の様相を明らかにすることを重視するあまり、社会主義勢力の形成過程における国際的契機や東アジア社会主義運動との関連性に考察がおよんでいないこと、いまひとつは、史料批判を欠いたままコミンテルン史料に大幅に依拠していることである。

筆者のみたところ、近年の朝鮮社会主義運動に関する研究の特徴や限界は、一九六〇年代の反共イデオロギーにもとづく研究と表裏一体の関係にある。先述したように、反共イデオロギー時代の研究は、①朝鮮人活動家の主体性を軽視する一方で、コミンテルンの影響を過度に強調していること、②朝鮮独立運動に対する貢献がほとんど評価されていないこと、③官憲側史料に大幅に依拠していること、を特徴としていた。それに対して一九八〇年代以降の研究は、ソウル派や民族統一戦線の問題に関心を集中させることで、朝鮮独立運動全体における社会主義運動の重要性や、朝鮮人活動家の自主的主体的な活動の様相を明らかにしようとしたが、これは①と②を裏返したものにすぎない。また、朝鮮人活動家が自派勢力の形成過程について記したコミンテルン宛の報告書に依拠して社会主義運動史を描いてきたことは、③とパラレルな関係にあるともいえよう。

要するに、近年のものを含めて、韓国民主化以降の研究は、反共イデオロギーにもとづく研究の克服を最優先課題に設定し、それとは正反対の事実の解明を目指してきたのである。結果、朝鮮社会主義運動が独立運動の重要な一部であることを立証した反面、朝鮮社会主義運動史を朝鮮外的要因――いかなる国際的要因を背景として運動が展開されたのか、同時代の東アジア社会主義運動との関係はどうであったか――に対する分析を欠いた一国史な狭い枠組みに押し込めてしまうことになった。加えて、反共イデオロギー時代の研究が官憲側史料に無批判に依拠していたのと同じように、コミンテルン文書に着目して、その信憑性について充分に検討を加えぬまま積極活用したことにより、分析の精度も落としてしまったのである。

前節で述べたように、本書は韓国併合直後の在日朝鮮人留学生の独立運動から分析をはじめるので、朝鮮独立運動のなかから、その新展開として社会主義勢力が形成される過程を明らかにすることになる。その意味では、本研究は朝鮮社会主義運動が独立運動の重要な一部であることを示さんとしてきた韓国民主化以降の朝鮮社会主義運動に関する諸研究を継承し、その論点を補強するものであるといえる。しかし、本研究の主眼は、あくまでも東アジアの社会・運動・思想状況との相互関係のなかで展開する運動として朝鮮独立運動史を捉えなおすことに置かれており、朝鮮の社会主義運動を扱うのはそのためである。したがって、本研究は韓国民主化以降の朝鮮社会主義運動に関する諸研究を継承すると同時に、それを東アジア社会運動・民族運動・思想史の一環として位置づけていく研究であるといえる。

なお、北朝鮮における朝鮮独立運動史研究については、周知のように日本と北朝鮮は国交がないことに加えて、近年は経済産業省による北朝鮮輸出入禁止措置もあって、研究文献が入手しづらい状況にある。それでも一部の研究書は国会図書館などで閲覧することができるのだが、雑誌掲載論文まで追うことは相当に難しい。それゆえ、北朝鮮の研究動向は詳しくは分からない。また、北朝鮮で発表された研究は（あくまでも筆者が目を通したものに限るが）、記述の史料的根拠や出典、参考文献などがあまり明記されておらず、実証面においても相当疑問が残る。そこで、北朝鮮の研究に関しては、朝鮮独立運動史がどのように描かれているのかを簡単に紹介する程度にとどめることとする。

まず、容易に入手することができ、かつ代表的な文献として、一九六四年に日本で翻訳、出版された朝鮮民主主義人民共和国科学院歴史研究所編『朝鮮近代革命運動史』[32]がある。同書の特徴は、「マルクス・レーニン主義を創造的に適用」して「朝鮮民主主義人民共和国の思想的実践的基礎をきずきあげた」金日成体制の淵源となる歴史事象に最高の評価を与える一方、そこから逸脱した歴史事象に関しては厳しい評価を与えていることである。

このことを顕著に示すのが三・一人民蜂起（三・一運動）[33]に関する叙述である。同書では、三・一運動によって民衆の民族的意識が高まったことを評価しつつも、労働者階級が未発達であったことや、革命的指導者の不在により、失敗に終わったものと位置づけている。

それでは、マルクス主義を受容して労働運動を率いていたソウル派や上海派などの一九二〇年代の社会主義運動はどうかというと、その評価もまた厳しいものである。一九二〇年代の社会主義団体がマルクス・レーニン主義を普及させたり、労働運動や農民運動を進展させたりした点については評価しているものの、社会主義勢力間の派閥闘争を朝鮮革命運動に甚大な影響をおよぼした害毒であるとして厳しく糾弾している。そして、一九三〇年代に入り、革命運動陣営の統一の実現のために尽力し、その卓越した理論と指導力をもって朝鮮革命運動を発展させた人物こそが金日成であるという描き方がなされている。

こうした金日成体制の淵源となる歴史事象のみを正統とみなす朝鮮革命（独立）運動史の描き方は、近年においても基本的には変わっていない。一九九四年に初版本が刊行され、二〇一〇年に改訂版が刊行されたという点で、ウォン・ジョンギュ『朝鮮人民의 反侵略闘争史（近代編）』[34]（朝鮮人民の反侵略闘争史）は、近年の北朝鮮の研究動向がある程度反映されているとみてよいだろう。同書は、一八六〇年代から一九二〇年代中盤にかけての、日本やアメリカなどの資本主義列強による侵略に対する朝鮮人民の闘争を論じたものであるが、『朝鮮近代革命運動史』が刊行された一九六四年以降に日本で出版された資料集などが積極的に活用されている。また、本書の第三章で扱う朝鮮人留学生の秘密結社をはじめとして、ごく簡単にではあるが、一九一〇年代に組織された独立運動団体が幅広く紹介されており、ある程度研究が進展していることが窺える。ただし、それらの独立運動団体に対する評価は決して高いものではなく、指導者が民族ブルジョアジーであったため階級的限界性を抱えており、反日闘争運動としては未熟であったと位置づけている。同様に、三・一運動に関しても、民衆たちの愛国精神や

闘志を評価しつつも、卓越した首領と革命的党の不在により失敗に終わったという従来通りの位置づけがなされている。

そして一九二〇年代の社会主義運動だが、金日成の父親である金亨稷が、武装闘争の展開や民衆に対するマルクス・レーニン主義の普及にいかに貢献したかが延々と述べられている。そして、一九二六年の金亨稷の死後、主体思想にもとづいて革命運動を発展させた金日成の偉業を褒め称える形で同書は締めくくられている。その一方で、『朝鮮近代革命運動史』ではそれなりの紙幅が割かれていたソウル派や上海派、朝鮮共産党といった一九二〇年代の社会主義団体はほとんど登場しない。かつては一九二〇年代の社会主義団体がマルクス・レーニン主義を普及させたことに対して一定程度評価していたが、それも金亨稷の功績にすり替えられてしまっている。北朝鮮での金日成一族の偶像化が進むとともに、金日成体制の淵源となる歴史事象のみを正統とみなす傾向がますます強まり、金亨稷が新たな正統として浮上したものとみられる。

なお、現在における一九二〇年代の社会主義団体の評価であるが、国家の研究機関である社会科学院金日成同志革命歴史研究所が編集した『歴史辞典』[35]を通して、ある程度把握することができる。同書には、「高麗共産党」「北風派」「上海派」「ソウル派」などの項目があるが、どの勢力も共通して、「我が国の革命運動と労働運動に莫大な害毒をおよぼした宗派集団」とされており、マルクス・レーニン主義を普及させたり、労働運動を率いたりしていたことには一切触れられていない。したがって、金亨稷という新たな正統の浮上とともに、一九二〇年代の社会主義の諸勢力は、朝鮮革命運動史から完全に排除されたといえる。

以上、北朝鮮の研究について簡単に紹介してきたが、これらは実証性と客観性に乏しいといわざるを得えないため、本書ではこれ以上触れないこととしたい。

最後に、在日朝鮮人留学生をめぐる諸研究のなかにも本研究を位置づけておきたい。在日朝鮮人留学生（あるいは元留学生）は、植民地期において、独立運動のみならず、朝鮮の経済、政治、文化など、あらゆる面で活躍した。また、日本の教育史や社会運動史とも関わってくることから、韓国と日本において、運動史、思想史、文学史、教育史などの分野で多種多様な研究が発表されている。

そのなかで、植民地期の朝鮮人留学生の独立運動に関する研究の基礎を築いたのが、在日朝鮮人運動史家の朴慶植と金基旺の一連の研究である[36]。両者の研究は、在日朝鮮人留学生が発行していた機関紙誌や官憲側史料を利用して、在日朝鮮人留学生の独立運動を跡づけた労作であり、在日朝鮮人社会主義運動に関しても分析している。しかし、「在日朝鮮人の運動」であることを強調するあまり、朝鮮内の独立運動との関連性に関しては充分に検討されていない。それゆえ、朝鮮独立運動全体のなかで、在日朝鮮人留学生の運動が果たした役割や特徴がみえてこない。

一方、独立運動研究の分野では、韓国を中心として、一九一〇年代の朝鮮人留学生の思想に関する研究に関心が集中している。朝鮮人留学生の実力養成論を論じた朴賛勝『韓国近代政治思想史研究』[37]、自由主義的傾向を論じた金明久の「一九一〇年代　渡日留学生의　社会思想」（一九一〇年代渡日留学生の社会思想）[38]、一九二〇年代に社会主義者として活動する人物の日本留学時代の思想的傾向を論じた崔善雄や朴鐘隣の研究[39]など、優れた研究が数多く発表されている。

しかし、これらの研究が一九一〇年代の朝鮮人留学生に着目したのは、①右派の民族主義系列、左派の社会主義系列を問わず、三・一運動以降の朝鮮内の独立運動を主導した人物の大半が一九一〇年代に日本に留学していたこと、すなわち、三・一運動後の独立運動の展開の淵源を探る目的、②一九一〇年代の朝鮮内が武断政治下に置かれ、言論の自由もほとんど認められていなかったため、朝鮮人留学生が日本で発行した雑誌『学之光』程度しか当時の朝鮮人の思想傾向を読み取れる文献が残っていないという史料的制約、によるものであった。そのため、同時代の日本の思想界との関連性や中国、台湾人との関係には関心を払わず、一九一〇年代の朝鮮人留学生の思想的傾向を解明することに終始してしまっている(40)。

こうした狭い枠組みを克服するうえで重要なのが、文学史、教育史、日本社会運動史といった隣接分野からの朝鮮人留学生研究である。まず、文学史の分野では、波田野節子および同氏を研究代表とする日本学術振興会科学研究費補助研究「植民地期朝鮮文学者の日本体験に関する総合的研究(41)」が、日本の教育機関の学籍簿をはじめとして、日本と朝鮮の様々な史料を駆使しながら、朝鮮文学者の日本留学経験を検証している。これらの研究は、朝鮮人独立運動家の日本留学経験を考察するうえでも示唆に富むものである。

次に、日本社会運動史の分野では、朝鮮人留学生が日本の社会運動に参加していたことから、一九一〇年代の大正デモクラシー期の日本知識人、一九二〇年代の日本人社会主義者と朝鮮人留学生との関係について研究されてきた。とりわけ、一九一〇年代の日本知識人と朝鮮人留学生との関係に関しては、松尾尊兊の一連の研究(42)によって、石橋湛山の朝鮮認識、吉野作造や雑誌『第三帝国』の茅原華山、石田友治と朝鮮人留学生との関係が明らかにされるなど、大正デモクラットと朝鮮人留学生との関係性の深さが指摘されている。もっとも、一九一〇年代の日本知識人と朝鮮人留学生との関係に関しては、松尾尊兊の研究を除いてほとんどほかの研究成果は発表されていない。しかし、実際には、在日朝鮮人留学生の運動に、大正デモクラットと同程度、あるいはそれ以上に密接に関わった日本人集団が存在していた。それがいかなる集団であったかは、本書の第二章で論じる。

一方、戦前日本の社会主義運動は、東アジアの諸民族との連帯を掲げていたため、暁民会やコスモ倶楽部(43)といった社会主義思想団体には、朝鮮、中国、台湾の学生や知識人が参加していた。そのため、これまでの研究では、日本の史料やコミンテルン史料にもとづいて、朝鮮人留学生らとの連帯を模索する日本人社会主義者の論理や限界をめぐって研究されてきた。しかし、これらの研究は、日本の社会主義団体に参加していた朝鮮人を一枚岩の勢力として捉えるなど、当時の朝鮮独立運動の状況を充分に踏まえたものとはいいがたい。朝鮮側史料の渉猟にもとづき、日本社会主義運動に接近していく朝鮮人留学生や活動家の動向についても、より精密に分析する必要があるだろう。

最後に教育史の分野では、各種統計史料などを用いて、戦前日本の教育機関に在籍していた朝鮮人留学生の推移などに関する基礎的研究が発表されはじめている。注目すべきは、戦前の青山学院に留学していた朝鮮人と台湾人の推移を分析した佐藤由美の研究[44]や、東北帝国大学に留学していた外国人学生の在籍状況を分析した永田英明の研究[45]が示すように、朝鮮だけでなく、台湾や中国を含めたアジア全体の留学生を扱っていることである。特定の教育機関に分析対象が限定されてはいるが、これらの研究は戦前朝鮮人留学生を東アジアという観点から捉えなおすうえで重要である。なお、佐藤由美は青山学院における朝鮮と台湾の留学生の関係についても検討しており、「同じ日本統治下にありながら、台湾留学生と朝鮮留学生の日常レベルでの交流や連帯が殆ど見られない」と述べている[46]。それでは、学外、すなわち社会主義運動や民族運動の現場ではどうだったのであろうか。

前節で述べたように、本研究が朝鮮人留学生を主たる分析対象とするのは、①在日朝鮮人留学生が一九一〇年代の朝鮮独立運動の主力であったこと、②彼らの日本留学経験に着目する必要があること、③彼らが東アジアの知識人と密接な関係を持っていたこと、の三点による。①は既存の独立運動史研究が、②と③は文学史、教育史、日本社会運動史などの隣接分野が着目してきた観点とほぼ一致しているといえるだろう。したがって、本研究は、在日朝鮮人留学生に関する多種多様な研究を、朝鮮独立運動史研究の立場から統合していく作業として位置づけることができる。同じ日本統治下にあった朝鮮人留学生と台湾人留学生の民族運動・社会主義運動レベルにおける交流と連携の実体というこれまで未解明であった課題についても、本研究により明らかになるだろう。

第四節　史料について

史料批判の欠如という韓国の先行研究の問題点と、「朝鮮独立運動を東アジアの社会・運動・思想状況との相互関係のなかで展開した運動として捉えなおす」という問題意識を踏まえて、本書では、朝鮮のみならず、同時代の日本、中国、台湾、ロシアの史料も活用する。そして、それらを相互対照して史料批判を徹底させた後、分析を加えるという、文献史学的アプローチをとる。

使用する史料であるが、基本史料となるのは、本書が対象とする韓国併合直後から三・一運動後にかけて朝鮮人活動家が発行した著書、雑誌をはじめとする出版物である。これら出版物に掲載された朝鮮人の論考からは当時の朝鮮人活動家の思想傾向が読み取れるほか、そこに定期的に掲載された「消息欄」からも、当時の独立運動の具体的な情報を得ることができる。

しかし、本書では、朝鮮人出版物の内容以上に、それらがいかなる過程を経て出版されるに至ったのかという出版プロセスの解明に重点を置きたい。出版物を発行するということは、決して簡単なことではない。ひとつの書物が無事出版に漕ぎ着けるためには、発行資金を集め、印刷機器を確保し、記事を書くための参考文献を収集し、さらにそれを理解し消化する必要があり、ようやく入稿できたとしても、その後には検閲が待っているのである。現在、史料として残されている朝鮮人出版物は、これらの行程を乗り越えた結果だといえる。したがって、単に朝鮮人出版物の内容のみを分析することは、物事を結果だけで判断してしまうのと同じことであり、出版プロセスを含めて複合的に朝鮮人出版物を分析したうえで、活用していく必要があるだろう。本書ではメディア史的分析にかなりの分量を割くことになるが、それは以上のような史料活用上の方法によるためである。

なお、先述したように、一九一〇年代から三・一運動後にかけては出版物をはじめとする運動側史料はあまり発掘されておらず、それがコミンテルン文書依存という研究傾向を生み出す要因にもなっていたのだが、実際にはかなり多くの出版物が残されている。筆者はその発掘作業を終えており、本書もその成果を踏まえたものであるが、巻末に朝鮮人出版物の目次と解説を付しておいた。こちらも併せて参照されたい。

次に重要となるのが官憲史料である。反共イデオロギーにもとづく研究への反動と、コミンテルン文書の登場により、近年の韓国における研究では官憲史料の重要性についての認識が薄れつつある。しかし、官憲史料も、朝鮮人の出版物をはじめとして、様々な史料と突き合わせてその信憑性を検証しながら用いるのであれば、やはり独立運動を分析するうえで有用な手がかりとなり得るのである。本書では、朴慶植編『在日朝鮮人関係資料集成』（三一書房、一九七五年）をはじめとする各種史料集に収録されている官憲史料、外務省外交史料館などに所蔵されている原史料を用いるが、常にその信憑性を検証しながら活用していくつもりである。

モスクワのРГАСПИ史料に関しては、先行研究では、フォント四九五、オーピシ一三五の朝鮮共産党ファイルが活用されてきた。ただし、社会主義勢力の形成期に作成された報告書や書簡は少なく、大部分は一九二〇年代中盤以降に作成されたものである。そのため、官憲史料や朝鮮人社会主義者の出版物などと相互対照させ、慎重に活用していく必要がある。また、朝鮮社会主義勢力の形成には日本社会主義運動も深く関わっていたため、フォント四九五、オーピシ一二七の日本共産党ファイルも適宜使用する。なお、日本共産党ファイルに関しては、オランダのＩＤＣ社によって二〇〇四年に *Comintern Archives: Files of Communist Party of Japan* としてマイクロフィルム化されたものを使用する。

最後に朝鮮関係以外の史料としては、朝鮮独立運動と関わりを持っていた日本人、中国人、台湾人に関する出版物や回想録などを適宜使用する。また、同時代の日本、台湾、中国の思想や運動の状況を把握するために、直接的に朝鮮独立運動と関係してこない場合でも、日本、台湾、中国の文献を使用することがある。

第五節　本書の構成

本書は六章で構成される。

第一章から第三章は、一九一九年の三・一運動以前の在日朝鮮人留学生の民族運動を扱ったものである。日本での朝鮮人留学生の組織活動、出版活動、独立運動の展開過程を追いながら、朝鮮人留学生の民族運動と、東アジアの運動・知識人が、いかにして連動していったのか、いかなる関係にあったのかを解明することが課題となる。

まず、第一章「在日朝鮮人留学生の民族運動の胎動――「韓国併合」直後――」は、タイトルの通り韓国併合直後の在日朝鮮人留学生の活動を検討したものであり、第二章以降の叙述の前史にあたる。従来、在日朝鮮人留学生については、東京に留学する朝鮮人学生の代表機関として一九一二年に設立された在東京朝鮮留学生学友会の活動が着目されてきた。しかし、同団体に関しては機関誌『学之光』が創刊された一九一四年以降のことしか分かっておらず、植民地期の朝鮮人留学生の運動がいかにしてはじまったのかは全く未解明となっている。そこで、この章では、新発見の史料にもとづき、一九一一年五月に設立された植民地化以降最初の留学生団体である在東京朝鮮留学生親睦会の活動と解散に至る経緯を分析する。それを通して、植民地期の朝鮮人留学生運動の起源を解明するとともに、活動場所、資金、官憲による取締りといった朝鮮人留学生が日本で活動する際の諸条件や、彼らが何に重点を置いて活動していたのかという問題を考察し、続く章の基本的な背景を提示する。

それを踏まえたうえで、第二章「在日朝鮮人留学生の出版活動――朝鮮人留学生、朝鮮民族運動と日本人実業家――」では、一九一〇年代の朝鮮人留学生の主たる活動のひとつであった出版活動について論じる。これまで、一九一〇年代の在日朝鮮人留学生の出版物としては、先に述べた『学之光』以外はあまり注目されてこなかったのだが、実際は多種多様な出版物が発行されており、朝鮮の民族運動や独立運動の展開において重要な役割を果たしていた。この章では、一九一〇年代の在日朝鮮人留学生の出版物の創刊や廃刊の経緯について概観するとともに、在日朝鮮人留学生メディアの成立要因と、彼らのメディア経験を明らかにする。その際、注目すべきは朝鮮人留学生と日本人実業家の関係である。朝鮮人留学生が日本で出版物を発行する際、戦前にはほとんど朝鮮人経営の出版業者が存在しなかったため、日本人業者との取引が必須であり、彼らの協力如何という外的条件に規定されていた。逆にいえば、朝鮮人留学生の出版活動に協力していた日本人実業家や、彼らが協力に応じた背景を解明すれば、一九一〇年代の在日朝鮮人留学生と日本人の関係性を浮き彫りにすることができるわけである。

一方、第三章「在日朝鮮人留学生の独立運動――中国人・台湾人留学生と朝鮮人留学生――」では、一九一〇年代の在日朝鮮人留学生と、中国、台湾の留学生との関係について検討する。一九一〇年代の中盤に入ると朝鮮人留学生は日本の朝鮮支配からの解放を目指す独立運動を本格的に展開するに至るのだが、その背景には同時期に日本を訪れていた中国や台湾の留学生の存在があった。この章では、一九一五年に設立された新亜同盟党という朝鮮、中国、台湾の留学生によって結成された団体の動向を追いながら、朝鮮、中国、台湾の留学生が結びついた経緯とその論理などを明らかにする。さらに、それを踏まえて、朝鮮人留学生と中国、台湾人留学生との交流経験が朝鮮独立運動史において持った意味、一九一九年の二・八独立宣言、三・一独立運動、中国の五四運動という民族運動の連鎖にもたらした影響を考察する。

以上を踏まえて、第四章から第六章では、一九一〇年代に日本留学を経験した朝鮮人活動家が、三・一運動以降に植民地朝鮮で社会主義勢力を形成していく過程を、第一次世界大戦の終結やコミンテルン創設といった国際情勢の変化、東アジアにおける思潮や運動形態の変化などの国際的要因と関連させて明らかにすることが課題となる。

まず、第四章「三・一運動後の朝鮮における社会と思想の変動」では、社会主義勢力の形成を分析する際の前提作業として、三・一運動直後の朝鮮における社会、文化、思想の変化をみていく。前述したように、三・一運動を契機として日本の朝鮮統治が「武断政治」から「文化政治」に転換し、ある程度の言論の自由が朝鮮内で認められた。その結果、朝鮮内では数多くの朝鮮語メディアが生まれたのだが、朝鮮独立運動は、右派左派を問わず、これらメディアを積極的に活用していった。ここでは、まず、これら朝鮮語メディアの成立の過程や背景を概観し、それが朝鮮社会に与えた影響を考察する。次に、一九二〇年に入り朝鮮内で突如として労働問題に対する関心が高まった背景や、朝鮮語メディアを媒介として朝鮮内にマルクス主義が伝播していく過程を、当時の国際情勢や日本の思想状況と関連させながら明らかにする。

第五章「東アジア共産主義運動と朝鮮——上海派高麗共産党国内支部の誕生——」では、一九二一年に設立された上海派高麗共産党国内支部の設立過程を検討する。上海派高麗共産党の国内支部は、朝鮮内の初期社会主義運動を代表する団体であると同時に、コミンテルンと連なる朝鮮内最初の組織でもあった。それゆえ、同団体は、コミンテルンの東アジア民族運動に対する働きかけを背景として、同時代の日本、中国、台湾の社会主義者と密接な関係を持ちながら設立された。この章では、朝鮮人活動家だけでなく、コミンテルンや、同時代の日本、中国、台湾の社会主義者の動向を追うことで、上海派高麗共産党国内支部の設立過程を、一九一九年のコミンテルン設立にともなう東アジア規模の民族運動の新展開のなかに位置づけていきたい。

第六章「日本における朝鮮人社会主義運動の発生と展開——北風派共産主義グループの形成過程——」は、一九二四年に朝鮮内で結成された北風派共産主義グループの形成過程を扱う。日本で結成された朝鮮人社会主義団体を母体とする同組織は、これまで充分に研究がなされておらず、また在日朝鮮人史の領域とも重なるため、朝鮮、日本、コミンテルンの史料を用いて、できる限り詳細にその形成過程を明らかにすることを第一の目的としたい。その際、史料批判を徹底させるために、北風派に関するコミンテルン文書が作成された一九二六年の運動状況にも触れる。そして、日本で活動を開始しながらも、最終的には朝鮮内に拠点を移して結成された北風派共産主義グループの事例から、朝鮮社会主義運動と日本社会主義運動、さらには朝鮮社会主義運動と在日朝鮮人の運動の関係性にも考察を広げたい。

終章では、本論で明らかになったことを整理したうえで、残された課題や今後の見通しについて述べる。

第一章

在日朝鮮人留学生の民族運動の胎動

——「韓国併合」直後——

在東京朝鮮留学生親睦会の記念写真（『学界報』第１号、1912年４月）

第一節　日露戦争後の日本と東アジア

(1)朝鮮人留学生運動の舞台

日清戦争と日露戦争は、朝鮮半島の支配権をめぐって日本が清国、ロシアと争った戦争であった。したがって、日露戦争における日本の勝利は、大韓帝国（一八九七年から一九一〇年まで朝鮮で使用されていた国号、以下韓国と省略する）にとっては日本による本格的な侵略の幕開けにほかならなかった。事実、日露戦争勃発の翌年である一九〇五年一一月一七日、韓国は第二次日韓協約により外交権を剝奪されて日本の保護国となり（韓国の外交権は日本の外務省に移管された）、さらに一九一〇年八月には植民地へと転落した。しかしながら、韓国以外のアジアの国々では、日本の勝利に対する受け止め方は異なっていた。

明治初期の日本を含めて、アジアの国々にとって西洋の帝国主義列強は、その圧倒的な軍事力をもって領土の割譲や植民地化を迫る侵略者であると同時に、学ぶべき近代文明の先進国でもあった。それゆえ、日本の明治維新にせよ、中国の洋務運動にせよ、程度の違いこそあれ、いずれも西洋の技術をもって西洋に抗う運動という性格を持っていた。そして、西洋の近代文明を積極的に取り入れた黄色人種の日本が白色人種のロシアに勝利したことは、ロシアや西洋の帝国主義列強の支配を甘受していた有色人種であるアジアの民族運動に刺激を与えるとともに、西洋の近代文明を摂取し、自国に適用していくことの重要性をアジアの人々に改めて示すこととなった。その結果、アジアにおいて日本に対する関心が高まり、主に以下の二つの目的でアジア各国から数多くの知識人、学生、活動家などが日本を訪れるようになった(1)。

ひとつは、アジアの文化と適合させながら西洋の近代文明を受容した日本の成果を摂取することにより、効率的に自国の近代化を進めるためである。とくに中国では、日清戦争後に、明治維新を模範として清国の改革を目指す戊戌変法が梁啓超、康有為ら知識人によって展開された。また、日本に留学する中国人も増大した。彼らは、一九〇〇年に設立された訳書彙編社とその機関誌『訳書彙編』をはじめとして、積極的に西洋近代の理論・思想に関する書籍を（日本語からの重訳によって）中国語に翻訳し、大陸に普及させていった。(2) こうした留学生らの活動により、日本はアジアの人々が西洋の近代文明を摂取する際の中継所として機能していくこととなった。

そしていまひとつは、日本政府や知識人に支援や連帯を求めることにより、自国の衰亡を挽回するためである。例えば、一九〇五年に東京で孫文を総裁として設立され、後に辛亥革命を起こすことになる中国同盟会（設立当初は中国革命同盟会）は、玄洋社系の日本知識人に資金援助などを受けており、綱領に「中日両国の国民連合」を掲げていた。(3) また、フランスの統治下にあったベトナムのファン・ボイ・チャウ（潘佩珠）は、一九〇五年に日本に渡ることを決意した理由について、次のように述べている。

今日の計としては日本新たに強く、彼もまたアジアの黄色人種である。今ロシアと戦ってこれに勝ったについては、あるいは全アジア振興の志もあろうし、かたがたわが国が欧州一国の勢力を削るは彼においても利である。われらがここに赴いてこれに同情を求むれば、軍器を借り、もしくはこれを購うこと必ずしも困難ではあるまいと。(4)

引用文から分かるように、同じ「アジアの黄色人種」である日本がロシアに勝利し強国となったことは、韓国にとっては日本による侵略開始の合図であっても、ほかのアジアの人々には自国の衰亡を挽回するための機会として受け止められる場合もあったのである。もっとも、「軍器を借り」とあるように、ファン・ボイ・チャウは当初、日本政府に軍事的支援を求めることを計画していたが、日本で梁啓超、犬養毅、大隈重信らと面会することにより、それが不可能であること知り、断念せざるを得なかった。そして、自身の計画を、当面はベトナムの国力を養成する方針に修正し、その人材を育成するために、ベトナムの青年を日本に留学させる東遊運動を開始した。その結果、一九〇八年には一〇〇名を超えるベトナム人が日本に留学した(5)。

このように、日本にはアジア各国から活動家や知識人、留学生が訪れるようになった。しかし、日本がアジアの人々に希望を抱かせたのは、束の間の出来事であった。日露戦争後、日本もまた西洋列強と同じ侵略者の道を歩んでいったのである。保護権を行使するための機関である韓国統監府の設置（一九〇五年一二月、初代統監・伊藤博文）、内政権の剝奪（一九〇七年七月）など、日本が韓国侵略を着々と進めていったことは、このことを如実に示していた。さらに、桂・タフト協定、日英同盟の改訂（いずれも一九〇五年）、日仏協約（一九〇七年）など、日本が西洋列強と互いに植民地利権を認め合う条約を結んでいったことにより、日本は、アジアの人々から「公敵」とみなされるようになった。そして、日本政府は、自国の衰亡を挽回するために援助や連帯を求める対象ではなくなっていったのである。

そうしたなか、日本で活動するアジアの人々の間で新たな動きが起こった。それは、アジアの人々の間の交流、連帯であり、とりわけ一九〇七年の夏に東京のインディアン・ハウス（インド人宿舎）で結成された亜洲和親会はその先駆をなすものであった(6)。

インド人宿舎で結成されたことが示すように、亜洲和親会は、章炳麟、劉師培、張継ら中国人活動家とインド人活動家を中心に結成され、帝国主義や侵略主義に反対し、アジアの各民族が独立することを目的としていた。そのほかの参加者としては、ベトナムのファン・ボイ・チャウ、当時、日本で帝国主義を批判したり、朝鮮の独立を尊重したりしていた数少ない勢力であった堺利彦、大杉栄ら日本人社会主義者などがいた。そして、アジアの諸民族の運動との連絡関係を円滑にするため、ゆくゆくは中国、フィリピン、さらには朝鮮半島などにも支社を設置する予定であった。

結局、亜洲和親会は、これといった成果を挙げられぬまま、日本官憲の弾圧によって翌年には瓦解した。さらに、一九〇九年にはフランスの要請を受けた日本政府によってファン・ボイ・チャウが国外退去となったほか、中国人活動家も相次いで離日していった。日本の社会主義運動に対する弾圧も厳しくなり、一九一〇年の大逆事件以降は「冬の時代」に入り、活動の停滞を余儀なくされた。そして、一九一一年に中国で辛亥革命が起こって以降は、ファン・ボイ・チャウが広東で越南光復会を結成したことが示すように[7]、アジアの人々の交流や連帯活動の新たな拠点として中国が浮上することとなった。

しかし、日本が西洋の列強と同じ侵略者の道を歩み、アジアの民族運動を弾圧する側に立つことになっても、アジアの人々にとって日本が近代文明の受容に成功した学ぶべき国であったことには変わりなく、日本を訪れる留学生や知識人が途絶えることはなかった。それゆえ、亜洲和親会が解散して以降も、アジアの人々の間の交流、連帯の試みは続いていくことになる。

これから本書でみていく朝鮮人留学生運動の舞台である日本とは、このようにアジアの人々がひしめき合い、それゆえにアジアの諸民族間の交流、連帯も生まれ得る空間だったのである。

(2)東アジア近代史における在日留学生の役割

日露戦争後、アジアにおいて日本が西洋の近代文明を摂取したり、アジアの諸民族間で交流、連帯したりする際の重要地点となったことにより、在日留学生たちもまた各々の国の近代史において大きな役割を果たすこととなった。ここでは、中国、台湾、朝鮮の留学生が果たした役割について、ごく簡単に概観しておきたい。まず中国の場合、一九〇五年の中国同盟会の結成から一九一一年の黄花崗起義まで、反清革命運動の実動部隊は在日中国人留学生で構成されていた。辛亥革命以降にも、当時早稲田大学に在籍し、後に「中国におけるマルクス主義の父」と呼ばれることになる李大釗を中心として、中国人留学生は対華二十一カ条要求反対闘争を繰り広げた。一九一九年の五四運動においても、日本留学経験者が活躍している。[8]

台湾からは、蔡培火、林呈禄、王敏川といった日本統治期の台湾を代表する政治活動家が一九一〇年代に日本に留学している。また、一九二一年から一九三四年にかけて展開された台湾議会設置請願運動は、日本統治期の台湾民族運動を代表する運動であるが、その端緒を開いたのも東京の留学生たちであった。[9]

朝鮮の場合も、在日朝鮮人留学生が果たした役割は大きい。序章で述べたように、一九一九年二月八日に朝鮮人留学生が朝鮮青年独立団の名義で発表した「二・八独立宣言」は、今日においては、三・一独立運動の導火線のひとつとして評価されている。また、三・一運動後に上海で組織された大韓民国臨時政府には、アメリカを拠点に活動していた李承晩や中国に亡命していた安昌浩のほかに、趙素昂、申翼熙ら日本留学経験者も閣僚として参画していた。[10] 以上のような朝鮮独立運動史に大きな名を残した人物のほかにも、李光洙、廉想渉らの文学者、『東亜日報』の社長となる宋鎭禹らの言論人も、一九一〇年代に日本留学を経験していた。

これら東アジアの在日留学生には、各国の近代史において重要な役割を果たしたこと以外にも共通点がみられる。それは、いずれの国の留学生も、留学生団体を通じた組織的活動と、機関誌発行を通じた言論活動を活発に展開していたことである。まず中国の場合、中国人留学生は孫文とともに中国同盟会を組織して革命運動を展開する傍ら、機関誌『民報』を通した言論活動も行っていた。[11] 辛亥革命以降も、一九一五年には対華二十一カ条要求反対集会を契機として留日学生総会を結成し、日本に対する組織的な反対闘争を繰り広げ、翌年からは機関誌『民彝』の刊行も開始した。

台湾人留学生の場合、一九一〇年代の後半から台湾民族運動が本格化していく過程で、台湾人留学生を糾合する団体である新民会が一九一九年に組織され、翌年には機関誌『台湾青年』が創刊された[12]。台湾人留学生は『台湾青年』に西洋近代に関する数多くの論考を掲載し、台湾本島にも流入させることで、台湾民衆の思想啓蒙に尽力した。また、同誌は、台湾人留学生だけでなく、日本知識人も数多く寄稿しており、両者の交流の場としても重要な役割を果たした[13]。

朝鮮人留学生の組織としては、一九一二年に東京で結成された在日本東京朝鮮留学生学友会（以下、学友会）が代表的である。一九三一年に自主解散するまで存続した同組織は、日本国内の朝鮮人留学生団体のなかでは最大規模を誇り、時には先輩・後輩の交流や日本での生活のための情報交換の場として、時には留学生運動の推進拠点として、朝鮮人留学生社会において重要な役割を担っていた。また、一九一四年に創刊され、一九三〇年の第三〇号まで刊行が続いた機関誌『学之光』には、思想、理論、文芸など様々な論考が掲載された。『学之光』は朝鮮内で言論の自由がほとんど認められていなかった一九一〇年代にあっては、朝鮮人による数少ない朝鮮語出版物のひとつであり、日本のみならず朝鮮内にも流入し購読されるなど、朝鮮社会の啓蒙において重要な役割を果たした。

以上のような重要性から、学友会や『学之光』に関しては、今まで数多くの研究が発表されてきた[14]。しかし、実をいえば、学友会は植民地期に朝鮮人留学生が設立した最初の団体ではなく、実際は一九一一年五月に設立された在東京朝鮮留学生親睦会（以下、親睦会）を母体としてつくられたのであった[15]。また、親睦会の機関誌『学界報』は、朝鮮が植民地化されて以降、日本で朝鮮人が発行した最初の出版物であった。にもかかわらず、親睦会に関する研究はほとんど皆無といってよく、同団体が学友会の母体となったこと以外は、その実体についてはほとんど未解明のままである。

本章では、まず親睦会の活動とその解散に至る経緯の分析を通して、植民地期の在日朝鮮人留学生の運動がいかにしてはじまったのかを明らかにする。あわせて、朝鮮人留学生が具体的に何に重点を置いて活動していたのか、その際に日本で活動することによっていかなる制約が課せられていたのか、そこに東アジア知識人がどれほど関わっていたのかという問題についても検討することにより、第二章以降で詳しく記述されることになる論点を提示することとしたい。

第二節　「韓国併合」と在日朝鮮人留学生

韓国が日本の植民地となったのは、一九一〇年八月のことであった。しかし、前述のように、一九〇五年に第二次日韓協約を締結させられて以降、大韓帝国は日本の保護国と化し、亡国の危機をむかえていた。その状況にあって、産業や教育を発達させ、韓国社会の実力を養成することで国権回復を目指していく愛国啓蒙運動が展開された。その運動の中心地は韓国であったが、在日朝鮮人留学生もそれに劣らぬ活発な啓蒙活動を繰り広げていた。ここでは、親睦会設立当時の在日朝鮮人留学生を取り巻く状況を把握するために、韓国併合前の在日朝鮮人留学生の動向と、日本による抗日運動の取り締まり状況を概観しておこう。

在日朝鮮人留学生の歴史は古く、日朝修好条規を締結した朝鮮王朝が、朝鮮に近代文明を導入していくための人材を養成する目的で官費留学生の派遣を開始した一八八一年に遡る。一八九五年には、福澤諭吉の提案によって朝鮮政府から派遣された官費留学生が、日本で最初の朝鮮人留学生団体である大朝鮮人日本留学生親睦会を慶應義塾宿舎で組織し、翌年には機関誌として『親睦会会報』を発行している(16)。

一九〇五年に韓国が保護国となって以降は、これまでの官費留学生だけでなく、私費留学生が登場し、在日朝鮮人留学生の規模が徐々に拡大していった。文部省の調査によれば、一九〇八年に二七〇人、一九〇九年に三二三人、韓国併合直前の一九一〇年五月には四二〇人となっている(17)。

こうした朝鮮人留学生の規模の拡大を背景として、一九〇五年以降、太極学会（一九〇六年設立）、共修学会（一九〇七年設立）など、数多くの留学生団体が設立された。これら留学生団体は、朝鮮人留学生間の親睦や学術交流のみならず、当時、韓国で展開されていた愛国啓蒙運動の影響を大きく受け、機関誌の発行や講演会の開催を通じて、韓国社会を対象とした啓蒙活動も積極的に行った。留学生団体が乱立するなかで、一九〇九年には大韓興学会が設立され、留学生団体がひとつに統合された。

大韓興学会は、「敦誼研学」と「国民の智徳啓発」を団体の二大目的として掲げ、留学生間の親睦や学術交流を促進させるだけでなく、機関誌『大韓興学報』を通じて韓国社会に対する啓蒙活動を積極的に行った。また、韓国併合の日が近づくと、親日派団体である一進会に対する批判記事を『大韓興学報』に掲載したり、一進会の中心人物である李容九、宋秉畯の暗殺を計画したりするなど、大韓興学会は韓国併合反対運動を展開した。しかし、これらの活動により大韓興学会に対する警察の監視が厳しくなり、同会は韓国併合と同時に解散となった[18]。

このように、健闘むなしく韓国併合をむかえた朝鮮人留学生であったが、東アジアの知識人や留学生との関係はいかなるものだったのだろうか。これについてはあまり手がかりが残されていないのだが、その関係は密接なものではなかったようである。とくに、反帝国主義、反侵略主義を掲げ、アジアの諸民族が独立することを目的とし、さらには朝鮮半島に支社を設置することまで計画していた亜洲和親会は、韓国併合反対運動を展開していた朝鮮人留学生と利害関係が一致していたはずである。しかし、ファン・ボイ・チャウが、参加者のひとりとして、当時、大韓興学会の中心人物だった趙素昂（本名は趙鏞殷）の名前を挙げていること以外には[19]、朝鮮人留学生が亜洲和親会に関わっていた様子はみられない。これについて、亜洲和親会の参加者のひとりであった竹内善朔は、次のように回想している。

私の知っている範囲では、朝鮮の人々はこれに当時参加しなかったのであります。それは日本人が出席するならばわれわれは出席しない、という建前をとっておったのであります。私は第二回のこの会合の際そういうことを中国の同志からきいたことがあります。[20]

実際は趙素昂が参加していたため、亜洲和親会に朝鮮人が参加しなかったとする竹内善朔の回想は正しくない。しかし、同時に彼の回想は次の二つのことを示唆している。ひとつは、「中国の同志からきいた」とあるように、朝鮮人留学生は亜洲和親会の中国人には接触していたということである。また、ベトナムのファン・ボイ・チャウが趙素昂の名前を挙げていることを併せて考えれば、亜洲和親会は日本人を抜きにした会合も行っており、それに限り朝鮮人留学生が参加していた可能性があるだろう。

そしていまひとつは、侵略主義に批判的であった日本人社会主義者でさえ交流を拒んでいたことから分かるように、朝鮮人留学生の日本人に対する反感が極めて深いものだったということである。竹内の回想によれば、「第二回のこの会合」は彼自身が会場を斡旋したという。[21] いわば会の世話役を日本人社会主義者側が担っていたため、朝鮮人留学生はアジアの人々と交流する意思を持ちながらも、その反日感情ゆえに、亜洲和親会の活動に深く関わろうとしなかったものと考えられる。

以上みてきたように、保護国期の朝鮮人留学生は、出版物の発行などを通して韓国社会に対する啓蒙活動を行う一方、アジアの人々と交流する意思を持ちながらも、基本的には自力で韓国併合反対運動を行っていた。韓国社会に対する啓蒙に尽力したという意味では、この時期の留学生も植民地期の留学生も同じである。しかし、注意すべきは、その重要性が韓国併合以前と以降では大きく異なるという点である。当然ながら、保護国期の愛国啓蒙運動の中心地は韓国であったため、在日朝鮮人留学生の啓蒙活動は実質的にはその一部にすぎなかった。しかし、韓国併合後に日本が実施した武断政治により状況は大きく変わった。

まず、言論の自由が大幅に制限された。すでに韓国併合前の一九〇七年に「新聞紙法」が発布され、秩序を乱したり、風俗を害したりすると認められる新聞の発売と頒布が禁止されていたが、韓国併合後は規制がより強化され、併合以前に刊行されていた出版物が相次いで廃刊となった。また、結社の自由に対しても規制がかかった。韓国併合直前の一九一〇年八月二五日に発布された「集会取締に関する件」によって、政治的集会が禁止されただけでなく、既存の結社に対しても解散命令が下り、親日派団体の一進会でさえも解散させられてしまった(22)。さらに、憲兵警察制度が実施され、抗日運動のみならず、日常のあらゆる面において憲兵による監視が入ることとなった(23)。

このように、日本の武断政治によって、朝鮮内で抗日運動を展開することはもちろん、団体を組織したり、出版物を発行したりすることでさえ極めて厳しくなった。それゆえ、日本の統治政策が文化政治に転換する三・一運動後まで、在日朝鮮人留学生はアメリカや中国などに亡命した知識人と並ぶ民族運動の数少ない担い手のひとつとなったのであった。とはいえ、朝鮮内に比べれば比較的に自由に活動できたものの、在日朝鮮人留学生が常に警察の厳しい監視体制下に置かれていたことに変わりはない。このことは、以下の親睦会の事例からも明らかになるだろう。

第三節　在東京朝鮮留学生親睦会の設立と活動

(1)設立経緯

韓国併合によって大韓興学会を解散させられた朝鮮人留学生が、新たな留学生代表機関として親睦会を組織したのは、一九一一年五月二一日のことであった。幸い、翌年の一九一二年四月一日に親睦会の機関誌として発行された『学界報』創刊号が残っている。(24) 以下、『学界報』創刊号にもとづきながら、親睦会の設立経緯や団体の特徴などについてみていこう。

まず設立経緯だが、『学界報』創刊号に掲載された「本会創立略史」には、次のように書かれている。

庚戌年［一九一〇年］八月に興学会を解散して以降、半年の間、五〇〇名あまりの留学生は落胆し、互いにすがれるものが無いことに気がつき、一種の討論機関の出現を渇望するようになったため、各々近隣地方を標準とする集会が若干生まれた。すなわち、三南親睦会、黄平親睦会、青年倶楽部などである。これらは個人の親睦から地方の親睦に進歩したものであったが、部分的な親睦では我ら留学生は到底満足できず、近い将来、総合集会が成立することを各々が望むようになった。そして、これら三団体が組織されてからわずか数ヶ月の間に、三南親睦会の発起とその他両会の賛同により総合集会を組織した。すなわち、辛亥［一九一一年］五月二一日が我留学生親睦会の起源日である。これにより、地方親睦から留学生の協同親睦に進歩したのであり、幾許の間、情誼敦睦と学術相励と患乱相救を得たのである。我々は、穏健な手段と慎重な行動により、相隣相愛、同進同退し、本会を永久に発展させることを希望する。(25)

引用文から分かるように、一九一〇年八月の韓国併合以降、朝鮮人留学生は個人親睦、地方親睦、そして留学生全体の親睦へと少しずつ留学生団体の規模を拡大していった。まず、「各々近隣地方を標準とする集会」、すなわち地方親睦団体の三南親睦会、黄平親睦会、青年倶楽部だが、『学界報』に掲載されている「会録抜要」によれば、三南親睦会の会長が朴海克、黄平親睦会の会長が鄭世胤、青年倶楽部の会長が金基炯であった。(26) 朴海克が慶尚南道の密陽、(27) 鄭世胤が平安南道の平壌の出身だったので、(28) これら三つの団体は日本留学前の朝鮮の出身地別に組織されたものと考えられる。青年倶楽部に関してはどの地域を指しているのか不明だが、会長の金基炯は開城の出身であった。(29) また、朴海克、鄭世胤、金基炯は、いずれも大韓興学会の役員として活動していた人物であった。(30) したがって、三南親睦会、黄平親睦会、青年倶楽部は大韓興学会の会員を中心として構成されていたものと推測される。

そして、一九一一年五月二一日に三南親睦会、黄平親睦会、青年倶楽部の会員一同が集合して、親睦会の創立総会が開催された。創立総会では、前日の五月二〇日に朴海克、鄭世胤、金基炯が起草した「朝鮮留学生親睦会規則」を採用すること、会長をはじめとする親睦会の役員、そして、大韓興学会の債権、債務、文簿を親睦会が譲り受けることが決定した。(31) また、親睦会の会所を東京市麴町区中六番町四九番地の「留学生監督部内」に置くことも決定し、創立総会もここで開催された。(32) この「留学生監督部内」に会所を置いたことが後に大問題に発展するのだが、これについては後述する。

以上が親睦会の設立経緯であるが、これに関して指摘すべきことが二点ある。ひとつは学友会との関連である。学友会の機関誌『学之光』第六号（一九一五年七月）には「日本留学生史」(33) という在日朝鮮人留学生史に関する研究でしばしば引用される記事が掲載されている。この記事には韓国併合直後の朝鮮人留学生の状況や親睦会の組織に関する記述があるのだが、その大部分は先に引用した「本会創立略史」の使いまわしである。したがって、学友会の朝鮮人留学生は『学界報』を参照しながら「日本留学生史」を書いたといえる。このことは、学友会に所属する留学生が、学友会が親睦会の後継団体であることを意識していたことと、一九一五年の時点では親睦会の組織に関わった人物が日本にいなかったことを示唆していると思われる。

いまひとつは、官憲の監視との関連である。筆者が確認した限り、親睦会について言及している官憲側史料は、内務省警保局保安課が一九一六年六月に作成した「朝鮮人概況」(34) しか見当たらない。そして、その内容は、親睦会について「大韓興学会解散後留学生出身地別ニ組織セラレタル北西学生親睦会京畿道等ノ各団体ノ合同組織シタルモノ」と報告されており、内務省は親睦会の組織を主導した人物や団体について正確に情報を得ることができなかったようである。したがって、官憲は、集会の規模が地方親睦レベルに留まっていた段階では、朝鮮人留学生の動向に対してそれほど警戒していなかったとみられる。

それでは、どのような人物が親睦会の活動を主導していたのかについてみていこう。先に述べたように創立総会の際に親睦会の役員が決定したが、一九一一年一〇月一日の総会で役員が変更した。それらを整理したものが次の表1である。

表1には、重複している人物を除くと計五一名の名前が挙げられている。そのうち、親睦会の結成を準備した朴海克、鄭世胤、金基炯の三人や、亜洲和親会に参加するなど韓国併合以前から朝鮮人留学生界のリーダー格であった会長の趙素昂を筆頭に、二三人が大韓興学会の役員を務めたことのある人物となっている(35)。一方、残りの二八人が親睦会ではじめて留学生団体の役員になった人物であるが(36)、実際はこの数字以上に大韓興学会の役員経験者の役割が大きかったものと考えられる。

まず、表1に名前が挙がっている第一期の役員は、孫永詢を除いて、すべて大韓興学会の要職に就いていた面々である。このことと、朴海克、鄭世胤、金基炯の三人が親睦会の組織を主導したり、「朝鮮留学生親睦会規則」を起草したりしていたことを併せて考えれば、実質的に親睦会は大韓興学会を再建した団体であったといえる。なお、「朝鮮留学生親睦会規則」に付随する「朝鮮留学生親睦会細則」も、大韓興学会の役員だった劉睦が起草したものであった(37)。

しかし、新しい要素もみられる。第二期の役員の名前をみると、団体の運営と深く関わる重職（会長、副会長、総務、評議長、評議員、会計、評議会書記、評議会総会記(38)）は依然として、二四人中一八人が大韓興学会で役員を務

表1　親睦会役員一覧

役職	学生姓名(第一期)	学生姓名(第二期)
会長	趙鏞殷（趙素昂）	鄭世胤
副会長	鄭世胤	劉睦
総務	朴海克　劉睦	南宮営　崔漢基
評議長	李康賢	韓翼東
評議員	南宮営　外15人	李鐘南　崔演灝　張澤相　宋鎭禹　殷河成 文一平　金国彦　鄭雲騏　安在鴻　李寅彰 趙鏞殷　朴容喜　申徳　朴元景
会計	金性洙　外２人	崔漢基　孫永詢
書記	孫永詢　外１人	
評議会書記		馬顕義
評議会総会記		金元漢　朴賢景
講演部員	呉悳泳　外４人	南宮営　全永澤　邊縉鎬　崔東曦　徐慶默
音楽部員	全永植　外４人	金宇植　趙東鉉　金寅枰　朱基寧　余璟燁
運動部員	吉昇翊　外７人	全永植　劉薫駿　金性洙　李明雨　具麟旭 崔在鶴　申相武　崔泰旭　鄭鶴鎭　玄彰運
幹事		楊淳甲　金炯轍　鄭燦奎　黄致榮　鄭致薫

出典：「会録抜要」(『学界報』第１号、1912年４月）74～76頁。

備考：①便宜上、親睦会の創立総会が開催された1911年５月21日～10月１日を第一期、10月１日から解散までを第二期とした。

②「外７人」などの記述は、原文の表記に従ったものである。

③1911年11月１日から書記の役職がなくなり、評議会書記、評議会総会記、幹事の役職が登場している。

④総務の朴海克、評議員の鄭雲騏は、原文ではそれぞれ「朴悔克」「鄭雲基」となっている。これは誤記であるため、表では修正した。

めた人物が占めている。一方、講演部、音楽部、運動部と第二期に入って新設された幹事の場合、南宮営、金性洙、崔泰旭の三名を除いて、すべて親睦会ではじめて留学生団体の役員になった人物である。また、第二期から評議員になった文一平と安在鴻もはやり、留学生団体の幹部になるのははじめてであった。これらの事実は、親睦会が、負担の少ない役職を中心に新しい留学生を配置することで、今後の在日朝鮮人留学生の民族運動を主導していく人材を育成しようとしていたことを示しているように思われる。実際、安在鴻は一九一二年の学友会結成を主導し、三・一運動後には大韓民国臨時政府に参画するなど独立運動家として活躍する。

ところで、親睦会の結成を主導した朴海克、鄭世胤、金基烱の三人のなかで、表1には金基烱の名前がない。その理由は卒業や進路の問題と関連していると考えられる。『学界報』に掲載されている「卒業録」によれば、一九一一年七月に李康賢（高等工業機織科）、朴海克（明治大学法科）、金基烱（同）、吉昇翊（同）が卒業している(39)。彼らはみな高等教育機関の卒業生、すなわちこれ以上日本に留学する必要のない人物であった。親睦会の結成を主導しながらも、金基烱が同団体の役員にならなかったのは、じきに卒業することが決定していたからだろう。同様に、李康賢、朴海克、吉昇翊が第二期の役員リストから脱落しているのも卒業によるものとみられる。一方、第一期で副会長だった鄭世胤が第二期から会長に昇進しているのは、当時彼は東京慈恵医院医学専門学校に進学したばかりで、日本にしばらく留学する予定があったからだと推測される(40)。

次に、親睦会の団体の性格についてみていこう。『学界報』に掲載されている「朝鮮留学生親睦会規則」によれば、親睦会の目的は「情誼敦睦」と「学術相励」であった(41)。そして、これを達成するための具体的な事項として、会員の留学生が重病にかかった際の慰問や対応、各種祝賀会や送別会の企画、新規留学生に対する指導、学業に怠惰であったり、品行が不正であったりする学生に対しては改悔を勧喩すること、などを掲げている(42)。

前述したように、この「朝鮮留学生親睦会規則」は朴海克、鄭世胤、金基烱が起草したものであったが、実際は大部分が「大韓興学会規則」の使いまわしであり、ほぼすべての条項が一字一句違わない[43]。しかし、ひとつだけ「大韓興学会規則」とは大きく異なっている点がある。それが設立目的である。

大韓興学会の場合、その設立目的は「敦誼研学」と「国民の智徳啓発」であった。一方、親睦会の場合では、「国民の智徳啓発」が消滅し、「敦誼研学」を二つに分けて、「情誼敦睦」と「学術相励」を二大目的としている。大韓興学会が愛国啓蒙運動の影響を受けて、韓国社会に対する啓蒙を繰り広げていたことを想起すれば、啓蒙すべき国民が消滅してしまった直後であったため、親睦会としても「国民の智徳啓発」の看板を降さざるを得ず、親睦団体、学術団体としての特色をより明確に打ち出さざるを得なかったといえる。実際、親睦会の活動もこうした設立目的に沿った形で展開された。次節で詳しくみていこう。

(2) 主な活動――『学界報』の創刊と廃刊の顚末

親睦会の活動記録である「会録抜要」によれば、一九一一年五月二一日の創立総会から約半年間の親睦会の活動は大部分が会議（総会、評議会、臨時評議会、総任員会）である。その議題は、①大韓興学会の遺産の調査と引継ぎに関すること、②スポーツに関すること、③留学生親睦事業の企画に関すること、の三種類に分類できる。

まず、①の大韓興学会の遺産の調査と引継ぎに関することであるが、一九一一年九月一一日の臨時評議会で、大韓興学会の遺産である七八円一八銭五厘が親睦会に引き継がれた[44]。次に②のスポーツに関することであるが、八月に親睦会の運動部で野球団を朝鮮内に派遣している。また、九月二四日の総任員会では「秋期大運動会」の開催を決定している[45]。最後に、③の留学生親睦事業の企画であるが、七月一五日に卒業生祝賀会が開催され、朴海克と吉昇翊が答辞を述べた。また、九月二四日の総任員会で「番地調査委員」が組織され、東京の神田区、牛込区、麴町区、本郷区、芝区、麻布区、赤坂区を調査することが決定した[46]。詳しいことは分からないが、東京に住んでいる朝鮮人留学生の住所録を作成しようとしていたのかもしれない。

そして、親睦会の結成から約半年が経過した一九一一年一一月以降は、新たな議題が登場した。それが、機関誌『学界報』の刊行であり、五カ月間の準備期間を経て一九一二年四月に創刊号が発行された。巻頭の「創刊辞」によれば、『学界報』は留学生の日々の学校での学習の成果を応用、熟練させるために創刊され、学生にふさわしい学問である文芸や科学の文章を中心に掲載することにしたという[47]。

『学界報』の目次をみると、講壇（論説に該当するもの）、学海（留学生による学術論文）、雑纂、文苑、附録（会録など）で構成されているが、この目次構成は『大韓興学報』を踏襲したものである（ただし『大韓興学報』は講壇ではなく演壇という名称であった）。しかし、『大韓興学報』では韓国社会に対する啓蒙に関する内容が演壇の六割を占めていた反面[48]、『学界報』ではこういった記事はみられず、講壇の内容も留学生の勉学や親睦に関するものが中心になっている。また、学術論文に該当する学海では経済学に関する記事が多く掲載された。このように、『学界報』は学術団体・親睦団体である親睦会の特色を反映した紙面構成になっているといえる。

それでは、『学界報』がどのような経緯を経て創刊されたのかをみていきたい。機関誌の発行が決定したのは、親睦会の設立から約半年経過した一九一一年一一月一二日のことであり、この日の臨時総会で「一、毎年四回ずつ学報を発行すること、二、学報の発行を維持するために、毎年八百円ほどの分担募集を留学生にかけること[49]」が決定された。

機関誌の発行が決まるのと同時に、その維持費の問題が議論されていることからも窺えるように、資金繰りの問題は朝鮮人留学生が日本で出版物を発行する際に常につきまとう問題だった。少し後の記録であるが、一九二九年に内務省が作成したある報告書は、それまで日本で数多くの朝鮮人出版物が発行されてきたことを指摘したうえで、「其ノ多クハ経費等ノ関係ニヨリ予定ノ通リ発行スル能ハス休刊乃至廃刊ノヤムナキニ至ルモノ不尠モノアリ」[50]と指摘している。しかしながら、最終的に『学界報』が創刊された際には、二五〇名の留学生から賛義金として目標を大きく超える一三三〇円二〇銭を集めることができた[51]。

募金によって発行資金の調達の問題を解決した朝鮮人留学生であったが、次に問題となったのが印刷機器の確保であった。「会録抜要」によれば、一九一二年一月三日の総会で機関誌発行に向けた印刷機器に関する交渉役に趙素昂らが選定された[52]。これに関して、趙素昂が日本留学時代につけていた日記「東遊略抄」の一九一二年一月五日付には次のように書かれている。

一月五日　午前八時に起床する。「親睦会」で始《マ》め《マ》て「学報」を発刊することとなって、活版所に交渉するように頼まれた。そこで、銀座教文館に行って、やってもらえるかどうか、およそのことを聞いてきた。監督部に寄って、活版所の存続についての問題を聞いてきた[53]。

引用文からも分かるように、一月三日に印刷所探しを依頼された趙素昂は、その二日後には印刷所の候補である銀座の教文館と監督部の活版所に調査に赴いている。ここで印刷所の候補がわずか二つしか挙がっていないのは、『学界報』を朝鮮語（ハングル）で発行しようとしていたからであろう。日本で朝鮮人経営の印刷所ができるのは、東京に同聲社が設立された一九二五年のことであり、それ以前は日本人経営の印刷所を使わざるを得なかった。しかし、日本語で出版物を発行するならともかく、戦前の日本において、ハングルの活字を完備している印刷所は、それほど多くなかった[54]。したがって、銀座の教文館と監督部の活版所は、当時ハングルの活字を完備していて、かつ、朝鮮人留学生との交渉に応じてくれる可能性のある、数少ない印刷所だったと考えられる。具体的に教文館と監督部の活版所についてみていこう。

まず監督部の活版所であるが、これは大韓興学会印刷所のことを指している。あまり知られていないことであるが、実は韓国併合以前の留学生団体である大韓興学会は独自の印刷所を持っていた。一九〇九年三月に創刊された大韓興学会の機関誌『大韓興学報』の印刷所は、東京の「大韓興学会印刷所」となっている。これについて、『大韓興学報』第一号の消息欄には次のような記述がある。

我が留学生界で活版印刷された出版物がどれだけ有っても、常に日本人の印刷所で出版せざるを得ず不便な点が多かったため、本会［大韓興学会］で活版機械を買収した。留学生監督部内の敷地の一部を修理し、工事が終わったので、今後は印刷が便利になる。したがって、我が留学生界に書籍出版物が増加することになるだろう。(55)

しかし、「印刷が便利になる」日々は訪れなかった。韓国併合によって大韓興学会が解散したことは先に述べたとおりであるが、この大韓興学会印刷所の印刷機器も、朝鮮人留学生が韓国併合に反対する過激な檄文を印刷しようとしたため、当局によって押収されてしまったのであった。(56)大韓興学会で役職に就いていた趙素昂ならば、韓国併合に際して印刷機器が押収されたことは知っていたはずであり、(57)先に銀座の教文館の方に交渉に行っていることからみても、彼自身、大韓興学会印刷所の存続に関してはあまり期待していなかったように思われる。にもかかわらず、印刷所の存続について問い合わせたのは、かつて彼が亜洲和親会の活動に深く関わらなかった理由と同じで、その反日感情ゆえに、できる限り日本人の手を借りずに『学界報』を発行したいという思惑があったのではないかと思われる。

一方、銀座の教文館はアメリカの宣教師によって設立された、銀座四丁目一番地に所在するメソジストの出版社であり、教文館の印刷所の正式名称は「教文館印刷所」である。教文館印刷所についてはあまり史料が残されていないのだが、この印刷所がハングルの活字を持っていたのは、プロテスタント伝道が現地語での聖書配布に力を入れるため各国の活字を備えた印刷所を持つものだからであろう[58]。なお、教文館が印刷していたのはキリスト教関連の出版物だけではなかった。少し後の記録であるが、「冬の時代」の最中に大杉栄と荒畑寒村によって発行された『近代思想』を一九一三年六月の第一巻第八号から一九一四年一月の第二巻第四号まで印刷するなど[59]、教文館は官憲から危険視されている人物の出版物の印刷を引き受ける傾向があった。

交渉役であった趙素昂は一九一〇年一一月一四日にキリスト教に入信しており[60]、宗派は教文館と同じメソジストであったから[61]、教文館がハングルの活字を持っていることや、かつて韓国併合反対運動を展開して当局に弾圧されたことのある朝鮮人留学生であっても交渉に応じてくれる可能性があることを知っていたものと思われる。現存している『学界報』創刊号の奥付には「印刷所　東京市京橋区銀座四丁目一番地　教文館印刷所」と記されており、結果的に趙素昂の交渉は成功したことになる。しかし、『学界報』の発行は順調にはいかず、また大きな犠牲を払うことになった。

順調にいかなかった原因は、印刷所と資金の問題が解決した以上、官憲の介入にほかならない。しかし、官憲史料と『学界報』を突き合わせると不可解な点がひとつ浮かび上がる。一九一一年一一月の総会で定めた通り、表紙に「一年四回発行」と銘打って、『学界報』創刊号は一九一二年四月一日に発行されたのであるが、内務省警保局は親睦会について「明治四十四年［一九一一年］五月二十一日組織セラレ同四十五年三月中解散シタリ」[62]と報告しているのである。つまり、親睦会は団体の解散後に機関誌を発行したことになるのだが、これが内務省の誤認でないことは先の趙素昂の日記から判明する。以下、雑誌発行に関わる箇所を引用する。

二月八日　七時半に起床する。午前九時から十二時まで授業を受ける。「親睦会」の会議録を修正した。文一平君から原稿が提出される。とても暖かい陽気だ。原稿二篇を送った。

二月九日　呉君が来た。午後、崔漢基君と一緒に教文館に行った。夜、韓翼東君が来た。

二月一〇日　七時半に起床する。十時から十二時まで授業を受ける。午後、崔君と教文館に行った。妻と金永沢君に手紙を出す。崔相浩君から手紙が来た。

二月一一日　七時半に起床する。九時、朝鮮留学生親睦会講演部の雄弁会に行き、「人生行路の問題」という題で演説して、六時に帰ってきた。

総督府から親睦会の解散命令が来た。「学報」を念入りに調べるなどしたという内訓が監督部に届いたとのこと。(63)

「東遊略抄」をみる限り、一月五日に交渉に行って以降、二月九日まで趙素昂は教文館に行っていない。その前日に、文一平から原稿を受け取り、趙素昂自身も（どこかは不明であるが）「原稿二篇を送」っているので、二月九日と一〇日の教文館訪問は、おそらく『学界報』発行に向けた具体的な打ち合わせを目的としたものであろう。(64)そして、その翌日、『学界報』創刊号の原稿を調べた朝鮮総督府からの解散命令が「監督部」に届いた。つまり、親睦会は機関誌の発行が具体化してきたために解散させられてしまったのであった。

日記に書かれている「監督部」とは、正式には朝鮮留学生監督部という。従来、この朝鮮留学生監督部が所在する東京市麴町区中六番町四九番地には、韓国の国際交渉を扱う公使館が置かれていた。しかし、一九〇五年の第二次日韓協約によって韓国が外交権を喪失したことにより、公使館は閉鎖となった。そこで韓国政府は、この旧公使館を在日朝鮮人留学生の監視と保護を目的とする留学生監督部に改編した。当時の韓国は日本の保護国であったが、国際法上は日本と対等な独立国であった。それゆえ、韓国の国家財産である留学生監督部も国際法により不可侵となっていた。その結果、留学生監督部は、朝鮮人留学生にとって日本に介入されずに民族運動を展開することができる拠点となった。大韓興学会印刷所が留学生監督部の敷地内に設置されたのも、こうした事情による。(65)

ところが、韓国併合によって韓国という独立国が消滅し、留学生監督部もまた韓国の国家所有物ではなくなった。そして、朝鮮総督府が私費・官費を問わずに朝鮮人留学生を保護監督することを目的として、一九一一年に旧留学生監督部を改編した機関が朝鮮留学生監督部であった。(66)韓国併合以前とは異なり、もはや朝鮮留学生監督部は、朝鮮人留学生が日本に介入されずに民族運動を展開できる空間ではなくなっていたのである。親睦会に解散命令が下った経緯は、彼らにこの現実を突き付けるものであっただろう。もっとも、朝鮮留学生監督部は、単純に留学生の監視だけを行っていたわけではない。数多くの朝鮮人留学生が監督部付属の寄宿舎を活用したり、学費をはじめとする資金援助を受けたりしていた。(67)また、渡日した朝鮮人が日本の教育機関に入学する際には、監督部の朝鮮人職員が保証人になることも多く、(68)朝鮮留学生監督部は留学生支援組織としての側面も持っていた。(69)

親睦会の活動記録である「会録抜要」には、一九一二年一月二七日に開かれた総会以降の記述がない。また、趙素昂の日記にも親睦会の解散に関しては四月七日に「親睦会が理由ありとして解散させられた。ああ、まだ一周年にもならないのに、またもこうなってしまった」(70)と書き記していること以外は情報がない。そのため、解散に至る具体的なプロセスは不明だが、朝鮮留学生監督部の指示に抗うと朝鮮人の留学生活に支障をきたしかねないこと、前節で少し触れたように、親睦会の会所が朝鮮留学生監督部内に置かれていたことから、朝鮮総督府の内訓が監督部に下った以上、従わざるを得なかったのであろう。このとき、『学界報』の発行を取り止めて親睦会を存続させるという選択肢が残っていたかどうかは明らかでない。しかし、結果的には親睦会という留学生団体を犠牲にして、『学界報』は発行に至ったのであった。

(3)親睦会の解散が示すもの

これまでみてきたように、韓国併合を日本でむかえた朝鮮人留学生は、その後、少しずつ親睦団体の規模を拡大していった。そして、一九一一年五月に韓国併合以降最初の在日朝鮮人留学生の統合団体として親睦会が設立された。親睦会は韓国併合以前の留学生団体である大韓興学会とは異なり、政治的要素を排除し、朝鮮人留学生間の親睦と学術の奨励を目的としていた。親睦会が設立されて約半年が経過すると、留学生の学術活動を発展させるために機関誌の発行に着手しはじめ、一九一二年四月には機関誌『学界報』が創刊された。しかし、機関誌発行の動きを察知した官憲から、朝鮮留学生監督部に内訓が下り、結果、親睦会は解散することとなった。このように、植民地期の朝鮮人留学生の運動は、留学生に対する官憲の厳しい監視や言論取締りを予期させる形で幕を開けたのであった。

以上の親睦会の事例から、韓国併合後の在日朝鮮人留学生が、具体的に何を目的として運動をしていたのかが明確になったのではないだろうか。親睦会が目指したのは、留学生間の親睦、学術交流、そして機関誌の発行であった。そのなかでも、機関誌の発行を目的とした募金が、目標の八〇〇円をはるかに上回る一三三〇円二〇銭も集まったこと、そして、(あくまでも結果ではあるが)親睦会という組織を犠牲にする形で『学界報』が発行されたことは、朝鮮人留学生側が出版物の発行を重視して活動していたことを示唆しているように思われる。

図１　『学界報』表紙
（延世大学校中央図書館国学資料室所蔵）

一九一二年四月一日に発行された『学界報』創刊号は、二月一一日の時点で、それが終刊号でもあることが決定していた。にもかかわらず、朝鮮人留学生が表紙に「一年四回発行」と銘打って創刊号を発行したのは（図1）、たとえ『学界報』が廃刊となっても、再び出版物を発行し続けるという意志表示を含んでいたのかもしれない。実際、親睦会の後身団体である学友会の機関誌『学之光』が創刊される一九一四年以降、朝鮮人留学生は多種多様な朝鮮語出版物を発行し、言論の自由のほとんどなかった朝鮮内の知識人に代わって、積極的に出版活動を繰り広げることになるのである。

そこで、次章では出版活動という観点から、一九一九年の三・一運動以前の朝鮮人留学生の運動を検討することとしたい。その際、着目すべきは印刷所の問題であろう。前節でみたように、韓国併合によって、朝鮮人留学生は自前の印刷所であった大韓興学会印刷所を失っていた。そのため、日本で朝鮮語出版物を発行するためには、ハングルの活字を持つ日本の印刷所の協力が必要不可欠であった。このことは、朝鮮人留学生の運動に、朝鮮人の力量だけでは決して解決し得ない領域が存在していたことを示しているといえよう。逆に、朝鮮人留学生と関わった日本人印刷所の存在は、当時の朝鮮人留学生の運動と日本人の関係を考察するうえで、重要な手がかりになると考えられる。

あわせて、出版活動をする際の資金と活動拠点の問題にも着目すべきであろう。機関誌の発行が決定するのと同時に募金の問題が議論されていたことは、朝鮮人留学生が活動するうえで、資金繰りの問題が重要課題であったことを示唆している。一方、会所を留学生監督部に置いていたことが親睦会解散の決定打になったことは、朝鮮人留学生が運動を展開するうえで、活動拠点をどう確保するかという問題が同様に重くのしかかっていたことを示しているといえよう。

これら印刷所、資金、活動拠点といった要素において、親睦会の場合は、日本人の関与がほとんどみられなかった。印刷に関しては結果的に日本の印刷所である教文館が受け持つことになったものの、その交渉にあたった趙素昂は、朝鮮人の自前の印刷所を使用することにこだわりをみせていた。したがって、韓国併合直後の朝鮮人留学生は、日本人の手を極力借りずに、朝鮮人の力量だけで運動を展開しようとしていたといえる。

その要因は、朝鮮人留学生の日本人に対する深い反感に求められるであろう。亜洲和親会の事例にみられるように、朝鮮人留学生は韓国併合以前から、たとえ侵略主義に反対している人物であったとしても、日本人と交際することを拒否していた。また、少し後の記録であるが、一九二〇年に内務省が作成した「朝鮮人概況　第三」は、朝鮮人留学生について「彼等ハ内地人ヨリ薄遇セラル、ニ対シ慊焉タルモノアルカ如ク内地人ト交際スルヲ好マス又内地人ト交際スル者ハ他ノ鮮人ヨリ一般ニ排斥強迫ヲ受クルカ如キ状況ナリ」(71)と伝えている。内務省による誇張は含まれているだろうが、韓国併合によって故国を失った直後であったことを考えれば、親睦会の会員のなかに「内地人ト交際スルヲ好マス」との思いを持つ者がいたとしても不思議ではないであろう(72)。

ただし、日本人との交際に否定的であったからといって、朝鮮人留学生が日本社会の動向に無関心だったわけではない。一九一二年三月二〇日の趙素昂の日記には、「午後一時、「立憲青年党」演説会を聴いて、五時に帰った」(73)と書かれている。立憲青年党とは、当時二二歳だった橋本徹馬によって同年二月二七日に結成され、選挙権の拡張などを目指して院外活動を行っていた政治集団のことである(74)。立憲青年党が朝鮮に関心を寄せることはなかったし、朝鮮人留学生もこれに接触しなかったのだが、結成して間もない立憲青年党の演説会に趙素昂が出向いていたという事実からは、朝鮮人留学生が日本社会の動向に敏感であり、積極的に情報収集していたことが窺い知れよう。

さらに、日本人との交際の問題についても、朝鮮人留学生は考えを改めていくことになる。親睦会の解散以降、彼らは急速にある日本人集団に接近していく。そして、このことが朝鮮人留学生の出版活動の展開を可能にする要因となるのである。

第二章

在日朝鮮人留学生の出版活動

――朝鮮人留学生、朝鮮民族運動と日本人実業家――

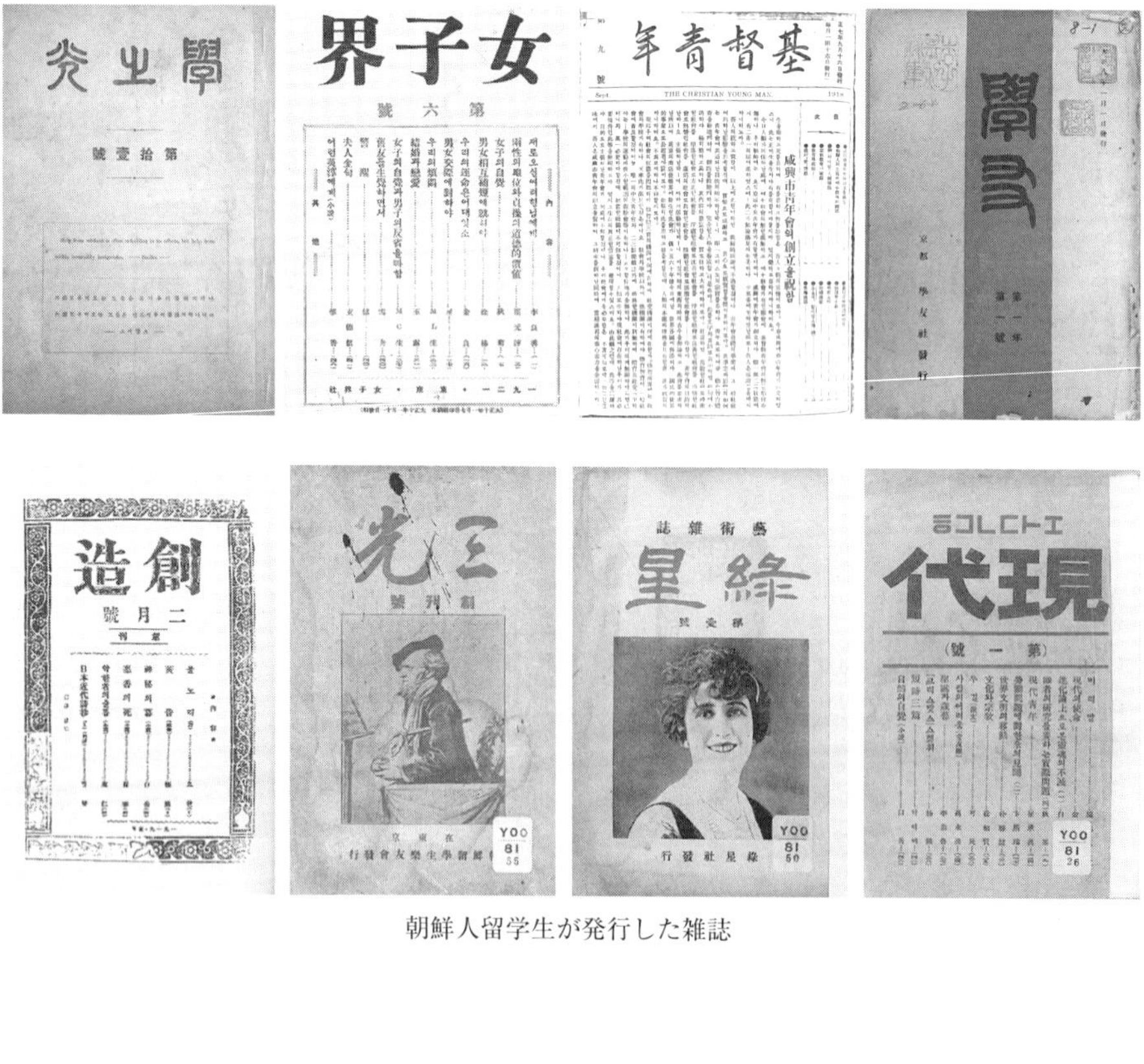

朝鮮人留学生が発行した雑誌

第一節　在日朝鮮人留学生と日本人経営印刷所

(1)朝鮮人留学生運動の復活と印刷所の問題

親睦会の解散から約半年後の一九一二年一〇月二七日、以降二〇年近く続くことになる在日朝鮮人留学生の代表機関・学友会が結成された。さらに、機関誌として一九一四年四月二日に創刊された『学之光』も、一九三〇年の第三〇号まで刊行が続いており、朝鮮人留学生の運動は、学友会の結成以降ようやく軌道に乗ったといえる。まずは、学友会がどのようにして結成されたのかをみていこう。親睦会とは異なり、学友会の場合は「会録抜要」のような活動記録が残っていない。そのため、学友会の結成過程に関しては、一九一五年に学友会の五代目会長になった白南薫の回顧録と内務省の報告書「朝鮮人概況」などをもとに推測することになる。(1)

まず、白南薫の回顧録によれば、大韓興学会の解散後、(2)朝鮮の出身地別の親睦団体として、湖南茶話会(全羅南北道)、洛東親睦会(慶尚南北道)、鉄北親睦会(咸鏡南北道)、浿西親睦会(平安南北道)、海西親睦会(黄海道)、三漢倶楽部(京畿道・忠清南北道)、嶺友倶楽部(江原道)などの七つの団体が組織された。一九一二年四月にこれら七つの団体の連合親睦会が開催され、金炳魯がその幹事になった。そして、一九一二年秋に連合親睦会を学友会に改称し、鄭世胤が初代会長に就任した。当初は出身地別の七つの団体は学友会の分会として存続していたが、後に廃止されたという。(3)

一方、内務省の「朝鮮人概況」によれば、親睦会の解散後、安在鴻、徐慶黙、崔漢基などを中心として一九一二年一〇月二七日に学友会が結成された。翌年である一九一三年四月に出身地別の六つの分会(湖南茶話会、洛東親睦会、鉄北親睦会、浿西親睦会、海西親睦会、三漢倶楽部)が組織されたが、一九一六年一月三〇日に開かれた学友会の臨時総会で分会は解散したという。(4)つまり、まず出身地別の親睦団体を組織し、それらを統合することによって学友会が誕生したとする白南薫の見解とは反対に、内務省は学友会が組織された後に出身地別の親睦団体が組織されたと認識しているのである。

白南薫と内務省の見解は、いずれも、正しくもあり間違いでもある。『学之光』第六号（一九一五年七月）に掲載された「日本留学生史」には、一九一二年三月の親睦会の解散後にまず湖南茶話会と洛東親睦会が組織され、両会が協議して学友会が結成され、その後七つの分会が設立されたという記述がある。(5) 実際、『学之光』第二号（一九一四年四月二〇日）の「学界消息」には、「湖南茶話会では今月一日に創立三周年紀念会を挙行」「三漢倶楽部では三月二十一日に創立一周年紀念式を挙行」(6) とある。湖南茶話会の設立時期が「日本留学生史」の記述と一年ほど食い違うが、少なくとも、湖南茶話会が学友会結成以前、三漢倶楽部が学友会結成以降に組織されたのは間違いないだろう。

湖南茶話会に関しては、金炳魯の回想記「随想断片」にも記述がある。金炳魯の回想によれば、彼は湖南茶話会の幹事と学友会の幹事部長を務めており、設立当初の学友会の主要幹部は、鄭世胤、李燦雨、金性洙、宋鎭禹、安在鴻だったという。(7) 白南薫や内務省の見解と一部一致する内容である。なお、金性洙と宋鎭禹は全羅南道出身だったため、湖南茶話会に所属していた可能性が高い。(8)

以上の史料を総合すれば、学友会の結成過程は次のようになるだろう。すなわち、一九一二年三月に親睦会が解散すると、出身地方別の親睦団体である湖南茶話会（親睦会解散前から設立されていた可能性がある）と洛東親睦会が組織され、一九一二年一〇月二七日にそれらが連合して学友会が結成された。ただし、湖南茶話会と洛東親睦会は存続させておき、さらに一九一三年には出身地方別の親睦団体である鉄北親睦会、浿西親睦会、海西親睦会、三漢倶楽部、嶺友倶楽部を追加して学友会の分会とした。

学友会の結成過程に関してはこれ以上追跡できないが、少なくとも次の二つのことがいえる。ひとつは、学友会の初代会長となった鄭世胤をはじめ、安在鴻、金性洙、宋鎭禹など、親睦会の元役員が中心となって学友会を結成したことである。このことは、学友会の運営に、かつて親睦会を解散させてしまった経験が生かされている可能性を示唆するものである。そしていまひとつは、出身地方別の親睦団体を重視していたことである。これは、第一章第三節で述べたように、集会の規模が地方親睦レベルに留まっていたほうが、官憲の警戒心が甘くなることを念頭に置いたものと思われる。実際、先に紹介した内務省の「朝鮮人概況」は、学友会結成以前に湖南茶話会が設立されていたことを見逃している。

なお、親睦会の元役員とともに学友会の結成を主導した金炳魯について簡単に説明しておくと、彼は一九一〇年に日本に留学したものの、病気により朝鮮に戻り、一九一二年に再び日本に留学した。親睦会の活動に参加していなかったのは、療養のために朝鮮に帰省していたからだと思われる。一九一四年に中央大学を卒業すると朝鮮に戻り、以降は弁護士として朝鮮人独立運動家の裁判の弁護にあたることになる[9]。また、親睦会の初代会長であった趙素昂は、同会の解散後に朝鮮に戻り教員となった。それゆえ、学友会には参加しなかったが、後に朝鮮人留学生の運動とも再び接点を持つことになる（第三章）。

それでは、機関誌『学之光』はどのような経緯で創刊されたのだろうか。白南薫は、一九一三年の春季総会で、留学生が各自の研究などを発表する場を確保するために、月刊は無理でも年に二回くらいは雑誌でも発行したほうがよいだろうという決議が満場一致で可決されたと回顧している[10]。確かに、親睦会の機関誌『学界報』と同様に、留学生たちの学術発表を目的に創刊された側面はあったであろう。しかし、『学之光』第二号（現存するなかで最も古い）の巻頭辞には、その発行主旨に関して次のように書かれている。

現代の諸思潮を融合させて、半島の民智を増発させることは、我ら留学生の重責である。茲に本誌は、理想と融和し、文明を紹介するための一機関としての便宜を提供せんとするものであり、我が兄弟から賜っている御愛顧を信じて、第二号の光が出現した次第である。(11)

引用文から分かるように、朝鮮人留学生は、大韓興学会が解散して以降中断していた朝鮮社会に対する啓蒙運動を再開させるために『学之光』第二号を刊行したのであった。もちろん、「国民の智徳啓発」を掲げていた韓国併合前の大韓興学会の頃とは違い、啓蒙すべき大韓民国の「国民」は消失していた。それゆえ、「半島の民智を増発」という表現に改められている。しかし、以降、朝鮮人留学生は、朝鮮社会の実力を養成するために、『学之光』を通して近代の思想などを積極的に啓蒙していった。(12) したがって、学友会の結成と『学之光』の創刊はまさしく朝鮮人留学生運動の復活であり、朝鮮内で言論の自由が著しく制限されていたことを想起すれば、その復活が持つ意味は極めて大きかったといえる。

ところで、親睦会が解散せざるを得なくなった原因は、朝鮮人留学生が機関誌を発行することに対して、朝鮮総督府が強く警戒したからであった。出版物の刊行のみならず、朝鮮社会に対する啓蒙まで再開させれば、総督府をはじめとする官憲側の監視や弾圧がより厳しくなるのは想像に難くない。にもかかわらず、なぜ学友会や『学之光』は長い間存続できたのだろうか。

実は、朝鮮人留学生は『学之光』を発行する際、親睦会が解散した経験を踏まえて施策を講じていた。『学之光』第五号（一九一五年五月）には、「朝鮮留学生学友会規則」が掲載されている。これは、親睦会の「朝鮮留学生親睦会規則」とほとんど同じ内容である。しかし、「朝鮮留学生親睦会規則」では第三章第六条で「会所」を朝鮮留学生監督部に置くことを明記していたのに対し、「朝鮮留学生学友会規則」では「会所」に関する記述そのものがなくなっている。つまり、学友会は会所を置かないことに決めたのである。そのため、「東京市牛込区馬場下町二十番山本方」[13]といった編集人の朝鮮人留学生の下宿先を学之光発行所として、『学之光』は刊行された。第一章第三節でみたように、朝鮮総督府は強制的に親睦会を解散させたのではなく、親睦会が会所としていた朝鮮留学生監督部を通して間接的に解散を命令した。また、『学界報』自体も内務省の検閲（日本で出版物を発行する場合は内務省の管轄となる）によって発行禁止になったわけではなかった。したがって、朝鮮人留学生は朝鮮留学生監督部を拠点として活動しない限り、学友会を維持したまま『学之光』の刊行を続けることが可能だと判断したのではないかと思われる。

しかし、それでは編集人が交代する度に発行所も変わってしまい、とりわけ、朝鮮内からの『学之光』に対する問い合わせに対応できないという難点があった。そこで、一九一七年からは「東京神田区西小川町二丁目五番地」に所在する在日本朝鮮基督青年会館内にも発行所を置いた[14]。

在日本朝鮮基督青年会（以下、朝鮮ＹＭＣＡ）は一九〇六年に設立された。朝鮮人の団体ではあるが、アメリカ人宣教師が運営に関わったり、ニューヨークにある万国基督教青年会本部から毎年援助金を受けたりしていたため、「基礎極メテ安固」であるとして、朝鮮人留学生を取締まっていた内務省が、学友会以上に警戒していた団体でもあった[15]。学友会と朝鮮ＹＭＣＡの中心人物が重なっていたこともあるが、何よりも学友会が自前の建築物を持っていなかったことから、学友会は『学之光』の発行所を置くだけでなく、総会などの会合も在日本朝鮮基督青年会館で開くようになった。そして、一九一九年の二・八独立宣言も在日本朝鮮基督青年会館の講堂で発表されたことが象徴的に示すように、同所は、学友会のみならず、朝鮮人留学生全体の活動拠点となった。

その朝鮮ＹＭＣＡが一九一七年に機関誌『基督青年』を創刊した頃から朝鮮人留学生の出版活動が本格化し、多種多様な出版物が刊行されていく。同じく一九一七年には朝鮮の女子留学生が『女子界』を発行した。また、一九一九年二月一日の二・八独立宣言の直前には、朝鮮最初の文芸雑誌と評価されている『創造』も創刊された。

図2　1910年代の在日本朝鮮基督青年会館
（写真提供、在日韓国ＹＭＣＡ）

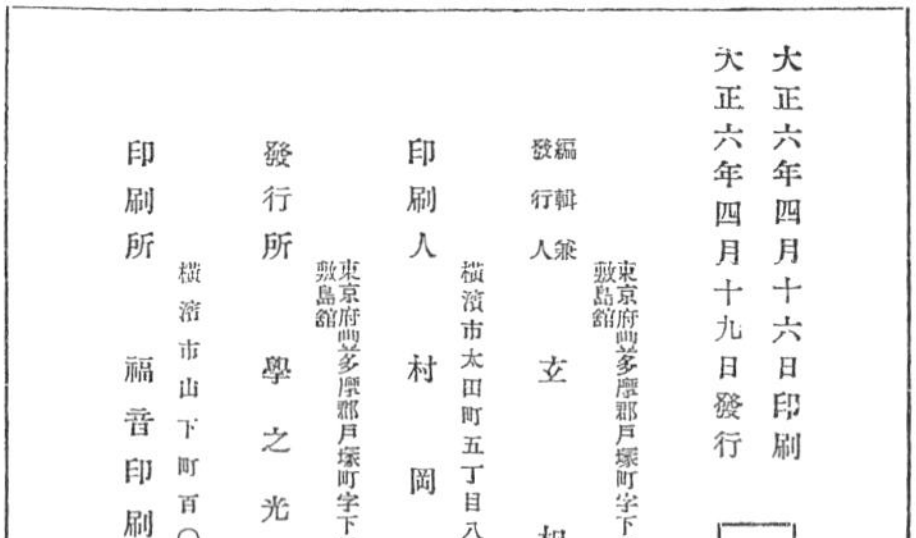

大正六年四月十六日印刷
大正六年四月十九日發行
定價拾五錢
郵稅貳錢

編輯兼發行人　東京府豐多摩郡戸塚町字下戸塚五九七 敷島館　玄相允
印刷人　横濱市太田町五丁目八十七番地　村岡平吉
發行所　東京府豐多摩郡戸塚町字下戸塚五九七 敷島館　學之光發行所
印刷所　横濱市山下町百〇四番地　福音印刷合資會社

図3　『学之光』の奥付

これらの発行所は、在日本朝鮮基督青年会館か編集人の下宿に置かれていた。

それでは、印刷所はどうしていたのであろうか。『学界報』が銀座の教文館で印刷されたことは前章で述べたが、一九一〇年代中盤以降の朝鮮人留学生の出版物の奥付をみると、その大半が横浜で印刷されている。在日本朝鮮基督青年会館にしても、編集人の自宅にしても、当時の朝鮮人留学生の出版物は、大半が東京で発行されていた。にもかかわらず、朝鮮人留学生がわざわざ横浜に出向いて印刷を依頼していたのは一体なぜだろうか。

この点について、文芸雑誌『創造』の編集人兼発行人で、後に詩人、独立運動家として名を残す朱耀翰は次のように述べている。

印刷は横浜にある福音印刷所に行ってすることにした。そこ以外には、朝鮮文活字のある所がなかった[16]。

文芸雑誌を発行した朱耀翰だけではない。詳しくは第六章で述べるが、一九二〇年代はじめに日本で社会主義者として活動し、朝鮮語の社会主義雑誌『大衆時報』の発行に関わった鄭泰信も、コミンテルンに提出した報告書（ロシア語）で、印刷所について次のように言及している。

日本で朝鮮の活字を持つ活版印刷所が横浜でしかみつからなかったため、この朝鮮語新聞の出版においては、多くの困難を露呈した[17]。

引用文から、当時の日本には、ハングルの活字を持つ印刷所が横浜の「福音印刷所」しかなかったことが窺える。そして、実際に朝鮮人留学生の出版物の奥付を確認してみると、「横浜市山下町百〇四番地」の「福音印刷合資会社」が、一九一四年から一九二二年まで朝鮮人留学生や朝鮮人活動家の出版物を数多く印刷しているのである。具体的に福音印刷合資会社で印刷されたことが確認できる朝鮮人の出版物は、学友会の機関誌『学之光』、朝鮮女子留学生親睦会の機関誌『女子界』、同じく朝鮮女子留学生を中心に発行された家庭雑誌『女子時論』、朝鮮ＹＭＣＡの機関誌『基督青年』と『現代』、文芸雑誌の『創造』『緑星』『三光』、朝鮮人社会主義者が日本で発行した雑誌『大衆時報』と『前進』の一〇種類である。これに京都在住の留学生を中心として京都で発行された『学友』と、『大衆時報』の姉妹紙で日本語で書かれた『青年朝鮮』、朝鮮、中国、台湾、日本の知識人が参加した雑誌『亜細亜公論』を加えれば、一三種類となる。これは一九一四年から一九二二年の間に日本で創刊された朝鮮人の出版物の大半を占める[18]。期間、種類、量のいずれの観点からみても、一九二五年に設立される朝鮮人経営の印刷所である同聲社を除いて、福音印刷合資会社は戦前の日本で最も多く朝鮮人の出版物を印刷していた会社といっても過言ではない。これら福音印刷合資会社で印刷された朝鮮人の出版物は、『学之光』をはじめとしてしばしば内務省の検閲により発禁処分となったが、福音印刷合資会社自体も同様に官憲からマークされる存在であった。

朝鮮人留学生の印刷所であった大韓興学会印刷所を失い、日本の印刷所の協力なしには朝鮮人留学生の出版活動が成立し得なかったことを考えれば、長期間にわたって多くの朝鮮人の出版物を印刷していた福音印刷合資会社は極めて重要な存在といわざるを得ない。以下、本節では、福音印刷合資会社と、その設立者の村岡平吉がいかなる会社・人物であり、なぜ朝鮮人留学生と結びつき、印刷業務を受け持つようになったのかを詳しくみていきたい。

(2) 福音印刷合資会社の設立経緯

日本に活版印刷の技術が伝わったのは、明治に入って間もない一八六九年に、幕府の元通詞であった本木昌造が、上海にある美華書館の館長ウィリアム・ガンブルを長崎に招聘し、四カ月間の講習を受けたことにはじまる。美華書館とはアメリカ長老会の宣教師が上海に設立した印刷所であり、キリスト教関係だけでなく、東アジアにおける活版印刷術の伝播に大きな役割を果たした印刷所であった。以降、ウィリアム・ガンブルによって、本木を媒介として日本に伝えられた活版印刷術は、東京、横浜をはじめとする日本各地へ伝播し、明治のはじめに多くの印刷会社が設立された。本木の直系の弟子である平野富二が東京築地で開業した東京築地活版製造所（一八七三年創業）や、佐久間貞一によって設立された秀英舎（一八七六年創業、現在の大日本印刷株式会社）などは、日本の活版印刷術の発展を主導する企業となった。(19)

村岡平吉が一八九八年に設立した福音印刷合資会社も、日本の印刷業界を、その創業地である横浜において主導した企業のひとつである。ただし、東京築地活版製造所や秀英舎と大きく異なるのは、福音印刷合資会社がキリスト教出版物の印刷を専門とすることで発展していったという点である。例えば、一九一〇年に横浜で出版された『横浜成功名誉鑑』の「印刷彫刻及写真絵葉書商」の項目では、村岡平吉は横浜の印刷製本業において最古の経歴を持ち、「我国にて行はるる基督教印刷物に其署名を見ざるは稀」と評価されている[20]。以下、福音印刷合資会社の設立と発展の過程を、朝鮮との関連にも留意しつつ追っていこう。

福音印刷合資会社の設立者・村岡平吉は一八五二年に武蔵国橘樹村小机（現在の横浜市港北区）の紺屋に生まれた。開港以来、横浜を中心に活動していたアメリカ長老会宣教師ヘボン一派による小机布教に遭遇したことを契機として、一八八三年に横浜の住吉教会（ヘボンが開設した伝道所を起源とする教会で、一八九〇年に指路教会に改称される）において、アメリカ長老派宣教師ノックスより受洗した。一八九四年に指路教会の長老となって以降、死去する一九二二年五月まで、福音印刷合資会社でキリスト教出版物を印刷する傍ら、指路教会の長老職を務めた。それゆえ、村岡平吉は「バイブルの村岡さん」と呼ばれていた。

以上は、キリスト者としての村岡平吉の経歴である[21]。次に、印刷人としての村岡平吉の経歴であるが、これに関しては、村岡平吉が死去して間もない一九二二年五月二〇日付の指路教会の機関紙『指路』に掲載された「長老　村岡平吉逝く」という記事が最も詳細である。少し長いが引用しよう。

［村岡平吉は］夙に印刷事業の文化に欠くべからざるを覚り、明治初年外国新聞社に職工として斯業を研究し明治十年当時唯一の佛蘭西新聞社に入り、久しからずして上海に転じ数名の日本職工を引率し工場長として大に日本職工の優秀なる技術を彼の地に矜つた。明治十七年帰朝し東京印刷の分身なる横浜製紙分社に入り

工場監督として拮据経営大に社運を盛ならしめた。明治三十一年信仰厚く且時世に敏感な氏は是非共基督教書籍殊に聖書の印刷の欠く可からざるを覚り同社を辞し、二三の知己と共に居留地八十一番に卜し一の印刷会社を創設した。これが福音印刷会社の濫觴であって今日に於ては南に南洋諸島、馬尼剌、シンガポール、シャム、広東、西蔵、台湾より満洲、蒙古、朝鮮又遠く米国等に印刷物を供給し其国語別は五十種を下らざる盛況を呈して居る。(22)

まず、明治初年から外国新聞社で職工として働きはじめたとあるが、これに関する詳細は不明であり、村岡平吉の足取りが摑めるようになるのは、一八七七年（明治一〇年）に入社したとされる「佛蘭西新聞社」からである。

このフランスの新聞社は、横浜居留地でフランス語新聞 *L'Écho du Japon*（以下、『レコー・デュ・ジャポン』と表記、意味は「日本の声」）を発行していたレコー・デュ・ジャポン社（以下、レコー社）とみて間違いない。一八七五年と一八八三年の居留地のディレクトリー(23)に登録されているフランス系新聞社は、横浜居留地一八三番に登録されているレコー社の一件のみだからである。

『レコー・デュ・ジャポン』は一八七〇年に創刊され、一八八五年一一月に四七七四号で終刊となった日本最初のフランス語新聞であった。(24) 創刊したのは、フランス人のC・レヴィー（Cerf Levy）で、パリの印刷局に勤務して植字、活版の技術を習得した後、一八六八年に横浜にやってきた。当初はジャパン・タイムズ社の植字工として雇用されていたが、一八七〇年に活版所を開いて独立し、『レコー・デュ・ジャポン』を創刊した。そのため、レコー社は印刷所も兼ねており、新聞だけでなく、いくつかの書籍もレコー社から出版された。

一八七五年版のディレクトリーのレコー社の項目には“15 Japanese”と書かれている。これが一八八三年版になると"15 Japanese Compositors"と記載されるので、一八七五年の"15 Japanese"とは、一五人の日本人植字工を意味していると考えられる。「長老　村岡平吉逝く」によれば、村岡平吉は一八七七年からレコー社で勤務しはじめたことになるが、いずれにせよ、一五人の日本人植字工のひとりとして、レコー社で活版印刷技術を学んだのだろう。

先述したようにレコー社は新聞だけでなく、いくつかの書籍も出版していたが、そのひとつに、フランス語による朝鮮語字典『韓佛字典』がある。これは、一八八〇年一二月一三日付『レコー・デュ・ジャポン』[25]にはじめて広告が登場して以降、終刊となる一八八五年一一月まで掲載され続けた。『韓佛辞典』は、フランスのパリ外国宣教会朝鮮教区第六司教のリデル[26]（C. Ridel）の監修によるもので、朝鮮で最初の活版印刷による多言語字典と評価されている[27]。後に印刷人として朝鮮人の出版物を数多く印刷することになる村岡平吉は、一八八〇年の時点でハングルの印刷に携わっていたのかもしれない。

図４　ニューヨークで発行されていたキリスト教雑誌 *The Illustrated Christian Weekly*（1883.8.18）に掲載された李樹廷の肖像画

もうひとつ、この時期の村岡平吉と朝鮮との関連として、李樹廷についても触れておくべきだろう。聖書の朝鮮語訳は、朝鮮に先駆けて、まず奉天と横浜において行われ、後者は横浜版と呼ばれている。李樹廷は、一八八五年に横浜版を翻訳し終えた人物として知られている[28]。李樹廷は一八八三年に朝鮮人としてはじめてプロテスタント教会（東京露月教会）で受洗した人物であり、アメリカのキリスト教雑誌で紹介されるなど、大変話題になった（図４）。そして、彼が受洗したことを知ったアメリカ長老会宣教師ルーミスが聖書の朝鮮語訳を依頼したのであった。村岡平吉が横浜の住吉教会の牧師ノックスから受洗したのも一八八三年であるが、そのノックスの前任で、住吉教会の初代牧師がルーミスであった（当時の名称は横浜第一長老公会）。そのため、李樹廷はノックスにも接触していた。村岡平吉は当時、レコー社で勤務していたため、李樹廷訳朝鮮語聖書の印刷には関わっていなかったと思われるが、もしかしたら住吉教会で顔を会わせていたのかもしれない。

なお、横浜第一長老公会の初代牧師を辞したルーミスは、一八八一年に横浜居留地に置かれていたアメリカ聖書協会日本支局の支配人となり、一八八三年にはアメリカ聖書協会の朝鮮支局の支配人となった人物であった。[29]その延長線上で李樹廷訳朝鮮語聖書が生まれたわけだが、後に、福音印刷合資会社はルーミスが出版を手がける朝鮮語訳聖書の印刷業務を受け持つことになる。

再び福音印刷合資会社に話を戻すと、村岡平吉はレコー社に勤務した後、上海に渡って行く。上海行きに関しては、「長老　村岡平吉逝く」には詳しい記述がないのだが、『横浜成功名誉鑑』には「明治廿年［一八八七年］佛蘭西新報の上海に転ずるや、君又従ひ行き留まる一年、帰朝」とある。[30]レコー社は『レコー・デュ・ジャポン』を一八八五年一一月に終刊させた翌年、上海に場を移して『レコー・デュ・シャンハイ』を創刊するので、レコー社の上海移転にともない、村岡平吉も上海に渡り、『レコー・デュ・シャンハイ』で勤務したと考えるのが最も自然ではないかと思われる。明治二〇年（一八八七年）という『横浜成功名誉鑑』の記述と年号が合致しないが、上海行きに関してはこれ以上追跡のしようがない。

上海行きの時期が不明確なため、いつ帰国したのかは不明であるが、「長老　村岡平吉逝く」に書かれているように、帰国後は「東京印刷の分身なる横浜製紙分社に入り工場監督」となった。[31]ここから、村岡平吉の印刷人としてのキャリアが本格的にはじまる。

当時の横浜製紙分社は、正式には王子抄紙横浜分社という名称であり(32)、一般書籍だけでなく、聖書や讃美歌をはじめとするキリスト教書籍も印刷していた(33)。また、横浜製紙分社は指路教会関係者とも深い関わりを持っていた。例えば、一八八八年に横浜製紙分社で印刷されたビジネス英語辞典の『英和　商用対話』(34)は、著者の西村庄太郎、印刷人の須原徳義ともに当時の指路教会の長老である(35)。村岡平吉が帰国後に横浜製紙分社に入り、工場監督になった背景には、明治のはじめからレコー社で勤務してきた経歴だけでなく、指路教会を介した人脈という要素もあったに違いない。なお、管見の限りでは、横浜製紙分社で印刷され、印刷人として村岡平吉がクレジットされている出版物としては、一八九二年の『聖書辞典』と一八九五年の *Domestic Japan* の二件が確認できる(36)。村岡平吉が指路教会の長老となるのは一八九四年のことであるから、一八九〇年代中盤から、教会においても、会社においても重要な地位に就いたといえるだろう。

こうした経歴を経て、村岡平吉は一八九八年に福音印刷合資会社を設立した。その際、アメリカ聖書協会とイギリス聖書協会が合同で横浜に設立した聖書館が出版する聖書の印刷を引き受けることになった。一九〇四年にアメリカ聖書協会とイギリス聖書協会が分離し、再び独立して活動を行うようになると、イギリス聖書協会は神戸に移転した。これにともない福音印刷合資会社も神戸に支店を設置した(37)。

神戸支店には、村岡平吉の親戚であり、後に賀川豊彦と結婚する芝ハルが女工として働いていた。芝ハルは賀川豊彦と結婚する一九一三年まで福音印刷合資会社で勤務し、芝ハルを通じて、村岡平吉は賀川豊彦とも親交を深めることとなった(38)。一九二二年に村岡平吉が死去した際には、村岡平吉を偲んで、指路教会で賀川豊彦による聖書講演会が開かれた(39)。また、筆者が奥付を確認した限りでは、賀川豊彦の『預言者エレミヤ』や、賀川ハルの『女中奉公の一年』が福音印刷合資会社で印刷されている(40)。

大正期に入っても、福音印刷合資会社は順調に発展したようである。『横浜社会辞彙』は、大正期の福音印刷合資会社を、五キロワットの発動機と資本金七万円を有する「横浜唯一の大印刷所」と評価している[41]。また、一九一四年には東京の銀座四丁目一番地（現在の四丁目五番地）に東京支店を設置した。

第一章でみたように、銀座四丁目一番地には親睦会の機関誌『学界報』を印刷したメソジスト出版社の教文館があったのだが、東京支店はその裏のビルに置かれた[42]。朝鮮人留学生が『学之光』を創刊するのも一九一四年のことであり、福音印刷合資会社と朝鮮人留学生との関係は、まず東京支店からはじまることとなる。

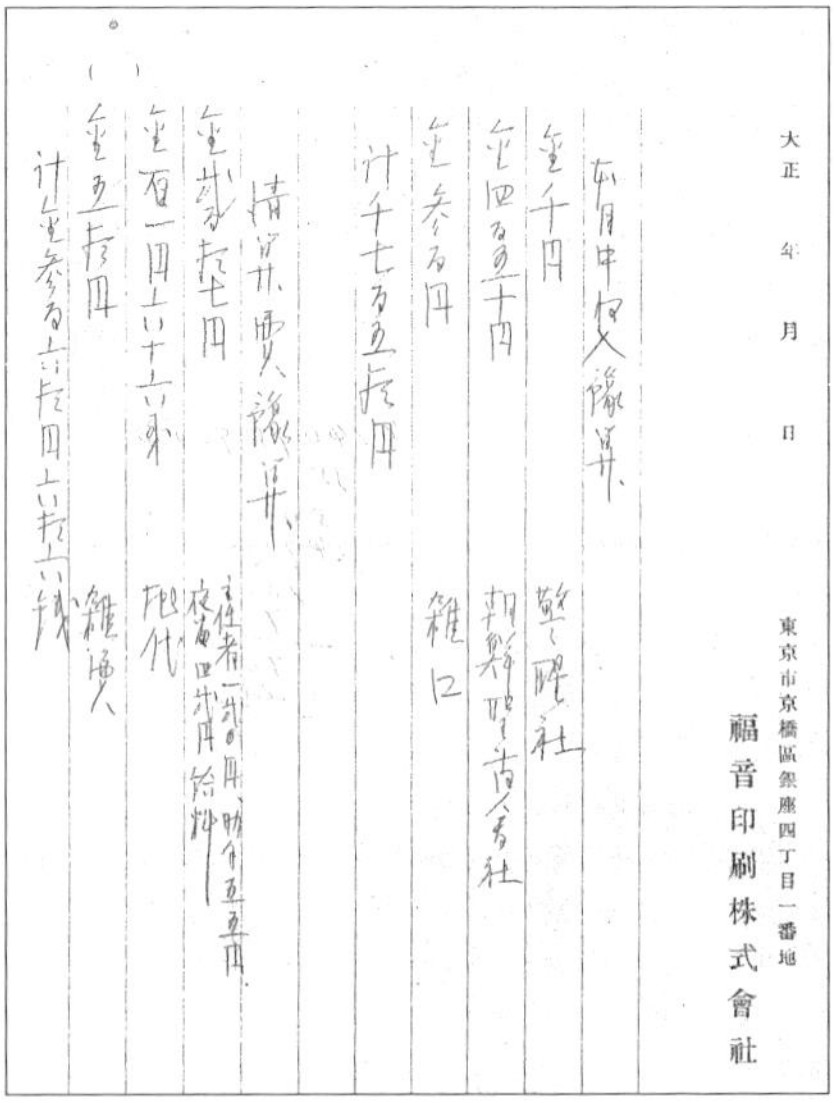

図5　福音印刷合資会社のメモ用紙

以上みてきたように、村岡平吉や福音印刷合資会社は、指路教会やアメリカ、イギリスの聖書協会と密接な関わりを持ちながら事業を拡大してきた。「長老　村岡平吉逝く」には、朝鮮だけでなく、満洲や広東、シャムやシンガポールにも印刷物を供給していたと書かれているが、これもアメリカやイギリスの聖書協会が発行する聖書の印刷を受け持っていたからであろう。また、福音印刷合資会社がアメリカ聖書協会の発注に応じて朝鮮語聖書を印刷していたことは、福音印刷合資会社の内部資料からも確認できる。図5は「本月中収入予算」に関する福音印刷合資会社東京支店のメモ用紙であるが、「朝鮮聖書会社　金四百五十円」という記述がある[43]。聖書協会がしばしば聖書会社と呼ばれたこと、当時イギリス聖書協会が神戸に置かれていたことを勘案すれば、この「朝鮮聖書会社」はルーミスが支配人を務めるアメリカ聖書協会の朝鮮支局とみて間違いない[44]。当時の印刷費の相場は知り得ないが、「金四百五十円」ならば相当な量の朝鮮語聖書を印刷していたはずである[45]。福音印刷合資会社で働いた経験のある小説家の廉想渉（以下、本名である廉尚燮と表記する）の後年の回想によれば、日本だけでなく、朝鮮で流通している聖書や宣教用書籍も福音印刷合資会社で印刷されていたという(46)。

福音印刷合資会社がハングルの活字を持っていたのは、アメリカ聖書協会が発行する朝鮮語聖書の印刷を受け持っていたからだといえる。しかし、ハングルの活字を持っていたとしても、キリスト教出版物を専門に扱う福音印刷合資会社が、なぜ朝鮮人の出版物の印刷を受け持つようになったのだろうか。福音印刷合資会社で印刷されていた朝鮮人留学生の出版物は、その大半がキリスト教出版物とはいいがたいものなのである。

(3) 福音印刷合資会社で印刷された朝鮮語出版物

福音印刷合資会社と朝鮮人留学生がいかにして結びついたかを検討する前に、福音印刷合資会社で印刷された出版物の創刊経緯と内容を、三・一運動以前のものを中心として、簡単にみておきたい。福音印刷合資会社で印刷された朝鮮人の出版物は、『学之光』『女子界』『女子時論』『基督青年』『現代』『創造』『緑星』『三光』『学友』『大衆時報』『青年朝鮮』『前進』『亜細亜公論』の一三種類である。

まず、『学之光』の創刊の経緯に関しては先に述べたとおりだが、一九一四年四月二日の創刊号が残存しておらず、奥付が確認できるのは一九一四年四月二〇日発行の第二号からである(47)。残存していない号や、発禁になった号はあるものの(48)、第二号から一九二一年六月発行の第二二号までは一貫して福音印刷合資会社で印刷されている（第一〇号までは東京支店）。第三号から第六号までは、学友会役員の崔承九や玄相允が印刷人としてクレジットされていたが、第一〇号からは経営者の村岡平吉が印刷人としてクレジットされるようになった。その詳細は不明だが、『学之光』の第七号から第九号までが立て続けに発禁処分になったことと何か関連があるのかもしれない。

一九一七年四月発行の第一二号以降は、すべて福音印刷合資会社の横浜本社で印刷されている。管見の限りでは、一九一七年以降に東京支店で印刷された朝鮮人の文献は見当たらない。本節の冒頭で触れた朱耀翰や鄭泰信の回想を勘案すれば、一九一七年を境にハングルの活字が東京支店から横浜本社に移ったと考えてよいだろう。一九一八年三月発行の第一五号以降は、印刷人のクレジットが折坂友之に変わる。一九一八年以降は、『学之光』以外の文献でも折坂友之が印刷人としてクレジットされるケースが多いので、福音印刷合資会社で朝鮮担当のような役割を担っていたものとみられる。当時、『学之光』の編集委員だった崔承萬は、後年「あの頃いつも会っていた折坂という印刷責任者の親切だった印象も忘れられない[49]」と回顧している。なお、折坂友之は福音印刷合資会社の社員であると同時に、指路教会の執事でもある[50]。

『学之光』には論説だけでなく、小説や詩など文芸作品も掲載され、三・一運動後に独立運動家や作家として名を残す人物も数多く寄稿している。論説では、近代の諸思想などの紹介記事も多く、言論弾圧の厳しかった武断政治下の朝鮮にも流入し、朝鮮での近代思想の伝播にも重要な役割を果たした[51]。内務省警保局の「朝鮮人概況第二」には、『学之光』は朝鮮でも歓迎購読する者が多く、一九一八年三月発行の第一五号は「横浜市福音印刷会社」で一六〇〇部が印刷され、そのうち一八四部が朝鮮に流入したことが報告されている[52]。官憲史料に福音印刷合資会社の名前が登場するのも、『学之光』のように朝鮮で影響力を持つ雑誌を印刷していたがゆえであろう。

『学之光』の次に創刊された出版物は、一九一七年に創刊された『女子界』と『基督青年』である。まず『女子界』であるが、これは朝鮮女子留学生親睦会の機関誌であり、創刊当初は編集や経営の多くを男性に頼っていた。一九二〇年三月発行の第四号から独立し、名実ともに女子留学生の手による雑誌へと成長していった。一九二〇年一月二四日に創刊された家庭雑誌『女子時論』も朝鮮女子留学生を中心に創刊されたもので、『女子界』同様に福音印刷合資会社の印刷による[53]。

朝鮮YMCAの機関誌『基督青年』は、一九一七年一一月に朝鮮YMCA幹事の白南薫を編集兼発行人として創刊された月刊誌である。[54]現存が確認できるのは、一九一八年三月発行の第五号から、翌年の第一三号までである。イエスや聖書に関する記事をはじめとして、キリスト教に関する内容が大半を占める。第七号には内村鑑三や新渡戸稲造も寄稿している。[55]福音印刷合資会社で印刷された朝鮮人の出版物のなかで、唯一キリスト教出版物と呼べるものである。一九一九年一一月に第一五号を発行し、翌年の一月からは、白南薫を編集兼発行人として誌名が『現代』へと改題された。[56]官憲史料に「『現代』ト改称スルニ及ヒ宗教的色彩ヲ脱シ」[57]とあるように、『現代』に改題されて以降は、近代思想に関する紹介記事が毎号掲載され、朝鮮人留学生による啓蒙的雑誌としての傾向が強くなった。一九二一年二月の第九号まで刊行されたことが確認できるが、その後終刊となったようである。[58]なお、『現代』に関しては、本書第六章で詳しく述べる。

一九一九年一月に創刊され、第一号のみで終刊となった『学友』は、福音印刷合資会社で印刷された朝鮮人の出版物のなかで、京都に発行所を置いた唯一の文献である。『学友』の誌面には、どこの団体の出版物であるかが明記されていないが、京都帝国大学法学部に留学していた金雨英が編集兼発行人となっているので、おそらく彼が一九一五年に組織した京都朝鮮留学生親睦会の機関誌という位置づけであろう。[59]横浜から遠く離れた京都で発行された文献までが福音印刷合資会社で印刷されたという事実は、日本でハングルの活字を持った印刷所をみつけることがいかに難しいことだったかを示すと同時に、福音印刷合資会社が朝鮮人留学生社会で広く知れわたっていたことを示しているといえよう。

次に、文芸雑誌についてみていこう。一九一九年は二・八独立宣言が発表されたという点で朝鮮人留学生運動の転機となるのだが、出版活動という観点からみても『創造』『三光』『緑星』と、文芸雑誌が相次いで創刊されたという点で特異な年である。

『創造』は、二・八独立宣言の直前の一九一九年二月一日に創刊された。留学生の朱耀翰、金東仁、田栄澤ら、後に朝鮮近代文学を代表する作家となる人物を中心に創刊され、朝鮮語で書かれた最初の文芸雑誌と評価されている。一九二一年一月の第八号からは朝鮮で印刷、発行されるようになった。『創造』が創刊されて間もない一九一九年二月一〇日には、在東京朝鮮留学生楽友会の機関誌『三光』が創刊され、一九二〇年四月の第三号まで刊行された(60)。詩や小説など文学専門誌である『創造』に対し、『三光』は音楽の専門誌である。一九一九年一一月には、李一海主幹による『緑星』が創刊された。『緑星』は俳優、活動写真に関する記事を中心とする映画の専門誌であり、写真が多いのが特徴である。

このように、一九一九年には『創造』『三光』『緑星』という三種の文芸雑誌が創刊されたが、いずれも福音印刷合資会社の印刷によるものである。ただし、『三光』の場合は一九二〇年四月発行の第三号のみ福音印刷合資会社の印刷であり、創刊号が東京国文社で阿部節治を印刷人として、第二号が横浜三協印刷所で石川金之助を印刷人として刊行された。このことは、東京国文社のようにハングルの活字を持つ印刷所が、東京にも存在していたことを示している(61)。したがって、朱耀翰や鄭泰信の「横浜にしかハングルの活字を持つ印刷所がみつからなかった」という回想は、実際は、ハングルの活字を持ち、かつ朝鮮人の出版物の印刷を引き受けてくれる印刷所が福音印刷合資会社以外にはみつからなかったと捉えるべきであろう。どういった経緯で『三光』が東京国文社で印刷されることになったのかは分からないが、官憲史料に「『三光』ハ音楽ニ関スル雑誌ニシテ格別ノモニアラス(62)」とあるように、『三光』が当局から目をつけられていなかったことと関連があるのかもしれない。もっとも、印刷所を転々としているのをみると、『三光』の編集人と東京国文社などの日本人経営印刷所との間で何らかのトラブルがあったものと推測される。

最後に一九二一年創刊の『大衆時報』、一九二二年創刊の『青年朝鮮』と『前進』であるが、これらは朝鮮人社会主義者によって発行された社会主義雑誌である。一九二一年に『大衆時報』が創刊されて以降、日本における朝鮮人の出版物は社会主義文献が主流になっていくのだが、詳しくは第六章で述べる。また、同じく一九二二年に創刊された『亜細亜公論』も創刊号のみ福音印刷合資会社で印刷されている。『亜細亜公論』は、東京在住朝鮮人の柳泰慶によって東京で創刊された総合雑誌である。日本語、朝鮮語、中国語の三文体で紙面が構成された創刊号のみ福音印刷合資会社で印刷されたが、第二号からは朝鮮語の紙面がなくなったため、印刷所が変わっている。(63)

以上、簡単にみてきたように、福音印刷合資会社で印刷されていた朝鮮人留学生の出版物は、いずれもキリスト教書籍とはいいがたいものである。朝鮮ＹＭＣＡの『基督青年』が唯一のキリスト教出版物であるが、『現代』に改題されると宗教色は薄れ、「矯激ナル排日記事ヲ掲載」したため、第四号（一九二〇年四月）は発禁処分を課されるに至った。(64)朝鮮人留学生と福音印刷合資会社を結びつけたものは、一体何だったのであろうか。

（4）福音印刷合資会社と朝鮮人留学生

福音印刷合資会社で扱っていた出版物は、三種に分類することができる。ひとつが聖書や讃美歌集をはじめとするキリスト教出版物であり、いまひとつが賀川豊彦や賀川ハルなどの親類関係の出版物である。そして、三つめが明治学院関係の出版物である。福音印刷合資会社は明治学院の同窓会誌『白金学報』(65)の印刷を約二〇年受け持っていた。

前述したように、村岡平吉はヘボン一派の宣教師の伝道に遭遇したことを契機として長老会のキリスト者となった。村岡平吉が長老をしていた指路教会も、ヘボンの伝道所を起源とする長老会の教会である。(66)それゆえ、ヘボン塾を起源のひとつとする明治学院とも親交が深かった。一九一一年九月に学生寮であるヘボン館が焼失した際にはビスケットを差し入れたり、[67]同年一一月に落成した新校舎の建設の際には一〇〇円を寄付したりしている。[68]また、五男の村岡斉を明治学院に通学させ、それが契機となり、福音印刷合資会社が『白金学報』の印刷を受け持つようになった。[69]

福音印刷合資会社と朝鮮人留学生が結びついたのも、明治学院に留学していた朝鮮人の存在が極めて大きい。雑誌の創刊経緯が比較的明確な『創造』の場合、福音印刷合資会社で印刷されたのは、発行を主導した朱耀翰が明治学院の留学生（卒業は一九一八年）だったからである。

後に、上海に渡り大韓民国臨時政府に参画するだけでなく、朝鮮を代表する詩人としても活躍する朱耀翰は、父親で長老会牧師の朱孔三とともに来日し、一九一三年四月に明治学院の普通学部に入学した。[70]優秀な学生だったようで、一年生の頃から『白金学報』に日記が掲載されただけでなく、[71]一九一四年三月には「大正三年三月優等受賞者」にも選ばれた（二等）。[72]四年生に進級した一九一六年から卒業までの二年間は『白金学報』の編集委員に選ばれ、五年生になった一九一七年度には明治学院同窓会雑誌部の理事のひとりにも選ばれた。[73]これがきっかけとなり、朱耀翰と福音印刷合資会社の関係がはじまった。『白金学報』の編集について、朱耀翰は次のように回顧している。

このとき、はじめて私は活字に号数というものがあることを知った。また、校正員が使用する各種の符号を銀座にある福音印刷所の三階校正室で習得した。校正の仕事は、簡単なようでとても難しいという大真理も、このときに体験した。しかし、自らの手で編集した学報の製本が完了し、配達されるのをみたときの喜びは、何事にも比べることのできない経験だった。[74]

『白金学報』の編集のために福音印刷合資会社東京支店に出入りして印刷の仕事を学んでいた朱耀翰ならば、一九一七年に福音印刷合資会社のハングルの活字が東京支店から横浜本店に移動したことも知っていたであろう（『学之光』の奥付をみれば分かることではあるが）。朱耀翰は、『創造』を創刊する際に東京でも印刷会社を探したのかどうかには触れていない。しかし、『白金学報』の縁で『創造』が福音印刷合資会社で印刷されることになったのは間違いないだろう。加えて、福音印刷合資会社が古くから朝鮮語の聖書を印刷していたがゆえに、ハングルの出版物の印刷方法を熟知していたことも大きいだろう。福音印刷合資会社の職工について、朱耀翰は「職工のなかには朝鮮人がいなかったが、意味も分からないハングル活字を、これといって間違えることもなく取り出す彼ら職工の熟練には、驚かずにはいられなかった(75)」と評価している。

それでは、福音印刷合資会社で印刷された最初の出版物『学之光』はどうだろうか。福音印刷合資会社と学友会が結びついた経緯を明確に知り得る史料は残っていないのだが、ここでも明治学院に留学していた朝鮮人の存在が大きかったことが推測される。

先に述べたように、一九一四年に設立された福音印刷合資会社は、学友会の前身である親睦会の機関誌『学界報』を印刷した教文館印刷所の裏のビルに置かれていた。教文館についてはほとんど史料が残っていないが、当初、教文館印刷所で印刷されていた大杉栄と荒畑寒村の『近代思想』の印刷所が、一九一四年二月の第二巻第五号から福音印刷合資会社東京支店に変わっているので、教文館の印刷所業務を福音印刷合資会社東京支店が受け持つようになったものとみられる。

そうだとすれば、朝鮮人留学生は一九一四年に『学之光』を創刊するために、まず教文館に交渉に行き、そこで教文館から福音印刷合資会社を紹介された可能性が極めて高いのだが、その際に、明治学院に留学していた朝鮮人も橋渡し的な役割を果たしたのではないかと思われる。

明治学院への朝鮮人の留学は、一八八六年に卒業した朴泳孝にはじまる[76]。その後しばらく留学生が途絶えた後、普通学部において一九〇五年と一九〇六年に一人ずつ朝鮮人の卒業生が生まれた。そして、一九〇九年に金鴻亮、劉泰魯、金鉉軾の三人の朝鮮人が卒業して以降は、コンスタントに年間二〜四人のペースで朝鮮人留学生が卒業していった。村岡平吉の五男の村岡斉が明治学院を卒業したのも一九〇九年のことである。村岡斉は明治学院を卒業した翌年から印刷業を学ぶためにイギリスに留学し、一九一四年に帰国すると福音印刷合資会社で本格的に勤務するようになる[77]。村岡斉が朝鮮人留学生をどのように認識していたのかは知り得ないが、村岡斉が卒業する以前にほとんど留学生がいなかったことを勘案すれば、同期の三人をはじめとする朝鮮人留学生の存在は印象に残ったに違いない。また、一年後輩には李光洙と鄭世胤が在籍しており、李光洙とは一九〇九年二月に明治学院で開催された大文学会でともに役員になっている[78]。先に述べたように、鄭世胤は親睦会の二代目会長で、親睦会の解散後には学友会の初代会長になった。明治学院を卒業した後は、東京慈恵医院医学専門学校に進学[79]、一九一五年の春に朝鮮に戻り、平壌で病院を開業した[80]。

金炳魯や白南薫の回想をみる限り、鄭世胤は『学之光』の編集に関わっていなかったようだが、教文館の裏に福音印刷合資会社の東京支店が置かれた際、学友会幹部のなかに福音印刷合資会社を斡旋することができる人物がいたのは確かであろう。断言することはできないが、かつて朝鮮人留学生が教文館印刷所を利用していたこと、その教文館の裏のビルに鄭世胤ら明治学院の同学である村岡斉の福音印刷合資会社がやってきたことが、『学之光』が福音印刷合資会社で印刷される契機となったのではないだろうか。

また、福音印刷合資会社で印刷された初期の出版物は、明治学院の留学生が創刊に大きく関わっている。一九一五年に学友会の会長となり、一九一七年には朝鮮ＹＭＣＡ幹事として『基督青年』の発行人になる白南薫も、明治学院の留学生（一九一三年に卒業後、早稲田大学に進学）である。二年生から編入したため、村岡斉とは入れ違いであったが、白南薫の明治学院編入学を手助けした金鴻亮、李寅彰、金洛泳の三人[81]は村岡斉の同期と一年後輩であり間接的には繋がりがあった[82]。朝鮮女子留学生の『女子界』も同様に、村岡斉の一年後輩の李光洙が朝鮮女子留学生親睦会の顧問として創刊の手助けをしている。

このように、福音印刷合資会社で印刷された出版物のうち最初の三誌は、明治学院の留学生で、かつ村岡斉と面識のある人物が創刊に大きく関わっているのである。これら朝鮮人留学生や、『白金学報』の印刷業務のため福音印刷合資会社に出入りしていた朱耀翰らを媒介として生まれた福音印刷合資会社と朝鮮人留学生の関係は、出版物印刷のための遣り取りのなかで深まっていったのであろう。そして、その関係は京都の留学生にまで広がり、最終的には明治学院と縁もゆかりもない朝鮮人社会主義者の出版物が福音印刷合資会社で印刷される土台を築いたのではないだろうか。とくに、二・八独立宣言後の一九一九年一一月には、同年三月に大阪天王寺公園で檄文をばら撒こうとして検挙された廉尚燮[83]が植字の仕事で三週間雇用され「大歓迎を受ける」など[84]、出版物の発行者と印刷者という関係を越えるまでに進展していったのであった。

以上で考察したように、朝鮮人留学生は一九一四年に『学之光』を創刊して以降、出版活動を本格化させた。ハングルの活字を持つ印刷所を確保することは、そのための必須要件であったが、長老派のキリスト者である村岡平吉が経営し、明治の末から各国の聖書を印刷していた福音印刷合資会社が印刷を受け持つことで解決をみた。

福音印刷合資会社と朝鮮人留学生の関係において注目すべきは、両者の距離の近さであろう。福音印刷合資会社と朝鮮人留学生の関係は、基本的には印刷料の授受を媒介とする印刷者と発行者の関係である。しかし、朱耀翰や廉尚燮の事例からも分かるように、朝鮮人留学生のなかには、単に福音印刷合資会社に原稿を預けるだけでなく、活版印刷術の工程について積極的に学ぼうとする者もいた。

このことが、在日朝鮮人留学生の出版活動、ひいては朝鮮独立運動において持った意味は、決して小さくはない。一九一九年五月、日本での留学を切り上げて上海に渡り、大韓民国臨時政府の機関紙『独立新聞』の出版部長となった朱耀翰は、上海での印刷環境について次のように述べている。

私たちは朝鮮語聖書から活字を選んで、商務印刷館［商務印書館］にわたして字母を作ろうとした。手動の鋳造機が一台と中国人の鋳造工ひとりが準備された。「가」の文字から「쾌」、「횡」の文字に至るまで約二千字のハングル活字が鋳造された。しかし、ケース排列を理解するものがいなかった。私は朝鮮文の本を使ってハングル文字使用統計を作った。「이」の文字が一番多く使われ、その次に「의」、「한」、「하」、「고」などが多く使われる。そこで、右から「가나다라」の順に各活字の位置を定めて、たくさん使われる活字はケースの間を広くして設置するようにした。そして、職工志願者数人とともに文選練習を開始した。(85)

福音印刷合資会社に比べはるかに劣る条件のなかで、朱耀翰は活字の鋳造から排列に至る工程をひとりで行い、『独立新聞』の印刷環境を整えたのであった。そして、それを可能にしたものは、『白金学報』や『創造』の発行を通して福音印刷合資会社において培われた出版・印刷経験にほかならない。朝鮮人留学生は、日本人経営印刷所を使用せざるを得ないという制約を課せられていたが、その一方で、日本人経営印刷所から積極的に印刷の工程を学ぶことで、その後の独立運動の展開に活かしていったのである。

第一章で述べたように、韓国併合直後の朝鮮人留学生は、できる限り日本人の手を借りずに運動を展開させようとしていた。しかし、福音印刷合資会社と朝鮮人留学生の事例は、むしろ日本人と密に接することで、出版活動や後の独立運動の展開を有利に進めていく方向へと朝鮮人留学生が方針を転換させたことを物語っているように思われる。次節以降では、それを資金調達を例にとって検討しよう。

第二節　在日朝鮮人留学生の資金調達

一九一〇年代の中盤以降、数多くの朝鮮人留学生の出版物が発行されたが、そのなかでも、とくに安定したペースで発行できたのが『学之光』と『基督青年』である。一九一九年の三・一運動以前までをみても、『学之光』は一九一九年一月の第一八号まで、『基督青年』も一九一九年一月の第一三号まで発行されているが、一九一〇年代の朝鮮人留学生の出版物で、号数が二桁に到達した事例はほかにはない。本節では、朝鮮人留学生が『学之光』と『基督青年』を定期的に発行するために、どのようにして資金を調達していたのかを検討していく。

まず、『学之光』と『基督青年』がこれだけ安定したペースで発行された理由として、学友会と朝鮮ＹＭＣＡが確固たる財政基盤を持っていたことが挙げられる。まず、朝鮮ＹＭＣＡはニューヨークにある万国基督教青年会本部から毎年援助金を受けていたが、内務省によれば、その援助額は一九一七年の場合、二三四六円七一銭にもおよんでいる[86]。

では、学友会はどうだろうか。一九一五年五月に発行された『学之光』第五号には、同年四月の総会で公表された学友会の財政状態が掲載されている。

◎学友会財政状態

前期財政状態

収入　二百六十四円〇五銭。毎人毎月負担会費十八銭。

支出　二百四十五円五十一銭。

今期財政状態

収入　二百六十五円。毎人毎月負担会費二十銭。
支出　二百五十円四十銭。
剰余金一百円
◎学之光発行費用
第三号　六十円八十二銭。
第四号　七十九円四十銭。(87)

まず前期と今期の具体的な期間であるが、前期に関しては『学之光』第五号の消息欄に「昨年九月〜今年二月(88)」と書かれている。したがって、前期が一九一四年九月から一九一五年二月まで、今期が同年三月から八月までを指していると考えられる。一九一五年四月に財政状態が公表されたので、前期が決算報告で、今期が予算案であろう。

次に支出であるが、財政状態に書かれている『学之光』第三号と第四号は、それぞれ一九一四年一二月と一九一五年二月に発行されたので、前期の「支出　二百四十五円五十一銭」には、第三号と第四号の発行費用である一四〇円二二銭が含まれているとみてよい。今期の支出額も前期と大差ないので、財務状態を掲載した一九一五年五月の『学之光』第五号と、同年七月に発行される第六号の発行費用を含んでいるのだろう。そして、これら支出を上回る収入は、一八銭から二〇銭の「毎人毎月負担会費」によって調達していた(89)。

上記の財政状態からは、一九一五年の時点では、学友会が支出の約六割を『学之光』の発行費に充てていることと、そして年四回のペースで発行しても剰余金として一〇〇円を繰り越せるほど財政状態が良好であったことが分かる。しかし、一九一六年以降、徐々に学友会の財政が厳しくなっていったことが『学之光』の誌面から分かる。

まず、一九一六年三月に発行された第八号は[90]、第六号では一〇〇頁にもおよんでいた紙幅が四九頁に縮小され、活字のサイズも従来の五号活字からその四分の三のサイズである六号活字で埋め尽くされた。それにもかかわらず、第八号は、従来の販売価格の一三銭から二銭値上げをして一五銭で販売された。また、同年九月発行の第一〇号、翌一九一七年一月発行の第一一号、同年七月発行の第一三号では、『学之光』発行のための「学之光基金」に出資した朝鮮人留学生らの一覧が掲載されており、会費だけでは『学之光』の発行が維持できなくなっていったことが分かる。また、その会費自体も、一九一八年二月の総会で予算として三〇〇円を調達するために三〇銭に値上がった[91]。なぜ一九一六年に入ってから学友会の財政が厳しくなったのだろうか。『学之光』第八号の編集後記には、活字のサイズを縮小し、定価を一五銭に引き上げた理由について次のように書かれている。

世界大戦の影響を私たちも受けて、紙価の高騰によって、今号は全て六号活字にしました。

特に申し上げるべきことは、今号から本誌の価格を改定したことです。これは、印刷費と紙価が暴騰したために、以前の価格では支払えなくなったからです。こうした事情により、今号からは一冊あたり定価十五銭、郵送費二銭に改定しますが、愛読者諸君が了承してくださることを望みます[92]。

『学之光』の編集者が、活字サイズの縮小と販売価格の値上げの理由を「世界大戦の影響」によって「印刷費と紙価が暴騰」したためと説明するように、第一次世界大戦は日本の出版業界に多大な影響をもたらした。第一次世界大戦で日本がドイツと開戦したことによって、当時東アジアの紙製品市場を押さえていたドイツからの輸

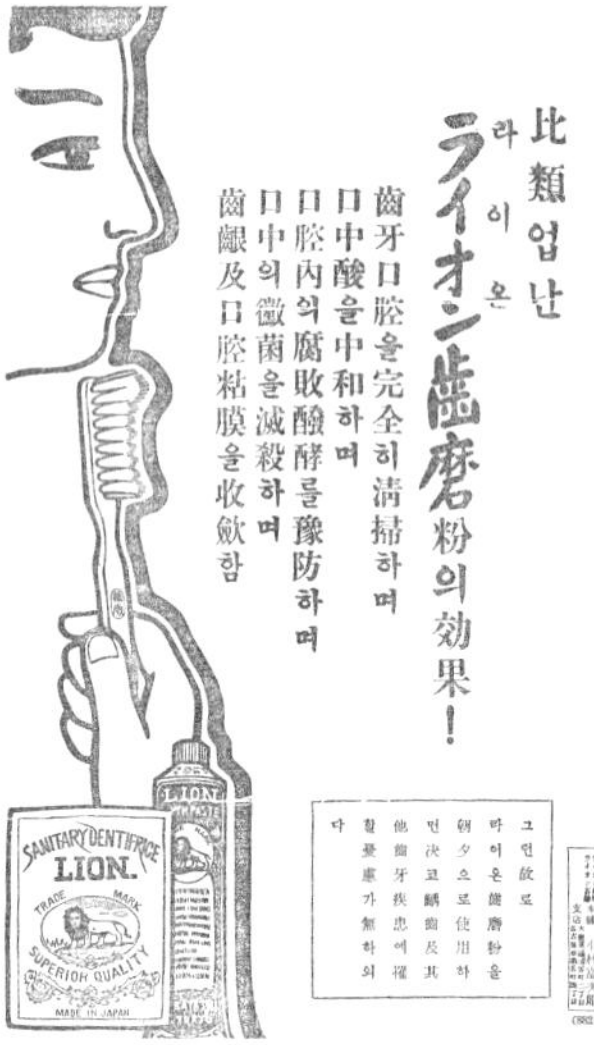

図６　朝鮮人用に作成されたライオン歯磨の広告（『基督青年』第９号）

入が途絶え、深刻な紙不足に陥った。さらに、一九一六年には原料であるパルプのスウェーデンからの輸入も途絶え、紙価は高騰した。一九一七年には紙価が三度引き上げられ、開戦当時に比べ二割四分高となった(93)。『学之光』の販売価格の値上げや「学之光基金」の募集、そして会費の引き上げといった一九一六年以降の朝鮮人留学生の一連の行動は、日本における紙価高騰の流れと連動しているといえよう。

紙価の高騰によって『学之光』発行費が支出の約六割を占める学友会の財政が厳しくなるなか、留学生が新たに取った対策が広告の募集であった。一九一七年一二月発行の『学之光』第一四号では、はじめて奥付の上段に「広告料」の項目が登場する。当初は「特等十円、一等八円、二等七円、三等六円」での募集であったが、一九一八年三月発行の第一五号で広告料が値上がりし、以降、「特等十五円、一等十円、二等八円、三等五円」での募集が続く(94)。最初に広告が掲載されたのは、『学之光』ではじめて広告募集をかけた次の号である第一五号であり、朝鮮内の京城の書店である東洋書院と咸鏡南道の印刷業者である共誠商店の広告が掲載された。しかし、それ以降両者とも広告を載せていない。なお、東洋書院は朝鮮内の『学之光』の販売取次所であるから、まずは身内に援助を求めたといったところであろう。

しかし、一九一八年八月の第一七号以降、朝鮮内の業者に代わり毎号のように広告を掲載する日本人企業が現れる。それまで白紙であった『学之光』の裏表紙にライオン歯磨の一頁広告を載せ続ける小林富次郎商店（現・ライオン株式会社）である（図６）。また、小林富次郎商店は『学之光』だけでなく、一九一七年に創刊された朝鮮ＹＭＣＡの機関誌『基督青年』にも、管見の限りでは一九一八年四月発行の第六号から毎号裏表紙に一頁広告を出している。一方、『基督青年』の場合、小林富次郎商店に加え、茅ヶ崎の療養所の南湖院も毎号半頁ほどの広告が掲載されている。それ以外の日本人企業では、明治大学出版部が『学之光』第一七号と『基督青年』第九号に法科講義録の広告を載せているが、一度きりであった。後述するように、小林富次郎商店は一九二四年まで、南湖院は一九二六年まで在日朝鮮人の発行する雑誌に広告を載せ続けることになるが、これほどまでに在日朝鮮人の出版物と関わった日本人企業はめずらしい。

それでは、在日朝鮮人留学生はどこで広告主をみつけてきたのだろうか。また、数ある日本人企業のなかで、なぜ小林富次郎商店と南湖院だけが彼らの広告募集に応じ続けたのだろうか。

実は、同時期に発行されていた日本の出版物には、毎号奥付に続く最終頁を南湖院の一頁広告、それに続く裏表紙を小林富次郎商店で終える雑誌がある。それが、日本組合基督教会の本郷教会の牧師・海老名弾正が主筆を務め、吉野作造ら本郷教会所属の知識人や青年たちが編集をしていた雑誌『新人』である。小林富次郎商店の創業者の小林富次郎と南湖院の創立者の高田畊安は、本郷教会の財政的基盤を支えたキリスト教実業家であった(95)。以下、小林富次郎と高田畊安が在日朝鮮人留学生の雑誌に広告を出しはじめるまでの経歴を、朝鮮との関わりに留意しつつ簡単にみていこう。

小林富次郎商店の創業者である小林富次郎（一八五二～一九一〇）は、神戸で石鹸製造業に従事していた一八八八年、多聞教会で長田時行から洗礼を受けた。一八九一年に東京に移り、神田で小林富次郎商店を創業し、一八九六年にライオン歯磨を発売した。神戸の多聞教会から東京の本郷教会に転会したのは小林富次郎商店を創業した翌年の一八九二年のことであり、一八九七年に海老名弾正が牧師になると、小林富次郎は海老名弾正に全身的な敬意を寄せた(96)。朝鮮と関わりを持ったのは、養子で小林富次郎の死後に、二代目小林富次郎を襲名した徳次郎

（一八七二〜一九五八）の方である。徳次郎（以下、小林富次郎は二代目の徳次郎を指す）自身も一九〇三年に海老名弾正から洗礼を受けた。[97] 小林富次郎は、『学之光』と『基督青年』に広告を出しはじめる直前の一九一八年三月に本郷教会で開始された「朝鮮教化資金募集委員」のひとりとして名を連ねている。[98]

一方、高田畊安が一八九九年に設立した茅ヶ崎の南湖院は、国木田独歩が療養していたサナトリウムとして、戦前の日本では広く知られていた。高田畊安は京都府立医学校に通っていた一八八二年に、第二基督教会で会衆派（組合教会）のD・W・ラーネッドから受洗した。一八八四年に東京帝国大学医学部に進学すると、後に吉野作造や朝鮮人留学生も所属することになる東京帝国大学YMCAの創始者のひとりとなった。[99] 上京後は長老派の日本基督教会に属していたが、海老名弾正が本郷教会の牧師となると高田畊安も本郷教会に転会した。[100] 朝鮮人との出会いは一九一一年八月七日のことであり、朝鮮牧師視察団が来日した際に朝鮮人牧師二九名が茅ヶ崎の南湖院を訪れた。そのとき高田畊安は「基督者であると初対面でも同胞のような感がして、何の隔てもない」[101] と感想を語っている。

以上が小林富次郎と高田畊安の経歴であるが、彼らが本郷教会を代表するキリスト教実業家だったことからみて、[102] 朝鮮人留学生は本郷教会で広告営業を行ったとみて間違いないだろう。これまで募金や会費によって、自力で出版物の発行費用を捻出してきた朝鮮人留学生であったが、第一次世界大戦による財政圧迫のなかで、広告掲載という形を通して日本人から発行資金を得るに至ったのである。

では、なぜ本郷教会に所属する日本人実業家が朝鮮人留学生の出版物に広告を出すことになったのだろうか。この問題について検討する前に、ひとつ指摘しておかなければならないことがある。それは、朝鮮人留学生の出版活動に関わっていた日本人企業が、すべてプロテスタント系だったということである。

韓国併合に際して押収された大韓興学会印刷所に代わって『学界報』を印刷したのはメソジストの教文館であ

り、一九一四年以降に在日朝鮮人留学生の出版物の印刷を受け持ったのは長老派の福音印刷合資会社であった。第一次世界大戦によって紙価が高騰するなか、在日朝鮮人留学生の広告募集に応じたのは、日本組合基督教会の信徒が経営する小林富次郎商店と南湖院であった。次節では、なぜ在日朝鮮人留学生の出版活動に深く関わった日本人実業家がいずれもキリスト者であったのか、そして、朝鮮人留学生と日本人キリスト者はどのような関係だったのかという問題について考察することとしたい。

第三節　在日朝鮮人留学生と日本人キリスト者

朝鮮人留学生が出版物発行の際に日本人キリスト教実業家が経営する企業に依存していた主たる要因としては、当時の朝鮮人留学生にとって最も接しやすい日本人がキリスト者だったことが考えられる。例えば、『学之光』第二号の印刷人や『学友』創刊号の編集兼発行人をしていた金雨英の場合、彼が留学時代にはじめて親しくなった日本人はキリスト者であった。

後年の金雨英の回顧録『民族共同生活과 道義』（民族共同生活と道義）[103]によれば、一八八六年生まれの金雨英は、一九〇九年に岡山の第六高等学校に留学した。入学して間もない頃に伊藤博文暗殺が起こり、これにより日本人の朝鮮人に対する感情も、金雨英の日本人に対する感情も極度に悪化した。岡山に来て一年が過ぎた頃、金雨英は韓国併合により国を失った。失意のなかで、彼はキリスト教信徒の日本人同窓生に励まされたり、イギリス人牧師のいる聖公会の教会に通ったりすることで、ある程度は慰められたが、寺内正毅を暗殺して民族の恨みを晴らすことを思いついては、そのような行動はキリスト者にふさわしくないとして撤回する悶々とした日々を送った。そうしたなか、彼はキリスト教信徒の第六高等学校教師に声をかけられて第六高等学校ＹＭＣＡに行くことになり、そこでも岡山孤児院経営者の石井十次をはじめ数名の日本人キリスト者に励まされた。そして彼は、日

図７　京都帝国大学時代の金雨英（前列中央、『学友』第１号）

本人の組織である六高ＹＭＣＡの会員となり、さらには六高ＹＭＣＡの寄宿舎に移り住むことを決めた。彼は当時について、「基督教信者は私たち韓国留学生に同情する人が多かった」と回顧している[104]。

金雨英は一九一三年に第六高等学校を卒業すると上京し、東京帝国大学に通いながら（法学部を受験したが落第したため文学部に入学）[105]、『学之光』第二号の発行に印刷人として関わることになるのだが、上記の回顧録からも分かるように、伊藤博文の暗殺によって日本人の対朝鮮人感情が悪化するなか、日本人キリスト者だけは朝鮮人留学生に同情的であるという認識を持っていた。彼は六高、東大、そして東大に入学した翌年には京都帝国大学法学部に転学し、各々の学校のＹＭＣＡの寄宿舎で生活したが、それは彼にとって日本人キリスト者が心許せる存在だったからにほかならない。

当時の朝鮮人留学生の認識を金雨英の事例だけによって代表させることはできないが、彼らのなかにキリスト教信徒が相当数いたことからみて[106]、朝鮮人留学生に同情的な日本人キリスト者がいることは、朝鮮人留学生界で広く知られていたものと思われる。広告の募集などで日本の企業と交渉する際にも、キリスト者が経営する企業の方が朝鮮人留学生に同情的であるという判断があったのではないだろうか。実際、高田畊安は朝鮮人牧師にはじめて会った際、「同胞のような感がして、何の隔てもない」と述べていたので、キリスト者という共通項は、日本人キリスト教実業家の朝鮮人に対する悪感情や先入観を和らげる効果をもたらしたと思われる。

それでは、朝鮮人留学生と日本人キリスト教実業家の関係はどうであっただろうか。朝鮮人留学生側が日本人キリスト者を留学生に同情的であると認識していたこと、キリスト者という共通項、そして、実際に日本人キリスト教実業家側が印刷業務を引き受けたり、広告を出したりしていることからみて、悪くはなかったはずである。しかし、日本人キリスト教実業家が朝鮮人留学生の良き理解者だったともいいがたい。一九一九年の二・八独立宣言が示すように、朝鮮人留学生は朝鮮の独立を渇望していたが、日本人キリスト教事業家の植民地支配に対する立場は異なるのである。

第一節で論じたように、福音印刷合資会社の経営者である村岡平吉は、朝鮮人留学生の出版物を数多く印刷しただけでなく、後に小説家として名を残す廉尚燮を植字工として雇用した人物であった。しかし、彼が長老を務めていた長老派の指路教会は、三・一運動後の朝鮮総督府の政策に対して「我国人をして正義と人道に拠りて鮮人を指導せしめんことを期す」[107]という声明を出している。さらに、日本組合基督教会の場合、朝鮮総督府の依頼に応じて、一九一一年から一九二一年にかけて朝鮮の同化を目的とするキリスト教伝道を行っていた宗派であり、朝鮮伝道の積極的支持者であった海老名弾正が牧していた本郷教会はその拠点であった[108]。もっとも、朝鮮伝道に関しては日本組合基督教会内でも柏木義円や湯浅治郎をはじめとする批判者がおり、本郷教会の内部でも吉野作造がこれを批判していた。しかし、前節でみたように、小林富次郎と高田畊安は海老名弾正の信奉者であり、朝鮮伝道の支持者であった可能性が高い。実際、小林富次郎が委員として関わっていた「朝鮮教化資金募集」は、

「内鮮の永遠の結合」[109]を目的としている。

では、植民地支配に関する立場が全く異なるにもかかわらず、なぜ本郷教会の小林富次郎と高田畊安は広告を出したのだろうか。まず考えられる理由としては、小林富次郎と高田畊安が教会の財政的支援者であると同時に、知識青年たちの支援者でもあったという点である。本郷教会は青年層が数多く所属する「青年の教会」であり、『新人』は海老名弾正の雑誌であると同時に、本郷教会に集まった知識青年たちの雑誌でもあった。[110]知識青年を支援する一環として、朝鮮人留学生の雑誌にも広告を載せた可能性がある。

しかし、より大きな理由は、本郷教会自体が朝鮮人留学生支援の方針を打ち出していたからであろう。『学之光』が創刊された一九一四年四月発行の『新人』には、「朝鮮青年の為に訴ふ」という朝鮮人留学生に対する呼びかけ文が掲載されている。

引用するには長いので（全文は注を参照）簡単に要約すると、「我が朝鮮総督府の政治が如何に朝鮮の為に盡す」ものであっても、「誤れる所」がないとはいえない。とりわけ、朝鮮青年が「総督政治の治下に於て相当の言論の自由を要求」するのは当然のことであり、それを持たない朝鮮青年には「同情を禁じ得ない」。また、東京都下の朝鮮人留学生は「殆ど悉く極端なる排日論者」であるが、それは日本人が朝鮮青年に「温き同情を寄せ」なかったことが原因である。したがって、「総督府の施政方針」を論じる前に、「都下の鮮人青年学生に対して吾人は特別なる同情を以て先づ彼等の温き友となり知己と成らなければならぬ」というものであった。[111]

『学之光』や『基督青年』に毎号のように掲載されたライオン歯磨や南湖院の広告は、小林富次郎と高田畊安が言論の自由が制限されている朝鮮人留学生に「温き同情」を寄せるという本郷教会の方針を実践していたことを示している。とはいえ、その本郷教会の方針が、朝鮮総督府の政治が「朝鮮の為に盡す」ものであることを前提にしていることからも分かるように、小林富次郎や高田畊安は日本による朝鮮人の同化を支持する立場であった。この点は、おそらく福音印刷合資会社の村岡平吉も同様であっただろう。
したがって、朝鮮人留学生は、植民地支配に関する立場が大きく異なることを知っていながら、自分たちに同情を寄せてくれる日本人キリスト教実業家に接触し、出版物を印刷したり、広告を獲得したりしていたということになる。つまり、朝鮮人留学生にとって日本人キリスト教実業家は、政治的立場を度外視してでも、付き合うべき存在であったのである。韓国併合直後の朝鮮人留学生が日本人の手を借りずに運動を展開しようとしていたことを想起すれば、これは極めて大きな方向転換であるといえよう。言論の自由がほぼなかった朝鮮内の知識人に代わって彼らが活発的な言論、出版活動を展開することが可能になった背景には、日本人キリスト教実業家の存在とともに、こうした朝鮮人留学生側の方向転換もあったといえる。

以上、本章では、三・一運動以前の朝鮮人留学生の主たる活動のひとつであった出版活動について、それに深く関わっていた日本人キリスト教実業家との関係にスポットを当てながら検討してきた。最後に、三・一運動以前の朝鮮人留学生の運動とキリスト者を含めた日本知識人との関係について簡単に考察して本章を締めくくることとしたい。

三・一運動以前においては、朝鮮人留学生と日本知識人の接触の事例はあまり多くない（もちろん、大学の授業などで教員と顔を合わせることはあったはずだが）。そのなかで、まずキリスト者以外の日本知識人との接触の事例からみていくと、鄭泰信が日本人社会主義者と接触していたことが確認される。官憲の報告書によれば、京畿道利川郡出身の鄭泰信（留学生ではなかったようである）は一九一四年七月に大阪に移住し、大杉栄や荒畑寒村と連絡関係のあったアナキストの横田淙次郎と長谷川市松に接触、彼らの斡旋と指導のもと強学会という朝鮮人団体を組織し、同年九月一日に朝鮮人親睦会と改称した[112]。大阪市南区新世界の飲食店で開かれた同会の会合には朝鮮人下層労働者が四〇名ほど参加しており[113]、鄭泰信は彼らに対し、日本在住朝鮮人は日本人と同様に政府の保護を受け安心して生活する権利があることや、常識、智識を修養する必要があることについて述べていたという[114]。ここに朝鮮人労働者の相互扶助組織の萌芽が見出せるのだが、鄭泰信は一九一五年一月に突如中国に渡ったため、以降、朝鮮人親睦会は自然消滅し、横田や長谷川との関係も途絶えたようである[115]。

次に確認されるのは、大正デモクラットとの接触である。先の金雨英と彼の友人である張徳秀は、小日本主義を標榜して植民地の放棄を主張していた茅原華山や石田友治が編集する自由主義雑誌『第三帝国』第五号（一九一四年二月）に投稿し、婉曲的にではあるが、独立への思いを訴えかけた[116]。また、一九一五年五月に開催された第三帝国読書大会では、張徳秀の早稲田大学の同学である金錣洙が、五分間、「朝鮮は朝鮮人の朝鮮」という主旨の演説をした[117]。この事例は、植民地の放棄を掲げる日本知識人と独立を望む朝鮮人留学生との間に、利害関係の一致した連帯関係が成立していたことを示すものである。かつて亜洲和親会でこうした試みが頓挫してしまったことを想起すれば、画期的な出来事であったといえるだろう。

しかし、これらの日本知識人との接触は、あくまでも一部の朝鮮人留学生が個人的に行ったものにすぎず、朝鮮人留学生運動の全般的な傾向を示すものではない。『第三帝国』に投稿したことについて、金雨英は次のように述べている。

私は東大で、張［徳秀］君は早大で演説もし、日本人の雑誌に投稿もした。其時、我が留学生界の極烈な排日論者のなかには、総督府から派遣された密偵の輩がいた。東京留学中には、こうした密偵の輩が仮装して、排日言辞を弄しながら真正な愛国運動者を探偵したのである。

私はこうした人物の被害を受けた。もちろん、私だけではないが、大概こうした分子が、張徳秀と金雨英は日本人に対して日本語で演説をするから親日派である、張と金は日本人の雑誌に投稿するから自治派である、と離間中傷した。そして、こういう非常識な主張が往々にして人気を呼び、留学生界の輿論を形成した。日本人に学びに来た学生が日本人と正当に交渉し、さらに日本人に対して言論を以て朝鮮独立を主張することが、どうして親日派となり自治派となるのか、常識では判断し難かった。[118]

引用文から分かるように、金雨英と張徳秀は『第三帝国』に投稿したために、親日派や自治派であるとして留学生界から非難されてしまったのである。もちろん、その直接的な原因は密偵の離間工作にあり、実際、この誤解は後に解けたようである。[119]しかし、日本人と親しくする者を親日派と規定する密偵の主張が朝鮮人留学生の間で人気を集め、それが「輿論」にまでなったという事実は、当時、政治的傾向がどうであれ、日本人総体を敵視する朝鮮人留学生がいかに多かったかをよく示していよう。

しかし、そうした状況にあっても、キリスト教系の日本知識人は例外だったようである。一九一二年に学友会が組織されてから、朝鮮人留学生は出版活動と並ぶ主要事業としてたびたび講演会を開催した（朝鮮ＹＭＣＡとの共催の場合もある）。[120]当初は李光洙など朝鮮人留学生界のリーダー格の人物が講演をしていたが、一九一七年から日本知識人を招聘する「名士招請講演会」が定期的に開催されるようになった。その講演者をみていくと、一九一七年二月三日の吉野作造にはじまり、同年三月三〇日から四月四日にかけて箱根の堂ヶ島で開催された講演会では内村鑑三、吉野作造、小松武治、九月二九日には元田作之進、一〇月二七日には大山郁夫、一一月一〇日には井深梶之助、一九一八年一月一九日には再び吉野作造が「戦後警醒」という題目で講演している。[121]大正デモクラシーの旗手であった吉野作造と大山郁夫を含めて、ここに名前が挙がっているのは、宗派こそ異なるが、いずれもキリスト者である。

講演会にせよ、『学之光』にせよ、これらは朝鮮人留学生の統合団体である学友会がオフィシャルに行った、すなわち留学生たちの総意にもとづく事業である。したがって、大阪のアナキストや『第三帝国』など、ごく一部の例外はあるにせよ、総じて朝鮮人留学生はキリスト者にほぼ限定して日本人との人間関係を構築し、それによって出版活動や講演会を成立させていたといえる[122]。日本人キリスト者が朝鮮人留学生に寄せた「温き同情」やキリスト者としての同胞意識は、それだけ朝鮮人留学生の運動において重要な意味を持つものであった。

逆にいえば、同情や同胞意識といった思想や政治とは何ら関係のないものが重要性を帯びてしまうほどに、三・一運動以前の朝鮮人留学生と日本の社会運動の政治的、思想的な結びつきは希薄だったということである。そしてこの時期、朝鮮人留学生と政治的、思想的に最も密接に結びついていたのは、朝鮮と同様に日本に侵略されていた中国、台湾の留学生であった。次章で詳しくみていきたい。

第三章

在日朝鮮人留学生の独立運動

——中国人・台湾人留学生と朝鮮人留学生——

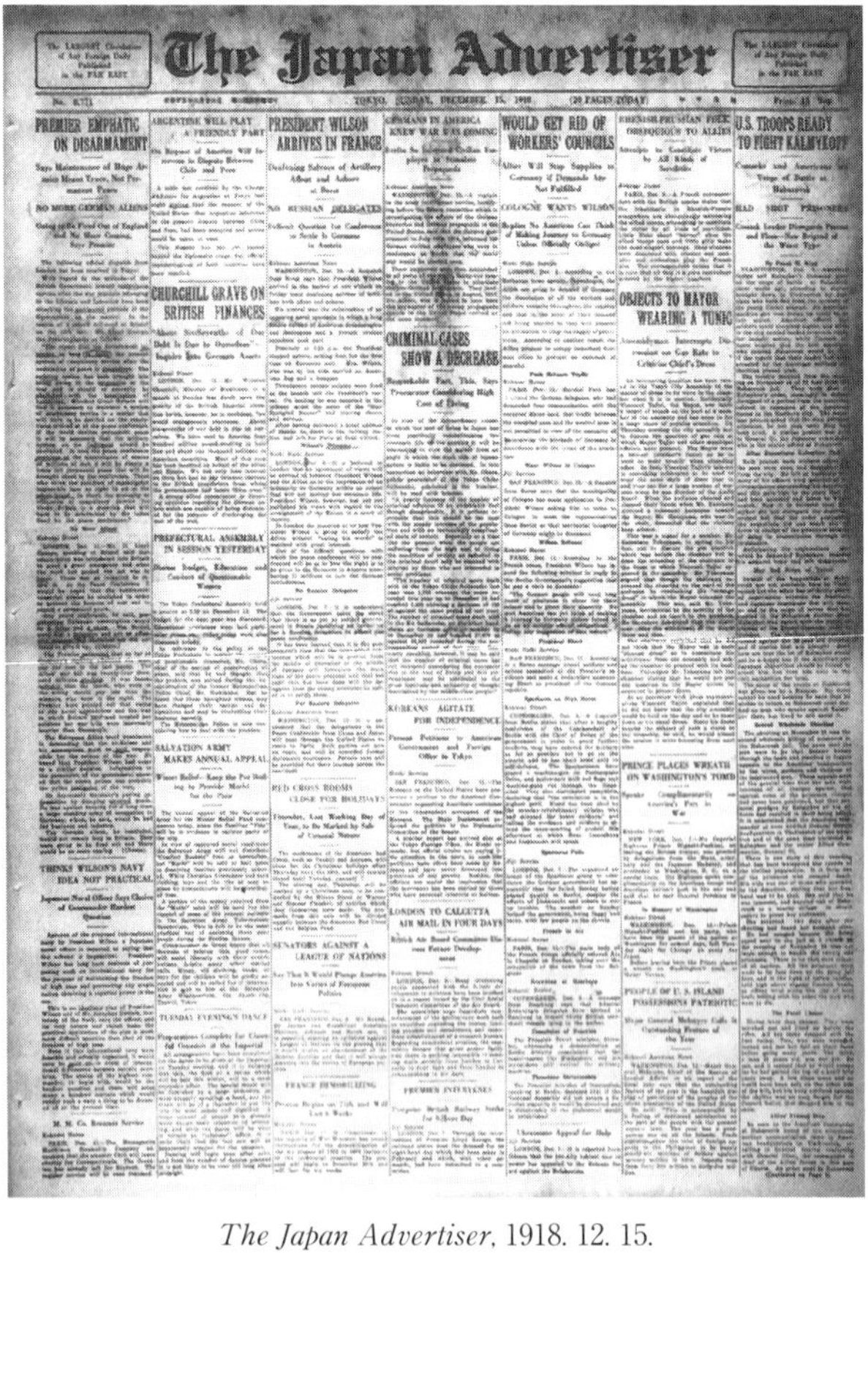
The Japan Advertiser

TOKYO, SUNDAY, DECEMBER 15, 1918

PREMIER EMPHATIC ON DISARMAMENT

NO MORE GERMAN ALIENS

ARGENTINE WILL PLAY A FRIENDLY PART

CHURCHILL GRAVE ON BRITISH FINANCES

PREFECTURAL ASSEMBLY IN SESSION YESTERDAY

SALVATION ARMY MAKES ANNUAL APPEAL

PRESIDENT WILSON ARRIVES IN FRANCE

NO RUSSIAN DELEGATES

RED CROSS ROOMS CLOSE FOR HOLIDAYS

SENATORS AGAINST A LEAGUE OF NATIONS

GERMANS IN AMERICA KNEW WAR WAS COMING

CRIMINAL CASES SHOW A DECREASE

KOREANS AGITATE FOR INDEPENDENCE

LONDON TO CALCUTTA AIR MAIL IN FOUR DAYS

WOULD GET RID OF WORKERS' COUNCILS

COLOGNE WANTS WILSON

OBJECTS TO MAYOR WEARING A TUNIC

PRINCE PLACES WREATH ON WASHINGTON'S TOMB

U.S. TROOPS READY TO FIGHT KALMYKOFF

The Japan Advertiser, 1918. 12. 15.

第一節　三・一運動以前の朝鮮独立運動

これまで検討してきたように、韓国併合以降、在日朝鮮人留学生は活発な出版活動を展開していた。とはいえ、彼らの出版活動が日本の朝鮮支配からの解放を直接的な目的とする狭い意味での独立運動であったかといえば、微妙なところである。

確かに、福音印刷合資会社で『創造』などを印刷していた朱耀翰は、日本での出版、印刷経験を活かして大韓民国臨時政府の機関紙『独立新聞』の印刷環境を整備していたし、そのほかにも、当時、出版活動に関わっていた数多くの朝鮮人留学生が三・一運動後に朝鮮内で出版物を発行しながら、独立運動を展開していく。したがって、独立運動の範疇に一九一九年の三・一運動を契機として本格化する朝鮮独立運動の基礎となった要素を含めれば、朝鮮人留学生の出版活動はまぎれもなく独立運動の一環であった。

しかし、それは結果であって、朝鮮人留学生が当時から日本の朝鮮支配からの独立を直接的な目標として出版活動を展開していたわけではなかった。前章の第一節で検討したように、三・一運動以前の朝鮮人留学生の出版物には文芸雑誌も多く含まれていた。また、最も多くの号数を発行し、朝鮮内でも購読されていた『学之光』の場合も、朝鮮社会の啓蒙を目的とした記事が掲載されたものの、新聞紙法第十二条の規定により時事に関する記事を扱う場合は保証金を納める必要があったため、日本の植民地統治に関するものはほとんど扱わなかった。また、『学之光』の発行団体である学友会も、表面上は留学生間の親睦や学術交流を目的としており、学友会が二・八独立宣言に向けて具体的に動きはじめるのは、ウィルソンが「十四か条」を発表してから少し経った一九一八年末のことであった(1)。

本章が扱うのは、日本の朝鮮に対する植民地支配からの独立を直接的な目標とする狭義の独立運動なのだが、実は朝鮮人留学生に限らず、朝鮮民族運動の全体をみても、三・一運動以前においては、そういった狭義の独立運動は活発ではなかったのである。その理由は二つあると考えられる。

ひとつは、朝鮮知識人の思想的傾向である。先行研究で論じられているように、この時期の朝鮮知識人は、独立を遠い将来に見据え、日本に対する抵抗というよりは、朝鮮人自身の手で産業、思想、教育などの近代化を図ることを目指すのが一般的であった(2)。

いまひとつは、官憲による独立運動の弾圧である。朝鮮内の統治体制が厳しかったことや、在日朝鮮人留学生の団体である親睦会が官憲によって解散させられたことは第一章でみたとおりであるが、ことが独立運動になれば、その程度の弾圧ではすまされない。それを端的に物語っているのが、「一〇五人事件(3)」である。

「寺内総督暗殺未遂事件」とも呼ばれる一〇五人事件は、韓国併合後の一九一〇年一二月に朝鮮総督の寺内正毅が朝鮮北西部を視察した際に、数度にわたって寺内の暗殺を謀ったという嫌疑により、一九一一年に朝鮮人キリスト教徒や新民会の会員が一斉に検挙された事件である。新民会は一九〇七年に安昌浩、梁起鐸、李東寧、李東輝らによって設立された秘密結社で、韓国保護国期に展開されていた愛国啓蒙運動の中心的な役割を担っていた。それゆえ、当局は、反日独立運動勢力のなかでもとりわけ新民会を根絶の対象としていた。物的証拠がないにもかかわらず、事件と関連があると目された人物が約七〇〇人逮捕され、そのうち、一二二人が起訴、一〇五人に有罪判決が下った。一〇五人は上告し、最終的に九九人は無罪となったものの、新民会会長の尹致昊や同会の中心人物である梁起鐸を含む六人には、一九一三年に懲役五～六年の判決が下った。同事件によって、朝鮮総督府は秘密結社の新民会を壊滅状態に追い込むとともに、日本の朝鮮統治の威力を朝鮮人に見せつけたのであった。

以上の理由により、三・一運動以前は独立運動があまり活発ではなかったと考えられる。とはいえ、この時期に独立運動団体が存在しなかったわけではない。最もよく知られているのは、一九一八年に上海で組織された新韓青年党であろう。

新韓青年党は、一〇五人事件の余波を受けて（検挙はされていない）中国に亡命した呂運亨が、日本留学出身の趙素昂、張徳秀らとともに、第一次世界大戦が終結する直前の一九一八年八月に上海で結成した団体である。ウィルソンの「十四か条」や、ロシア革命などにより、朝鮮独立の好機が訪れたと判断して設立された同団体は、翌一九一九年三月にパリ講和会議に金奎植を派遣したほか、朝鮮内や日本にも人員を派遣するなど、三・一運動の牽引役となった(4)。

それでは、一九一七年一一月のロシア革命や、一九一八年一月のウィルソンの「十四か条」、すなわち、朝鮮独立の好機が到来する以前はどうであろうか。これに関しては、史料が著しく不足しているため、朝鮮近代史研究のなかでもとくに研究が手薄な分野となっている。実際、運動自体も不発だったのだが、代表的なものを挙げておけば、一〇五人事件後にロシアのウラジオストクに亡命した李東輝が組織した大韓光復軍政府、朴容萬がハワイで組織した大韓人国民会などがある。これらの団体は、軍事教育機関の設置、運営などを通して軍事力を強化し、しかるべき時期に日本に独立戦争をしかけるという独立戦争論にもとづいていた。また、朝鮮内でも大韓光復会が設立され、亡命地域の団体と連絡を取りながら秘密結社の形で活動していた。

しかし、大韓光復会は、武断政治という制約があったことに加えて、軍事教育機関を設置するための募金も充分に集めることができず、三・一運動前には瓦解した。同様にハワイの大韓人国民会も、同地で外交活動をしていた李承晩との対立もあって成果を挙げることはできなかった。大韓光復軍政府の場合も、日本の領事館警察の弾圧により活動が大幅に制限され、一九一七年には日本政府の要請を受けたロシア当局によって李東輝が逮捕されてしまった(5)。

一方、中国の上海では、一九一四年以降に同済会、新亜同済会という朝鮮人の秘密結社が設立されており、後者には中国人も参加していたことが姜徳相の研究で指摘されている[6]。ただし、史料があまり残されておらず、組織の実体に関してはあまり判然としない。

この時期には、実は日本でも一部の朝鮮人留学生が新亜同盟党という秘密結社を組織し、朝鮮の独立を目指して運動を展開していた。しかも、同組織には、中国人留学生だけでなく、朝鮮と同様に日本の植民地支配を受けていた台湾人留学生の参加者まであった。結論からいってしまえば、ほかの独立運動団体と違わず、新亜同盟党は目立った成果を挙げることができなかった。しかし、同団体が、ロシア革命やウィルソンの「一四か条」以前の朝鮮独立運動の実体と、東アジア諸民族の運動が相互に結びついていく過程を考察するうえで重要な手がかりとなるのは間違いないだろう。

次節では、三・一運動以前に日本の植民地支配からの独立という課題に向き合った数少ない団体のひとつであった新亜同盟党の活動実体について検討するとともに、朝鮮、中国、台湾の留学生がいかにして結びついたのか、そして、いかなる関係にあったのかという点について詳しくみていきたい。

第二節　新亜同盟党

(1)設立経緯

新亜同盟党は、中国近代史の分野では石川禎浩『中国共産党成立史』で紹介されており[7]、朝鮮近代史の分野でも社会主義運動史研究などでしばしば論じられる団体である[8]。このように、主に社会主義運動史研究の分野で新亜同盟党が論じられてきたのは、後に新亜同盟党を母体として朝鮮、中国の初期の共産主義グループが形成されるからである。つまり、新亜同盟党は朝鮮、中国社会主義の淵源として注目されてきたといってよい。それゆえ、新亜同盟党に台湾人留学生も所属していたことはあまり注目されていない。また、これらの研究は、朝鮮、中国、日本の史料を同時に活用していないため、新亜同盟党の結成過程と活動の実体に関しても詳しくは分かっていない。

　もっとも、新亜同盟党は秘密結社であったから、機関誌や内部史料を残しておらず、その実体を具体的に知り得る史料は限られている。具体的には、新亜同盟党結成から最も近接した時期に作成された官憲史料である中第二七四号「新亜同盟党組織ニ関スル件（大正六年三月十四日）」[9]と警保局「朝鮮人概況　第一（大正六年五月三十一日）」[10]、新亜同盟党の発起人のひとりである中国人・黄介民の後年のインタビューにもとづく伝記「黄介民同志伝略」[11]、朝鮮人参加者のひとりである金錣洙の回顧録『遅耘　金錣洙』[12]程度しか残されていない。ここでは、これらの史料の相互比較・対照を通して、新亜同盟党の結成過程、組織目的、活動、解散を検討することとしたい。

　まず結成過程だが、金錣洙の回顧録が最も詳細なので、少し長いが引用しよう。

> その年〔一九一五年〕の秋にはもうひとつ秘密結社を作ったのだが、これは私の〔早稲田大学専門部の〕同級生である崔益俊が、外国語学校に通う河相衍と一緒に私のところにきて、一度中国人と会って反帝国主義運動を起こそうというものだった。私は決心して、すぐに三人で〔東京神田区中華料理屋で、その翌年の二四歳の春に結団式〕中国基督青年会館〔中華留日基督教青年会館〕に行き、黄覚〔介民〕、羅害谷《ママ》〔正しくは羅豁〕、鄧潔民、彭華栄《ママ》〔台湾人で正しくは彭華英〕らと会った。
>
> 　話はうまく進み、数日後に我々の側では崔益俊、河相衍、尹顕鎮、鄭魯湜、張徳秀、金明植、金良洙、金錣洙ら、中国人側では黄覚、鄧潔民、謝扶雅、羅害谷ら、台湾人では彭華栄が参席するなど、同志が三〇余人集まった。黄介民が剣を抜き、厳粛に、組織名称を「新亜同盟党」とし、アジアにおいて日本帝国主義を

打倒し、新しいアジアを建てるために、当面は打倒日本帝国主義に全力を尽くそうという誓いを立てた。そして、中国、台湾、朝鮮の同志で結成して、今後はアジア弱小民族の同志も追加させることにしたのである。[13]

まず金鍛洙のこの回顧から、新亜同盟党結成の計画は崔益俊と河相衍からもたらされたことが分かるのだが、これに関する詳しい記述が「新亜同盟党組織ニ関スル件」にみられる。それによれば、河相衍は外国語学校中国語科の学生であり、中国人の姚薦楠と親交があった。河相衍は姚薦楠が反日思想を持っていることを熟知しており、朝鮮の国権回復に関して姚薦楠に応援を願い出たところ、日本が中国に対して侮蔑的態度を取ることに対して憤慨していた姚薦楠は同意した。そして、彼らは同志集めに奔走することになったという。[14]

一九一五年という時期、侮蔑的態度という表現から察するに、姚薦楠が日本に対して憤慨するに至った直接的な要因は、日本政府が一九一五年一月に袁世凱政権に突き付けた対華二十一カ条要求とみて間違いないだろう。

二十一カ条要求は、列強との協調の下に対中政策を展開するというこれまでの日本の外交政策から逸脱したものであり、中国ナショナリズムに日本という「単独敵」を設定させるという結果を招いた。[15]その後、中国では反日運動が本格化し、やがてそれは五四運動へと結実していくことになる。一方、日本でも中国のメディアを通して二十一カ条要求のことを知った中国人留学生が、当時早稲田大学に通っていた李大釗を中心として反対活動を行ったが、[16]このとき李大釗らは二十一カ条要求を韓国併合と同じ文脈で捉えていたといわれる。[17]結局、一九一五年五月九日に袁世凱政府は二十一カ条要求の最後通牒を受諾した。以降、中国では五月九日は国恥記念日とされ反日運動の一環となったが、[18]そこで歌われた「国恥歌」の歌詞は次のようになっている。

一、五月九日　五月九日　嗚呼我が国辱

二十一カ条を承認せしめんと大なる無理を要求せり
二、五月九日　五月九日　国辱何たる苦痛の極ぞ
韓を亡ぼせし手段を我に加う　我誓って両び立たず
三、五月九日　五月九日　国辱終に須からく雪ぐべし[19]

歌詞に「韓を亡ぼせし手段を我に加う」とあるように、二十一カ条要求と韓国併合を重ね合わせたのは、李大釗にとどまらなかったと考えられる。以上を踏まえれば、第一次世界大戦に参戦した日本の中国侵略が本格化したことにより、中国が「第二の朝鮮」になるかもしれないという危機感が高まった中国人留学生と[20]、日本の植民地支配からの独立を望む朝鮮人留学生とが「反日」を共通軸として結ばれたことが、新亜同盟党が生まれた背景になったといえるだろう[21]。これに、同じく日本の植民地支配を受けている台湾人留学生が加わる形になったのであろう。

そして、河相衍と姚薦楠がそれぞれ同志を集めた結果が、一九一五年秋の中華留日基督教青年会館で開かれた会合と、その数日後に開かれた「三〇余人」の会合ということになる。後者の会合では明治大学に留学していた中国人の黄介民[22]が誓いを立てているが、金錣洙は黄介民について新亜同盟党の団長だったとも述べており[23]、「朝鮮人概況　第一」も新亜同盟党の発起人として真っ先に黄介民の名前を挙げている[24]。したがって、新亜同盟党結成のイニシアチブは、河相衍と姚薦楠から次第に黄介民へと移っていったといえる。なお、金錣洙はこれらの会合に台湾人留学生の彭華英も同席していたと回顧しているが、管見の限りでは、これが朝鮮と台湾の留学生の最初の交流である。

金錣洙の回顧録には、この一九一五年秋の「三〇余人」の会合で組織の名称などが決まったと書かれているの

だが、一方で、「東京神田区中華料理屋で、その翌年の二四歳の春に結団式」という注釈も付されており、新亜同盟党の具体的な結成時期に関する彼の記憶は曖昧なものとなっている。結成時期に関しては、「新亜同盟党組織ニ関スル件」が一九一五年秋、[25]「朝鮮人概況　第二」が一九一五年一〇月頃と伝えている。[26]したがって、正式な結団式自体は一九一六年春に開かれたとしても、一九一五年秋（おそらく一〇月頃）の「三〇余人」の会合が、実質的な結成式だったと考えられる。少なくとも、官憲側はそのようにみていた。

結成当初の新亜同盟党の規模は、「朝鮮人概況　第一」によれば「氏名ノ判明セルモノ朝鮮人十六名、支那人十二名、台湾人二名ノ計三十名」であった。金錣洙の「三十余人」という回顧や、前述した四つの史料を総合して筆者が作成した新亜同盟党参加者一覧（表2）の民族比率ともかなり近いので、官憲の把握はおおよそ正確だといえる。なお、二名の台湾人参加者のうちひとりは先に述べた彭華英である。残るもうひとりの参加者は、内務省は早稲田大学に通う「蔡国禎」としているが、[27]同大学の専門部政治経済科を一九一七年に卒業した蔡伯毅が正しい。[28]

その設立時のメンバーであるが、中国人で情報のない人物がいるものの、基本的には留学生で構成されている。まず朝鮮人参加者をみていくと、一九一五年当時の学友会会長だった白南薫の名前こそないものの、前会長の申翼熙や後に会長となる白南奎、金明植が参加している。それ以外にも、機関誌『学之光』編集委員の張徳秀、学友会の文書部長の金錣洙、一九一九年の二・八独立宣言を主導する崔八鏞、金度演、田栄澤が参加するなど、[29]当時の朝鮮人留学生界のリーダーを網羅したものとなっている。このことから、朝鮮人留学生側が新亜同盟党の活動にどれだけ意欲的であったかが窺い知れる。全体としては韓国併合後に渡日した大学生、とくに早稲田大学の留学生（張徳秀、金錣洙、金明植、金良洙など）の参加が目立つ。

なお、新亜同盟党結成のきっかけを作った河相衍について付言しておくと、彼は学友会や朝鮮ＹＭＣＡなどの

表2　新亜同盟党参加者一覧

民　族	名　　前	出　典
朝鮮(20名)	河相衍、張徳秀	黄、内、金、新
	申翼熙	黄
	洪震義、金度演	内、新
	金錣洙、崔益俊、尹顕鎭、鄭魯湜、金明植	金、新
	金良洙	金
	金永燮、金成麗、白南奎、崔八鏞、李燦鎬、李重国、洪斗杓、梁鐘叔、田栄澤	新
台湾(2名)	蔡伯毅	黄、内
	彭華英	金
中国(10名)	黄介民	黄、内、金
	鄧潔民	黄、金
	陳其尤、王希天、易相、余揆之、鄧天民	黄
	姚薦楠	内、新
	羅谿、謝扶雅	金

備考：黄＝黄紀陶「黄介民同志伝略」、内＝内務省警保局保安課「朝鮮人概況　第一」、金＝『遅耘金錣洙』、新＝「新亜同盟党組織ニ関スル件」

留学生団体で役職に就いたことはなかった。朝鮮の民族運動全体を通してみても、新亜同盟党を除いて活躍した形跡のみられない無名の人物である[30]。こうした留学生界のリーダーとは到底いえない人物が新亜同盟党に加わっていたのは、その結成の経緯とともに、外国語学校に通う河相衍が中国語に堪能だったことも一因であろう。「新亜同盟党組織ニ関スル件」によれば、新亜同盟党では、河相衍が中国人参加者と朝鮮人参加者の調整役を担っていた[31]。このように朝鮮人側が中国語のできる河相衍という調整役を立てていたことや、中国人の黄介民が新亜同盟党の団長をしていたことからは、同組織に参加していた朝鮮人が、中国人参加者に対してかなり配慮していたことが窺える。

それもそのはずである。雑誌を作ったり講演会を開催したりする程度の活動しか経験したことのなかった朝鮮人参加者とは異なり、中国人参加者のなかには辛亥革命に参加していた人物が何人か確認できるのである。まず、新亜同盟党結成を準備した姚薦楠は、孫文らによって結成された中国同盟会に加入して辛亥革命に参加、一九一三年の二次革命の失敗後に日本に来て以降、日本大学に籍を置いていた[32]。団長の黄介民（原名は黄覚）も同様に、中国同盟会に加入して辛亥革命に参加した後、一九一三年に明治大学に留学、翌年七月に孫文を総理として東京築地の精養軒で成立した中華革命党にも加入している。さらに、二十一カ条要求反対集会を契機として組織された留日学生総会の機関誌『民彝』（一九一六年創刊）の編集にも、李大釗らとともに参与することになる。陳其尤も黄花崗起義に参加したことのある国民党系革命家で、当時は中央大学の学生であった[33]。朝鮮人参加者とは、活動家としての「格」の異なる面々である。

それ以外の中国人参加者についても簡単に触れておこう。王希天は一九一八年の日中共同防敵軍事協定に対する反対運動以降、中国人留学生運動のリーダーとして活躍した。しかし、これにより当局に目をつけられ、関東大震災の際に日本の将校によって殺害された人物として知られている。彼は一九一五年に日本に留学すると、間もなくして中華留日基督教青年会館で開催される講演会に通いはじめたという[34]。新亜同盟党の最初の会合が開かれたのも中華留日基督教青年会館であったから、おそらく同所で勧誘されたのだろう。一方、羅豁は中華留日基督教青年会館を拠点として活動していた人物として知られている。少し後のことであるが、彼は一九二〇年に中華留日基督教青年会館内に設立された中国書籍の取次所である東方書報社の運営に携わる一方、アナキストとして大杉栄ら日本人社会主義者と交流を深めていく[35]。謝扶雅は一九一一年に日本に留学、辛亥革命には参加しなかったようだが、中華革命党には加入している。一九一六年に帰国して以降は、哲学者として名を残すことになる[36]。

最後にふたりの台湾人参加者についてみていこう。蔡伯毅は台湾台中出身、一九一四年に早稲田大学専門部に入学するが、それ以前に中国同盟会に加入、辛亥革命に参加するために広州に赴いた経歴の持ち主である[37]。それゆえ、黄介民の回想録には、台湾人としてではなく、「中国革命志士」のひとりとして蔡伯毅の名前が登場する。したがって、両者の関係は中国同盟会以来のものだったとみて間違いないだろう。しかし、一九一七年に大学を卒業して以降は、台湾総督府警務局保安課で翻訳官として勤務するなど、それまでの活動遍歴から一転して台湾社会を監視する立場になる[38]。一方、もうひとりの台湾人参加者の彭華英は、一九一二年に日本に渡り、立教中学校に入学した[39]。後に台湾民族運動の旗手となるのだが、台湾人留学生の運動が本格化するのは一九一〇年代の終盤になってからであり、当時は無名の学生であった。

(2) 主な活動

このように東アジアの様々な留学生を網羅して結成された新亜同盟党であったが、その組織目的や活動はどのようなものだったのだろうか。まずは組織目的から検討してみよう。

官憲側史料の「朝鮮人概況　第一」および「新亜同盟党組織ニ関スル件」は、新亜同盟党の目的が、朝鮮、中国、台湾の留学生が互いに協力して、朝鮮の国権を回復することにあったと報告している[40]。一方、新亜同盟党の団長である黄介民の述べるところによれば、「強権に反対して相互に助け合い、時期を審察して前後して各地の独立を謀り、一大同盟を締結してアジアの大局を主持し、世界の平和を維持する[41]」ことが新亜同盟党の目的であった。先に引用したように、金錣洙も新亜同盟党は中国、台湾、朝鮮の同志によって「日本帝国主義を打倒し、新しいアジアを建てる」団体だったと回顧している。このように、新亜同盟党の当事者は、その組織目的を朝鮮問題に限定していない。したがって、上記官憲史料にみられる新亜同盟党に関する記述は、それが朝鮮人取締りを目的として作成されたため、実際以上に朝鮮人の影響力を誇張している点に注意しなければならない。黄介民、金錣洙の回想と、日本の中国進出にともなう朝鮮と中国の留学生の利害の一致が新亜同盟党結成の背景になっていたことを併せて考えれば、新亜同盟党は、日本の植民地・半植民地支配から朝鮮、台湾、中国を解放してアジアの平和を実現するために、朝鮮、台湾、中国の同志で互いに協力することを目的とした団体であったと考えるのが妥当であろう。

では、日本のアジア侵略からの解放という壮大な目標を実現するために、新亜同盟党は具体的にどのような活動をしていたのだろうか。残念ながら手がかりがほとんど残されていないのだが、党員の募集を広く行っていたことは確実である。黄介民は新亜同盟党が結成されてから間もなくして、河相衍らとともに京城を訪れ、趙素昂などの朝鮮内の独立運動家と交流した後、北京に渡り李大釗（一九一六年五月に帰国）(42)らと面会したことを述べている(43)。この黄介民と河相衍の北京行きは官憲に察知されており、内務省は「尚最近在北京黄介民、河相衍等ヨリ在東京同志ノ許ニ達シタル情報ニ拠レバ支那地方ニ於テモ相当ノ同志アリ且印度革命派所属同志ニシテ加入シタルモノアリトノコトナリ(44)」と報告している。このことから、在日留学生だけでなく、朝鮮内や中国でも同志の募集をしていたことが分かる。また、インド人活動家も加入したことが報告されているが、これは先に引用した金錣洙の回顧にある「アジア弱小民族の同志も追加」させる計画を実行に移していたことを示している。

しかし、金錣洙は新亜同盟党の活動について「組織しただけで、したことは何も無い」と言い切っており(45)、党員募集と会合を開く以外の活動は、あまり活発でなかったといわざるを得ない。それでは、なぜ新亜同盟党は活発な活動を展開しなかったのだろうか。

「新亜同盟党組織ニ関スル件」には、日本在留学生に対する党員募集の方法が詳細に記されている。それによれば、まず新亜同盟党の党員としてふさわしい学生を選定する。そして、勧誘担当者がその学生に接触し、まず新亜同盟党が東洋永遠の平和を確保するために朝鮮、台湾、中国人で協力することを目的とする組織であることを説明する。その反応をみてからはじめて新亜同盟党の「真ノ目的」、つまり日本の朝鮮、台湾、中国侵略からの解放を目指す組織であることを告げる。その後、勧誘人立会いのもと、東京神田の中華留日基督教青年会館の姚薦楠の部屋で「誓盟書」に署名・捺印することによって入党手続きが完了となるが、その「誓盟書」は即時焼き払っていた。そのため党員名簿はもちろんであるが、組織目的などに関する文書も作成しておらず、諸般の打ち合わせはすべて口頭で行っていたという(46)。

この点に関して金錣洙は、秘密結社であった新亜同盟党の存在は「後に私が朝鮮に戻ってから［一九一七年九月二日に帰国］明るみにでたらしい(47)」と回顧している。実際はそれ以前から官憲に存在が察知されていたのであるが、少なくとも一九一七年九月までは新亜同盟党の存在が明るみにでなかったと金錣洙が思い込んでいることから察するに、新亜同盟党が記録文書を残さないなど極めて慎重に活動していたのは間違いない。党員募集以外の活動があまりみられないのは、新亜同盟党が官憲に存在を隠すことを重視して活動していたからであろう。

その背景だが、一九一〇年代の反日運動の弾圧の過酷さが考えられる。一九一一年の一〇五人事件によって朝鮮の独立運動団体である新民会が瓦解したことは先に述べたが、弾圧の過酷さは朝鮮人に限られていたわけではない。台湾島内では、一九一五年に西来庵事件と呼ばれる抗日武装蜂起に対する大弾圧によって多くの死刑囚が出た。日本でも大逆事件の影響によって、社会主義運動は「冬の時代」をむかえざるを得なくなった。記録文書を即時焼却するといった官憲に対する慎重な姿勢は、新亜同盟党の留学生らが弾圧の恐怖を常に抱えながら活動していたことを示唆しているように思われる。

実際、こうした官憲に対する慎重な活動が功を奏して、新亜同盟党は検挙を免れることができた。これまでみてきたように、新亜同盟党は秘密結社の組織形態を取っているが、秘密結社は治安警察法第十四条によって禁じられており、官憲に存在が察知されていた以上検挙対象となる。しかし、官憲は「新亜同盟党ハ秘密結社トシテ検挙スベキモノ」と認識しながらも、「仮令家宅捜索等ヲ行テモ証憑ヲ得ルコト困難ナル」ため、「今暫ク本党ノ監視」をするにとどめたのであった[48]。

官憲に監視されていることに気がついた新亜同盟党の対応も迅速であった。「朝鮮人概況　第二」の続編「朝鮮人概況　第二（大正七年五月三十一日）」によれば、一九一七年九月三〇日、新亜同盟党の「領袖」によって組織の今後に関する会合が持たれた。なお、朝鮮人の影響力を誇張する史料の性質上、「領袖」は金明植、金度演ら朝鮮人の名前しか書かれていないが、会合の場所が結成式と同様に神田の中華料理屋「第一中華楼〔中華第一楼〕」となっているので、中国人、台湾人を含めた議論と考えるべきであろう。

論点は厳密な「其ノ筋ノ視察」に対する「善後策」であった。どれだけ官憲の視察が厳しくなろうとも、新亜同盟党を継続し愛国心を鼓吹しなければ国権回復の機会は訪れないという「硬論」を主張する金度演らと、視察下では何もなし得ないだけでなく、一般学生の生活にも影響をおよぼすので、時期の到来を待つべきであるという「軟論」を主張する金明植らが対立、結果「軟論」がこれを制し新亜同盟党の解散が決まった[49]。前述した一九一七年九月二日に帰国して以降、新亜同盟党の存在が知られてしまったという金錣洙の回顧と、九月三〇日という会合が開かれた日付を併せて考えれば、官憲に監視されていることに気づいた新亜同盟党のメンバーは即座に会合を開き、解散を決議したといえよう。また、時期の到来を待つべきという意見が勝ったことは、黄介民の述べる「時期を審察」するという新亜同盟党の目的とも符合する。したがって、新亜同盟党は官憲に存在を隠すことを重視することとともに、すぐに反日運動に出るのではなく、しかるべき時期を待つことも活動方針にしていたと考えられる。

もっとも、このことは、日本のアジア侵略からの解放という課題の実現方法が、模索段階にとどまっていたことの裏返しにほかならないであろう。新亜同盟党は、党員募集に関しては朝鮮内や中国にも人員を派遣するなど活発的に行っていた反面、それ以外の活動は控えられていた。もちろん官憲の監視という要因は大きいが、このことは、新亜同盟党が築いた日本、朝鮮内、そして中国にもおよぶネットワークをどう反日運動に利用するか見通しが立っておらず、それを模索しながら活動していたことを示していると思われる。

新亜同盟党がどのような反日運動の展開方法を模索していたのかに関しては手がかりが少ないが、その幅は広かったように思われる。内務省によれば、党員が一〇万人に達した時点で武器を購入し、軍事教育を施す計画が出ていたという[50]。これは一九一〇年代の朝鮮人独立運動団体の主たる方法論であった独立戦争論と同様のものである。しかし、金錣洙や黄介民の回想録にはこれに関する叙述はないので、あくまでも方法論のひとつとして検討していたものと推測される。一方、金錣洙の回顧からは新亜同盟党の朝鮮人参加者の読書傾向が窺える。それによれば、金錣洙が読書大会に参加した自由主義的雑誌である『第三帝国』だけでなく、大逆事件以降には書店から姿を消していた幸徳秋水の著作などを読んでおり[51]、幅広く知識を吸収していたようである。

第三節　解散後の同盟党員たち――三・一運動と五四運動のなかで

以上、新亜同盟党の設立経緯、目的、活動、解散について検討してきた。三・一運動以前の朝鮮独立運動団体と同様に、新亜同盟党もまた組織としては目立った活動のできないまま解散してしまった。しかし、新亜同盟党に参加していた留学生たちは、その後各々の民族運動の主導者として台頭していくのみならず、民族間の連携も模索していく。その意味では、新亜同盟党が結成されたことの意義は、その活動を通して各々の留学生が得た経験や民族間のネットワークにこそあるのかもしれない。そこで最後に、三・一運動と五四運動の展開過程を、新亜同盟党員たちの動向に留意しながら概観することで本章を締めくくりたい。

まず、経験という意味では、とりわけ朝鮮と台湾の参加者が最も多くのものを得たのではなかったかと思われる。なぜならば、新亜同盟党は中国人参加者がリーダーシップを発揮して運営していた組織だったからである。

このことは、新亜同盟党の設立経緯に現れている。韓国併合以降、朝鮮人留学生は学友会を中心として、出版物を発行したり、講演会を開いたりしていたが、日本の植民地支配からの独立を具体的な目的とする運動はしていなかった。そして、新亜同盟党が掲げた日本のアジア侵略からの解放という壮大な計画に乗っかる形で、はじめて彼らは独立運動に踏み出すことができた。前節の冒頭でみたように、それを可能にしたのは、対華二十一カ条要求によって日本の侵略に危機感を持った中国人留学生の姚薦楠が、中国語の堪能な朝鮮人留学生である河相衍の応援要請に同意したからであった。

新亜同盟党の結成以降も、中国人の果たした役割は大きかった。まず、三つの民族を束ねる団長の役目を担ったのは中国人留学生の黄介民であった。また、新亜同盟党結成直前の会合や入党手続きが中華留日基督教青年会館、結団式や解散を決定した会合が中華第一楼など中華料理屋で行われたことが示すように、場所の確保も中国人留学生が行っていた。なお、この中華第一楼は、後に台湾民族運動の会合場所としても使用されることになる(52)。

そして、新亜同盟党の計画を聞いた金鐵洙が中華留日基督教青年会館に出向いたとき、そこに台湾人留学生の彭華英がいたこと、黄介民と台湾人の蔡伯毅が中国同盟会以来の関係だったことからも分かるように、朝鮮人留学生と台湾人留学生の最初の連帯を仲介したのも中国人留学生であった。これは、裏返せば朝鮮と台湾の留学生の最初の連帯は自発的に生じなかったということでもある。官憲から「軟論」派の「領袖」と目された金明植をはじめとして、朝鮮人参加者のなかには、蔡伯毅と同じ早稲田大学政治経済科に籍を置き、しかも通学時期が重なる人物も数名いた(53)。朝鮮人留学生と蔡伯毅は学校レベルでの出会いはあったはずだが、運動レベルにおける両者の連帯は、中国人留学生側の仲介があってはじめて成立し得たのである。

このように、新亜同盟党は中国人留学生が主導していたといってよい。その背景として考えられるのは、同じ留学生とはいっても、朝鮮、中国、台湾の留学生の性格が大きく異なっていたことであろう。朝鮮人留学生の場合、その大半が韓国併合後に日本に留学しており、反日運動や非合法の運動に参加したことはなかった。台湾人留学生の場合、蔡伯毅こそ辛亥革命に参加していたが、台湾留学生による民族運動自体はまだはじまっておらず、団体を組織したり、雑誌を発行したりしたことはなかった。一方、中国人留学生の場合は、姚薦楠、黄介民、陳其尤などのように、学生というよりも、むしろ革命家としての顔を持つ者がいたのである。こういった活動家としての経歴の差を考えれば、中国人留学生が新亜同盟党を主導していったのは自然の成り行きであっただろう。したがって、朝鮮人留学生や台湾人留学生にとって新亜同盟党は、中国人革命家から活動家としての手ほどきを受けられる貴重な場でもあったといえるだろう。

そして、朝鮮人留学生が新亜同盟党で得た経験を活かす場面は、すぐに訪れた。一九一七年九月三〇日に新亜同盟党が解散してから約一カ月後にロシア革命が勃発してボリシェヴィキが権力を掌握、さらには一九一八年一月にウィルソンが「十四か条」の第五条項において民族自決主義を提唱した。朝鮮独立の好機到来であった。

まず、張徳秀が動いた。彼は一九一八年五月に上海に渡り[54]、呂運亨、鮮于赫、趙東祜、韓鎮教らとともに、朝鮮独立の好機をどう利用するか話し合った。そして、本章の冒頭で述べたように、一九一八年八月に朝鮮独立を目指して新韓青年党を結成、同年一一月には日本留学生出身の李光洙、上海に亡命していた金奎植が加わった。

さらに一一月一一日に第一次世界大戦が終結すると、新韓青年党は独立運動の展開に向けて具体的に動き出した。まず、ウィルソンの友人であるクレインがパリ講和会議への中国の参加を促すために一一月末に上海に来た際には、呂運亨がこれに接触し、朝鮮もパリに代表を派遣したい旨を伝えた。そして、新韓青年党は一九一九年二月一日、パリに金奎植を派遣した。さらに、新韓青年党は呂運亨をロシアの沿海州、李光洙を日本、鮮于赫や張徳秀を朝鮮内に派遣し、各地で朝鮮人指導者に接触、独立運動の慫慂や資金調達に当たった[55]。張徳秀が一九一九年に官憲に逮捕された際の供述によれば、朝鮮内に潜入した鮮于赫は、崔南善、梁甸伯、李昇薫に接触し、民族自決主義が世界的風潮になっている今こそ独立運動を展開する必要があること、新韓青年党がパリに代表を派遣する予定であることを伝えた。一方、張徳秀自身は朝鮮内から東京に潜入し、そこで一九一九年二月八日に留学生が独立宣言を発表したことを知り、再び朝鮮内の運動の状況を確認するために朝鮮内に戻ったという[56]。このように、新韓青年党は朝鮮内外に人員を派遣し、民族自決主義や独立運動の状況に関する情報を各地に流通させることで、三・一運動を準備していったといえる。実際、鮮于赫が接触した崔南善は三・一運動の独立宣言書の起草者、梁甸伯、李昇薫はいずれもその署名者となる。

一方、日本に残った朝鮮人留学生の動向だが、留学生の会合で最も早くウィルソンに言及したのは、新亜同盟党に参加していた鄭魯湜であった。官憲の報告によれば、一九一八年六月に開かれた朝鮮ＹＭＣＡの会合で、彼は「ウイルソン大統領ノ宣明セシガ如ク小《マ》弱《マ》国ノ生命財産及自由ヲ保護スル」ためにアメリカが第一次世界大戦に参戦したと分析し、アメリカが「朝鮮民ノ自由」のために尽力してくれることを希望した[57]。以降も、学友会や朝鮮ＹＭＣＡの会合では、民族自決主義の朝鮮への適用の可能性や、革命後に共産主義国となったロシアの現状などをめぐって議論されたが[58]、大規模な独立運動の展開に向けて本格的に動きだしたのは一九一八年の末になってからであった。

きっかけは、神戸在住アメリカ人が発行していた英字新聞 *The Japan Advertiser*（以下、『ジャパン・アドバタイザー』と表記）の一九一八年一二月一五日付に掲載された"Koreans Agitate for Independence"という小さな記事であった（本章扉裏および図8）。これについて新亜同盟党参加者の田栄澤は、『ジャパン・アドバタイザー』に李承晩が朝鮮代表としてパリ講和会議に参加することを伝える記事が掲載されていることを、自身も通う青山学院の留学生が西洋人教授の家で発見したこと、このニュースは衝撃的であり、すぐにほかの留学生にも広まったことなどを回想している[59]。実際は『ジャパン・アドバタイザー』には、在米朝鮮人が朝鮮独立運動におけるアメリカの援助を求める請願書をアメリカ政府に提出したことしか書かれておらず、田栄澤の回想には後年の記憶が混じっているのだが、同記事が留学生界に衝撃を与えたことは、その後の留学生の動きから分かる。

学友会は一九一八年一二月二九日と翌年の一月六日に参加者二〇〇名を超える会合を開催した。この会合では、海外の同胞が実行運動に着手している以上、留学生も具体的運動を開始すべきであるということが議論され、その実行委員として、崔八鏞、金度演、白寛洙、李琮根、宋継白、崔謹愚、徐椿、田栄澤、尹昌錫、金尚徳の一〇名が選ばれた[60]。さらに、同じ頃、新韓青年党から派遣された李光洙が東京に到着し、留学生たちは上海の朝鮮人がすでに独立に向けて動きだしていることを知った[61]。そして、病気のため離脱した田栄澤を除く実行委員九名に、慶應大生の金喆寿と李光洙を加えた一一名が代表となって、独立運動を推進するための団体である朝鮮青年独立団が秘密裏に結成された。

朝鮮青年独立団は独立宣言書の作成に着手し、李光洙、金度演、白寛洙の三人が中心となってこれを起草し、朝鮮語版のみならず、英語版と日本語版も作成した。また、東京における独立運動の状況を朝鮮内外に伝えるために、朝鮮内に宋継白、上海に李光洙を派遣した。そして、二月八日をむかえた。朝鮮青年独立団は、まず午前中に独立宣言書を第四二回帝国議会(前年一二月二七日から開会していた)、朝鮮総督府、各国大使館、各新聞雑誌社に送付した。同日午後、在日本朝鮮基督青年会

KOREANS AGITATE FOR INDEPENDENCE

Present Petitions to American Government and Foreign Office in Tokyo

Hochi Service

SAN FRANCISCO, Dec. 12.—The Koreans in the United States have presented a petition to the American Government requesting America's assistance in the independent movement of the Koreans. The State Department referred the petition to the Diplomatic Committee of the Senate.

A similar report has arrived also at the Tokyo Foreign Office, the Hochi remarks, but official circles are paying litle attention to the news, as such-like petitions have often been made by Koreans and have never developed into problems of any gravity. Besides, the officials are under the impression that the movement has been started by those who have personal interests at bottom.

図8
"Koreans Agitate for Independence"

館で学友会の予算総会と称する会合を開き、約二〇〇名の朝鮮人留学生の前で、崔八鏞が独立宣言書を朗読した(62)。その内容だが、まず、韓国併合が朝鮮人の意思ではなく日本の帝国主義的野心にもとづくものであり、イギリスとアメリカもこれを容認したことを訴えている。しかし、かつて東洋平和の脅威であったロシアはすでに帝国主義的野心を放棄しており、さらに国際連盟が実現すれば軍国主義的侵略を敢行する強国はなくなるので、韓国併合の理由は消滅する。それゆえ、日本および世界各国は朝鮮に民族自決の機会を与えるべきであり、もしそれに日本が応じない場合、「日本ニ対シ永遠ノ血戦ヲ宣ス」と徹底抗戦の姿勢を示すものであった(63)。以上のように、二・八独立宣言は、朝鮮人留学生がロシア革命と民族自決主義を朝鮮独立の好機と捉えたことのみならず、メディアや新韓青年党の人士の往来を介して海外で独立運動が具体的に進んでいることを知り、これに触発されたことが引金となり展開したのであった。

そして、朝鮮青年独立団から派遣された宋継白らによって二・八独立宣言の情報が朝鮮内にもたらされると、今度は朝鮮内の民族主義者が独立運動に向けて具体的に動きだした(64)。朝鮮内の天道教（朝鮮の民衆宗教）、キリスト教、仏教界の指導者三三名（民族代表と呼ばれる）は、高宗の葬儀が予定されている三月三日に合わせて独立運動を起こすことを決め、独立宣言書の作成に取り掛かった。第二六代朝鮮国王（大韓帝国初代皇帝）高宗は一月二二日に死去したが、当時、その死因に関して、朝鮮総督府による毒殺説が広く流布していた(65)。そして、三月三日の葬儀には、高宗の死によって政治意識を刺激された民衆たちが、朝鮮各地から訪れることになっていた。結局、計画は前倒しとなり、三月一日に独立宣言書が朝鮮各地に配布され、民族代表は京城の泰和館で万歳三唱した。民族代表はすぐに逮捕されたが、朝鮮の民衆たちは日本の武断政治に対する不満を表出させ、独立万歳を叫ぶ大規模な示威行動を展開した。こうして、ついに三・一運動が勃発したのであった。

以上みたように、三・一運動の勃発においては、朝鮮人留学生がまさに導火線として重要な役割を果たしていた。そのなかでも、新韓青年党の張徳秀、二・八独立宣言を準備した田栄澤、金度演、二月八日当日に宣言書を朗読した崔八鏞にみられるように、新亜同盟党ですでに独立運動経験を積んでいた留学生が中心となっていた。さらに、一九一九年四月に、世界に朝鮮が独立を宣言したことを示し、また外国との交渉の窓口にするために上海で大韓民国臨時政府が樹立されると、申翼熙、趙素昂、尹顕鎮が閣僚としてこれに加わった(66)。

ところで、三・一運動は、隣国の中国において衝撃をもって各種の新聞雑誌で紹介された。そして、中国における三・一運動に関する理解の高まりが中国ナショナリズムに刺激を与えたことが要因のひとつとなって、五四運動が勃発したのであった。これについて小野信爾は、従来中国人にとって朝鮮問題は自国の亡国を想起させる「反面の教訓」であったが、三・一運動を契機として「正面の模範」に変わり、これにより中朝の連帯が飛躍的に発展したと評価している(67)。実際、一九二一年以降、中韓互助社という中朝連帯組織が中国各地で誕生することになるのだが(68)、新亜同盟党の中国人参加者たちは、この過程においていかなる役割を果たしていたのだろうか。

新亜同盟党の団長であった黄介民の回想によれば、彼は新亜同盟党を大同党という組織に改編したという。その具体的な時期に関して黄介民自身は明らかにしていないが、後年の別の官憲側の史料には「四海同胞主義を主張する黄界《ママ》民発起の下に民国六年［一九一七年］中創立せらる(69)」とある。新亜同盟党が一九一七年九月に解散したことを併せて考えれば、解散と同時に中国人だけで大同党を結成した可能性が高い。大同党の理念自体も、「世界平等、人類平等」、日本の朝鮮・台湾統治の否認を掲げるなど(70)、新亜同盟党のそれを引き継ぐものであった。その結成場所だが、黄介民は一九一七年に朝鮮を経て帰国し、翌年には上海で『救国日報』の編集に加わっているので(71)、同地で結成されたものと推測される。

『救国日報』は、一九一八年の日中共同防敵軍事協定に対する反対運動の際、中国人留学生によって組織された留日学生救国団の機関紙として、同年七月に上海で創刊された(72)。救国団は中国人だけの組織であったが、機関紙を発行する救国日報社では朝鮮人記者が雇用されていた。これについて、中国の軍事学校への留学を目指して、一九一八年九月に上海にやってきた金弘壱は次のように回想している。

当時上海には、日本留学帰りの中国人による、山東問題と二十一カ条に刺激されて反日運動を行う組織体、すなわち救国団というものがあったのだが、その救国団が発刊する救国日報には韓人記者の趙東愚［正しくは趙東祜］氏がいた。そのため、私は救国日報の事務室に暇な昼の時間を利用してたびたび遊びに行っていた。そこいた中国人職員は、同団の団長であり、新聞も主幹する黄介民氏をはじめとして、大部分が日本留学生だったから、思い通りに意思疎通のできる相手に会うことができて、実に幸いであった(73)。

実際は、救国団長および救国日報社長は、黄介民ではなく王兆榮であった。しかし、金弘壱の回想のなかに、中国人では黄介民の名前のみが登場していることは、それだけ黄介民が朝鮮人にとって身近な存在だったことを示すものであろう。さらに金弘壱は次のように続けている。

黄介民氏が私を訪ねてきた。私の名前が中国人らしくないので、この際、私の名前を中国式に王雄に直してはどうかということだった。そして、彼は私に対して、当時アジア全域にかけて組織網を持っていた国際的な秘密結社である「興亜社」に加入してくれといった。

興亜社の趣旨は、アジアの復活を目指してアジアの各弱小民族が団結して自由と独立を追及する、というものだった。私には彼の志を拒否する理由は何ひとつなかった。快く彼の勧める興亜社に加入することを誓った(74)。

この興亜社と大同党との関係は判然としない。しかし、「アジアの各弱小民族が団結して自由と独立を追及する」という興亜社の主旨は、新亜同盟党や大同党と同じものである。したがって、黄介民は上海に活動拠点を移して以降も、自身の従来の主義にもとづいて朝鮮人とのネットワークの維持に努めていたといえよう。また、金弘壱は呂運亨のことを慕っており、張徳秀とも同じ下宿で暮らす間柄であったから[75]、呂運亨や張徳秀が金弘壱とともに（あるいはそれ以前から）興亜会に加入していたとしても不思議ではない[76]。とくに張徳秀は新亜同盟党で活動をともにした盟友である。つまり、救国日報社で勤務していた趙東祜も含めて、この時期に黄介民が接触していた（あるいはその可能性のある）朝鮮人は、いずれも設立されて間もない新韓青年党の初期メンバーだったということになる。そうであれば、黄介民は最も早くから、そして最も近くで三・一運動を支援していた中国人だったということになろう。実際、黄介民自身、朝鮮独立運動、とくに趙素昂が参画していた大韓民国臨時政府に協力していたと回想している[77]。

そして三・一運動に触発されて五四運動が勃発すると、中国人と朝鮮人との間に連帯意識が芽生え、一九二一年以降は中国各地で中韓互助社が設立されるに至った。残念ながら、黄介民や大同党が五四運動や中韓互助社にどうのように関わっていたのかについては手がかりがない。中韓互助社の本部として上海に置かれていた中韓国民互助社総社（一九二一年五月設立）[78]の人的構成をみると、中国人の場合は同組織の理事長である呉山を含め、中朝の連帯運動にはじめて参加する人物で構成されている。一方、朝鮮人の場合は新韓青年党や大韓民国臨時政府の主要メンバーが多数参加しており、そのなかには新亜同盟党に参加していた申翼熙、尹顕鎭の名前もある。したがって、新亜同盟党によって中朝を結ぶネットワークが形成され、同団体が解散して以降も黄介民がそのネットワークの維持に努めてきたことは、五四運動後に中国で飛躍的に中朝の連帯運動が発展していく一因をなした、とはいえるだろう。

ところで、中韓互助社の活動に黄介民が参加していないのはなぜだろうか。中韓互助社は地域差こそあれ、基本的には日本帝国主義への反対に共鳴した中国人と朝鮮人の各界各層の進歩勢力が連帯した組織であったから、黄介民のこれまでの活動遍歴を考えれば、幹部クラスで関わっていても不思議ではないはずである。もちろん、中韓互助社は史料自体が限られているため、今後の発掘次第では黄介民の関与が明らかになる可能性はある。しかし、黄介民が中韓互助社の活動に深く関与することはなかったと思われる。なぜならば、このとき黄介民は、漠然と反日本帝国主義を掲げる中韓互助社とは全く異なる方法で、日本帝国主義からの東アジアの解放と、東アジアの諸民族の連帯を模索していたからである。その背後には、ロシア革命の勃発を受けて一九一九年に成立したコミンテルンの存在があり、このことは、中国はもちろんのこと、朝鮮を含めた東アジアの民族運動のありようを大きく変えていくことになる。

小結

第一章から第三章にかけて検討してきたように、一九一九年の三・一運動以前の在日朝鮮人留学生の民族運動は、同時代の東アジア知識人・留学生、具体的には日本人キリスト者と中国人革命家に支えられながら展開されていたといえる。

三・一運動以前、厳密にいえば、ロシア十月革命やウィルソンの「十四か条」による民族自決主義の提唱という朝鮮独立の好機が到来し、三・一運動に向かって動きはじめる一九一八年末以前の在日朝鮮人留学生の運動は、次の二種類に分けることができる。すなわち、出版物の発行や講演会の開催といった合法的領域における民族運動と、秘密結社の形態による独立運動である。

まず前者であるが、第一章でみたように、韓国併合直後の朝鮮人留学生は、留学生の統合団体である親睦会を組織したり、その機関誌として『学界報』を発行したりしていたが、その際、日本人の関与はほぼなく、むしろ日本人の手を借りずに運動を展開しようとする傾向さえみられた。しかし、一九一〇年代の中盤に入り、親睦会の後身団体である学友会の機関誌『学之光』が創刊されて以降、朝鮮人留学生は活発な出版活動を繰り広げた。第二章でみたように、それを可能にしたものは、日本人キリスト教実業家の援助であった。また、学友会が開催する講演会に招聘された日本人もすべてキリスト者であるなど、総じて、朝鮮人留学生は日本人キリスト者と緊密な関係を築いていたといえる。しかしながら、日本人キリスト教実業家が朝鮮人の同化を支持していたことからも分かるように、両者の思想や政治的志向は必ずしも一致していたわけではなかった。むしろ、当時の日本でキリスト者が朝鮮人留学生に同情的であったことや、その同情を、朝鮮人留学生が政治的立場に関係なく受け入れたことが、両者が結びついた主たる要因であった。

一方、後者の独立運動であるが、本章で検討した新亜同盟党は、日本のアジア侵略からの解放を目指したものであったが、その契機は、対華二十一カ条要求によって、在日中国人留学生と朝鮮人留学生との間に「反日」という共通項が生まれたことにあった。そして、辛亥革命に参加した経験のある中国人留学生に導かれながら、東アジア規模の民族解放運動の一環として、朝鮮人留学生は独立運動を展開していったのであった。

以上のように、三・一運動以前の朝鮮人留学生の運動は、物質的支援者である日本人キリスト者と、政治的支援者である中国人留学生によって支えられていたといえる。このことは、当時の朝鮮人留学生を取り巻く国際的な環境をよく反映しているように思われる。

朝鮮人留学生が出版活動を本格的に展開したり、新亜同盟党を組織したりしはじめた一九一〇年代中盤、日本はいわゆる大正デモクラシーの渦中にあり、民衆運動、社会運動が活発化し、政治、社会、文化など様々な領域において民主化が進んでいた。しかし、石橋湛山や『第三帝国』の茅原華山などのように、「小日本主義」の立場から日本の朝鮮支配を批判していた人物はいたものの、大正デモクラシーが「内に立憲主義、外に帝国主義」という構造を持っていたことが端的に示すように、一般的に当時の日本では朝鮮問題に対する関心は高くなかった。加えて、韓国が保護国化されて以降、朝鮮人留学生側が日本人総体を敵視する傾向もまた根深いものがあった。そのなかにあって、キリスト教という共通項を持つ日本人キリスト者の場合、相対的に朝鮮人留学生との距離が近かったのである。

他方、中国人にとって韓国併合は、日本の中国侵略に対する危機意識を持つ契機となっており、一九一一年の辛亥革命もまた、迫りくる日本の侵略に対する焦燥感に促されて勃発したものであった(79)。それゆえ、中国人にとって朝鮮問題は、日本の侵略によって中国が滅亡する可能性を示す「反面の教訓」として常に意識されていたのである。その意味では、韓国併合以降、朝鮮人留学生と中国人留学生とが「反日」を共通軸とした連帯関係を構築していく可能性は常に秘められていたといえるだろう。そして、結果的に対華二十一カ条要求を背景として、一部の中国人留学生が朝鮮を「反面の教訓」から「連帯の対象」へと格上げすることによって新亜同盟党が生まれ、朝鮮人留学生は独立運動に踏み出すことができたのであった。

このように、三・一運動以前の朝鮮人留学生の運動は、当時の日本や中国の社会状況や民族運動のありように大きく規定されながら展開していたが、この点は三・一運動後においても変わらない。三・一運動の結果として日本の朝鮮統治が「武断政治」から「文化政治」に転換することにより、徐々に独立運動の中心地は朝鮮内に移っていく。しかし、中心が朝鮮内に移っても、朝鮮独立運動は日本や中国の社会状況、民族運動と密接な関わりを持ちながら展開していく。さらには、一九一九年に設立されたコミンテルンがこれに介入することで、朝鮮独立運動は左右、すなわち社会主義系列と民族主義系列に分裂していくことになる。第四章から第六章では、その「左」の担い手である社会主義勢力の形成過程についてみていくこととしたい。

第四章

三・一運動後の朝鮮における社会と思想の変動

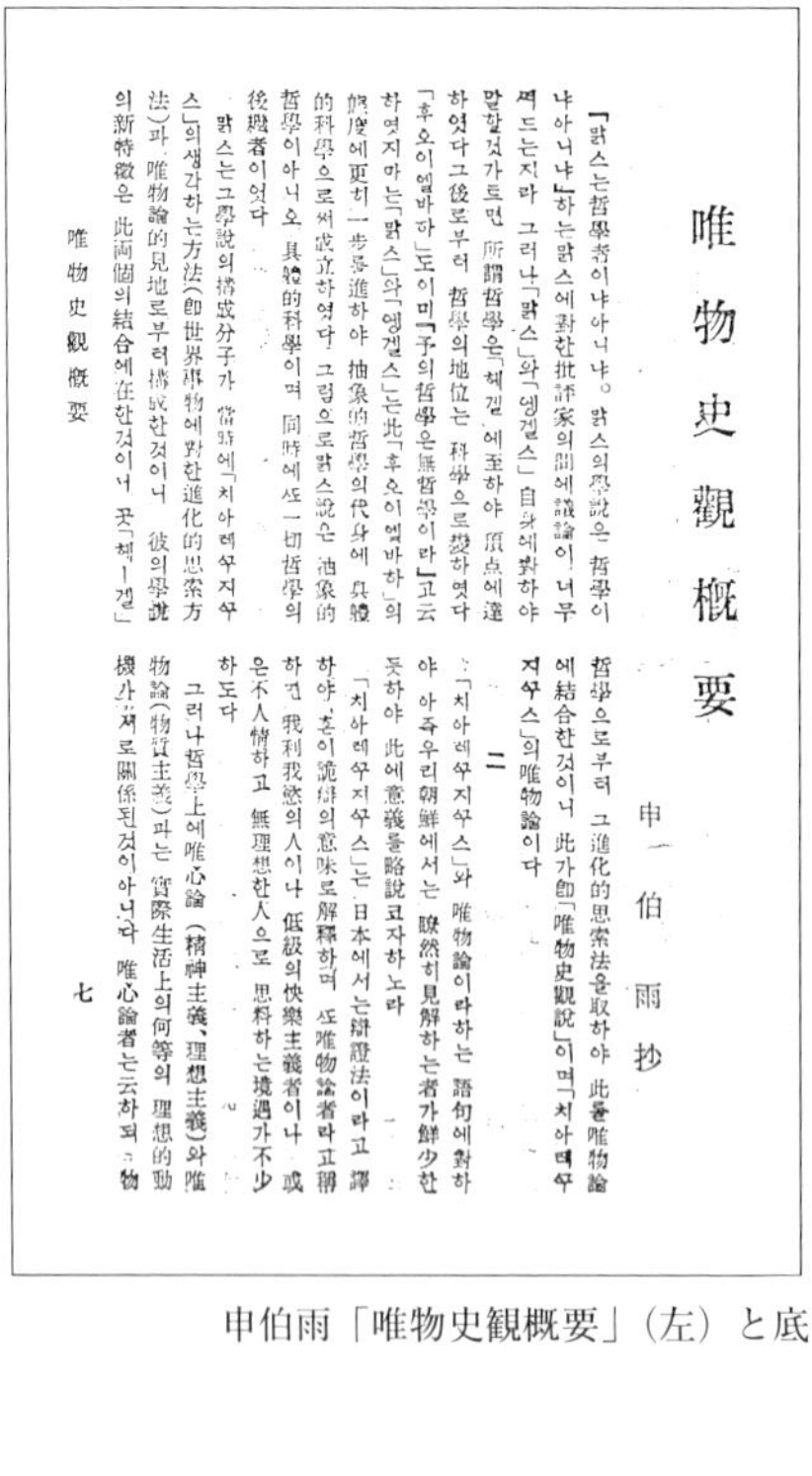

唯物史觀概要

申一伯雨抄

「맑스는哲學者이냐아니냐。맑스의學說은 哲學이냐아니냐」하는맑스에對한批評家의間에議論이 너무떠드는지라 그러나「맑스」와「엥겔스」自身에對하야말할것가트면 所謂哲學은「헤겔」에至하야 頂点에達하엿다그後로부터 哲學의地位는 科學으로變하엿다「후오이엘바하」도이미『予의哲學은無哲學이라』고云하엿지마는「맑스」와「엥겔스」는此「후오이엘바하」의態度에更히一步를進하야 抽象的哲學의代身에 具體的科學으로써成立하엿다 그럼으로맑스說은 抽象的哲學이아니오 具體的科學이며 同時에또一切哲學의後繼者이엇다

맑스는그學說의構成分子가 當時에「치아레쑤지쑤스」의생각하는方法(卽世界事物에對한進化的思索方法)과 唯物論的見地로부터構成한것이니 彼의學說의新特徵은 此兩個의結合에在한것이니 곳「헤ー겔」哲學으로부터 그進化的思索法을取하야 此를唯物論에結合한것이니 此가卽「唯物史觀說」이며「치아레쑤지쑤스」의唯物論이다

二

「치아레쑤지쑤스」와 唯物論이라하는 語句에對하야 아즉우리朝鮮에서는 瞭然히見解하는者가鮮少한듯하야 此에意義를略說코자하노라

「치아레쑤지쑤스」는 日本에서는辯證法이라고 譯하야 혹이詭辯의意味로解釋하며 또唯物論者라고稱하면 我利我慾의人이나 低級의快樂主義者이나 或은不人情하고 無理想한人으로 思料하는境遇가不少하도다

그러나哲學上에唯心論(精神主義、理想主義)와唯物論(物質主義)파는 實際生活上의何等의 理想的動機가서로關係된것이아니다 唯心論者는云하되 物

唯物史觀概要　七

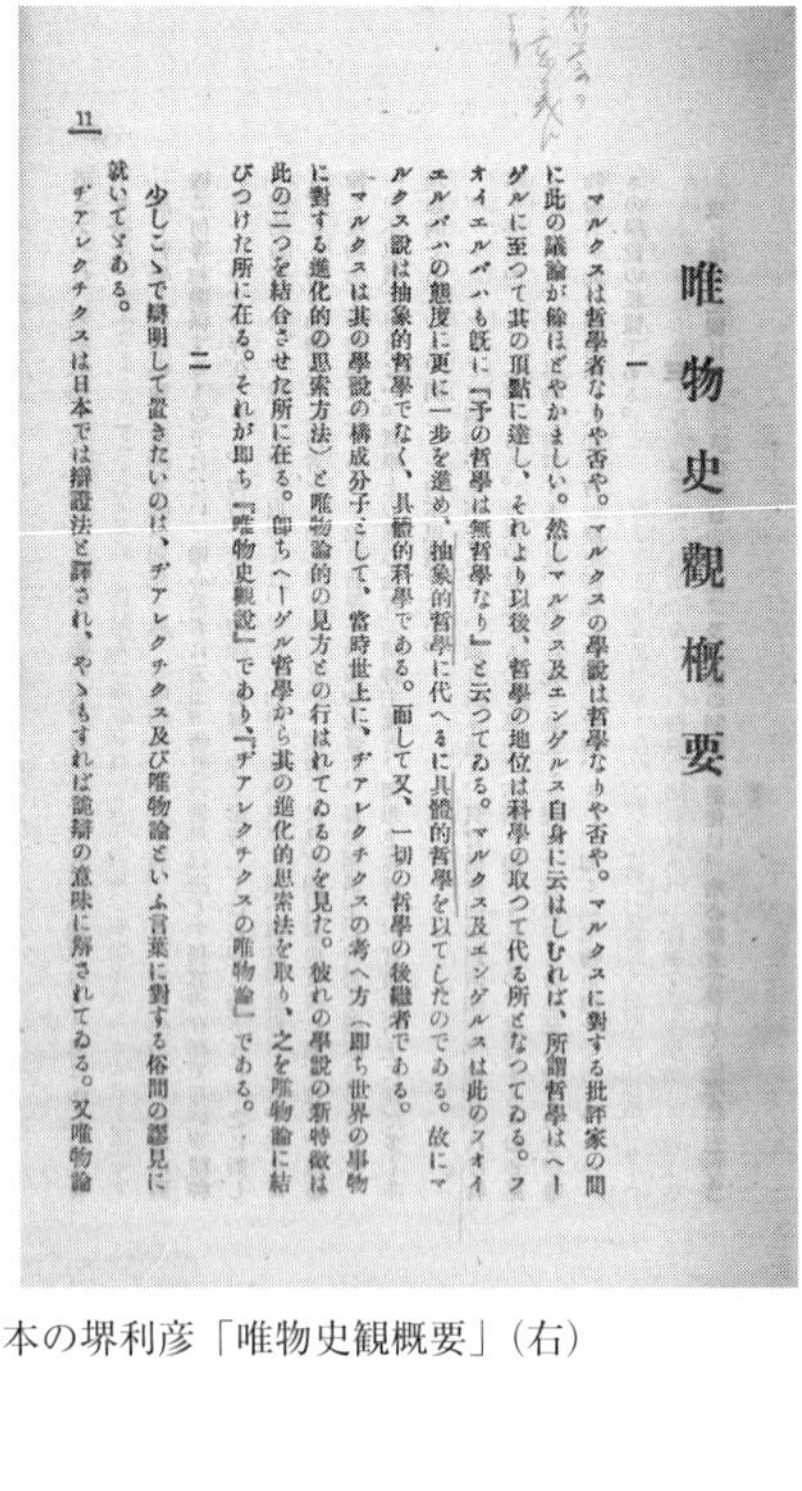

11

唯物史觀概要

一

マルクスは哲學者なりや否や。マルクスの學説は哲學なりや否や。マルクスに對する批評家の間に此の議論が餘ほどやかましい。然しマルクス及エングルス自身に云はしむれば、所謂哲學はヘーゲルに至つて其の頂點に達し、それより以後、哲學の地位は科學の取つて代る所となつてゐる。フオイエルバハも既に『予の哲學は無哲學なり』と云つてゐる。マルクス及エングルスは此のフオイエルバハの態度に更に一歩を進め、抽象的哲學に代へるに具體的哲學を以てしたのである。故にマルクス説は抽象的哲學でなく、具體的科學である。而して又、一切の哲學の後繼者である。

マルクスは其の學説の構成分子として、當時世上に、デアレクチクスの考へ方（即ち世界の事物に對する進化的の思索方法）と唯物論的の見方との行はれてゐるのを見た。彼れの學説の新特徴は此の二つを結合させた所に在る。即ちヘーゲル哲學から其の進化的思索法を取り、之を唯物論に結びつけた所に在る。それが即ち『唯物史觀説』であり、『デアレクチクスの唯物論』である。

二

少しこゝで説明して置きたいのは、デアレクチクス及び唯物論といふ言葉に對する俗間の謬見に就いてゞある。

デアレクチクスは日本では辯證法と譯され、やゝもすれば詭辯の意味に解されてゐる。又唯物論

申伯雨「唯物史観概要」（左）と底本の堺利彦「唯物史観概要」（右）

第一節　新思想の紹介と朝鮮語メディア

一九一九年の三・一運動は、知識人や活動家のみならず、数多くの民衆たちが参加し、さらに朝鮮半島全土において大規模な示威運動が展開されるなど、日本の朝鮮統治がはじまって以来の最大の独立運動であった。しかし、肝心の国際社会に対する外交活動の方は成功せず、朝鮮が独立することはなかった。前章でみたように、新韓青年党はパリ講和会議に金奎植を派遣していたが、そこで朝鮮問題が扱われることはなかった。また、大韓民国臨時政府もアメリカ政府に対して外交活動を試みたが、これも挫折に終わった。

とはいえ、朝鮮民衆の大規模な抵抗を目の当たりにしたことにより、朝鮮総督府は、従来の「武断政治」から「文化政治」へと統治政策の転換を余儀なくされた。まず、一九一九年八月に憲兵警察制度を普通警察制度に変更し、翌九月には新しく朝鮮総督に赴任した斎藤実によって、言論、集会、結社の自由が、限定的ではあるが許可された(1)。これにより、一九二〇年代に入り、数多くの朝鮮語新聞や雑誌が創刊されたり、青年会や労働団体が朝鮮半島の各地に設立されたりすることになる。

三・一運動後の朝鮮内においては、日本の統治政策の転換を背景として生まれた朝鮮語メディアや各種団体を活用することで、独立運動が徐々に本格化していくことになる。ただし、既述のように朝鮮内で展開された独立運動には社会主義運動と民族主義運動の二系列あるが、両者が三・一運動直後から明確に分化していたわけではない。

まず、社会主義運動と関連して、ロシア革命の影響について述べておこう。前章で触れたように、一九一七年のロシア十月革命は朝鮮独立の好機のひとつと受け取られた。しかし、そのことは三・一運動時期の朝鮮でマルクス主義やボリシェヴィズムが浸透していったことを意味しない。朝鮮人活動家がロシア革命を好機と受けとめたのは、二・八独立宣言にみられるように、革命によって帝政ロシアが崩壊し、新政権であるボリシェヴィキが帝国主義的野心を放棄したという状況を独立運動に活かそうと判断したからであって、社会主義に共鳴したからではなかった[2]。本章で明らかにするように、朝鮮内にマルクス主義やボリシェヴィズムが浸透するのは三・一運動以降のことである。もっとも、ロシアで活動していた朝鮮人の場合は、三・一運動以前から思想的にもロシア革命に多大な影響を受けており、このことは、後に朝鮮内において社会主義勢力が形成される際に大きく関わってくることになる（詳しくは第五章で述べる）。

一方、民族主義運動であるが、これは一九一〇年代の朝鮮知識人の思想的傾向を引き継いでおり、将来の独立に備えて、朝鮮の産業、教育、思想などを発展させ、実力を養うことを第一の目的に据えた運動であったことから、実力養成運動とも称される[3]。この運動が本格化するのは一九二二年頃からで、募金によって朝鮮人経営の大学を設立することを目指した民立大学期成運動や、朝鮮物産の消費を奨励することで朝鮮の民族資本の成長を目指した物産奨励運動などが展開された[4]。

要するに、三・一運動が勃発してからしばらくの間は、三・一運動に参加することで民族意識が芽生えた民衆を、いかなる理論、思想、方法によって率いていくのかを模索する期間であったといえる。そして、民衆に新理論、新思想を広めていく際、その情報を朝鮮各地に運搬したのが、朝鮮語メディアであった。

一九一九年の二・八独立宣言の直前に日本で創刊された文芸雑誌『創造』の同人のひとりであった金東仁が、後年「斎藤総督の文化政策のお蔭で民間新聞や雑誌が雨後の筍のやうに生れた[5]」と回想するように、斎藤実が一定程度の言論の自由を認めて以降、朝鮮人経営の朝鮮語新聞、雑誌の創刊が相次いだ。

まず新聞についてみていくと、三・一運動以前の朝鮮語新聞は総督府の御用新聞である『毎日申報』程度しか存在していなかったのだが、一九二〇年三月に『朝鮮日報』、翌四月には『東亜日報』が創刊された。ただし、

『朝鮮日報』は大正実業親睦会という親日団体の機関紙であり、一九二四年一〇月に申錫雨に版権が移るまでは、民族紙としては認められていなかった[6]。一方、『東亜日報』は、初代社長には韓国併合後に侯爵となった（要するに親日的貴族の）朴泳孝が就任したが、実質的な経営は一九一〇年代に日本に留学し、親睦会の機関誌『学界報』の刊行にも関わっていた金性洙（二代目社長）と宋鎮禹（三代目社長）が行っていた。その他、取締役をはじめとする幹部社員も、日本留学出身者が大半を占めていた。さらに、主筆の張徳秀、論説班の金明植をはじめとして、少なからず新亜同盟党出身者が記者として活躍しており、独立運動を後押しするメディアとなった[7]。

次に雑誌であるが、一九一九年末から一九二〇年にかけて、『曙光』『서울』（ソウル）『開闢』『学生界』をはじめとする総合雑誌が数多く発行された。さらに、一九二〇年九月には朝鮮労働共済会（後述）の機関誌『共済』、一九二一年には朝鮮青年連合会の機関誌『我聲』といった各種団体の機関誌も発行された[8]。また、一九一九年二月に東京で創刊された『創造』の発行所が一九二〇年三月発行の第五号から朝鮮に移ったことが象徴するように、朝鮮内における言論取締りの緩和により、朝鮮人留学生が日本から朝鮮に向けて情報を発信する時代は終焉をむかえたのであった。

これら朝鮮語メディアを通して、新思想、新理論が朝鮮内に広がっていくことになるのだが、まずはその時代背景からみていこう。言論取締りが緩和されて以降、最初に創刊された雑誌である『曙光』（一九一九年一一月創刊）の「発行の辞」には次のように書かれている。

全世界を震撼させた大戦乱も、大鵬の翼をおさめたかの如く過ぎ去り、再び世界は平和の曙光を放ちはじめた。……人類は果然、現代生活に疲労している。過去の罪悪を悔悟し、麻痺していた良心は幾分本性を取り戻し、正義人道の光が、かすかではあるが放たれた。そして全人類は、今日に至るまでの生活状態を改造し、理想の新生活を実現するため、不断の努力をしている。

欧米各国はいうまでもなく、日本をみても、今回の大戦乱を経て、各界の変動がいかに多大であったことか。雑誌や新聞紙上における新思想や新言論の躍動が、いかに熱烈で悲壮なものであったことか。各方面での改造の歩みが、どれほど着々と進行しているかをみよ。

我々は、今日の文明の落伍者ではないか。我が半島には、未だ言論や思想を発表し得る新聞や雑誌もない。我々は盲者なのだ。……我輩は何ら経験もなければ、力量も微弱である。知識もなければ、思想も浅い。しかし、今、曙光を刊行するのは、我が半島の暗闇のなかの一個の暁星となり、ひとつは青年学生が前進していくために啓示すべき微光を放つことにあり、いまひとつは、新智識、新思想を鼓発して、社会進運に貢献することにある。(9)


『曙光』が創刊された一九一九年末は、人類史上最初の総力戦であった第一次世界大戦を再び繰り返さないために国際連盟が設立されるなど、新たな国際秩序が形成されようとしているときであった。引用文からも分かるように、『曙光』の編集人は、このことを世界が「理想の新生活の実現」に向かって「改造」されつつあると受け止めた。そして、世界から取り残されている朝鮮社会を改造すべく、新思想を普及させるために『曙光』が創刊されたのであった。同様のことは、後発の雑誌である『開闢』をはじめ、『東亜日報』の社説などにおいても繰り返し述べられていた(10)。世界規模で展開されているこの改造の気運に乗り遅れぬよう、新思想を広めて朝鮮社会を改造すべきであるという認識は、当時の朝鮮知識人に共通するものであったといえる。

ところで、引用文には、日本の「各方面での改造の歩み」が「着々と進行している」とあるが、ここで同時代の日本の状況について触れておく必要がある。

朝鮮内で『曙光』が発行される約一年前から、日本の思想界は大きく変わりはじめていた。一九一八年一二月二三日、吉野作造を中心として、大山郁夫、福田徳三など当時の名だたる進歩的知識人を網羅して思想団体である黎明会が設立された(11)。その設立直前に開かれた相談会において、吉野作造、福田徳三ら七人の知識人によって作成された勧誘状には、黎明会の設立趣旨について次のように書かれている。

世界大戦も漸く終結と相成り御同様慶賀祝福に存じます。申すまでもなく今回の戦争は、専制主義、保守主義、軍国主義に対する、自由主義、進歩主義、民本主義の戦争でありまして、今後に於ける全世界の諸国民は、此光輝ある戦捷と平和とに依つて、初めて真正なる文明的生活に入るの、希望を有し得る次第であります。

然るに此の希望に充ちたる、而かも同時に種種なる危険を包蔵せる講和時期に於いて、我国社会の一部に在つては、却つて此世界的大勢に逆行する危険なる、保守頑冥なる、専制主義賛美者、軍国主義の渇仰者がありまして、多数国民の切実に要求する、言論の自由を蔑視し、敢えて不理不法なる圧迫を試みんとする徴候が圧然として居る事は、各位の間に看取せらる丶処であらうと存じます……

若し彼らを放任して其の暴状を省過し窮鼠をして屢々猫を噛ましむるが如き変態を生ぜしめますならば、我国の不幸にして此文明的進軍の急転期に際し、仮令一時的なりとは云え却つて国民生活の逆転を来し、世界の趨勢に対して見苦しき後れを取り、従つて人類の向上進歩に対する、国民的貢献を空ふするの虞がある事を痛感致します(12)。

日本の知識人もまた、第一次世界大戦後の世界が平和と民主主義の進歩に向かっていること、そうした「世界の趨勢」に順応していく必要性を痛感していたのである。そして、この勧誘状の趣旨にもとづいて、黎明会は「世界の大勢に逆行する危険なる頑冥思想を撲滅すること」、「戦後世界の新趨勢に順応して、国民生活の安固充実を促進すること」などを大綱に掲げ、講演会の開催や機関誌『黎明講演集』を通じて、民衆に対して新思想の啓蒙を行ったのであった[13]。また、黎明会設立とほぼ同じ頃、東京帝国大学の吉野門下の学生を中心として、「現代日本の合理的改造」を綱領に掲げた新人会が結成された[14]。そして、一九一九年には、従来のデモクラシーに代わって「改造」や「解放」が時代の標語となり、総合雑誌の『改造』『解放』が創刊された[15]。さらに、『改造』が社会主義に関する記事を多く掲載したことで発行部数を伸ばしたことが示すように[16]、この頃には日本社会主義が「冬の時代」から復活し、堺利彦と山川均の『社会主義研究』や、河上肇の『社会問題研究』も売り上げを伸ばしはじめていた[17]。こういった日本の思想状況を、朝鮮知識人は「各方面での改造の歩み」が「着々と進行している」と評したのであった。

さて、統治国と植民地では、置かれている状況や立場が大きく異なることは留意すべきであるが、日本と朝鮮の知識人が、第一次世界大戦後の世界の改造に順応すべく、各々の社会も改造しなければならないという共通認識を持ったことは、朝鮮独立運動において二つの意味を持ったと考えられる。

ひとつは、日朝知識人の交流が促進されたことである。この時期、日本の知識人が朝鮮に出向いて朝鮮知識人と交流した形跡はみられない。しかし、黎明会は三・一運動後に朝鮮問題と向き合いはじめ、三月一九日の第四回例会では、日本に残って活動を続けていた留学生（詳しくは第六章で述べる）を招いて意見交換を行った。さらに、その後も黎明会講演会で日本の朝鮮統治に対する批判を行い、朝鮮人留学生から惜しみない拍手が送られた。一方、学生団体である新人会も朝鮮人留学生との連帯の意を表明し、機関誌『デモクラシイ』の社説で朝鮮独立を支持した[18]。『デモクラシイ』には廉尚燮が寄稿しただけでなく、朝鮮人留学生界でも講読されていた[19]。一九〇七年の亜洲和親会以来、すれ違い続けてきた日本の社会運動と朝鮮人留学生の独立運動は、第一次世界大戦の終結を転機として、ついに繋がりはじめたのである。

そしていまひとつは、朝鮮知識人が朝鮮社会の改造を目指す際、「改造の歩み」が「着々と進行している」日本思想界をその手本としたことである。このことは、先の『曙光』の創刊号で日本の出版物の発行部数が詳細に紹介されていることや[20]、当時の日本の標語であった「改造」という用語を、朝鮮内の知識人も頻繁に使っていたことからも窺える。

実際、朝鮮知識人が朝鮮語メディアを通して紹介していった多種多様な新思想もまた、同時代の日本思想界の影響を受けたものであった。例えば、雑誌『開闢』では一九二〇年六月の創刊以降、毎号にわたって、ニーチェ、ルソーをはじめとする西洋近代思想が紹介されたが、それらの大半は中澤臨川・生田長江編『近代思想十六講』と生田長江・本間久雄共著『社会改造の八大思想家』を翻訳したものであった[21]。その他、当時日本で流行していたバートランド・ラッセルの『社会改造の原理』は朝鮮内でも『東亜日報』などで翻載されたが、それは松本悟朗訳からの重訳であった[22]。また、黎明会のメンバーである桑木厳翼や左右田喜一郎が提唱していた文化主義は、朝鮮内の雑誌で紹介されただけでなく、当時の朝鮮知識人に多大な影響を与えた[23]。

もっとも、日本の影響という現象自体は、三・一運動後にはじまったものではない。日清、日露戦争以降、日本にはアジアの各国から留学生や知識人が訪れるようになった。そして、それにともない、日本はアジア諸国が西洋の近代「知」を受容する際の中継所として機能していった[24]。また本書でも、朝鮮人留学生が日本で印刷・出版経験を蓄積していたことや、新亜同盟党の朝鮮人留学生が幸徳秋水の著作や茅原華山らの『第三帝国』を講読していたことを確認した。しかし、三・一運動以降、朝鮮知識人が朝鮮語メディアという新思想を紹介するための手段を得たことは、朝鮮内の言論界・思想界が、同時代の日本のそれと連動していく大きな契機になったといえる。社会主義勢力の形成に必要不可欠であるマルクス主義の受容も、こういった日本思想界との連動のなかで伝播した数ある新思想のひとつとして行われたのである。

第二節　朝鮮労働共済会の設立――朝鮮労働問題と国際社会

朝鮮語メディアとともに、三・一運動後の朝鮮社会に生じた特筆すべき変化として挙げられるのは、労働問題に対する関心が高まったことである。[25]社会主義勢力の形成とも関わる重要な問題であるので、ここでは一九二〇年四月に設立された朝鮮労働共済会の設立経緯の分析を通して、朝鮮内において労働問題が注目されはじめた背景についてみておきたい。

日本では鈴木文治らによって労働者の相互扶助団体である友愛会が一九一二年から設立されていたが、朝鮮内においては、こういった労働団体はほとんど存在していなかった。しかし、文化政治への転換によって、秩序や治安を乱さない限りにおいて結社の自由が認められた。そして、かつて新民会に加入していた朴重華をはじめとする二八六名の知識人を発起人として、一九二〇年四月一一日に京城で会員六七八名を擁する朝鮮労働共済会が設立された。[26]

朝鮮労働共済会は京城本会のほか、平壌、大邱、開城をはじめとする主要都市に、設立から一年間で一五個の支会を設置したことから、朝鮮最初の全国単位の労働団体と評価されている。また、一九二〇年九月には機関誌『共済』を創刊して、朝鮮の労働者の啓蒙を行っただけでなく、一九二〇年代前半の労働運動を牽引していったことから、既存の研究では近代朝鮮労働運動の本格化を示すものとして注目されてきた。[27]

まず、設立過程からみていくと、『共済』に掲載された「朝鮮労働共済会沿革大略」には、「世界大動乱の終息を機会にして本問題［労働問題］が具体的に惹起されるようになり、而して本年二月七日に四十三人の人士が朝鮮労働問題研究会を開」いたとある。そして、三月一六日に七六人の発起人と二五〇〇円の捐助金が集まり、朝鮮労働共済会発起会が組織された[28]。さらに、四月九日には、京城の鐘路において朝鮮労働共済会の総幹事となる朴珥圭が設立趣旨書を民衆に配布し[29]、四月一一日の創立に至った[30]。

その設立主旨書であるが、機関誌『共済』の創刊号には、会長の朴重華の名義による「朝鮮労働共済会主旨」が掲載されており、四月九日に配布されたものと同内容と思われる[31]。それによれば、朝鮮労働共済会の設立の主旨は、朝鮮社会における労働者の地位の低さに鑑み、教育や相互扶助を通して朝鮮労働者の生活の安定を期すことに置かれていた[32]。そして、それを実現させるための具体的な目標として、労働者に対する「知識啓発」や「品性向上」、労働者が労働条件の改善に対する自覚を養うことを目的とした「衛生奨励」、相互扶助事業である「患難救済」、「職業紹介」、「貯蓄奨励」、その他、「労働状況の調査研究」などを掲げている[33]。

以上のような設立主旨にもとづいて、朝鮮労働共済会は様々な活動を展開した。まず、労働者教育と関連するものとしては、一九二〇年九月に労働夜学講習所を開設した[34]。主な講習内容は朝鮮語や漢文の読み書きといった初等科程度の教育であり、当初は京城に三カ所開設する予定であったが[35]、最終的には鐘路の中央講習所のみとなった[36]。また、相互扶助や労働者救済事業としては、労働者の共同利益を目的に朝鮮最初の消費組合として一九二一年七月に朝鮮労働共済会消費組合を開業したほか[37]、業績は芳しくなかったが就職斡旋も行った[38]。このように、必ずしも順調とはいえなかったものの、朝鮮労働共済会は、朝鮮内で

図9　朝鮮労働共済会の消費組合
（『東亜日報』1921年7月29日付）

最初に労働問題に取り組んだ団体であったという点で画期的なものであった。

朝鮮知識人が朝鮮労働共済会を設立した背景について、既存の研究では、朝鮮人労働者の増加という内的要因によって説明されてきた。朝鮮会社令をはじめとする朝鮮総督府の政策によって、韓国併合以降、朝鮮では工業の発展が抑制されていた。しかし、一九一〇年には一五一にすぎなかった工場数が一九一七年頃から急増し、一九二〇年には二〇八七となった。これにともなって、朝鮮人工場労働者数が一九二二年には五万名を超えた。さらに、朝鮮人労働者は日本人労働者との差別待遇を受けるなど劣悪な労働条件に置かれていたこともあり、一九一二年の時点ではわずか六件にすぎなかった朝鮮人労働者のストライキが、三・一運動が勃発した一九一九年には八四件にも達した。(39)

朝鮮労働共済会の機関誌『共済』には、朝鮮内の工場の設立状況や、朝鮮人労働者の過酷な労働環境に関するレポートが掲載されており、(40)朝鮮人労働者の増加が朝鮮労働共済会設立の背景のひとつとなったことは間違いない。しかし、当時の朝鮮では労働者に比べ農民が圧倒的に多かったことを想起すれば、(41)農村問題や労農問題でなく、朝鮮知識人がなぜ労働問題の解決のみを目的とする団体を組織したのかという疑問が浮かび上がる。実際、『開闢』創刊号に掲載された「時急히 解決할 朝鮮의 二大問題」(早急に解決すべき朝鮮の二大問題)という記事では、教育問題と並んで農村問題が挙げられており、小作料の取立てをはじめとする朝鮮農民の過酷な環境を紹介したうえで、地主に反省を迫ったり、農会を組織したりする必要性が述べられている。(42)

実は、同様の指摘は朝鮮労働共済会内部でも出されていた。『共済』創刊号に掲載された「世界思潮와 朝鮮農村」(世界思潮と朝鮮農村)という記事で羅景錫は、都市に巨大な工場が極めて少ない朝鮮において労働問題は「朝鮮社会問題の極少数の部分」にすぎない反面、朝鮮農民は世界的に類を見ないほどに過酷な環境に置かれており、農村問題こそが朝鮮固有、かつ「朝鮮社会問題の大部分である」と述べているのである。(43)

したがって、朝鮮労働共済会が設立された国際的要因にも目を向ける必要があるだろう。ここで、朝鮮労働共済会の設立に先立って一九二〇年二月七日に開かれた朝鮮労働問題研究会が、「世界大動乱の終息を機会にして」いたことを思い返してもらいたい。すなわち、前節でみた朝鮮語メディアを通した新思想の紹介と同様に、朝鮮労働共済会の設立においても、第一次世界大戦の終結が背景となっているのである。では、第一次世界大戦の終結と朝鮮労働共済会にいかなる関係があるのだろうか。『共済』創刊号と第二号の編集スタッフだった金若水は、次のように述べている。

生産の大消耗と産業の大破壊は物価の高騰を招き、生存者の生活上にまで困苦貧窮の大欠陥を生じさせ……故に、昨今の人心世態の機微真面は旧世界の悪夢を悟り新紀元に向けて奔走しはじめ、その活動の矛先を人生生活の根本である労働問題解決に傾注させ……国際労働会議が妖雲万丈のなかで歴然とその頭角を現した。(44)

第一次世界大戦後、パリ講和会議ではロシア革命対策として労働問題が議論され、一九一九年四月にヴェルサイユ条約のなかに国際労働規約を挿入することが決定した。国際労働規約は国際連盟の姉妹組織として国際労働機関（ＩＬＯ）を設置することや、人道主義的観点にもとづいて労働非商品の原則、最低賃金制、八時間労働制など九カ条からなる労働一般原則を定めたものであった。(45)引用文にある「国際労働会議」とは、国際労働機関の会議のことであり、一九一九年一〇月にワシントンで第一回会議が開かれた。この第一回会議において日本は労働一般原則を批准しなかったのだが、金若水は、「日本も今後二年間が経過すれば、国際社会の厳密な監視下において労働規約の全部が実施されるはずである」と国際労働会議に期待を表し、「朝鮮労働問題も刻一刻と国際化の道程を趨進中に在る」との認識を示した。(46)

国際労働規約の影響は、金若水のみならず朝鮮労働共済会の随所でみられる。例えば、先にみた朝鮮労働共済会の目標のひとつである「衛生奨励」の具体的内容は、「労働八時間短縮、成年男工以外の夜業廃止、幼年労働廃止、少年労働制限等の諸問題」が世界的な問題になっていることを労働者に自覚させることであった(47)が、これらはいずれも労働一般原則で定められた事柄である。また、『共済』に掲載された金翰「全国労働者諸君에게 檄을 送하노라」(全国労働者諸君に檄を送らん)という記事は、「労働は商品ではないという根底を知るべきである」(48)と主張している。この主張も「労働ハ単ニ貨物又ハ商品ト認ムヘキモノニ非ス」という労働一般原則にもとづいたものである。さらに、『共済』の第一号と第二号では、国際労働規約の一部が掲載されている。(49)

これらの事例は、パリ講和会議でヴェルサイユ条約に国際労働規約が挿入されたことを主たる背景として、朝鮮労働共済会が設立されたことを示しているといえるだろう。そして、金若水の記事からも分かるように、朝鮮知識人は国際労働規約が朝鮮にも適用される可能性があること、すなわち朝鮮労働問題が世界の労働問題の一部であると認識していた。それゆえ「朝鮮社会問題の大部分」である農村問題ではなく、まず労働問題の解決が目指されることになったのである。その意味では、労働問題は第一次世界大戦の終結を契機に朝鮮内に流入した新思潮の一種であったといえよう。

ところで、国際労働規約が、ロシア革命の世界的な波及を恐れた国際資本主義による改良主義的な懐柔策であったことについては留意しておくべきだろう。(50) 国際労働規約は日本労働運動においても重要な意味を持った。ヴェルサイユ条約に国際労働規約が盛り込まれたことは、日本知識人が労働問題を国際問題として認識する契機となっただけでなく、(51) 労働運動の自由が認められていない日本労働者の権利意識を目覚めさせ、一九一九年一〇月に友愛会が急進化して大日本労働総同盟友愛会へと改組したことをはじめとして、日本の労働運動が本格化する契機となった。(52)

しかし、資本主義体制の変革を目標とする日本の社会主義者にとって、国際労働規約や国際労働会議は批判対象でしかなかった。国際労働会議に対して、山川均は『中央公論』一九一九年一〇月号で次のように言及している。

すなわち『原則』としては労働を商品と『みなさ』ないで、実際の上では労働を商品として取り扱うところの制度の存続を継することは、国際労働会議の精神である。賃金制度の存続する限りは、労働は商品である。労働を商品とみなさざることは、精密に賃金制度の撤廃を意味して居る。国際労働会議の目的は、現在の経済組織――賃金制度――の撤廃であるか維持であるか。現在の経済組織を固執しつつ、労働は商品にあらずというがごときは、偽善と欺瞞の甚だしいものであって、われわれは国際資本会議〔国際労働会議〕が、この最大の欺瞞を基礎として居ることを忘れてはならぬ。要するに国際労働会議は、最も善意に解釈しても国際労使協調会である。(53)

実は、朝鮮労働共済会には後に社会主義者として活動する知識人が数多く所属していたのだが（金若水もそのひとりである）、これまでみてきたように、国際労働規約の影響を受けて設立された朝鮮労働共済会は、決して朝鮮の資本主義制度の変革を目指すものではなかった。

しかし、一九二二年四月の第三回定期総会において、朝鮮労働共済会は労働組合と小作人組合を組織し、労農運動によって社会変革を目指す方針に転換することになる。(54) そして、その主たる要因は、朝鮮におけるマルクス主義の一定程度の浸透や、コミンテルンからの働きかけを背景として、社会主義勢力が形成され、彼らが朝鮮労働共済会の中枢を占めるに至ったからにほかならない。次節では、まず社会主義勢力形成の必要条件のひとつであった朝鮮におけるマルクス主義伝播について検討することにしたい。

第三節　朝鮮におけるマルクス主義伝播

(1)新思想研究グループの設立

第一次世界大戦の終結を受けて、朝鮮知識人が朝鮮社会を改造するために各種の新思想を広めていくなかで、マルクス主義はそのひとつとして紹介された。マルクス主義受容に関する既存の研究は、三・一運動後から一九二一年までを様々な新思想のなかで徐々にマルクス主義が受容されていく時期であるとして、朝鮮知識人がマルクス主義を受容するに至る内的契機や、彼らが当時抱いていたマルクス主義認識を解明することに関心を集中させてきた(55)。そのため、植民地期の朝鮮に西洋起源のマルクス主義に関する文献や学説がどこから流入したのか、そして朝鮮知識人が具体的にどのような文献を通してマルクス主義を学び、それらを朝鮮に紹介していったのかという問題はほとんど明らかになっていない(56)。

序章で述べたように、朝鮮においてマルクス主義は、ロシアやドイツではなく日本から流入した。朝鮮の新聞雑誌で本格的にマルクス主義学説が紹介されはじめたのは三・一運動後から一九二一年にかけての時期であったが、当時、朝鮮知識人によって執筆されたマルクス主義関連記事は、その大半が日本の出版物からの翻訳、ないしは引用したものであった。その要因としては、以下の二つが考えられる。

ひとつは、三・一運動後の朝鮮知識人が同時代の日本思想界の動向に着目していたことである。実際に、当時の朝鮮でラッセルやニーチェをはじめとする西洋近代思想全般が日本の書籍からの翻訳によって紹介されていたことは、第一節でみたとおりである。

いまひとつは、新思想を摂取する際の効率性の問題である。西洋起源のマルクス主義を朝鮮内で紹介するためには、その内容を理解するのみならず、マルクス主義用語を漢字に訳出しなければならない。しかし、同じ漢字文化圏の日本の出版物を参照すれば、その手間を省くことができる。また、当時日本では社会主義が「冬の時代」から復活し、マルクス主義の解説書が数多く出版されていたことも、日本経由によるマルクス主義伝播を促した要因であろう。

もっとも、ロシア、アメリカ、中国などに亡命していた朝鮮人独立運動家の存在を想起すれば、朝鮮におけるマルクス主義伝播ルートが日本経由のみに限定されていたとは言い切れない。しかし、朝鮮で紹介されたマルクス主義学説の大半が日本書からの翻訳や引用であったという事実は、朝鮮知識人がマルクス主義を理解し、それを紹介する際、日本から流入した「知」の占める比重が何よりも大きかったことを意味している。それゆえ、朝鮮においてマルクス主義学術用語は、それらの訳語創出に対する思想的営為のないまま、朝鮮の新聞雑誌にはじめて登場したときから一貫して日本で訳出された用語が使用され続けたのである(57)。

そこで本節では、朝鮮内のメディアで本格的にマルクス主義学説が紹介されはじめた一九二〇〜一九二一年を対象に、当時日本から朝鮮に流入したマルクス主義学説と文献、およびそれらを活用して活字媒体でなされたマルクス主義学説紹介の具体的状況を検討していく。まずは、この時期にマルクス主義を紹介していた主体についてみていこう。

三・一運動後、朝鮮知識人が朝鮮社会の改造のために新思想を朝鮮に紹介していくなかで、積極的にマルクス主義を広めていったのは、朝鮮労働共済会で労働問題に従事していた一部の知識人であった。もっとも、彼らは朝鮮労働共済会において活動をともにしてはいたものの、マルクス主義を含めた新思想に関しては、いくつかのグループに分かれて研究していた。そのうち、マルクス主義の普及に重要な役割を果たしたのは社会革命党、金若水グループ、金翰・申伯雨グループの三つのグループであった。

社会革命党は、張徳秀、金明植、金錣洙、崔八鏞ら元新亜同盟党員と、呉詳根、兪鎮熙、尹滋瑛ら朝鮮内で教育を受けた知識人とによって、一九二〇年六月に京城で組織された団体である[58]。金錣洙が「読書会の形式で互いに本を分けて読み、討論し、時局に対する話もして、そうやって生れた[59]」と回顧するように、社会革命党は朝鮮社会を改造するための理論を模索する読書会のようなものであった。社会革命党のメンバーのうち、呉詳根が朝鮮労働共済会の議事長、張徳秀と金明植が同議事員を務めていた[60]。また、第一節で述べたように張徳秀は『東亜日報』の主筆、金明植は同論説班員も務めるなど、社会革命党はマルクス主義学説の紹介のみならず、三・一運動後の民族運動全体において影響力を持っていた。一九二一年に入ると社会革命党は社会主義団体に転換することになるのだが、これについては第五章で論じる。

金若水グループについては第六章で詳しく述べるため、ここでは要点のみにとどめておきたい。前節でみたように、金若水は朝鮮労働共済会の機関誌『共済』の第一号（一九二〇年九月）と第二号（一九二〇年九月）の編集スタッフであったが、一九二〇年五月に朝鮮労働共済会内部で七人からなる新思想の学習サークルを組織した（後述するが、この団体には正式名称がなかったため、本書では便宜上この団体を金若水グループと呼称する）。七人のうち名前が判明しているのは、金若水と、かつて大阪で朝鮮人労働者の親睦団体を組織したことのある鄭泰信[61]、朝鮮労働共済会の大邱支会で活動していた鄭雲海の三人である。金若水グループは一九二一年に活動拠点を日本に移し、以降、日本における朝鮮人社会主義運動を主導していくことになる。

最後に金翰・申伯雨グループであるが、一九二二年に鄭在達が作成したコミンテルン宛の報告書“История и деятельность нейтральной Коркомпартии”（中立朝鮮共産党の歴史と活動）によれば、一九二〇年三月一五日に京城で朝鮮共産党（Коркомпартии）を結成するための準備会が組織されたが、官憲の視察によりすぐに解散し、連絡関係だけを維持することになった。その後、一九二一年五月一日に正式に朝鮮共産党が結成されたのだが、主なメンバーは鄭在達、金翰、申伯雨らであったという。[62] なお、この「朝鮮共産党」は、当然ながら一九二五年に京城で結成された朝鮮共産党とは異なるものであり、コミンテルンの承認を受けた団体でもなかった。

本書でこの団体を金翰・申伯雨グループと呼称するのは、史料どおりであれば朝鮮労働共済会が組織された一九二〇年四月の時点では朝鮮共産党が活動していなかったこともあるが、より大きな理由は、本当に金翰や申伯雨らが一九二〇年三月に朝鮮共産党の結成を準備していたのかが疑わしいことによる。まず、鄭在達が作成した報告書を除いて、一九二〇年三月に朝鮮共産党の設立が準備されていたことについて書かれている史料が確認できない。例えば、準備会が解散した要因は官憲の視察によるものとされているのだが、朝鮮総督府警務局が作成していた「朝鮮治安状況（鮮内）」などの官憲史料には対応する記述がみられない。また思想的にみても、金翰は一九一九年九月の時点では国際連盟を支持していたほか、[63] 前節でみたように、朝鮮労働共済会の機関誌『共済』では国際労働規約の影響を受けて「労働は商品ではない」という主張をしていた。一方、申伯雨も朝鮮労働共済会の設立に関わり、教育部員として活動していたが、[64] 同会の主旨に対して不満を表明していた形跡はみられない。社会革命党や金若水グループと同様に、彼らもまた一九二〇年の時点では、新思想を研究しつつある段階にあったと考えるのが妥当であろう。

一九二一年五月一日に朝鮮共産党が結成されて以降は、一九二二年三月に無産者同盟会を組織、同年一〇月にはロシアのヴェルフネウディンスクで開かれた（上海派とイルクーツク派の）高麗共産党の党統合大会で中立路線を標榜して「中立党」と呼ばれることになる。[65] 上記の報告書は、党統合大会に鄭在達が朝鮮共産党を代表して出席した際に作成されたものであるが、その際、鄭在達はもうひとつ "ИЗДАТЕЛЬСКАЯ ДЕЯТЕЛЬНОСТЬ ЧО СЕН КОНГ САН ДАНГ"（朝鮮共産党の出版活動）という報告書を残している。それによれば、朝鮮共産党は一九二一年九月に朝鮮内ではじめて、『共産党宣言』を翻訳、秘密配布（八五部）したという。[66] 日本語版からの重訳であったようだが、その実物は確認されていない。

以上概観したように、これらの新思想研究のグループは、いずれも一九二一年を境に社会主義運動を本格化させていくことになる。そして、こうした活動の変化に歩調を合わせるかのように、朝鮮におけるマルクス主義学説の紹介も、一九二〇年から一九二一年にかけて量的、質的に大きく変化していく。

(2)日本書籍の入手と新思想の模索

それでは、一九二〇年当時、社会革命党、金若水グループ、金翰・申伯雨グループに所属していた朝鮮知識人は、具体的にどのような文献を参照し、どのような文章を書いていたのだろうか。表3は、一九二〇年に彼らが執筆した記事とその典拠をまとめたものである。

まず、表3の「掲載媒体」に記載されている文献の具体的な入手方法から検討しよう。史料的な手がかりはほとんど残されていないのだが、主に朝鮮の書店で購入したケースと、朝鮮と日本を往来していた在日朝鮮人留学生や活動家によってもたらされたケースの二種類であったと考えられる。まずは前者のケースであるが、一九二〇年当時、朝鮮で金翰・申伯雨グループの金翰とともに社会主義を学習していたという柳子明の回顧録には次のような記述がある。

> そのとき、日本では共産主義と無政府主義が公開して、宣伝されていた。山川均、界《ママ》利彦、河上肇などは有名な共産主義者で、大杉栄は有名な無政府主義者だった。彼らは新しく出版される『改造』雑誌と『解放』雑誌に共産主義と無政府主義に対する文章をいつも発表してきた。また、『批評』雑誌には長谷川如是閑と大山郁夫が西洋各国の社会主義の発展に関する文章を発表していた。先に述べた三つの雑誌はソウルにある

表3　1920年の社会主義・労働問題関連記事と翻訳および引用底本対照表(67)

筆者・記事名・掲載媒体	翻訳および引用底本	掲載媒体
兪鎭熙「労働者의 指導와 教育」(労働者の指導と教育)『東亜日報』1920年5月1～2日	①福田徳三「自治、自主を主とし、無用の干渉を絶念せよ」 ②安部磯雄「労働者の教育」	①『解放』第1巻第2号、1919年7月 ②『解放』第1巻第2号、1919年7月
兪鎭熙「世界労働運動의 方向」(世界労働運動の方向)『東亜日報』1920年5月5～8日	①佐々弘雄「解放と先駆者」 ②麻生久「世界労働運動の方向」	①『解放』第1巻第2号、1919年7月 ②『解放』第1巻第3号、1919年8月
金明鎭(金明植？)「青年에게 告함」(青年に告ぐ)『東亜日報』1920年5月22日	クロポトキン著・大杉栄訳「青年に訴ふ」	『労働運動(第一次)』第5号、1920年4月30日
又影生(鄭泰信)「막쓰와 唯物史観의 一瞥」(マルクスの唯物史観の一瞥)『開闢』第3号、1920年8月	堺利彦「唯物史観概要」	『社会主義研究』第1巻第1号、1919年4月
金明植「労働問題는 社会의 根本問題이라」(労働問題は社会の根本問題なり)『共済』第1号、1920年9月　※	大山郁夫「労働問題と教育問題との交錯」	『我等』第2巻第1号、1920年1月
無我生(兪鎭熙)「労働者의 文明은 如斯하다」(労働者の文明はこうだ)『共済』第1号、1920年9月	賀川豊彦「労働者崇拝論」	『解放』第1巻第3号、1919年8月
霽観(金翰)「全国労働者諸君에게 檄을 送하노라」(全国労働者諸君に檄を送らん)『共済』第1号、1920年9月　※	①木村久一「文芸の解放」 ②佐野学「労働者の指導倫理」	①『解放』第1巻第2号、1919年7月 ②『解放』第1巻第3号、1919年8月
兪鎭熙「労働運動의 社会主義的考察」(労働運動の社会主義的考察)『共済』第2号、1920年10月	表4にて記載	

日本の書店でも買うことができたので、私たちは毎月それらの雑誌を買って社会主義を研究した。[68]

柳子明が回顧している「長谷川如是閑と大山郁夫」の『批評』は、大山らの個人雑誌『我等』の間違いであろう。室伏高信の主幹による『批評』という雑誌も当時発行されていたが、この雑誌に大山や長谷川は文章を発表していない。表3に記載されている『解放』や『我等』などは「ソウルにある日本の書店」で購入したものなのかもしれない。

後者のケースであるが、一九二四年の史料には、朝鮮において社会主義は「日本留学生のなかの新進思想家」によって流入した「日本社会主義文書および日本語文の思想書類」を通じて輸入されたという記述がある。[69]それらの具体的な書籍名は不明であるが、例えば、李増林は社会革命党の結成当初からのメンバーであると同時に早稲田大学の留学生でもあり、さらには韓人社会党（後述）の李東輝によってコミンテルンの密使として日本に派遣され、大杉栄や近藤栄蔵と接触した人物でもあった。後日、李増林は官憲の取調べに対して、河上肇の『社会問題研究』、堺利彦・山川均主筆の『社会主義研究』、そして大杉栄らの『労働運動』などを購読していたと述べている。[70]いずれも、一九二〇年頃の代表的な日本の社会主義文献であるが、実際に表3には『社会主義研究』と『労働運動（第一次）』が一件ずつ記載されている。おそらく、李増林のような人物が、任務や留学などで朝鮮と日本を往来する傍ら、日本の社会主義文献などを持ち帰ったのであろう。

しかし、一九二〇年当時から『社会主義研究』などのマルクス主義を専門的に扱う日本語文献が朝鮮に流入していたからといって、この時期から朝鮮の新聞雑誌でマルクス主義が本格的に紹介されはじめたわけではなかった。表3の「翻訳および引用底本」に堺利彦らマルクス主義者が執筆した論文が一部しか含まれていないことからも察せられるように、一九二〇年に朝鮮知識人が活字媒体でマルクス主義を紹介、論じたものはまだごくわず

かで、鄭泰信の「막쓰와 唯物史観의 一瞥」（マルクスと唯物史観の一瞥）と、後述する兪鎮熙の「労働運動의 社会主義的考察」（労働運動の社会主義的考察）程度しか確認できない。後に詳しく述べるが、朝鮮の新聞雑誌でマルクス主義学説の紹介が本格的に開始されるのは一九二一年に入ってからであった。(71)『経済学批判』序文が、朝鮮内の合法活字媒体に掲載された最初のマルクス主義原典として、一九二一年の三月（尹滋瑛）と四月（申伯雨）に二度も翻訳されたことなどは、(72)その端的な例であろう。

表3に記載したように、鄭泰信の「막쓰와 唯物史観의 一瞥」は、堺利彦「唯物史観概要」の一部を翻訳したものである。実は一九二一年に尹滋瑛と申伯雨が翻訳した『経済学批判』序文の底本も堺利彦「唯物史観概要」であった（本章扉裏）。「唯物史観概要」は九節からなり、第一節から第四節、第六節から第九節までが唯物史観に関する解説であり、第五節が『経済学批判』序文の日本語訳である。尹滋瑛が第五節のみ、申伯雨が「唯物史観概要」を完訳したのに対して、鄭泰信の「막쓰와 唯物史観의 一瞥」は第一節から第四節までを翻訳したものであった。一九二一年に二度も訳載される『経済学批判』序文であるが、鄭泰信を含めた朝鮮知識人は、その前年にはこれを翻訳しようとはしなかったのである。このことはメディアを通じたマルクス主義学説紹介に対して、朝鮮知識人が一九二一年に比べ、一九二〇年の時点ではあまり積極的ではなかったことを示している。

その要因だが、一九二〇年当時の金若水グループや社会革命党が、新思想を幅広く研究する読書会であったことと関連しているように思われる（金翰・申伯雨グループの実態は不明だが）。そして実際に、そこに所属している知識人もマルクス主義だけでなく様々な思想や理論に注目していた。

表3の記事名をみれば分かるように、当時、社会革命党や金若水グループなどに所属していた知識人は労働問題を集中的に論じていたが、その解決策は様々であった。例えば、社会革命党の金明植の「労働問題는 社会의根本問題이라」（労働問題は社会の根本問題なり）は、大山郁夫が『我等』で主張していた民衆文化主義に関する論

文を参照し、労働問題の発生原因を「文化価値」と「物質価値」という文化主義的観点から考察したものであった。同じ社会革命党に所属していた兪鎮熙の「労働者의 指導와 教育」（労働者の指導と教育）は、福田徳三や安部磯雄の文章を引用しながら社会政策の導入を通じた労働問題解決を主張したものである。一方、「労働は商品ではない」と主張していた金翰の「全国労働者諸君에게 檄을 送하노라」（全国労働者諸君に檄を送らん）では、記事の後半部において、主に佐野学の論文を参照しながら、ラッセルの「創造の衝動」説を根拠に労働神聖を論じている。また、翻訳や引用の形跡がみられなかったため表3には掲載しなかったが、金若水グループの金若水は「戦後世界大勢와 朝鮮労働問題」（戦後世界大勢と朝鮮労働問題）で、国際労働会議に期待を寄せるとともに、労資協調による労働問題解決を主張している(73)。

以上みてきたように、社会革命党や金若水グループに所属して、言論活動を行っていた知識人は、ラッセル、文化主義、社会政策など様々な理論、思想に関心を寄せていた。表3をみれば分かるように、この時期に彼らが執筆した記事には、『解放』に依拠したものが多い。マルクス主義を専門的に扱う堺利彦・山川均主筆の『社会主義研究』ではなくて、『解放』から多くが引用、参照されたのは、朝鮮内の書店でも購入できるという入手の容易さとともに、同誌が総合雑誌であったため、マルクス主義だけでなく当時の日本での流行思想が幅広く論じられていたからであろう。

一九二一年に入り社会革命党、金若水グループ、金翰・申伯雨グループが社会主義運動を本格的に開始すると、翻訳、引用の底本は一新されることになる。しかしその前に、一九二〇年に朝鮮内のメディアでいち早くマルクス主義に立脚した労働運動の展開を主張していた社会革命党の兪鎮熙のマルクス主義受容について触れておきたい。

(3)兪鎮熙のマルクス主義受容

朝鮮内で教育を受け、一九二〇年に入り言論活動を開始した社会革命党の兪鎮熙は、当初は福田徳三、安部磯雄、麻生久などの論文を抄訳しながら社会政策や各国労働運動の動向を紹介していた（表3）。兪鎮熙が活字媒体を通じてマルクス主義を主張しはじめるのは、同年一〇月の『共済』第二号に掲載された「労働運動의 社会主義的考察」（労働運動の社会主義的考察）からであった。これは、朝鮮の活字媒体ではじめてマルクス主義を主張した記事であるという点で注目に値する。

この記事で兪鎮熙は、精神改造を「精神生活が旧式の唯心論の考案のように、外界の刺激とは何ら関係がなく、すべて内部的決定によるものだという説はほぼ妄言である」と批判し、「物質的方面を重視」するべきであると主張した。その主張の根拠とは、「生産方法の如何は社会経済的構造を決定し、その経済的関係はすなわち人類の社会的精神的生活を決定するものであるから、したがって社会はこの生産力の発展によって改革」されるためであった[74]。すなわち、兪鎮熙は物的改造の重要性を主張する論拠として唯物史観を持ち出しているのである。

兪鎮熙のマルクス主義に対する関心は唯物史観にとどまらなかった。労働運動の目的や方法に関しても兪鎮熙はマルクス主義に立脚して論じている。例えば、兪鎮熙は「生産方法の革命を目的にした労働運動を実行するべき」と主張したが、これは労働運動が発生した原因を生産手段の有無という観点で把握したからであった[75]。また、労働運動の方法に関してはカウツキーの見解を引用し、職業が異なる労働組合を、マルクス主義を通して統合するべきであると主張した[76]。

従来、この「労働運動의 社会主義的考察」は兪鎮熙自身が執筆したものと理解されてきたが、実際は大半が日本の書籍を引用したものであった。この記事は六節から構成されているが、小見出し別に引用底本をまとめたものが表4である。

表4　兪鎭熙「労働運動의 社会主義的考察」の小見出し別引用底本対照表

小見出し名	引用底本	掲載媒体と引用頁
第1節　人権回復運動	①山川菊栄「何故の労働運動か」 ②北澤新次郎「労働問題の核心」	①『解放』第1巻第2号、1919年7月、74～75頁 ②『解放』第1巻第2号、1919年7月、75～78頁
第2節　文化運動에서 労働運動으로（文化運動より労働運動へ）	①中澤臨川「労働問題の愛護」 ②加藤一夫「文化運動と労働運動」	①『中央公論』臨時増刊労働問題号、1919年7月、2～3・8～9頁 ②『中央公論』臨時増刊労働問題号、1919年7月、70～72頁
第3節　労働運動과 社会主義의 統合을 望한다(労働運動と社会主義の統合を望む)	カウツキー著　櫛田民蔵訳「文化史上のマルクス(4)労働運動と社会主義との統合」	『我等』第2巻 第3号、1920年3月、118～122頁
第4節　労働問題에 内外의 別이 업다（労働問題に内外の別はない）	堀江帰一「労働問題講話」	『中央公論』臨時増刊労働問題号、1919年7月、17～23頁
第5節　時期는 切迫하다（時期は切迫している）	加藤一夫「文化運動と労働運動」	『中央公論』臨時増刊労働問題号、1919年7月、74頁
第6節　直正한 先駆者를 想하면서（正直な先駆者を想いながら）	佐々弘雄「解放と先駆者」	『解放』第1巻 第2号、1919年7月、47～49頁

表4から分かるように、兪鎭熙の「労働運動의 社会主義的考察」は、総合雑誌の『中央公論』『解放』のほか、兪鎭熙と同じ社会革命党所属の金明植が当時参照していた大山郁夫らの雑誌『我等』からの引用によって構成されていた。「労働運動의 社会主義的考察」の第二節である「文化運動에서 労働運動으로」（文化運動から労働運動へ）は、兪鎭熙がマルクス主義的観点で労働問題を考察し、唯物史観を根拠に物的改造を主張しているという点でこの記事の核心だといえる。だが、この第二節は大部分がマルクス主義者とはいい難い中澤臨川と加藤一夫の論文を引用したものであった。まずは、兪鎭熙が中澤論文と加藤論文のなかから、どこを、どのように引用したのかをみていこう。

中澤臨川「労働問題の愛護」は、基本的には文化主義に立脚した労働運動の展開を主張した内容だといえる。精神運動を重視する文化主義者の中澤にとって、人間の内的意識の要素を認めないマルクスの唯物史観は、労働運動を「ドライ」にする「inhuman」な理論にすぎなかった(77)。しかし、その一方で中澤は、マルクスの資本主義批判の意義に関しては認めていた。兪鎭熙は、中澤が労働運動の発生原因を生産手段の有無という観点で考察した箇所をそのまま引用している(78)。

次に、加藤一夫「文化運動と労働運動」からの引用をみていこう。この論文は文化主義に対する問題提起として書かれたものである(79)。この論文で加藤は、文化主義に立脚した労働運動の意義を認めたうえで、精神運動を重視する文化主義者に唯物史観を提示することで彼らに物的改造を重要視させ、文化主義的労働運動を「生産方法の革命を目的とする労働運動」に発展させることに重点を置いている(80)。しかし留意すべきは、加藤が唯物史観を全面的に肯定したわけではなかったという点である。加藤によれば、人間の「自分自身を自由に生き自由に展びようとする或る不可抗の力」、すなわち人間の内的意識の要素を認めない点が「唯物史観の欠点」でもあった(81)。

要するに加藤は、精神的改造を重視する文化主義を、唯物史観説を援用することで物的改造を重視する労働運動へ修正しようとしたが、精神的改造も堅持していたため唯物史観を全面的には肯定しなかった、といえる。

兪鎭熙が唯物史観を根拠に物的改造を主張した箇所は、すべて加藤論文を引用したものである(82)。したがって、兪鎭熙が参照した唯物史観説とは、加藤によって解釈された、物的改造を重要視する根拠としての意義を持つとともに、人間の内的意識を認めないという「欠点」を持つ唯物史観説であった。しかし兪鎭熙は、加藤が唯物史観に対して否定的に評価した箇所に関してはほとんど引用していない。兪鎭熙は加藤の唯物史観説をそのまま受け入れたわけではなく、加藤が主張する二つの要素を持つ唯物史観説のうち、前者の要素のみを重視したのである。これは兪鎭熙と加藤の物的改造に対するスタンスの違いに起因している。兪鎭熙は加藤の論文を引用する際、一箇所だけ原文を修正して自身の見解を付け加えている。具体的に原文と修正された箇所を比較してみよう。加藤は物心両面の改造を重視する立場（物的改造にウェートを置いてはいるが）から、文化主義者と社会主義者に対して次のように批判している。

自分は今日の多くの社会主義者の様に、精神的方面を全然無視して、偏に物質的改善にのみ依らうとする事の余りに偏頗なる事を思ふものであるが、それと同時に又物質的方面を全然閑却して偏に精神運動や文化運動にのみ頼らうとする事の更に更に偏頗なるを思ふのである(83)。

一方、兪鎭熙は次のように原文を修正している。

もちろん、精神的方面を全然無視するものではないが、解決の要点は偏頗すべく物質的方面を重視することにあるといえる(84)。

引用文から、兪鎭熙と加藤のスタンスの違いが読み取れるだろう。物的改造を重視するべきという主張は兪鎭熙も加藤も同じである。しかし、加藤が「偏に物質的改善にのみ依らうとする事」を認めず、精神的改造も堅持しているのに対し、兪鎭熙は「偏頗すべく物質的方面を重視」するべきだと主張している。つまり、兪鎭熙は物心両面の改造は朝鮮における労働問題の解決策としては不徹底だと考えたのであり、人間の内的意識の要素を認めない「唯物史観の欠点」は必ずしも「欠点」として映ったわけではなかったのである。

兪鎭熙の唯物史観説は、下部構造が上部構造を規定するという要素のみを強調している点で、マルクス主義学説紹介としては不充分なものである。しかし、この時期、兪鎭熙のように下部構造が上部構造を規定するという要素を受け入れるのは簡単なことではなかった。兪鎮熙と同じく社会革命党に所属していた金明植は、唯物史観について一九二〇年五月八日付『東亜日報』で次のように述べている。

王守仁という人は良知と良能を主張して、人生の生命はひとえに心にあるといい、カール・マルクスという人は唯物史観を主張して、人生の生活はひとえに物にあるといっているけれど、どちらの主張が正しいのか分からないでしょう。しかし、理致はひとつです。……人生というひとつの理致には、必ず心と物の二種類があります。……物だけ主張すれば、真理の妙と人生の存を知る霊の世界を理解できず、ただ、野陋な肉塊になるだけでしょう。[85]

引用文から分かるように、金明植にとって唯物史観説は「霊の世界」、すなわち人間の内的意識を認めない否定的な学説として理解されているのである。金明植は一九二〇年代を通して著名な社会主義理論家として活動した人物であり、また彼自身、一九二二年には朝鮮の歴史に唯物史観を適用した論考を発表することになる。[86]しかし、一九二〇年の時点では、唯物史観理解の側面でみれば、兪鎮熙の方がその水準は高かったのである。当時、金明植が注目していた大山郁夫も、「極端なる唯物史観」が人間性を認めない学説であるとして批判していたから、[87]金明植は日本での唯物史観説に対する否定的な評価に影響を受けたといえよう。

そして、こうした唯物史観説に対する認識の違いは、唯物史観以外のマルクス主義理論に対する関心にも繋がっている。金明植が『我等』から大山郁夫の論文を参照して労働運動を論じた反面（表3）、兪鎮熙は同じ雑誌に掲載されたカウツキーの論文の重訳を通じて、労働運動とマルクス主義を結合する方法を論じている（表4）。

以上みてきたように、朝鮮の活字媒体ではじめてマルクス主義に立脚した労働運動の展開を主張した記事である「労働運動의 社会主義的考察」は、加藤と中澤の論文のなかからマルクス主義に関して肯定的に評価した箇所のみを抽出し、それをカウツキー論文と繋ぎ合わせることでマルクス主義的な論文として再構成したものであった。

ところで、加藤論文が掲載された『中央公論』臨時増刊労働問題号には、山川均が唯物史観に関して論じた「マルクスとマルクス主義」(88)という論文も掲載されている。そして、同記事と同じ時期に書かれ、類似した唯物史観解釈がみられる「無産階級の歴史的使命」(89)は、朝鮮でも一九二二年に雑誌『新生活』に訳載された(90)。山川均の唯物史観解釈は、一九二三年の物産奨励運動の是非をめぐる論争の際に、資本主義的発展が微弱な朝鮮で社会革命を主張する議論の根拠とされる(91)。それでは、なぜ兪鎮熙は自身の理論的指針として、マルクス主義者山川均ではなく、加藤一夫の唯物史観説を受容したのだろうか。

第一節で述べたように、桑木厳翼や左右田喜一郎が提唱していた文化主義は、朝鮮内の雑誌で紹介されただけでなく、当時の朝鮮知識人に多大な影響を与えていた。文化主義が日本から流入した思想である以上、文化主義に対する問題提起として書かれた加藤論文は、日本と同様に朝鮮でも文化主義者に物的改造の必要性を認識させる効果を持つ。こうした判断が、兪鎮熙が加藤一夫の唯物史観説を受容した主な要因ではないかと思われる。

そうであれば、このことは、日本での文化主義をめぐる論争が朝鮮に場を移してそのまま展開されていたこと、すなわち朝鮮の言論界・思想界が日本のそれと連動していたことを意味している。いいかえれば、こうした日本思想界との連動のなかで朝鮮にマルクス主義が伝播したことを、兪鎮熙の事例は示しているといえるのではないだろうか。

(4) 一九二一年の本格的マルクス主義伝播

一九二一年に入り朝鮮内の新聞雑誌で本格的なマルクス主義学説紹介がはじまった。金若水グループの金若水、鄭泰信らが日本に移動したため、朝鮮内では主に社会革命党と、一九二一年五月に朝鮮共産党を結成したとされる金翰・申伯雨グループ所属の知識人によってマルクス主義が本格的に紹介された。朝鮮の活字媒体ではじめて訳載されたマルクス主義原典『経済学批判』序文も、社会革命党の尹滋瑛と金翰・申伯雨グループの申伯雨の翻訳によるものであった。次の表5は一九二一年に発表された社会主義・労働問題関連記事と、その典拠をまとめたものである。

表5から、マルクス主義紹介記事が一九二一年に入り量的に増加するとともに、その翻訳や引用の底本が、『解放』をはじめとする総合雑誌から『社会主義研究』に変わったことが分かるだろう。一九二〇年のマルクス主義関連記事が、堺利彦「唯物史観概要」の部分訳や、加藤一夫の唯物史観説に依拠したものであったことを想起すれば、マルクス主義学説の紹介水準は一九二一年に入り飛躍的に向上したといってよい。

社会革命党の場合、一九二一年に入り間接的にコミンテルンと接触を持つことになるため(第五章で述べる)、ロシアなどで発行されたマルクス主義やボリシェヴィズムに関する文献を入手することが可能だったと推測される。しかし、表5をみれば分かるように、日本書籍を翻訳、引用した記事は一九二〇年に比べてむしろ増加している。とくに、マルクス主義に関して論じた記事の大半は『社会主義研究』に掲載された論文を機械的に翻訳、ないしは引用したものであるため、底本と訳文の異同さえもほとんどみられなくなっている。一九二一年に朝鮮の新聞雑誌で紹介されたマルクス主義学説は、『社会主義研究』に掲載された堺利彦や山川均のマルクス主義学説そのものであったといっても過言ではないだろう。

そして、『社会主義研究』が朝鮮で果した役割は、マルクス主義の伝播だけにとどまらなかった。『東亜日報』

表5　1921年の社会主義・労働問題関連記事と翻訳および引用底本対照表(92)

筆者・論文名・掲載媒体	翻訳および引用底本	掲載媒体
尹滋瑛「唯物史観要領記」『我聲』第1号、1921年3月	堺利彦「唯物史観概要」	『社会主義研究』第1巻第1号、1919年4月
申伯雨「唯物史観概要」『共済』第7号、1921年4月	堺利彦「唯物史観概要」	『社会主義研究』第1巻第1号、1919年4月
無我生訳「青年에게 訴함」(青年に訴ふ)『共済』第7号、1921年4月	クロポトキン著　大杉栄訳「青年に訴ふ・一、一の二」	『労働運動（第二次)』第1号、1921年1月、第2号、1921年2月
金明植「니콜라이 레닌은 엇더한 사람인가」(ニコライ・レーニンとはいかなる人物か)『東亜日報』、1921年6月3日～8月31日	①山川均「レーニンの生涯と事業」 ②内山省三『世界革命史論』	①『社会主義研究』第3巻第4号、1921年4月 ②内山省三『世界革命史論』江原書店、1919年5月
無我生「労働問題의 要諦」(労働問題の要諦)『共済』第8号、1921年6月	①筆者未詳「労働問題の要諦」 ②中澤臨川「労働問題の愛護」	①『中央公論』臨時増刊労働問題号、1919年7月 ②『中央公論』臨時増刊労働問題号、1919年7月
一記者「労働問題通俗講話」『共済』第8号、1921年6月	堀江帰一「労働問題講話」	『中央公論』臨時増刊労働問題号、1919年7月
高順欽「따윈説과 맑스説」(ダーウィン説とマルクス説)『共済』第8号、1921年6月	堺利彦「マルクス説とダーウィン説」	『社会主義研究』第1巻第1号、1919年4月
無我（兪鎮熙）訳「青年에게 訴함」(青年に訴ふ)『共済』第8号、1921年6月	クロポトキン著　大杉栄訳「青年に訴ふ・二の一、二の二、三ノ一、四」	『労働運動（第二次)』第3号、1921年1月、第4号、1921年2月、第5号、1921年3月、第7号、1921年3月
尹滋瑛「相互扶助論研究」『我聲』第3号、1921年7月	大杉栄「クロポトキンの生物学相互扶助論」	大杉栄『クロポトキン研究』アルス、1920年10月
尹滋瑛「相互扶助論研究」『我聲』第4号、1921年9月	大杉栄「クロポトキンの生物学相互扶助論」	大杉栄『クロポトキン研究』アルス、1920年10月
高順欽「따윈説과 맑스説(続)」(ダーウィン説とマルクス説)『共済』第9号、未発行	堺利彦「マルクス説とダーウィン説」※推定	『社会主義研究』第1巻第1号、1919年4月
筆者未詳「唯物史観에 対한 諸批評」(唯物史観に対する諸批評)『共済』第9号、未発行	堺利彦「唯物史観に対する諸批評」※推定	『社会主義研究』第1巻第2号、1919年6月

で一九二一年六月から全七二回にわたって連載された国内支部所属の金明植「니콜라이 레닌은 엇더한 사람인가」（ニコライ・レーニンとはいかなる人物か）は、今日において朝鮮のメディアに掲載された最初のレーニン一代記と評価されており、一般人のレーニンとロシア革命理解に大きな影響を与えた文献として既存の研究でも注目されてきた[93]。朝鮮のメディアに掲載された最初の本格的ボリシェヴィズム紹介記事であるこの文献も、表5に記載したように、『社会主義研究』一九二一年四月号に掲載された山川均「レーニンの生涯と事業」の完訳と、内山省三『世界革命史論』からの引用によって構成されている。

注目すべきは、金明植が完訳した「レーニンの生涯と事業」は、日本においても「我国に於いて公にせられる最初のレーニン評伝[94]」として発表され、同論文が掲載された『社会主義研究』一九二一年四月号が東京市内の書店で二、三日の間に売り切れとなるほどの反響を呼んだ文献であったという点である[95]。金明植はボリシェヴィズムに関する日本で最新の研究成果をわずか二カ月後に朝鮮で伝えはじめ、それが朝鮮でのボリシェヴィズム理解において大きな役割を果たしたのであった。

朝鮮のメディアで最初に掲載された本格的ボリシェヴィズム紹介記事が、アメリカやロシアなどの文献ではなく日本の最新の研究成果に依拠していたという事実は、朝鮮知識人が日本思想界にいかに注目していたかを示すと同時に、日本のマルクス主義・ボリシェヴィズム研究が、東アジアにおけるマルクス主義・ボリシェヴィズムの紹介に大きな影響を与えていたことも示唆している。

第一節で述べたように、日本では、「冬の時代」を乗り越えた日本社会主義運動の復興を背景に、一九一九年頃からマルクス主義の宣伝、啓蒙が活発化した。一方、中国でマルクス主義が本格的に紹介されはじめたのは五四運動時期であったが、朝鮮と同様にその大半は日本経由であった。しかし、マルクス主義とは異なりボリシェヴィズムの場合、日本では一九一九年の時点ではその理解水準は決して高くなく、アメリカで活動していた片山潜を介してアメリカの社会主義文献を入手することによって、一九二〇年の後半からようやく研究に着手することができた[96]。それゆえ、中国では一九二〇年後半からアメリカのボリシェヴィズム文献に依拠したボリシェヴィズム紹介が展開されていった[97]。

一方、朝鮮では中国に一年ほど遅れて、一九二一年から新聞雑誌でボリシェヴィズム紹介がはじまった。この間に日本でもボリシェヴィズム研究が進展したことが、朝鮮で日本の成果に依拠してボリシェヴィズムを紹介することを可能にしたといえる。中国と朝鮮はともに日本経由でマルクス主義が伝播したが、中国ではアメリカの文献に依拠したボリシェヴィズム紹介が展開され、朝鮮では日本の成果に依拠してボリシェヴィズム紹介がはじまった。こうしたボリシェヴィズム紹介の差異を生じさせた背景に、日本のボリシェヴィズム研究の展開が関わっていたのは間違いないだろう。

また、ボリシェヴィズム紹介という視点に立てば、一九二一年に朝鮮内のメディアで紹介されたマルクス主義学説が『社会主義研究』一色に染まっていた原因も理解できるだろう。前述したように、一九二〇年にはマルクス主義がほとんど紹介されなかったため、朝鮮では一九二一年からマルクス主義とボリシェヴィズムの紹介が、実質的にはほぼ同時にはじまったといえる。しかし、ボリシェヴィズムを理解するためにはマルクス主義に対する一定の理解が要求されるので、ボリシェヴィズムを紹介するためにはマルクス主義を紹介する必要が生じる。こうしたマルクス主義とボリシェヴィズムの同時紹介を一挙に可能にする文献が『社会主義研究』だったのである。『社会主義研究』は一九一九年の創刊以来、日本でのマルクス主義普及に大きな役割を果たしただけでなく、一九二〇年中盤からのボリシェヴィズム紹介においても中心的役割を果たした雑誌であった[98]。

こうした雑誌の特徴に加えて、前述したように日本でもボリシェヴィズム研究が進展していた一九二一年から朝鮮知識人がマルクス主義とボリシェヴィズムを本格的に紹介しはじめたことが時期的要因として作用し、『社会主義研究』の翻訳によってマルクス主義とボリシェヴィズム紹介の大半をまかなうという現象が生まれたと考えられるだろう。

以上のように、一九二一年に朝鮮のメディアで紹介されたマルクス主義学説は、一九二〇年に比べて量的に増加しただけでなく、質的にも大きく向上していた。実質的に、朝鮮知識人は一九二一年から本格的にマルクス主義を紹介しはじめたといえる。それでは、わずか一年足らずの間に朝鮮知識人の思想を急進化させたものとは何だったのであろうか。

まず考えられるのは、マルクス主義理解の進展である。一九二一年四月発行の『共済』第七号に掲載された赤旋風「文化運動者의 不徹底」（文化運動者の不徹底）という記事からは、朝鮮知識人の唯物史観理解が進展していたことが窺える。すなわち、赤旋風（誰の筆名かは不明である）は唯心論者に対して、経済的事情に支配されない事象が存在しないことは自明のことであり、「マルクス派の唯物史観説を引用する必要さえない」[99]と述べているのである。兪鎭熙が新思想である唯物史観を根拠に物的改造を主張していた一九二〇年とは異なり、この頃になると下部構造が上部構造を規定する唯物史観を理解した朝鮮知識人が増えてきたのは間違いないだろう。

しかし、一九二一年に入ってボリシェヴィズム紹介も同時に開始したことが示唆するように、より大きな要因として考えられるのはコミンテルンの影響であろう。金翰や申伯雨が朝鮮共産党を結成した背景については不明である。しかし、当時、朝鮮内の民族運動で影響力を有していた社会革命党の場合、マルクス主義学説の紹介を本格化させはじめたまさにその頃、コミンテルンと連なる組織へと自らを転換させようとしていたのである。

第五章

東アジア共産主義運動と朝鮮

――上海派高麗共産党国内支部の誕生――

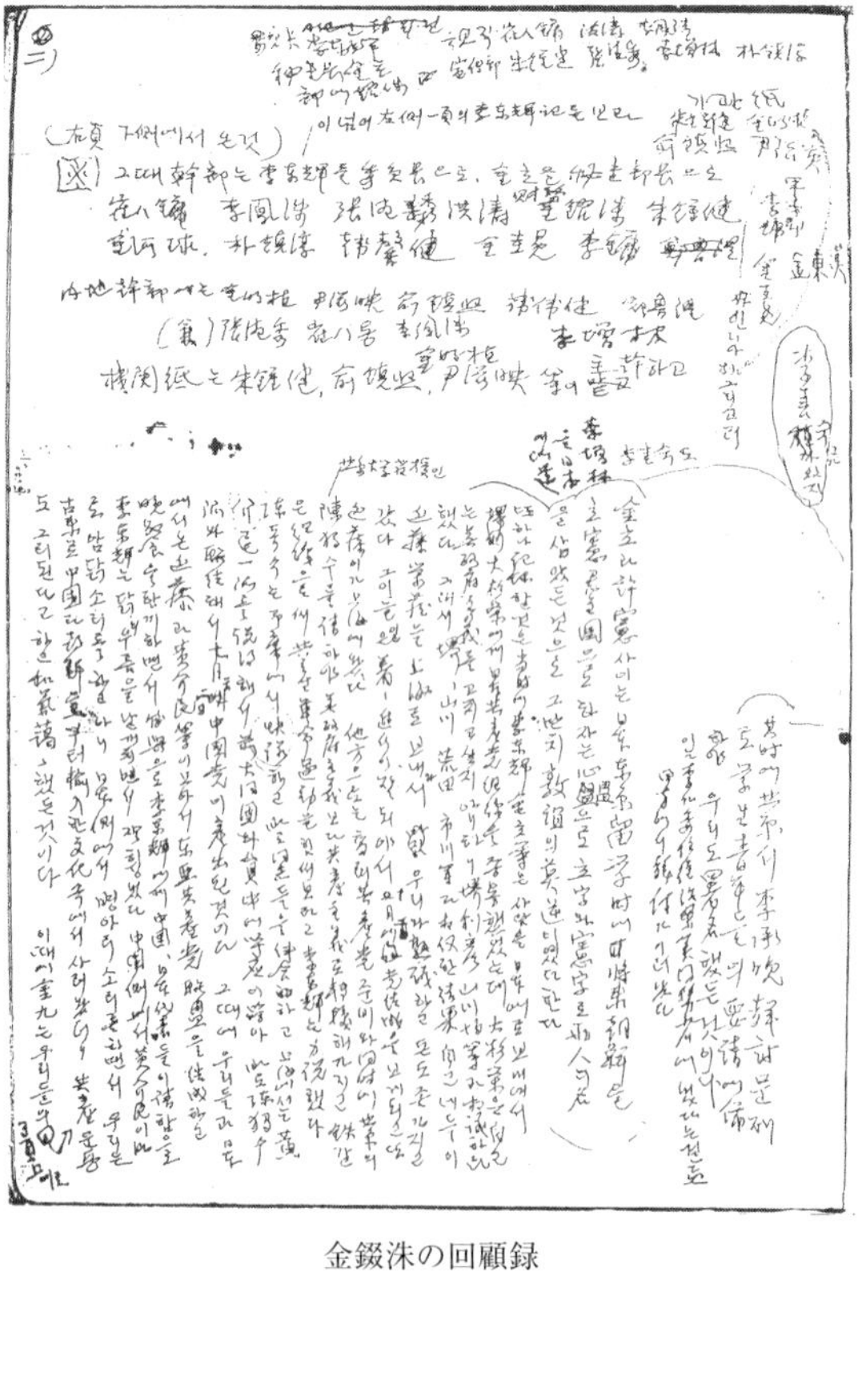

金錣洙の回顧録

第一節　コミンテルンと東アジア民族運動

(1)社会革命党と韓人社会党

一九二一年四月、社会革命党は金錣洙を中心とする八人の代表を上海に派遣し[1]、同年五月の高麗共産党の創立大会に参加し、高麗共産党の国内支部となった。高麗共産党はイルクーツク派と上海派の二つに分かれていたものの、いずれもコミンテルンの認可を受けた組織であった。社会革命党がその国内支部となったのは上海派の方であったが、これは朝鮮内で最初のコミンテルンに連なる組織であった。前章でみたように、この時期に社会革命党に所属していた知識人が思想的にも急進化しつつあったことを併せて考えれば、上海派高麗共産党国内支部への転換は、まさに朝鮮内における社会主義勢力誕生の瞬間であったといえる。

亡命地域を含めた朝鮮独立運動全体において、最も早くから社会主義勢力を形成していたのは、イルクーツク派と上海派の高麗共産党を結成することになるロシア在住朝鮮人であった。イルクーツク派高麗共産党を結成したのは、近代以降にロシアに移住し、さらにロシア籍に帰化していた朝鮮人(帰化人は元戸、非帰化人は余戸と呼ばれた)であった。彼らはロシア革命から直接的な影響を受けて、早くからロシア共産党などで活動していた[2]。

一方、上海派の高麗共産党は、李東輝を中心として、一九一八年にハバロフスクで結成された韓人社会党を母体にしている。第三章でも簡単に触れたように、李東輝は韓国保護国期に新民会の中心メンバーとして活動していたが、一〇五人事件で新民会が瓦解して以降はロシアに亡命し、ウラジオストクで大韓光復軍政府を組織していた。そしてロシア十月革命後の一九一八年に、後に極東共和国(一九二〇年にシベリアに建設された日本との緩衝国家)を建国することになるクラスノシチョーコフからの働きかけを受けて、韓人社会党を設立した。第一次世界大戦以来、日本との友好関係を維持していた帝政ロシアは、ロシアにおける朝鮮人独立運動を弾圧していた。

一九一七年のロシア二月革命によって帝政ロシアは崩壊したものの、革命後に成立したロシアの臨時政府は日本との友好関係を維持する方針を採ったため、朝鮮独立運動の再生はさまたげられ、李東輝自身も投獄されてしまった。そういった状況にあって、李東輝にとってボリシェヴィキ政権は自身を釈放してくれた恩人のような存在であった。さらに、李東輝が韓人社会党を設立した背景には、日本と対立するボリシェヴィキと手を組んだほうが、独立運動を展開するうえで効果的であるという判断があったといわれる(3)。

ところで、社会革命党にとって韓人社会党は二つの顔を持っていたといえる。ひとつは、独立運動団体としての顔である。後年、金錣洙が「一言でいえば、彼は素晴らしい愛国者だ。共産主義者でありながら、どこまでも反日本帝国主義的で、民族運動の旗の下に集結すべきであると主張していた(4)」と回想するように、新民会以来の独立運動経験を持つ李東輝は、社会革命党の知識人にとって朝鮮独立運動を象徴する人物であった。加えて、後述するように李東輝をはじめとする韓人社会党のメンバーは上海の大韓民国臨時政府でも重職に就いていたから、韓人社会党そのものも、朝鮮独立運動を主導する団体として映っていたに違いない。

いまひとつは、コミンテルンの一機関としての顔である。韓人社会党はコミンテルンに加入した最初の朝鮮人組織であり、設立者のひとりである朴鎮淳はコミンテルン執行委員会の極東代表でもあった。それゆえ、コミンテルンと東アジア民族運動の仲介役としても重要な役割を果たしていた。これについて、金錣洙は次のように述べている。

もうひとつ記録すべきことは、当時、李東輝、金立［韓人社会党員］などは、使いを日本に送り（李増林、李春塾派遣）、大杉栄に日本共産党の組織を建議したことである。しかし、大杉は、自分は無政府主義から変えるつもりはないから、堺利彦、山川均に相議してみてはどうかといった。そこで、堺、山川、荒田［荒畑寒村〕、市川〔市川正一のことだと思われるが、市川は日本共産党の設立には関与していない〕らと相議した結果、彼らは近藤栄蔵を上海に送ってきて、我々と熟議し、いくらか資金も持って帰った。彼らの事業は着々と進行し、〔一九二一年〕一〇月に党が結成され、近藤が上海にやってきた。

他方、高麗共産党の準備と同時に、李東輝は、北京の北京大学教授である陳独秀を呼び、無政府主義ではなく共産主義に転換して、鉄のような組織をもって共産革命運動に邁進してみてはどうかと力説した。陳独秀は即席で快諾し、すぐに同志を糾合した。上海では黄介民一派を説得したが、前大同団〔大同党〕でも呼応するものが多く、陳独秀派と連合して、七月二日に中国共産党が生れたのである(5)。

金錣洙の回想には事実誤認が含まれており（とくに中国共産党に関しては重大な事実誤認をしている）、すべてを額面どおりに受け入れることはできない。しかし、その真偽の程はともかく、当時の韓人社会党が日本や中国の社会主義者と繋がりを持ち、さらには両国の共産党を設立し得る立場にあったと、金錣洙が認識していたことは窺えよう。

したがって、社会革命党にとって上海派高麗共産党国内支部への転換は、上海派高麗共産党の傘下に入ることのみならず、上海派高麗共産党の前身である韓人社会党が築いた東アジア共産主義ネットワークのなかに組み込まれることも意味していた。そこで、本章では社会革命党だけでなく、コミンテルンや韓人社会党、同時代の日本、中国、台湾の社会主義者の動向を追いながら、上海派高麗共産党国内支部の設立過程を一九一九年のコミンテルン設立にともなう東アジア規模の民族運動の新展開のなかに位置づけていきたい。まずは、韓人社会党を含めたソヴィエト・ロシア、コミンテルンの東アジア民族運動に対する工作機関について簡単に整理しておこう。

(2)ソヴィエト・ロシア、コミンテルンの対東アジア工作機関

ロシア革命後の一九一九年三月、ロシア共産党（ボリシェヴィキ。以下（ボ）と略記する）の呼びかけにより、世界革命を目指し、各国の共産主義運動を促進するための機関として、モスクワでコミンテルンが設立された。そして、一九二〇年のコミンテルン第二回大会では、各国の共産党はコミンテルンの支部として活動することが規定された。[6] このことが象徴するように、コミンテルンは各国の共産党に資金や指示を与えたり、人員を派遣したりするなど、世界の共産主義運動の中心的指導機関として、各国の共産主義運動に多大な影響（あるいは制約）をおよぼした。

ところが、各国の社会主義者に共産党の設立を働きかけたのがコミンテルンのみであったかというと、事はそう単純ではない。とりわけ、東アジアへの働きかけにあたっては、コミンテルン本部が置かれているモスクワと東アジアを結ぶ中継指導機関として、一九二一年一月にイルクーツクにコミンテルン極東書記局が設立される以前は、コミンテルンのみならず、ロシア共産党（ボ）も東アジア各地の独立運動家や民族主義者に接触して、彼らの主導する民族運動を共産主義運動に転換させせようとしていた。そして、ロシア共産党（ボ）とコミンテルンの間に横の連携がなかったこと、最終的にロシア共産党（ボ）の人員がコミンテルン極東書記局にスタッフとして合流したこともあり、各国に複数の共産党（あるいはその有力候補）が設立されるという事態が生じた。その最たる例が、一九二一年に設立された上海派（コミンテルンの働きかけ）とイルクーツク派（ロシア共産党（ボ）の働きかけ）の二つの高麗共産党なのである。

以下、東アジアで組織工作を行っていたソヴィエト・ロシア、コミンテルンの機関についてみていこう。具体的には全部で三つあり、ロシア共産党（ボ）中央委員会シベリア・ビューロー（以下、シベリア・ビューロー）、ロシア共産党（ボ）極東ビューロー（以下、極東ビューロー）、そしてコミンテルン執行委員会極東代表の朴鎮淳を擁

する韓人社会党の三者が、（実際は複雑に入り組んでいるが、基本的には）横の連携を欠いた状態で各々東アジアにおける共産主義運動を推進しようとしていた。ロシア共産党（ボ）の機関が二つあり、韓人社会党はコミンテルンの東アジア工作を代表する機関だったということである。

まずは、ロシア共産党（ボ）の機関からみていこう。シベリア・ビューローは、ロシア共産党（ボ）の中央委員会によって、シベリアにおける全活動の遂行のために、一九一八年一二月にイルクーツクに設立された。一九二〇年七月には、シベリア・ビューローの指導下で東アジアの共産主義運動を促進するためにイルクーツクに東方民族セクションを設置し、東アジアに対する働きかけの窓口とした。東方民族セクションではイルクーツク在住朝鮮人が実動部隊として活動しており、彼らを中心として一九二一年五月にイルクーツク派高麗共産党が設立されることになる。

一方、極東ビューローは、シベリア・ビューローの指揮の下、日本との緩衝国家である極東共和国の創設に備えて、シベリア東方の党組織とパルチザン運動を統括するために、一九二〇年三月三日にヴェルフネウディンスクに設立された。同年八月にシベリア・ビューローと同格の組織に格上げされると、シベリア・ビューローを相手に東アジアにおける中継指導機関設立の主導権をめぐって争った。極東ビューローはウラジオストクに分局を設けており、一九二〇年春にグレゴリー・N・ヴォイチンスキーが上海に派遣された(7)。ヴォイチンスキーの上海での活動が契機となり、ソヴィエト・ロシア、コミンテルンと連なる中国共産主義運動が本格化し、陳独秀らの上海共産主義グループが「正統」中国共産党を設立することになる(8)。

そして、これらロシア共産党（ボ）の二つの機関を相手に、東アジアにおける中継指導機関設立の主導権をめぐって争っただけでなく、コミンテルンと東アジアの民族運動の仲介役としても大きな役割を果たしたのが韓人社会党であった(9)。

韓人社会党は一九一八年五月にハバロフスクで朝鮮人最初の社会主義組織として、李東輝、金立、金河球、ロシア生まれの朴鎮淳らによって結成された。韓人社会党の活動が本格化するのは一九一九年の三・一運動後に活動拠点を上海に移してからであった。韓人社会党は上海の大韓民国臨時政府に接近し、臨時政府内に共産主義フラクションを組むことによって、独立運動における共産主義の影響力を拡大させ、大衆を獲得していく戦略を採った。そして、李東輝が臨時政府の国務総理に、金立が国務院秘書長となり、朴鎮淳は臨時政府とソヴィエト・ロシア中央との関係を樹立するためにモスクワに派遣された。

モスクワでの朴鎮淳の活動は、韓人社会党がコミンテルンによる東アジアへの働きかけの窓口になっていく過程であった。一九一九年一二月のコミンテルン執行ビューロー会議に出席した朴鎮淳は韓人社会党のコミンテルン加入を申請し、認められるとともに、朝鮮、日本への呼びかけの任務を与えられた。翌年八月には、コミンテルン第二回大会に韓人社会党を代表して参加し、大会直後のコミンテルン執行委員会会議で極東代表委員にも選ばれた。そして、朴鎮淳は東アジアにおける中継指導機関の設立および共産主義運動の促進という任務を遂行するために、一九二〇年一〇月にコミンテルンから支給された四〇万ルーブルを携えて、[10]ヴェルフネウディンスクで金立と合流した後、一二月に上海に戻った。以降、韓人社会党はコミンテルンのエージェントとしての役割を果たしていくことになる。

ところで、話が少々複雑になるのだが、朴鎮淳がモスクワに派遣され上海を留守にしている間の韓人社会党の動向について触れておく必要がある。実はこの間、韓人社会党は一時的に「韓国共産党」という組織に改編されていた。ロシア共産党（ボ）の極東ビューロー・ウラジオストク分局から一九二〇年春にヴォイチンスキーが上海に派遣されたことは前述したが、ヴォイチンスキーは中国人だけでなく、韓人社会党にも接触していた。そして、ヴォイチンスキーの働きかけにより、韓人社会党は韓国共産党という組織に改編された。主な成員は、李東輝、金立、李春塾ら韓人社会党の成員（朴鎮淳は不在）と、ヴォイチンスキーの補佐役としてウラジオストクから上海にやってきた朝鮮人の金萬謙、そしてヴォイチンスキーの勧誘によって韓国共産党に加入した呂運亨らであった。[11]

つまり、コミンテルン執行委員会の極東代表委員となった朴鎮淳が上海に戻ったとき、彼が所属する韓人社会党はロシア共産党（ボ）の極東ビューロー系列の組織になっていたのである。しかし、朴鎮淳と入れ替わる形で、一九二一年一月にヴォイチンスキーがロシアに帰国、さらに朴鎮淳が持ち帰ったコミンテルン資金を元韓人社会党の成員だけで独占したため、韓国共産党は分裂し、極東ビューロー系列ではない元の韓人社会党に戻った。そのため、金萬謙や呂運亨は韓人社会党が一九二一年五月に設立することになる上海派高麗共産党ではなく、それとライバル関係にあったイルクーツク派高麗共産党に合流していく。

いずれにせよ、朴鎮淳は一九二一年六月のコミンテルン第三回大会に出席するために上海を離れるまで、同地でコミンテルンの要員として活動した。そして、朴鎮淳と彼が所属する韓人社会党の活動によって、コミンテルンと連なる東アジアの共産主義運動が進展していくことになる。

第二節　東アジア共産主義ネットワークの形成

(1)黄介民の中国「共産党」

一九二一年一月にヴォイチンスキーが帰国したため、後に「正統」中国共産党を設立することになる陳独秀グループの活動は停滞してしまった。そうしたなか、韓人社会党の成員からの働きかけを受けて、新たな中国人共産主義組織が設立された。それが、大同党の首領である黄介民の中国「共産党」である。

第三章で述べたように、新亜同盟党解散後、黄介民は上海にわたり『救国日報』の編集に従事する傍ら、新韓青年党の朝鮮人との交流を続けるなど、朝鮮人とのネットワークの維持に努めていた。

石川禎浩『中国共産党成立史』によれば、五四運動後は上海で国民党系の労働団体である中華工業協会の幹部となり、一九二〇年に中国労働運動史上最初のメーデー行事を推進する一方、大韓民国臨時政府の活動に協力するなど多方面で活躍した。黄介民は、五四時期の上海における学生界、労働界の顔役であると同時に、朝鮮独立運動ともパイプを持つ活動家であり、これらの活動を組織的に体現したものが大同党であった。中国知識人に特別のパイプを持たない韓人社会党の朴鎮淳は臨時政府内の朝鮮人共産主義者の人脈に沿って中国人共産主義者を物色したと考えられ、その結果、新亜同盟党に由来する明確な反日意識を持ち、かつ朝鮮独立運動と近いところにいた大同党に接触した。大同党は共産主義組織に改編され、極東ビューロー・ウラジオストク分局のヴォイチンスキーからの働きかけを受けていた陳独秀らの上海共産主義グループを相手に、コミンテルンの「正統」共産党の座を争うこととなった[12]。

以上が、韓人社会党の働きかけにより、大同党がコミンテルンと連なる共産主義組織に転換していった経緯である。これについて朝鮮側史料で少し補完しておくと、金錣洙の回顧録には、大同党に関して、朝鮮人では呂運亨、金奎植、金立が加入していたと書かれている[13]。いずれも臨時政府の要員であり、呂運亨と金立は韓国共産党の成員でもある。大同党の内部資料が残っておらず、本当に彼らが大同党に加入していたのかを確認する術はない。しかし、黄介民が大韓民国臨時政府に協力していたことを想起すれば、呂運亨、金奎植、金立の三人と親しくしていたのは間違いないだろう。そして、一九二〇年一二月に朴鎮淳が上海に戻った際、コミンテルン資金をめぐって韓国共産党が分裂して元の韓人社会党に戻り、以降、韓人社会党と呂運亨は対立してしまったから、朴鎮淳と大同党を結びつけたのは金立であった可能性が極めて高い。

ところで、前節でみたように金錣洙は、李東輝が陳独秀に共産主義運動に邁進するよう説得し、中国共産党が陳独秀グループと黄介民の大同党の連合によって生れたと述べていた。この両者の連合に関しては金錣洙の勘違いで、実際は連合するどころか、陳独秀グループと黄介民の大同党は「正統」中国共産党の座をめぐって争っていた。しかし、少なくとも李東輝と陳独秀の間に面識があったことは間違いない。

これを裏づけるのが大杉栄の『日本脱出記』である。すなわち、大韓民国臨時政府の要人であるM（大杉の上海行きを斡旋したのは李春塾と李増林のふたりであるが、当時大韓民国臨時政府で要職に就いていた李春塾の可能性が高いように思われる）に勧められて一九二〇年一〇月に上海に渡った大杉は、そこで李東輝、呂運亨、陳独秀、ヴォイチンスキーと会見したのであった。[14] 李東輝と呂運亨は臨時政府の要人であると同時に、極東ビューロー・ウラジオストク分局のヴォイチンスキーの働きかけを受けて韓人社会党を改編した韓国共産党の成員でもあった。陳独秀もまたヴォイチンスキーから共産主義組織設立の働きかけを受けていたから、李東輝と陳独秀を結び付けたのはヴォイチンスキーだったということになる。そして、一九二〇年一二月に朴鎮淳が上海に帰還して韓国共産党が韓人社会党に戻ると同時に陳独秀グループとの関係が疎遠になった反面、黄介民の大同党との関係が密なものになっていったということになろう。[15] また、この大杉の上海行きは、日本在留の日本人社会主義者とソヴィエト・ロシア、コミンテルンとの最初の接触でもあった。

（2）日本共産党暫定中央執行委員会

ヴォイチンスキーの働きかけを受けて改編された韓国共産党は、日本帝国主義に反対する統一戦線を形成させるために、堺利彦のもとに密使として李春塾を派遣した。しかし、日本に派遣された李春塾は李増林とともに堺利彦に上海行きを呼びかけたものの、結局はアナキストの大杉栄が一九二〇年一〇月に上海に渡航することとなった。これが日本在留の日本人社会主義者とソヴィエト・ロシア、コミンテルンの最初の接触であり、上海に渡った大杉が出席したのが、先の李東輝、呂運亨、陳独秀、ヴォイチンスキーらとの会合であった。ここで大杉は「極東共産党同盟」への参加を呼びかけられるが、アナキストであった大杉はこれを固辞して、ヴォイチンスキーから活動資金二千円を受け取って帰国した(16)。

日本に戻った大杉は、ヴォイチンスキーから受け取った二千円を使って、アナ・ボルの共同を目指して、一九二一年一月から『労働運動（第二次）』を刊行した。ボル派からは高津正道、近藤栄蔵らが編集に加わった(17)。そして、同誌で「ボルシェヴィズム研究」を連載していた近藤栄蔵が、一九二一年五月、大杉に次ぐ第二の使者として上海に渡ることになる。

一九二〇年一二月に朴鎮淳が上海に帰還して以降、韓人社会党（韓国共産党は朴鎮淳の帰還により消滅）は、中国の黄介民に共産主義組織の設立を働きかける傍ら、一九二一年四月、日本に密使として李増林を派遣した。これを受け、堺、山川、荒畑、近藤らからなる日本共産党暫定中央執行委員会は「日本共産党宣言」と「日本共産党規約」を起草し、同年五月に近藤が上海に渡った(18)。

上海に渡った近藤は、韓人社会党の李東輝、金立、金河球、大同党の黄介民、姚作賓らとともに、朴鎮淳を座長とするコミンテルンの会合に参加した。そこで、日中朝の共産主義者によって、東アジアにおける共産主義運動の統一的指導機関である「東洋総局」（金錣洙の回想によれば、「東亜共産党連盟」）の設立に向けた話し合いが持たれた。その際、近藤は朴鎮淳に「日本共産党宣言」と「日本共産党規約」を渡すとともに、活動資金を受け取って帰国した(19)。

以上のように、韓人社会党は黄介民や日本の社会主義者に共産主義組織の設立を働きかけるとともに、東アジアにおける共産主義ネットワークの構築を模索していたが、その過程で中華留日基督教青年会館もそのネットワークに組み込まれていくことになった。

第三章でみたように、中華留日基督教青年会館は黄介民が団長を務めていた新亜同盟党の主たる活動拠点であったが、一九二〇年には青年会館内に設立された東方書報社が在日中国人留学生と大杉栄、高津正道ら日本人社会主義者との議論の場になっており、相変わらず東アジア諸民族の交流拠点として機能していた。加えて、一九二〇年一〇月に極秘裏に来日した韓人社会党（当時は韓国共産党）の金河球を東方書報社で匿ったり、中華留日基督教青年会館の幹事であった馬伯援が近藤の上海行きに協力したりするなど、中華留日基督教青年会館は東アジア共産主義運動の拠点のひとつとして機能していたのであった[20]。

このように、ともに新亜同盟党を起源とする朝鮮人組織の社会革命党、中国人組織の大同党がいずれも共産主義組織に転換し、さらには新亜同盟党の活動拠点であった中華留日基督教青年会館までもが東アジアの共産主義ネットワークに組み込まれていくなかで（当時、東方書報社の活動に従事していた羅豁も新亜同盟党出身者であった）、かつて朝鮮と中国の留学生とともに新亜同盟党を組織した台湾人留学生は、一体どのような活動をしていたのだろうか。

従来の研究では、台湾島内で社会主義運動が本格化する一九二〇年代中盤以降の社会主義運動については詳しいが、それに比べ、東アジアにおいて社会主義運動が本格化する一九二〇年代はじめの台湾社会主義運動の様相については十分に明かされていない。しかし、この時期に朝鮮や中国の活動家と歩調を合わせて共産主義運動を展開した台湾人活動家は確かに存在していた。その人物は彭華英、すなわち一九一五年秋に金錣洙が中華留日基督教青年会館に出向いた際、黄介民らとともに話し合いに参加した台湾人留学生である。

(3)彭華英の「台湾共産党」設立計画

台湾新竹出身の彭華英は一九一二年に日本に留学した。一九二一年に明治大学を卒業すると上海に渡り、一九二四年一一月まで同地で活動を続けた。社会主義思想の台湾島内における浸透を背景として台湾民族運動が左右に分裂しはじめるなか、一九二七年に台湾で台湾文化協会の中央委員に選定されて以降、民衆の啓蒙と台湾の有力者の包摂などによる合法的自治運動の展開を主張し、労働運動・無産階級運動を軸にした民族運動の展開を目指す蒋渭水ら左派勢力から批判された人物として、彭華英はよく知られている。(21)

台湾民族運動（後期抗日運動）が自治運動と無産階級運動に分裂しはじめる一九二七年以降に右派の論客として活躍した彭華英の姿からは想像しがたいが、一九一〇年代中盤から一九二〇年代はじめの日本留学時代の彼の軌跡は、同時代のほかの東アジアの急進派青年と何ら変わるものでなかった。二十代に日本の教育機関で学び、その間、草創期の民族運動の先頭に立ち、大戦後の国際情勢の変化のなかで社会主義に共鳴し、そして日本の社会主義団体に加入していくことなど、同時代の在日朝鮮人留学生とも共通する活動遍歴である。(22)以下、詳しくみていこう。

一九一二年に日本に留学した彭華英の活動は、管見の限りでは第三章で論じた新亜同盟党への参加が最初である。そして、新亜同盟党の解散後は、活発化しつつあった台湾民族運動の中心的人物として活躍する。一九一八年には林献堂と在日台湾人留学生の間で会合が持たれ、六三法撤廃運動を起こすことが決議されたが、留学生のひとりとして彭華英も林献堂の家に出入りしていた。(23)一九一九年末に台湾人留学生を糾合する団体である新民会（結成当初の名称は啓発会）が組織され、台湾統治の改革運動、台湾島民の啓発のための機関誌発行、中国人との連絡などの会の方針が定められたが、彭華英は新民会副会長の林呈禄らとともにその方針策定に加わった。(24)以降、台湾人留学生は一九二〇年に機関誌として『台湾青年』を創刊し、(25)翌一九二一年からは台湾議会設置運動を展開していくが、彭華英は主に雑誌の編集委員のひとりとして活動した。(26)このように彭華英は、中国・朝鮮人留学生との連帯の模索、民族団体の組織、雑誌の発行など、黎明期の台湾民族運動のほぼすべてに関わった。

『台湾青年』は、台湾人留学生初の雑誌であり、巻頭辞を寄せた吉野作造をはじめ日本知識人の寄稿者が多く、その大半は台湾人留学生の通う大学の教員および日本人キリスト者であった。また、台湾議会設置運動を支援した代議士の田川大吉郎を台湾人留学生に紹介したのが富士見町教会の植村正久であるなど、台湾人留学生は主に大学教員やキリスト者の日本人との交流を深めていた[27]。一方、彭華英の場合、接触していた日本人が社会主義者だったという点でほかの台湾人留学生とは大きく異なっている。

彭華英と日本社会主義者との交流において最も注目すべき点は、台湾人としては唯一、一九二〇年に結成された日本社会主義同盟に加入していたことである[28]。日本社会主義運動は、日本社会主義同盟の結成を機に東アジアとの連帯の課題に向き合いはじめ[29]、中国人では李大釗が同組織に加入し[30]、朝鮮人では日本に活動拠点を置く金若水らの大衆時報社（詳しくは第六章で述べる）が団体加入した[31]。彭華英は、日本社会主義運動の東アジアに対する呼びかけに、台湾人を代表して応えていたといえよう。また、彭華英は日本社会主義同盟の姉妹団体であるコスモ倶楽部にも、後にアナキストとなる范本梁らとともに出入りしている[32]。

その他の日本の社会主義団体としては、高津正道らが組織した暁民会に出入りしていたことが官憲史料から分かる。台湾総督府警務局は台湾島外の初期共産主義運動に関して真っ先に彭華英の名を挙げ、「彭華英は大正十年明治大学在学中堺利彦、山川均、高津正道等に接近し、同人等によりて結成せられたる暁民会に加入し、講演会に出演し或は研究会宣伝活動等に参加し、殊に在京朝鮮人左傾分子或は支那留学生と接近」と報告している[33]。当事者の高津正道の記憶からは台湾人の存在は抜け落ちているが[34]、警視庁が作成した「思想要注意人物名簿（大正十年一月十五日調）」の彭華英の項目で、加入団体がコスモ倶楽部・暁民会となっているので[35]、暁民会に出入りしていたのは間違いないだろう。

コスモ倶楽部と暁民会には、第六章で述べる一九二一年以降の在日本の朝鮮人社会主義運動の中心人物であった金若水、鄭泰信、元鐘麟、卞熙瑢ら大衆時報社の面々が出入りしていた。先の官憲報告に「殊に在京朝鮮人左傾分子或は支那留学生と接近」とあるように、コスモ倶楽部と暁民会を通じて、彭華英は日本人社会主義者だけでなく、朝鮮人社会主義者、とりわけ元鐘麟および鄭泰信と親交を深めていったようだ。

元鐘麟はコスモ倶楽部の初代朝鮮人幹事を務め[36]、暁民会にも出入りするなど、彭華英との接触機会の多かった人物であるが、実際に一九二四年に作成された「要視察朝鮮人要覧」の元鐘麟の項目では、関係人物として彭華英の名前が挙げられている[37]。鄭泰信は一九二一年六月二四日に神田青年会館（東京基督教青年会館）で行われたコスモ倶楽部の会合に元鐘麟とともに弁士として参加し中止命令を受けたが[38]、彭華英も同日に弁士として参加し台湾解放を叫び中止命令を受けている[39]。先行研究で述べられているように、『台湾青年』が創刊されて以降も台湾人留学生は原稿を掲載してくれる媒体を広く求め、一九二二年に創刊された朝鮮人主宰の雑誌『亜細亜公論』と『青年朝鮮』にも寄稿していたが[40]、『青年朝鮮』は鄭泰信と元鐘麟のふたりで創刊を準備した雑誌であった[41]。台湾人留学生の『青年朝鮮』への寄稿は元鐘麟および鄭泰信と彭華英の親交によって実現したものといえる。

日本と朝鮮の社会主義者との交流を進めつつ、彭華英は台湾人に対する社会主義の普及にも努めた。彭華英が一九二一年五月の『台湾青年』に発表した「社会主義概説（上）」[42]は、台湾人による最も早い社会主義学説紹介記事と評価されており[43]、彭華英だけでなく、当時の台湾知識人の社会主義認識の一端を窺い知ることができる。

同論説は、社会主義思想が、様々な思想問題のなかで世界的に最も高唱されていることを解説した前半と、社会主義学説そのものについて解説する後半の二部構成になっている。まず前半部だが、彭華英がロシア革命後のロシアを「社会の最大多数の最大幸福の実現を号令する」ものと評価していることから、彼が無産者階級の解放に絶対的な価値を置いていることが窺える。注目すべきは、社会主義思想が世界的規模で「新しき時代の名詞」になったにもかかわらず、台湾人の大多数が社会主義を資本家の資産を奪う「人類社会の永遠的幸福に至大の害毒を流すべき主義であるといふ事のみにしか考へて居らぬ」ことを批判している点である。[44] これまで論じてきたように、この時期に台湾人留学生で日本の社会主義団体に出入りしていた人物は彭華英や范本梁程度しか見当たらない。また、日本で活動する台湾人留学生らの多くは資本家の子弟であり、ブルジョア・デモクラットとしての性格が強かったため、[45] 彭華英の批判は全く的外れというわけではない。こうした新しい主義に対して理解しようともせずに批判する台湾人に、社会主義に対する判断材料を与える目的で執筆されたのが「社会主義概説(上)」であった。

後半部では、社会主義の淵源が古代に遡れること、社会主義が私有財産の廃止を通して万人の幸福を実現する「平等的人道主義」であることを述べている。[46] 社会主義的思想の淵源を、古代ローマの思想家だけでなく、東洋の孟子にも見出している点、社会主義を人類平等の思想と捉えている点から察するに、彭華英は河上肇の影響を受けていると推測される。[47]

以上みてきたように、彭華英は台湾の民族運動が本格化する前から反日運動に参加し、民族主義運動の旗手となって以降は、社会主義思想の普及と日本や朝鮮の社会主義者との交流を積極的に進めた。これらの活動が官憲に危険視されたのは間違いなく、具体的な時期は不明であるが特別要視察人甲号にも編入された。[48] しかし、彭華英が危険視された要因はそれだけではない。台湾総督府は彭華英について「大正十年九月朝鮮共産主義者金立を通じ、蘇連邦より運動資金三千円の支給を受けたる情報さえありたり[49]」と述べているのである。

これまで論じてきたように、金立はコミンテルン執行委員会極東代表の朴鎮淳とともにコミンテルンと東アジア共産主義運動との仲介役を担い、中国の大同党と朝鮮内の社会革命党をコミンテルンと連なる共産主義組織に改編させた人物である。つまり、台湾総督府の報告は、韓人社会党が日本、中国、朝鮮だけでなく、台湾人に対しても共産主義組織の設立を働きかけており、一九二〇年一〇月に朴鎮淳がモスクワで獲得したコミンテルン資金が彭華英の手に渡ったことを示唆しているのである。

これに対応する記述が、上海派高麗共産党が一九二二年五月三一日に作成した報告書「事業成績経費決算概略報告」にみられる。これは一九二一年三月から一九二二年四月までの上海派高麗共産党の事業成績に関する報告書であり、それを入手した朝鮮総督府警務局が、「大正十一年　朝鮮治安状況（国外）」に、「高麗共産党党規」などの内部資料とともに添付したものである。「事業成績経費決算概略報告」は、党の事業成績として「民族革命運動ノ各団体ヲ後援シ其ノ革命事業ヲ促進」させたことを挙げ、以下のように続けている。

A　団体

今其ノ関係サレタ団体及出版物ヲ挙クレハ左ノ如シ

（一）　支那共産党　上海ニテ黄介民及朱的典等ノ手ニ依リ組織サレタルモノ

（二）　日本共産党　東京ニテ近藤栄蔵及高尾平兵衛等ノ手ニ依リ組織サレタルモノ

（三）　台湾共産党　東京ニテ彭華栄《ママ》ノ手ニ依リ組織サレタルモノ(50)

引用文中に黄介民や近藤栄蔵の名前があることからも分かるように、「支那共産党」と「日本共産党」は、先に述べた大同党と日本共産党暫定中央執行委員会を指している(51)。また、朱的典の詳細は不明であるが、高尾平兵衛は近藤に次ぐ使者として一九二一年九月に上海に渡り、朴鎮淳の友人から資金を受け取った人物である(52)。この報告書が「大正十一年　朝鮮治安状況（国外）」に収録される過程で、朝鮮総督府によって加筆・修正されたものである可能性は否めないが、少なくとも韓人社会党が共産主義組織の設立を働きかけた団体と、そのなかで直接交渉した人物に関する記述は正確だといってよい。したがって、韓人社会党が日本社会主義者や大同党と同時に、台湾人の彭華英にも「台湾共産党」という共産主義組織の設立を働きかけていたのは間違いないだろう。また、この報告書とともに朝鮮総督府が添付した別紙「上海ニテ組織サレタル朝鮮共産党収支決算概要（一九二一年四月二十日現在）」には、「金一万一千円也　支那及台湾共産党ニ補助シタリ」という記述があるので、朴鎮淳が上海に戻る一九二〇年一二月から翌年四月までの間に、彭華英に対する働きかけと、コミンテルン資金の受け渡しが行われたものとみられる。[53]

もっとも、「台湾共産党」について触れている史料は、「事業成績経費決算概略報告」と「上海ニテ組織サレタル朝鮮共産党収支決算概要」以外には見当たらない。また、先述したように、当時の台湾人留学生らのなかで社会主義者と呼び得る人物が彭華英とアナキストの范本梁程度しか確認できないため、彭華英とともに「台湾共産党」を組織し得る台湾人がいたのかどうかも疑わしい。そのため、「台湾共産党」が実際に成立していたのかどうかに関しては検討の余地がある。

しかし、「台湾共産党」の成立に疑問符が付くとしても、新亜同盟党出身の朝鮮人・中国人と同様に、台湾人の彭華英にも韓人社会党からの働きかけがおよんでいたのは確かであろう。前述したように、彭華英は一九二一年七月に上海に渡る。台湾総督府は彭華英の上海行きの理由を「警視庁の監視を受くるに至」ったためとしているが、[54]かつての同志が集う東アジア革命運動の拠点の上海で、国際共産主義運動に合流する目的もあったに違いない。実際、彭華英は自身が台湾に戻る一九二四年末まで、上海で朝鮮、中国の共産主義者と共同で活動していくことになる。

第三節　反帝国主義から共産主義へ

(1)上海派高麗共産党国内支部

前節でみたように、一九二〇年一二月に朴鎮淳がコミンテルン資金を携えて上海に戻って以降、韓人社会党の活動によって中国、日本、台湾のコミンテルンと連なる共産主義運動は急速に進展しつつあった。それでは、朝鮮内、すなわち社会革命党に対する働きかけはいかなるものだったのであろうか。官憲の報告をまとめると、以下のようになる。

一九二〇年末にモスクワで巨額の資金を受け取った(一九二〇年一〇月にコミンテルンから四〇万ルーブル支給された)朴鎮淳は、上海に向かう途中、ヴェルフネフディンスクで金立と面会した。金立から、きたるべき共産党会議(コミンテルン第三回大会)に向けた勢力拡大のためには、上海で仕事をなす必要があることを告げられた朴鎮淳はこれに同意した。朴鎮淳から資金を受け取った金立は先に上海に向かい、間もなく朴鎮淳も上海に到着した。一九二一年二月に朴鎮淳と金立は党員募集のため北京に向かい、以降、金立は北京と上海を往復していた。朝鮮内の党員募集には、朴派から資金を受け取った董林が主としてあたり、朝鮮内から七、八名の活動家が上海に送られた(55)。

官憲の報告はおおよそ正確だと思われる。まず、朝鮮内への働きかけにあたって金立が主導的役割を果たしていることに関しては、コミンテルンのエージェントとして一九二一年六月に上海に派遣されたマーリン(本名はスネーフリート)も、後にコミンテルンに送ったレポートで、金立が朴鎮淳の資金によって京城(原文ではSeoul)の朝鮮人とコンタクトを取っていたことを述べている(56)。

また、社会革命党の金錣洙も官憲報告を裏づける回顧をしている。金錣洙によれば、社会革命党のメンバーは、李東輝が国務総理になったのを機に韓人社会党の存在を知った。連絡を取ろうとしていたところ、金立から「共産党を組織しよう」という連絡がきた。そして、一九二一年四月に社会革命党から金錣洙を含む八人の代表が上海に送られたが、まず諸般の状況を探索するために北京に向かった。その後、上海に渡り高麗共産党を設立するためにに奔走したという(57)。金立の存在、中継地としての北京、具体的な派遣人数など、大筋において前述の官憲報告と符合しているといえるだろう。

このように、社会革命党も朴鎮淳が上海に戻ったのを契機として、韓人社会党、具体的には金立からの働きかけを受け共産主義組織に転換したと考えられる。上海派高麗共産党国内支部という組織名が示すように、社会革命党は朝鮮社会主義運動を代表する組織ではなく、上海派高麗共産党の一部として吸収された点で大同党などと大きく異なっているが、これはコミンテルンと連なる朝鮮内最初の組織であった。

ところで、一九二一年五月二〇日から二三日にかけて開催された（上海派）高麗共産党結成大会では、マルクスとエンゲルスの『共産党宣言』の精神に則って活動することが決議された。高麗共産党の主な役職としては、委員長の李東輝、秘書部長の金立をはじめとして重職を元韓人社会党員が担い、元社会革命党員は国内（朝鮮内）幹部となった。さらに人事において注目すべきは、高麗共産党の宣伝業務を担当する機関紙部の主幹に、金明植、兪鎮熙、尹滋瑛、朱鐘健の四名が任命されていることである(58)。

上海派高麗共産党の機関誌『闘報』は残念ながら現存しておらず、朱鐘健がこの時期に発表した記事も見当たらない。しかし、前章でみたように、機関紙部の主幹に任命された四名のうち、金明植、兪鎮熙、尹滋瑛の三名は一九二一年に朝鮮内のメディアでマルクス主義学説紹介を行った人物であった。また、時期的にみても、朝鮮内で訳載された最初のマルクス主義原典である尹滋瑛の「唯物史観要領記」をはじめとして、彼らがマルクス主義学説を本格的に紹介しはじめたのは一九二一年三月からであったが、これは金立と朴鎮淳が党員募集のために

北京に向かった一九二一年二月という時期と近接している。金明植「니콜라이 레닌은 어떠한 사람인가」（ニコライ・レーニンとはいかなる人物か）に至っては、彼が機関紙部の主幹に任命された翌月である六月三日から『東亜日報』で連載を開始している。したがって、韓人社会党からの働きかけが、朝鮮内におけるマルクス主義伝播を促した要因として作用していたのは間違いないといえるだろう。

（2）東アジアにおける国際連帯の変容

一九二一年四月に社会革命党の代表として上海に派遣された金錣洙は、後年「私が上海に行ったときにも、大同団《ママ》からは多くの援助を受けた[59]」と述べている。新亜同盟党が解散する直前である一九一七年九月に朝鮮に戻った金錣洙にとっては、黄介民一派との約四年振りの再会であっただろう。そして、この間に起こった国際情勢の様々な変化、とりわけロシア革命の勃発とコミンテルンの設立が、両者を共産主義者として再会させたのであった。

上海派高麗共産党国内支部の設立は、一見すれば、ロシアや中国といった亡命地域で展開された朝鮮人社会主義運動と朝鮮内独立運動との合流であるとか、朝鮮内独立運動の社会主義的路線の採択などといった、朝鮮人側のみの要因で説明可能な事象である。しかし、本章でみてきたように、上海派高麗共産党国内支部の設立は、コミンテルン創設とその東アジアに対する働きかけ、具体的にいえば、コミンテルンの権威と資金を手にした韓人社会党の朴鎮淳が一九二〇年一二月に上海に戻ったことを背景として、東アジア規模で展開した共産主義運動の展開過程の一部でもあった。

さらに、コミンテルンの命を受けて韓人社会党が築いた東アジア共産主義ネットワークが、中国の黄介民、朝鮮の社会革命党、台湾の彭華英、さらには中華留日基督教青年会など新亜同盟党を母体としていたことは、次の二つのことを示している。

ひとつは、上海派高麗共産党国内支部の設立が東アジアにおける国際連帯の理念の変容過程の一部でもあったことである。第三章でみたように、新亜同盟党は日本の対華二十一カ条要求を背景として、一九一五年に日本のアジア侵略からの解放を目的として東京で結成された。そして、新亜同盟党出身の黄介民の大同党が共産主義組織に転換し、彭華英が「台湾共産党」の設立を目指すのとほぼ同時に、社会革命党も共産主義組織である上海派高麗共産党の国内支部に転換した。すなわち、ロシア革命やコミンテルンの設立は、東アジアにおける国際連帯の理念を、反日本帝国主義から共産主義に変容させたといえる。そして、これにともない、新亜同盟党時代には参加がみられなかった日本人社会主義者との連帯関係も促進されたのであった(60)。

いまひとつは、コミンテルン側は、新亜同盟党関係者の活動家としての資質や社会主義的傾向よりも、彼らの持つネットワークにこそ利用価値を見出したのではないかということである。確かに、中国の黄介民、台湾の彭華英、そして朝鮮の社会革命党のメンバーたちは、労働運動に従事したり、社会主義の解説記事を執筆するなど、新亜同盟党が解散して以降、活動や思想が急進化していた。とはいえ、当時の中国では数多くの知識人がマルクス主義を論じていたし、朝鮮にも、一九二一年五月に朝鮮共産党を結成したとされる金翰・申伯雨のグループがあった。こうした数ある候補のなかで、新亜同盟党の関係者のみが韓人社会党から共産主義組織設立の働きかけを受けていた背景には、彼らがすでに反帝国主義のネットワークを有しており、それゆえ、彼らの持つネットワーク自体を共産主義のそれに転化させれば、より効率的に東アジアの共産主義運動を促進できるという判断があったものと推測される。実際、そのネットワークのなかには、共産主義に共鳴しているとはいいがたい人物も含まれており、このことが後の運動に齟齬をきたしていくことになる。

以上、朝鮮内における最初期の社会主義勢力であり、かつ当時朝鮮内の独立運動において大きな勢力を有していた上海派高麗共産党国内支部の設立過程についてみてきた。国内支部を含めた上海派高麗共産党のその後に関しては、本書で論じる用意はないが、要点だけ簡潔に述べておきたい。

まず上海派高麗共産党の主導者（旧韓人社会党）の動向だが、一九二一年六月二二日からモスクワで開かれたコミンテルン第三回大会に参加できなかったことを契機として、コミンテルン執行委員会極東代表の朴鎮淳の権威は失墜してしまう。(61) その影響を受け、韓人社会党から共産主義組織設立の働きかけを受けていた大同党は、陳独秀の上海共産主義グループとのコミンテルンの「正統」共産党の座をめぐる争いに敗れ、以降、共産主義運動から姿を消す。(62) さらに、金立はコミンテルン資金を大韓民国臨時政府に提供しなかったことが原因となり一九二二年二月に暗殺される。(63) そのため、韓人社会党からの働きかけを受けていた彭華英が、コミンテルンの一支部としての正式な台湾「共産党」を設立することはなく、コミンテルンの機関としての台湾共産党（厳密には日本共産党台湾民族支部）が結成されるのは、一九二八年のことであった。(64)

ただし、上海派高麗共産党自体が解散になったわけではなく、以降、イルクーツク派高麗共産党との統合に向けたイニシアチブ争いを繰り広げていくことになる。また、近藤から朴鎮淳に手渡された「日本共産党宣言」と「日本共産党規約」も、朴鎮淳によってコミンテルン第三回大会の閉幕間際にモスクワに届けられた。(65)

最後に上海派高麗共産党国内支部であるが、設立当時、朝鮮内で影響力を持っていたにもかかわらず、その活動は順調にはいかなかった。その原因は、国内支部の内部で思想的統一が図れなかったことにあった。張徳秀、呉詳根らは朝鮮で革命を起こすには時期尚早であると考え、産業振興や文化啓蒙を通して朝鮮の社会や経済的水準を向上させるべく、民族主義系列の知識人とともに物産奨励運動などに積極的に加わっていった。そのため、一九二一年五月に結成されたとされる金翰、申伯雨、鄭在達らの朝鮮共産党や、一九二一年以降日本で活動していた金若水グループからの厳しい批判にさらされた。

一方、国内支部のなかでマルクス主義を積極的に紹介していた金明植は上海派を脱退し、一九二二年に兪鎮熙らとともに朝鮮最初の社会主義専門誌である『新生活』を創刊した。以降、金明植や兪鎮熙らは「新生活グループ」と呼ばれ、朝鮮内の社会主義運動を先導する傍ら、張徳秀らが率いる上海派高麗共産党国内支部を批判していった。こうした組織の内外からの批判を浴び、上海派高麗共産党国内支部は徐々に影響力を失い、最終的には張徳秀、呉詳根らも社会主義運動から完全に離脱していった(66)。

このように、国内支部を含め、韓人社会党の働きかけを受けて設立された東アジアの共産主義組織が歩んだ道のりは、総じて厳しいものであった。しかし、韓人社会党が東アジア共産主義ネットワークを築いたことは、以下の二点で重要な意味を持ったといえる。

ひとつは、先の新生活グループの金明植と兪鎮熙、一九二二年以降に上海で活動した金錣洙、尹滋瑛をはじめとして、一九二〇年代の朝鮮を代表する社会主義活動家を輩出したことである。このうち、兪鎮熙と金錣洙は一九二五年に京城で結成されるコミンテルンの朝鮮支部としての朝鮮共産党（ただし、コミンテルンが承認するのは一九二六年）で主導的な役割を果たすことになる。

いまひとつは、朝鮮、中国、台湾人共産主義者の連帯の礎を築いたことである。一九二四年には上海で、台湾人の彭華英、許乃昌、中国人の羅轄、朝鮮人では上海派高麗共産党国内支部出身の尹滋瑛、そして呂運亨らが中心となって平社を組織し、機関誌『平平旬刊』を通じて社会主義の宣伝を行った（日本人では佐野学が寄稿している）(67)。彭華英自身は台湾に戻って以降共産主義運動から離脱するが、一九二八年に上海で開かれた台湾共産党（日本共産党台湾民族支部）の結党大会に呂運亨が参加したことをはじめとして(68)、朝鮮・中国人共産主義者との連帯は続いていくことになる。

第六章
日本における朝鮮人社会主義運動の発生と展開
——北風派共産主義グループの形成過程——

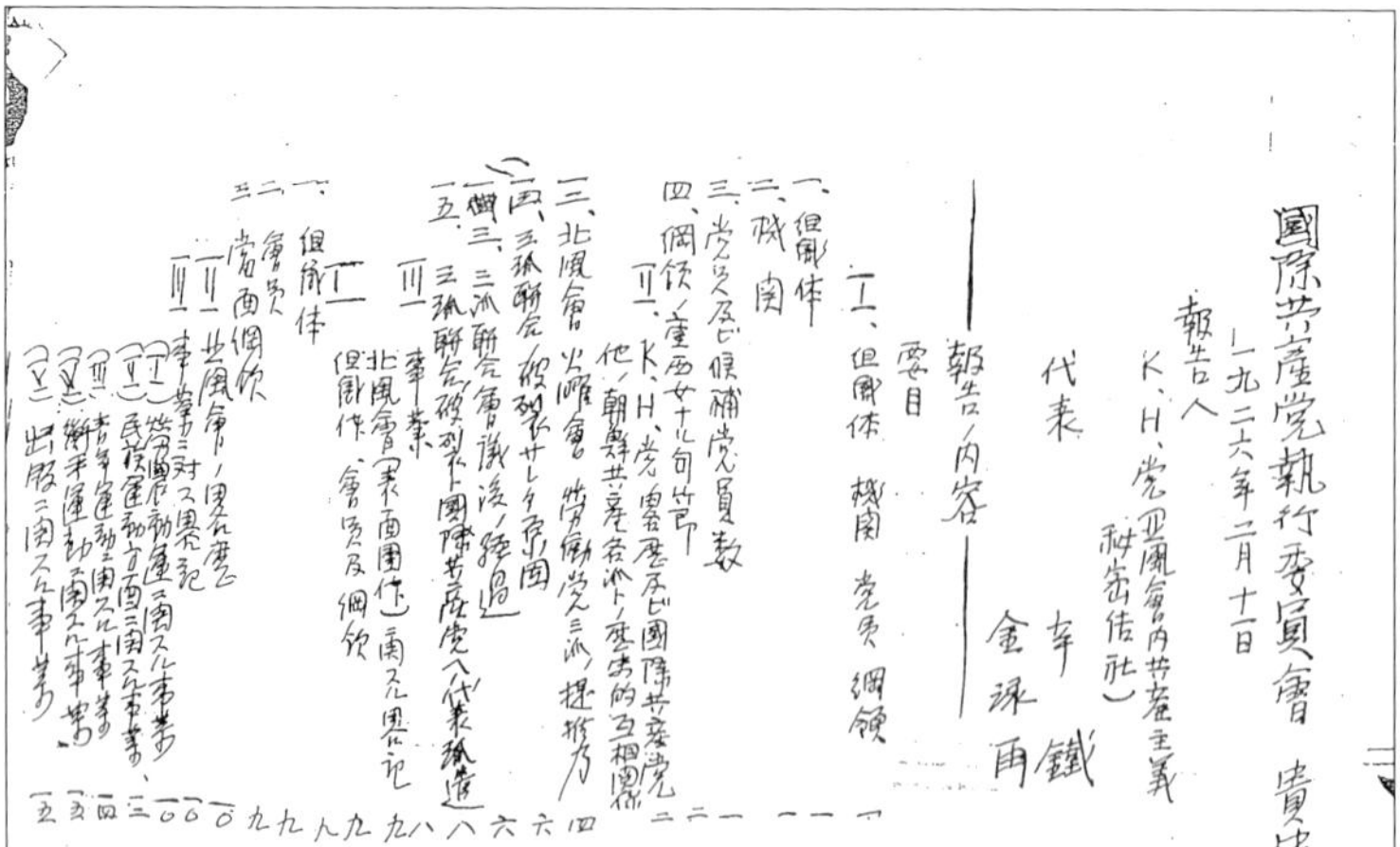
國際共產党執行委員會 貴中
報告人
一九二六年二月十日
K、H、党（北風會内共産主義秘密结社）
代表 辛鐵
金綠雨
報告ノ内容
要目
一、組織体 機関 党員 綱領
一、組織体
二、機関
三、党員及ビ候補党員数
四、綱領ノ全要十九句節

K.H.党報告書（РГАСПИ, 495/135/124/77）

第一節　一九二六年の派閥抗争――K.H.党報告書の作成時の朝鮮社会主義運動

第四章で触れたように、社会革命党とほぼ同じ頃に朝鮮内でマルクス主義の研究をはじめた金若水グループは、一九二一年春に活動の拠点を日本に移した。そして、金若水グループの渡日が契機のひとつとなり、日本における朝鮮独立運動は一気に左傾化していくことになる。また、金若水は一九二三年に再び朝鮮に戻り、日本で形成された朝鮮人社会主義勢力を母体として北風派という一九二〇年代の朝鮮社会主義運動を代表する共産主義グループを築き、一九二五年に京城で結成されるコミンテルン支部としての朝鮮共産党にも参画していく。

このように、北風派の母体となる日本で形成された朝鮮人社会主義勢力は、朝鮮独立運動史においても、在日朝鮮人運動史においても重要な存在というべきである。しかしながら、序章で述べたように、日本における朝鮮人社会主義運動の発生と展開の過程に関しては先行研究も少なく、充分に明らかになっていないのが現状である。

本章の課題は、朝鮮、日本、コミンテルンの史料を用いながら、日本における朝鮮人社会主義運動の発生と展開の過程をできる限り詳細に跡づけることにある。その際、以下の二点に着目していきたい。

ひとつは、日本社会主義運動との関連性である。前章でみたように、上海派高麗共産党の前身である韓人社会党の活動は、日本共産党が結成される重要な契機となった。しかし、日本共産党や日本人社会主義者が上海派に属する朝鮮人とのみ交流していたわけでは決してない。そのことは、上海派とイルクーツク派の派閥抗争に対して彼らが中立の立場を取っていたことからも明らかである[1]。数ある朝鮮人社会主義勢力のなかで、日本の社会主義運動と最も密接な関係にあったのは、日本で活動する朝鮮人社会主義者であった。そこで本章では、日本における朝鮮人社会主義運動の発生と展開に日本の社会主義運動がおよぼした具体的影響についてできる限り明らかにしていきたい。

いまひとつは、在日朝鮮人運動との関連性である。本書では、第一章から第三章まで、一九一〇年代の在日朝鮮人留学生の独立運動、民族運動について扱ってきた。しかしながら、彼らの運動の目的は朝鮮の独立であったり、朝鮮内では制約されていた言論活動を行ったりすることに置かれており、日本に移住してきた朝鮮人労働者やそのコミュニティーとはほとんど関係がなかった。その意味では、一九一〇年代の在日朝鮮人留学生の運動は、日本地域で展開された朝鮮独立運動、民族運動にほかならなかったというべきであろう。

しかし、一九二〇年代に入ると、朝鮮から日本に移住する朝鮮人労働者が急増し、在日朝鮮人コミュニティーが形成されはじめる(2)。それにともない、とくに一九二〇年代後半頃から在日朝鮮人社会に根ざした運動としての在日朝鮮人運動が活発化する。そして、金若水グループが日本に渡航する一九二一年からの数年間は、日本地域における朝鮮社会主義運動のなかから、徐々に在日朝鮮人の運動という日本独自の要素が芽生えていく時期でもあった。本章では、日本における朝鮮人社会主義運動が在日朝鮮人運動とどのように関連していたのかという問題についても考察したい。

ところで、これまで日本における朝鮮人社会主義運動の発生と展開の過程に関する研究があまり進まなかった原因のひとつは、史料的制約にあった。とくに金若水をはじめとする朝鮮人活動家が発行した出版物が発見されていなかったため、官憲側史料に依拠せざるを得なかった。こうした状況を大きく変えたのが、コミンテルン文書の公開である。

コミンテルン文書のうち、本章と大きく関わるのが、金若水の後輩にあたる辛鐵と金泳雨が一九二六年にコミンテルン執行委員会に送った報告文書、報告人(3)K.H.《カーエヌ》党（北風会内共産主義秘密結社）代表辛鐵・金泳雨「国際共産党執行委員会　貴中　一九二六年二月十一日」（以下、K.H.党報告書）である。K.H.党報告書には、北風派（およびその地下組織であるK.H.党）の組織過程をはじめとする金若水グループの歩みが詳細に記されており、既存の韓国における研究でも一九二〇年代前半の金若水グループの活動を知り得る最も有力な手がかりとして、史料批判を欠いたまま利用されてきた[4]。

しかし、K.H.党報告書がコミンテルンに送られた一九二六年当時、朝鮮社会主義運動の派閥抗争が深刻化しており、作成者である辛鐵と金泳雨自身もその渦中にいたことを想起すれば、同史料の内容の信憑性については充分に検討されなければならない。そこで、本論に入る前に、まずはK.H.党報告書が作成された一九二六年当時の朝鮮社会主義運動の状況を概観しておきたい。

上海派とイルクーツク派の二つの高麗共産党や、前章でみた上海派高麗共産党国内支部の事例からも分かるように、社会主義勢力の形成は、同時に派閥抗争や分裂のはじまりを意味していた。こうした状況に悩まされていたコミンテルンは派閥の解消に着手した。そして、一九二二年一二月二日から開催されたコミンテルン朝鮮問題委員会の決定にもとづき、上海派とイルクーツク派の高麗共産党に解党を命じるとともに、一九二三年一月には、統一された朝鮮共産党を準備するためにコルビューロー（語源はロシア語のKopбюpoであり、英語ではKorean Bureau、近年ではコミンテルン高麗総局とも呼ばれる）をウラジオストクに組織した[5]。

同年五月には朝鮮内にコルビューロー内地部が組織され、同組織のメンバーを中心として新思想研究会が発足した。新思想研究会は一九二四年に火曜会に名称を改め、ここに火曜派と呼ばれる一九二〇年代中盤の朝鮮社会主義運動を代表する派閥が誕生した。火曜派は金在鳳、朴憲永をはじめとする元イルクーツク派の社会主義者を中心としていたものの、元上海派の兪鎮熙、一九二一年五月に「朝鮮共産党」を組織したとされる申伯雨、かつて新韓青年党のメンバーだった趙東祜なども加わっていた[6][7]。

一方、コミンテルンは一九二四年頃から、従来のロシア地域ではなく、朝鮮内の社会主義運動に重点を置く政策を取りはじめた。そうしたなか、一九二五年四月、京城で火曜派と北風派のメンバーを中心として朝鮮共産党が結成された。朝鮮共産党はモスクワに趙東祜を派遣してコミンテルンに承認を求めたものの、その承認は一九二六年三月まで遅れることとなった(8)。

その原因が派閥抗争であった。北風派は代表として辛鐵を趙東祜とは別に送り、コミンテルンから一定の距離を取っていたソウル派(9)は崔昌益・金栄萬を代表としてモスクワに派遣した。そして、北風派の辛鐵とソウル派の金栄萬は連名で火曜派を非難する文書を提出し、一九二五年四月に開かれたのは北風派、火曜派、労働党の三派連合会議にすぎなかったにもかかわらず、火曜派がこれを朝鮮共産党の結成であると偽ってコミンテルンに報告したのであると主張した。同時に、北風派とその地下組織であるK.H.党こそが朝鮮社会主義運動の正統であることを主張するために辛鐵と金泳雨によってコミンテルンに提出されたのが、K.H.党報告書なのであった。最終的にコミンテルンは一九二六年三月に朝鮮共産党を承認することになるのだが、K.H.党報告書はその承認を遅らせた要因のひとつだったのである。

したがって、K.H.党報告書に記されている北風派の形成史が、北風派社会主義者にとって都合の良いように誇張、歪曲されている可能性は否めない。もっとも、日本における朝鮮人社会主義運動の発生と展開過程に関しては史料が限られているため、K.H.党報告書が重要な史料であることには変わりはない。そのことを踏まえつつも、本章では、官憲史料、回顧録、朝鮮人活動家が朝鮮や日本で発行した出版物など、使用可能な史料をできる限り利用して、K.H.党報告書の内容に史料批判を加えながら論を進めていきたい。

第二節　金若水グループの活動と『大衆時報』の刊行

(1)朝鮮内におけるマルクス主義学習サークルの組織

金若水グループが日本で活動を開始するのは一九二一年からであるが、K.H.党報告書によれば、活動自体は一九二〇年に朝鮮内においてはじまったとされている。以下は、K.H.党報告書のなかから一九二〇年の活動に関する箇所を抜粋したものである（便宜上、句読点を補った）。

一九二〇年五月、京城ニ於イテ朝鮮労働共済会内ニ金若水、鄭雲海、鄭羊鳴等七人ヲ以テ小マルクス主義クルショクヲ組織シテ、之ノ団体的行動ニ依ッテ初期的マルクス主義運動ヲ開始シタ(10)。

一九二〇年五月、京城ニ於イテ朝鮮労働共済会ノ中ニ金若水、鄭雲海、鄭羊鳴等七人ヲ以テ小マルクス主義団ヲ組織シ、彼等ハ之ノ団体的行動ニ依ッテ第一期的マルクス主義運動ヲ開始シタ(11)。

一九二〇年春、朝鮮労働共済会ガ組織サレル時ニ金若水、鄭雲海、鄭羊鳴等ハ是レニ参加シテ常務委員トナリ、一方ニテハ其ノ機関紙共済ニ重要ナ執筆者トナッテ朝鮮労働運動ノ創始的事業ニ努メタ(12)。

まずは団体の名称であるが、K.H.党報告書には「小マルクス主義クルショク」「小マルクス主義団」と記載されており、正式名称は決まってなかったように思われる。「クルショク」とは、サークル、同好会を意味するロシア語のクルジョーク（кружок）のことであり、韓国の研究ではこの団体を「マルクス主義クルジョーク（小組）」と呼称するのが一般的である。しかし、当時の金若水らの活動や思想的傾向などを勘案したとき、この団体が当時から本当に「小マルクス主義クルショク」と名乗っていたのかは疑わしいため（後から付けられた名称ではないかと思われる）、本書では、便宜上この団体を金若水グループと呼称する。

構成員は、金若水、鄭雲海、鄭羊鳴を中心とした七名となっている。鄭羊鳴は一九二三年八月に釜山で溺死するまで金若水と活動をともにする鄭泰信の別名である。[13] 鄭雲海は主に朝鮮労働共済会の大邱支会で活動した人物であり、一九二一年以降も朝鮮に残って活動を続けた。ほか四名が誰だったのかは不明である。K.H.党報告書には、金若水らが朝鮮労働共済会の機関誌『共済』の重要な執筆者となったと書かれているが、これに対応する記述が一九二一年に発行された『共済』第七号の編集後記欄にみられる。[14] それによれば、金若水、鄭泰信、南相協、趙誠惇の四名が一九二〇年に発行された『共済』第一号と第二号の編集と発行に尽力したという。ただし、南相協と趙誠惇が金若水グループの一員だったのかについては確認できない。

次に金若水グループの具体的活動であるが、K.H.党報告書は、この頃の主な活動として「朝鮮労働運動ノ創始的事業」と「初期的マルクス主義運動」の二点を挙げている。まず、前者については事実とみてよい。第四章第二節で述べたように、金若水、鄭雲海、鄭泰信が深く関わっていた朝鮮労働共済会は、朝鮮最初の全国単位の労働団体であった。

一方の「初期的マルクス主義運動」であるが、これが具体的にどのような運動であったのかについては、K.H.党報告書には全く書かれていない。ただし、K.H.党報告書にはロシア語訳されたものも存在するのだが、[15] そこでは「之ノ団体的行動ニ依ッテ初期的マルクス主義運動ヲ開始シタ」に該当する部分が、「こうした方式でマルクス主義学習の一歩が始まった」[16] と訳されている。したがって、「初期的マルクス主義運動」とは、単純に「マルクス主義学習」を意味している可能性が高い。同じ頃に結成されていた社会革命党が読書会であったことや、後に金若水自身が、第一次朝鮮共産党事件の被告人として、法廷で「本でも読まうと云ふのが朝鮮社会運動の標語」[17] であったと述べていることを勘案すれば、金若水グループも、実体は読書会のようなものだったと考えるのが妥当であろう。

ただし、K.H.党報告書には、金若水グループがさもマルクス主義だけを専門に学習していたかのように書かれ

ているが、これには注意を要する。第四章第三節で述べたように、この時期に鄭泰信は『開闢』第三号（一九二〇年八月）に「막쓰와 唯物史観의 一瞥」（マルクスと唯物史観の一瞥）を発表しており、同記事は堺利彦・山川均主筆の『社会主義研究』創刊号に掲載された堺利彦「唯物史観概要」の部分訳であった。したがって、金若水グループが『社会主義研究』などを活用してマルクス主義を学習していたのは間違いない。

しかし、実際はマルクス主義のみならず、当時の新思想や新理論を幅広く研究していたようである。例えば、鄭泰信は『共済』第一号ではトルストイに関しても紹介している。[18] また、鄭泰信が『共済』第二号に発表した「真理의 聖戦」（真理の聖戦）は労働の重要性を論じた記事であるが、鄭泰信はその根拠として、人間は「創造に対する労働と生産に対する歓喜」を本能的に持っているという点を挙げている。[19] これはラッセルが『社会改造の原理』で主張した、人間は本来創造に対する歓喜を有しているという「創造の衝動」説にもとづいたものである。一方、当時の金若水が、国際労働会議に期待を寄せるとともに、労資協調による労働問題の解決を模索していたことは、第四章で述べたとおりである。

(2) 東京への拠点移動

一九二一年春、金若水グループは拠点を東京に移し、いよいよ日本における朝鮮人社会主義運動がはじまることになる。以下は、K.H.党報告書のなかから一九二一年春の活動に関する箇所を抜粋したものである。

一九二一年ノ春、マルクス主義クルショクハ主力ヲ日本ノ東京ニ移シ『大衆時報社』ヲ創立シテ機関紙『大衆時報』ヲ発刊シタ。之ハ其ノ当時マルクス主義ガ学理方面ニ於イテモ実際運動ニ於イテモ日本ノ方ガ遥カニ進ンデ居リ、尚ホ出版事業ヲスルニ於イテモ朝鮮ニ比シテハ余程楽デアリ、又責任的同志ガ京城警察カラ退去ヲ命ゼラレタカラデアリ、斯クシテ日本在留朝鮮人間ニ於イテ同志ヲ叫合シ宣伝事業ヲナスト同時ニ、朝鮮内地ニ向ッテ基礎的原理学説ヲ輸入シテ啓蒙運動ニ専力ヲ注イタ[20]。

一九二一年ノ春、彼等ハ其ノ主力ヲ日本ノ東京ニ移シ機関紙トシテ大衆時報（月刊雑誌）ヲ発刊シ始メタ。之ハ其ノ当時マルクス主義運動ガ学理方面ニ於イテモ実際運動方面ニ於イテモ日本ノ方ガ遥カニ進ンデ居リ、尚出版事業ヲスルニ於イテモ朝鮮ニ比シテハ余程楽デアルカラデアッタ。斯クシテ日本東京在留朝鮮人間ニ於イテ同志ヲ叫合スルト同時ニ朝鮮内地ニ向ッテ基礎的原理学説ヲ輸入スルニ専力ヲ注イタ。而シテ此ノ時ヨリ既テニ共産主義的色彩ヲ鮮明ニシタノデアッタ[21]。

一九二一年ノ春ヨリ一九二二年ノ秋迄デハ学術戦闘ヲ兼ネタ月刊雑誌『大衆時報』ヲ発刊シタ（廃刊）[22]。

まず、東京に活動拠点を移した金若水グループの「主力」が誰であったのか検討してみよう。先に述べたように、金若水グループは金若水、鄭泰信、鄭雲海を中心に七名で結成された。このうち、鄭雲海は朝鮮労働共済会の大邱支会で活動を続けたので、日本に移動した「主力」とは金若水と鄭泰信の二名であったと考えられる[23]。また、金若水と鄭泰信が日本に拠点を移した時期であるが、「一九二一年ノ春」が具体的にいつだったのか詳しいことはよく分からない。警視庁によれば、一九二一年三月の時点で金若水らは雑誌『大衆時報』の発刊に着手している[24]。また、一九二一年四月一一日付『東亜日報』でも、東京在留の金若水らが『大衆時報』を四月二〇日に創刊する予定であると報じている[25]。

次に、金若水と鄭泰信が日本に拠点を移した理由に関して検討してみよう。K.H.党報告書によれば、彼らが日本に拠点を移した主な理由は次の二つである。ひとつは、一九二一年当時、「マルクス主義運動ガ学理方面ニ於イテモ実際運動方面ニ於イテモ日本ノ方ガ遥カニ進ンデ居」たからであり、いまひとつは「出版事業ヲスルニ於イテモ朝鮮ニ比シテハ余程楽デアルカラデアッタ」。

まず、後者の「出版事業ヲスルニ於イテモ朝鮮ニ比シテハ余程楽」という理由であるが、金若水らがこう判断したのは、彼らが編集、発行を主導した『共済』の第三号から第六号が総督府の検閲によって発行禁止処分となり、その目次の掲載さえも認められなかったからであろう[26]。ただし、後述するが、実際は日本での出版事業の展開が「朝鮮ニ比シテハ余程楽」だったわけではなかったようだ。

次に、朝鮮よりも日本のほうが、マルクス主義運動が「学理方面」と「実際運動方面ニ於イテモ」遥かに進んでいたからという理由であるが、金若水グループは『社会主義研究』を活用してマルクス主義を研究していたので、マルクス主義の「学理方面」が朝鮮より「日本ノ方ガ遥カニ進ンデ居」ると判断したのは当然なことだといえよう。日本ではマルクス主義運動が「実際運動方面ニ於イテモ」進んでいると判断したのは、おそらく日本社会主義同盟の結成を評価したからであろう。日本社会主義同盟の結成は、日本で社会主義と労働運動との結合を飛躍的に進展させ、社会主義運動が大衆化する契機となった[27]。同盟の結成が朝鮮社会に一定の影響をおよぼしていたことは『東亜日報』を通じて確認できる。『東亜日報』は一九二〇年八月一日に日本社会主義同盟の準備委員結成を報じると[28]、その翌日には社説「日本社会主義者大同盟、世態의 変遷」(日本社会主義者大同盟、世態の変遷)を掲載した[29]。これは、『東亜日報』で最初に書かれた社会主義に関する社説で、冬の時代を経て日本社会主義運動が復興していく過程を肯定的に論じたものであった。そして、『東亜日報』はその二週間後から社会主義に関する初歩的な解説記事の連載を開始し[30]、その後も日本社会主義同盟や日本社会主義運動の動向を報道するようになった。金若水と鄭泰信は日本社会主義同盟に関して言及した記事を残していないが、一九二一年の五、六

月頃に日本社会主義同盟の姉妹団体であるコスモ倶楽部に出入りし、一九二二年には「大衆時報社」名義で同盟に団体加入しているので[31]、彼らは朝鮮で活動していた頃から日本社会主義同盟に注目していたものと推測される。

また、日本社会主義同盟は日本社会主義運動が国際連帯という課題と向き合う契機でもあったが[32]、金若水の場合は、その延長線上で生まれたコスモ倶楽部だけでなく、反帝国主義思想を持つ社会主義者らの思想団体である暁民会にも参加している[33]。K.H.党報告書には記載されていないが、金若水や鄭泰信が拠点を日本に移した背景に、日本社会主義運動との提携、連帯の模索という目的があったのは間違いないだろう。さらに第五章でみたように、コスモ倶楽部や暁民会での活動を通して、鄭泰信が台湾人の彭華英との親交を深めていったことを想起すれば、東アジア規模での連帯が念頭に置かれていた可能性もあるだろう。

(3)『大衆時報』の創刊——日本における朝鮮人社会主義勢力の形成

K.H.党報告書によれば、東京に活動拠点を移した金若水と鄭泰信の主な活動は「日本在留朝鮮人間ニ於イテ同志ヲ叫合シ宣伝事業ヲナス」ことであり、その宣伝事業の中心は「学術戦闘ヲ兼ネタ月刊雑誌『大衆時報』」の刊行であった。幸い筆者は『大衆時報』臨時号を発掘することができた。ここでは、同史料を活用しながら、日本に拠点を移した金若水と鄭泰信がどのようにして同志を集めて『大衆時報』を創刊したのかを考察する。まずは『大衆時報』に関して簡単に説明しておこう。

『大衆時報』（発行所は大衆時報社）は、朝鮮人活動家が日本で発行した最初の社会主義雑誌であり、一九二一年五月一日に創刊号が発行された。しかし、創刊号に掲載された金若水「大衆의 時代를 迎함」（大衆の時代を迎える）、卞熙瑢「社会와 個人의 自由」（社会と個人の自由）、兪鎮熙「武装한 文化政治」（武装した文化政治）の三篇が検閲によって掲載不可となったため、創刊号はすべて押収されてしまった。第二号を即時発行する準備は整っ

ていたが、創刊号の「形骸」だけでも残すため、創刊号から上記の記事三篇を取り除き、金若水「大衆의 時代를 迎함」の代わりに卞熙瑢「新社会의 理想」(新社会の理想)を掲載して、一九二一年五月二五日に発行したものが『大衆時報』臨時号である。[34] 臨時号の表紙には毎月一日発行と書かれているが、第二号も警察に押収され[35]、実物を確認できるのは、臨時号、一九二一年九月発行の第三号、一九二二年六月発行の第四号のみである。臨時号の編集後記欄には、日本では印刷料が朝鮮の倍額になるため雑誌の定価を引上げざるを得なかった[36]と書かれており、雑誌の発行は順調にはいかなかったようである。臨時号の時点では総五〇頁を超えていた紙幅が、第四号では総八頁に縮小され、結局は一九二二年秋に廃刊となってしまった。

さて、K.H.党報告書には、『大衆時報』が金若水グループの主力、すなわち金若水と鄭泰信のイニシアチブによって創刊されたかのように書かれている。ところが、雑誌の顔ともいうべき臨時号の編集人(発行人も兼ねている)は、金若水ではなく卞熙瑢となっている。『高等警察要史』にも「卞熙鎔《ママ》等ハ理論派トシテ運動ヲ続ケ卞熙鎔ハ大正十年五月ヨリ機関紙トシテ大衆時報ヲ発刊」[37]とあるので、『大衆時報』の創刊に卞熙瑢が深く関わっていたのは間違いない。実際、卞熙瑢は臨時号で最も多くの記事を執筆している。それでは、なぜ金若水ではなく、卞熙瑢を編集人として『大衆時報』が創刊されたのであろうか。その主な理由として考えられるのが、金若水と卞熙瑢の、東京や朝鮮人留学生の統合団体である学友会での活動経歴の差異である。

ここで、臨時号の奥付をみると、『大衆時報』の印刷所は福音印刷合資会社となっている。第二章で詳しく述べたように、福音印刷合資会社は日本では数少ないハングル印刷が可能な印刷所であり、一九一四年に学友会の機関誌『学之光』を印刷して以来、朝鮮人留学生と深い関係があった。そして、一九二二年に鄭泰信が作成したコミンテルン宛の報告書に「日本で朝鮮の活字を持つ活版印刷所が横浜でしかみつからなかった」[38]とあるように、金若水と鄭泰信が『大衆時報』を創刊するには、福音印刷合資会社の協力が必要不可欠であった。

しかし、金若水は一九一四年から一九一五年の末まで正則英語学校に留学したことがあるものの、それ以降は三・一運動直後まで中国の金陵大学に留学しており、学友会で活躍した形跡はみられない(39)。鄭泰信の場合も、第二章でみたように一九一四年に日本に滞在していたことはあるが、主に大阪で活動しており、また学生でもなかった。したがって、金若水と鄭泰信が活動拠点を日本に移したとき、彼らは福音印刷合資会社とは接点を持っていなかったと考えるのが自然であろう。ましてや、朝鮮人としてはじめて日本で社会主義雑誌を出そうというわけであるから、金若水らと福音印刷合資会社を仲介してくれる存在が必要だったはずである。そして、一九二一年に福音印刷合資会社で印刷されていた朝鮮人の出版物は、学友会の機関誌『学之光』と朝鮮ＹＭＣＡの機関誌『現代』の二誌のみだったので、仲介役たり得るとすれば、学友会や朝鮮ＹＭＣＡの関係者ということになるだろう。

実際、金若水は一九二一年春に日本に活動拠点を移すと、すぐに学友会に接触したようである。一九二一年四月に開かれた「学友会陸上大運動会」には、大衆時報社として五円を寄付している。また、一九二一年一月発行の『学之光』第二一号に掲載された学友会の役員名簿欄にはなかった金若水の名前が、同年六月発行の第二二号に掲載された役員名簿欄では庶務部員として登場する(40)。役員名簿に名前が掲載されている人物のなかで、李正植、李益相、卞熙瑢の三人が『大衆時報』臨時号の執筆陣に名前を連ねていることから、金若水が学友会の内部で同志集めを行ったことが推測される。そして、学友会役員のなかで、朝鮮ＹＭＣＡの役員でもあり、さらには当時最も思想的に急進化しつつあった人物こそ、卞熙瑢であった。

卞熙瑢は慶應義塾大学の留学生で、一九一八年二月に学友会の庶務部員に選出された(41)。一九一九年に在日本朝鮮基督青年会館で行われた二・八独立宣言にも参加し、一九二〇年六月には朝鮮ＹＭＣＡの会計に選ばれた(42)。また、朝鮮ＹＭＣＡの機関誌『現代』に毎号のように社会主義に関する記事を発表していただけでなく、コスモ倶楽部や暁民会にも出入りしていた。

日本で出版物を発行した経験もなく、学友会や朝鮮ＹＭＣＡの役員として活動した経験もなかった金若水が「日本在留朝鮮人間ニ於イテ同志ヲ糾合シ宣伝事業ヲナス」際、学友会と朝鮮ＹＭＣＡの役員としての活動経歴を持ち、かつ思想的に急進化しつつあった卞熙瑢は、最も必要とされる人材だったのではないだろうか。金若水らと福音印刷合資会社を仲介した人物が本当に卞熙瑢であったのかどうかはいったん置いておくとして、少なくとも、『大衆時報』が卞熙瑢を編集人として創刊されたという事実は、金若水らが日本で活動を展開していく際に、学友会や朝鮮ＹＭＣＡでの活動経歴を持つ人物の協力が必要不可欠であったことを意味している。

執筆者をもう少し詳しくみていこう。先に述べたように、学友会の役員のなかから李正楨、李益相（ともに社会主義運動には参加せず）、卞熙瑢が執筆者として名を連ねているが、それ以外に文章を書いているのが元鐘麟と黄錫禹である。[43]とくに元鐘麟は『大衆時報』の創刊に深く関わっていたようだ。卞熙瑢は臨時号の編集後記で、『大衆時報』の創刊号や臨時号は金若水、鄭泰信、元鐘麟の努力によって発行されたと述べている。[44]

元鐘麟は一九二〇年四月に東洋大学に留学、同年一一月頃に結成されたコスモ倶楽部では朝鮮人最初の幹事となった。[45]また、『高等警察要史』にも、元鐘麟は「山崎今朝雄〔山崎今朝弥〕ノ平民大学等ニ出入シ主義ノ研究ニ余念無カリキ」[46]とあり、史料上は金若水よりも早くから日本人社会主義者との交流を進めていた人物ということになる。その意味では、元鐘麟もまた、金若水が日本で活動を展開していくうえで必要な人材であったといえよう（ただし、その後、元鐘麟と黄錫禹はアナキストとなり、金若水とは袂を分かつことになる）。

以上で考察したように、『大衆時報』の創刊事業には、金若水グループの主力である金若水と鄭泰信だけでなく、学友会や朝鮮ＹＭＣＡの役員として活動してきた経験を持つ卞熙瑢、日本人社会主義者に早くから接触していた元鐘麟など、一九二一年春に金若水と鄭泰信が日本に活動拠点を移した際に、彼らに不足していた部分を補い得る在日朝鮮人留学生らが大きく関わっていた。『大衆時報』創刊に関わった当事者のひとりである黄錫禹は、当時の金若水に関して、一九三二年に次のように回顧している。

このとき〔一九二一年〕の枓熙〔金若水の本名〕君には、思想家としては何もなかった。彼は単なる民族主義青年としての志を持つ無名な若い群れのひとりだった。彼は文化主義青年のひとりだった。彼の存在はそのくらい平凡だった。彼が思想家としての存在感を示したのは、彼が東京にきてからすぐだっただろう。東京でコスモ倶楽部に参加して、「大衆時報」を出した後からだ。彼がはっきりと思想家としての頭角を現してきたのは、黒濤会分裂当時にボリシェヴィキに転換してからだろう。(47)

在日朝鮮人留学生という立場から『大衆時報』創刊に関わった黄錫禹にとって、日本にやってきたばかりの頃の金若水は「平凡」な「民族主義青年」のひとりにすぎなかったのである。『大衆時報』臨時号が卞熙瑢を編集人として発行され、元鐘麟も発行に深く関わっていたという事実は、この時点ではまだ、金若水は日本における社会主義運動の主導者ではなく、朝鮮からやってきた活動家のひとりにすぎなかったことを示唆しているのではないだろうか。

『大衆時報』の創刊を日本における朝鮮人社会主義運動の出発点とするならば、運動の場を日本に求めて朝鮮からやってきた活動家と、東京に活動基盤を持つ留学生らのなかで、運動や思想を急進化させつつあった分子の活動が合流することによって日本における朝鮮人社会主義勢力が形成され、「『大衆時報』を出した後から」結果的に、金若水が社会主義運動の主導者になったといえるだろう。

（4）『大衆時報』の思想的傾向

K.H.党報告書によれば、金若水グループの主力は、『大衆時報』を刊行して「朝鮮内地ニ向ッテ基礎的原理学説ヲ輸入スル」とともに、「此ノ時ヨリ既テニ共産主義的色彩ヲ鮮明ニシタ」とされているが、実態はどうであろうか。ここでは、『大衆時報』創刊に関わった人物のなかで、後に共産主義組織を設立することになる金若水、鄭泰信、卞熙瑢の思想的傾向を考察する。まず、一九二〇年の時点では労資協調による労働問題解決を主張していた金若水の思想的変化をみてみよう。『大衆時報』臨時号の「創刊辞」で金若水は資本家に対して、次のように述べている。

資本家の反省とは、なんら内容のない看板を掲げて人を瞞着、敬服させる一種の手段であるところの、いわゆる温情主義だ。その誠意のない微温的態度に不満を抱いた絶対多数である労働者は、労資協調説の虚妄を看破し、その独特な友愛的結束に拠って、どれだけ巧妙を極めた伝統的権威であっても、多数者の生存と両立できない全ての事を一蹴し、根本的改造と徹底した解放を一気になすべく、もう斥候戦をはじめたのだ。(48)

『大衆時報』創刊に至り、金若水はそれまでの主張を一八〇度転換し、思想的に急進化したといってよい。ただし、K.H.党報告書には「共産主義色彩ヲ鮮明ニシタ」と書かれているが、金若水の思想的急進化がそのまま共産主義化を意味していたわけではない。金若水は自身の当面の任務を「改造の意義と時代の精神が一体何であるのかを研究し、生活の理想を確立すること」とし、それが「大衆時報が出現した動機」だと述べている。(49) 実際に『大衆時報』臨時号には、マルクス主義やアナキズムを一方的に主張した記事は見当たらない。金若水は、この時点では社会主義運動を具体的にどういった理論によって展開していくか模索中であり、その理論を研究し、紹介することが『大衆時報』の発行目的だったとみるべきであろう。

金若水と同様に、卞熙瑢も社会主義運動の理論を模索する過程にあった。臨時号に掲載された「新社会의 理想」[50]は、大杉栄の「社会的理想論」[51]を抄訳したものである。「社会的理想論」は、無政府主義、ギルド社会主義、サンディカリズムなどの新社会に関する観念を比較して、どれが正しいのかを判断することが重要なのではなく、労働者が自身の生活を改善するために労働運動を展開していく過程で、自分に相応しい観念や理想を求めることが重要だと主張したものである。

卞熙瑢は「社会的理想論」を抄訳する際、内容を二箇所変更している。ひとつは、大杉は社会主義の理論として、無政府主義、ギルド社会主義、サンディカリズムの三つを提示したが、卞熙瑢はこれにボリシェヴィズムを加えていることである。「社会的理想論」が発表された一九二〇年五月に比べ、臨時号が発行された一九二一年五月の時点では、日本でボリシェヴィズムに関する研究が進展していたので、卞熙瑢は情報をアップデートしたのであろう。

いまひとつは、卞熙瑢は記事の最後に、「何よりもまず、欧米諸国の労働者自身が夢見ている新社会組織に関する観念と理想を研究しなければならない」という一文を付け加えていることである。大杉の論説を抄訳しながらも結論が異なっているのは、大杉と卞熙瑢では、社会主義に関する研究蓄積が大きく異なっていたからであろう[52]。

最後に、鄭泰信の思想的傾向に関して検討してみよう。一九二〇年の時点では、堺利彦「唯物史観概要」を部分訳しつつも、同時にラッセルの「創造の衝動」説にも関心を示していた鄭泰信であったが、彼が臨時号の巻頭辞で主張したのは「民衆文化の創設」であった[53]。この「民衆文化」に関しては、朝鮮内で発行された『共済』第八号に寄稿した「民衆文化의 提唱」[54]（民衆文化の提唱）が内容的に詳しい。鄭泰信によれば、「生命の源泉」は

「創造的衝動」に根源を発しており、その「創造的衝動」の「外的表現」が「文化」であった。しかし現実の社会は「無産階級の大衆の幸福と自由を束縛蹂躙する階級文化に毒」されており、民衆全体を本位とする「民衆文化」を創設することが重要であった。「創造的衝動」という用語を使用していることからも分かるように、「民衆文化の創設」もラッセルの「創造の衝動」説にもとづいたものである。一九二〇年の時点では「創造の衝動」説を根拠に労働の重要性を指摘するにとどまっていた鄭泰信であるが、一九二一年に入り、民衆全体が「創造の衝動」を体現できる社会の実現を目指すようになっている。[55] なお、臨時号には「社会改造の先駆者である英国人ラッセル」の動向が報道されているので、[56] ラッセルに関心を持っていたのは鄭泰信だけではなかったと考えられる。

このように、金若水、鄭泰信、卞熙瑢は、後に共産主義組織を設立することになる人物であるが、この時点では社会主義運動を具体的にどういった理論によって展開していくか模索中であった。K.H.党報告書には、金若水らが「基礎的原理学説」の紹介を行っていたと書かれているが、臨時号に訳載された社会主義学説の紹介記事も、当時の金若水らの思想的傾向が反映されたものだといえる。

例えば、臨時号には「五月祭와 八時間労働의 由来」[57]（五月祭と八時間労働の由来）という記事が掲載されている。これは『解放』創刊号に掲載された山川菊栄「五月祭と八時間労働の話」[58] の翻訳であるが、当時メーデーは共産主義者やアナキストに関わらず、全ての労働者に共通する運動と捉えられていた。[59] また、元鐘麟の「社会主義의定義」[60]（社会主義の定義）は、『社会主義研究』第二号に掲載された山川均「社会主義の定義」[61] を翻訳したものであるが、これは西洋の思想家や思想団体が社会主義をどう定義しているかを紹介したものであり、マルクス主義者による一方的なマルクス主義学説の紹介とは異なるものであった。

(5)金若水の『大衆時報』へ

これまでみてきたように、日本で朝鮮人が発行した最初の社会主義雑誌である『大衆時報』は、朝鮮から日本に活動拠点を移した金若水や鄭泰信と、日本での活動経歴を持つ卞熙瑢ら在日朝鮮人留学生との合流によって生まれた。そして、そのコンセプトは社会主義理論を模索することであった。この傾向は、卞熙瑢の申し出により編集人が金若水に変わったものの、一九二一年九月に発行された第三号においても大差ない。

第五章で述べたように、一九二一年には大杉栄がヴォイチンスキーの資金によって『労働運動(第二次)』を刊行し、近藤栄蔵らとともにアナ・ボルの共同を目指していた。『大衆時報』もまた、後にアナキストになる元鐘麟と黄錫禹が関わっており、一見すると日本社会主義の影響を受けて朝鮮人によるアナ・ボルの共同が目指されていたかのようである。しかし、『大衆時報』を創刊した朝鮮人活動家や留学生の場合、アナ・ボル以前に、まだ漠然と社会主義理論を模索しはじめた段階であり、自身の思想的立場を明確にしていた大杉や近藤のめざすアナ・ボル共同とは大きく異なるとみるべきであろう。

ところが、一九二二年六月、前号から約九カ月ぶりに発行された『大衆時報』第四号では、右に述べた性格が大きく変わっている。

まず、第三号に引き続き金若水が編集人であるが、発行元である大衆時報社の住所が「牛込区柳町二十四番地」から「神田区錦町一丁目十九」に移っている。さらに執筆者も元鐘麟、黄錫禹、卞熙瑢が離脱し、金若水とその側近である鄭泰信、李如星(金若水が中国でともに活動していた人物)で固められており、金若水の雑誌というべきものへと変貌しているのである。

また、その内容であるが、当時朝鮮内で上海派高麗共産党の張徳秀が行っていた文化啓蒙運動に対する批判記事[62]が掲載されたほか、ソヴィエト・ロシアの動向に関しても紙幅が割かれており[63]、K.H.党報告書に書かれていた

創刊號發賣禁止

大衆時報

臨時號

毎月一日發行

五月號

The Captive Mother.

大衆時報社發行　東京

THE TAI CHUNG

大衆時報

民衆運動과欲求（一）

朝鮮留學生의取締에對하야

図10　『大衆時報』臨時号と第4号

「共産主義的色彩ヲ鮮明ニシタ」といえなくもない。

ところで、先述したように大衆時報社は日本社会主義同盟に団体加入していた。堺利彦旧蔵「日本社会主義名簿」第八冊に記載されている大衆時報社の住所は「神田区錦町一丁目十九」、すなわち金若水、鄭泰信、李如星の三人が実質的な同盟加入者だったということである。『大衆時報』の創刊に着手した一九二一年春の時点では、日本人社会主義者との交流において元鐘麟に遅れを取っていた金若水であったが、第四号が発行された一九二二年六月になると、日本社会主義運動との連帯関係の構築においても中心人物になっていたといえよう。

そして、このことを端的に示すのが第四号の広告である。『大衆時報』の臨時号から第三号までは、『共済』や『学之光』といった朝鮮人発行の雑誌の広告しか載っていなかったのだが、第四号には日本人出版物の広告が大量に掲載されている。具体的には、かねてから金若水らが講読していた『社会主義研究』をはじめとして、『労働者』『自由人』『小作人』『熱風』『信友』『正進』『前衛』『批評』『無産階級』『種蒔く人』『労働週報』『労働運動』などであり、まさに日本社会主義同盟の持つ広範なネットワークを反映したものであった(64)。

以上、本節ではK.H.党報告書に史料批判を加えながら、金若水グループの活動についてみてきた。韓国の従来の研究では、一九二〇年に設立された金若水グループ(K.H.党報告書によれば、「小マルクス主義クルショク」)が日本に活動拠点を移して、『大衆時報』を創刊していく過程に関しては、ほとんどK.H.党報告書の内容をなぞるようにして叙述されてきた(65)。しかし、実際は、金若水グループと日本に活動基盤を持つ在日朝鮮人留学生との合流によって『大衆時報』が創刊され得たのであった。また、その内容も、創刊当初はまだ漠然と社会主義理論を研究、紹介するものであり、「共産主義的色彩ヲ鮮明ニシタ」といえるようになるのは、一九二二年六月発行の第四号からであった。

その意味では、K.H.党報告書に書かれている『大衆時報』創刊にまつわる内容は、「一九二一年春」を一九二二年六月に書き換えれば、事実に近くなるといえる。前節でみたように、K.H.党報告書は一九二六年の火曜派、ソウル派、北風派による派閥抗争のなかで、辛鐵と金泳雨によって北風派の正統性を示すために作成されたものであった。それゆえ、『大衆時報』の創刊に在日朝鮮人留学生(そのなかには一九二六年当時、アナキストとして活動していた元鐘麟も含まれている)が重要な役割を果たしていたことや、その『大衆時報』が社会主義理論を漠然と模索するものであったことをそのまま記すことはできなかった。それらの事実を抹消することで、北風派のリーダーである金若水の指導者としての資質や、彼が初期の頃から「共産主義的色彩ヲ鮮明ニシタ」ことを強調せんとしたのであろう。

そこで、次節では、辛鐵と金泳雨によって北風派の形成史から抹消されてしまった卞熙瑢の活動について検討する。日本で朝鮮人が発行した最初の社会主義雑誌である『大衆時報』の創刊に卞熙瑢が大きな役割を果たしたことは、本節で繰り返し述べてきたとおりである。しかし、ほかにも二つ注目すべき点がある。

ひとつは、日本留学期間の長さである。在日朝鮮人留学生は、帰国と来日の繰り返しにより頻繁に新旧の世代交代がなされる極めて流動的な存在であった。そのなかにあって、卞熙瑢は一九一二年から一九二四年までの十余年を日本で過ごした例外的人物である。つまり、ロシア革命が勃発した一九一〇年代を日本で過ごし、二・八独立宣言を経験し、さらに社会主義運動に身を投じていったほぼ唯一の人物だといってよい（二・八独立宣言を主導した留学生のほとんどは、その後日本を離れており、日本の朝鮮人初期社会主義者として知られる人物の大半は、アナキストも含めて三・一運動後に来日している）。このような活動遍歴を持つ卞熙瑢は、朝鮮人留学生の民族運動が社会主義運動に転換していく過程を知るうえで重要な手がかりとなる人物なのである。

いまひとつは、間接的ではあるものの、卞熙瑢がコミンテルンと接触を持ったことであり、それが『大衆時報』からの離脱の要因でもあったことである。以下、時間を再び一九一〇年代に戻して、朝鮮人留学生の卞熙瑢が社会主義運動に参加し、コミンテルンとも接触していく過程について詳しくみていこう。

第三節　卞熙瑢の活動と『前進』の刊行

(1)学生時代

卞熙瑢（号は一波、筆名は卞一波、独青学人、為衆人、徐母子、八渓末など）は慶尚北道高霊郡高霊面池山洞七三番地で父・卞昌棋、母・徐寿玉の三男として、一八九四年五月一〇日に生まれた。卞熙瑢がどのような家系に生まれたのか詳細は不明だが、相当裕福な家系に生まれたのは間違いない。日本滞在中に朝鮮の実家から「相当ノ送金」を受けていたり(66)、自炊をせずに常に外食したりと(67)、卞熙瑢の裕福さを物語るエピソードには事欠かない。富豪の家に生まれた朝鮮青年の誰もがそうであったように、卞熙瑢も幼少期に書堂で教育を受けた(68)。卞熙瑢が東京に留学したのは、一九一二年、一八歳のときであった。以降、一九二四年に帰国するまでの十余年の歳月を東京で過ごすことになる。

日本に留学した卞熙瑢は、まず正則英語学校に入学した(69)。正則英語学校は英語教育を専門として一八九六年に設立された予備校である(70)。当時日本の語学学校のなかで最も著名な学校であったが(71)、同時に朝鮮人留学生の多い学校でもあった。「大正二年十月十日現在朝鮮人調」(72)によれば、一九一三年一〇月一〇日現在の日本在留の朝鮮人総数五六三人に対し、三七四人が何らかの教育機関に学籍を置いており、そのうち正則英語学校生が八三人で最も多く、朝鮮人留学生の約五人にひとりが正則英語学校に通っていた。これは、朝鮮人留学生が多かった学校として知られる明治大学（六九人）や早稲田大学（三一人）を凌ぐ数字である。また、一九一三年の正則英語学校の全体生徒数は一八六四人だったので(73)、生徒の約二二人にひとりが朝鮮人という比率の高さを誇っていた(74)。

卞熙瑢が日本に来たばかりの頃の東京には、第一章でみたように親睦会が解散してしまったため、湖南茶話会などの朝鮮の出身地別の親睦機関がいくつかあるだけであった。そして、一九一二年一〇月二七日に学友会が組織された(75)。いわば朝鮮人留学生コミュニティーが本格的に形成されはじめた時期に卞熙瑢は留学生活をスタートさせたのであり、東京留学中の朝鮮人の五人にひとりが通っていた正則英語学校は、異国の地での生活をはじめたばかりの卞熙瑢にとって、心強いものだったに違いない。

卞熙瑢が設立当初の学友会で活躍した形跡はみられない。しかし、卞熙瑢は東京市神田区で開かれた学友会最初の忘年会で、日本人のヤジに腹をたて、七、八人を負傷させる暴力事件を起こしてしまった。その後、負傷者に対する治療費二七円が、学友会幹部の計らいにより学友会費から支払われた。軽はずみな行動によって、負傷者を出しただけでなく、学友会にも損害を与えてしまったことから、卞熙瑢は「行動を取る前に、まず思索が必要である」ということを学んだ(76)。後に卞熙瑢は、官憲から朝鮮社会主義運動の「理論派」と目される存在となるが(77)、その背景には若き日の過ちがあったのかもしれない。

一九一八年二月、二三歳のとき、卞熙瑢は学友会の庶務部員に選出された。以降、かつて自身の過ちを救ってくれた学友会の幹部として卞熙瑢は朝鮮人留学生界を主導することになるが、この頃、彼は学業においても転機をむかえた。慶應義塾大学部本科への入学である。

慶應義塾福澤研究センターに残されている史料によれば、卞熙瑢は、一九一八（大正七）年度に慶應義塾大学部理財科に入学、一年C組に所属していた(78)。しかし、卞熙瑢は除名と再入学を繰り返しており、実際は卒業できなかったようだ(79)。

慶應義塾大学部理財科は、今日の慶應義塾大学経済学部の前身に当たる。卞熙瑢が入学した頃は一九一八年の大学令の公布直後であったため、一九〇三年に制定された「専門学校令」に準拠し、法的には専門学校であった(80)。

第一章第二節でも少しだけ触れたが、慶應義塾と朝鮮人留学生の関係は、一八八一年に朝鮮から派遣された最初の留学生のひとりである兪吉濬が入学したり、朝鮮人留学生が日本で発行した最初の雑誌『親睦会会報』が慶應義塾宿舎を発行所として発行されるなど、古く、深いものであった。しかし、福澤諭吉が死去して以降は、朝鮮人留学生との関係は希薄になり、一九一三年に慶應義塾大学部に学籍を置いていた朝鮮人留学生はわずか三名、朝鮮人留学生の総数が一二五一名に増加する一九二四年の時点でも七名にすぎなかった(81)。

正則英語学校から一転、今度は朝鮮人留学生の少ない慶應義塾大学部を進学先として選んだ卞熙瑢であるが、その理由は慶應義塾大学部が経済学で有名だったからだと思われる。卞熙瑢より一年先（一九一七年）に理財科に入学した金度演（新亜同盟党のメンバーでもある）は、大学進学について次のように回顧している。

あの頃、日本［に留学する朝鮮人］留学生の間では、政治、法律、経済学を勉強する人が多かった。政治学を勉強する人は早稲田大学を選び、法律を勉強する人は明治大学を選ぶのが普通であったが、私は我が国［朝鮮］の留学生があまり入学しなかった慶應大学に入学した。あの頃の日本では、この大学の経済学科［理財科］が有名だったからである。[82]

先述したように、数字上からみても、大学レベルの教育機関では明治大学と早稲田大学に進学する朝鮮人留学生が多く、そのなかで明治大学なら法科、早稲田大学なら政治経済学科に集中していた。[83] また、慶應義塾大学部は政治科、理財科、法律科、文学科の四科構成であったが、受験生の大半を理財科が占めており、[84]「義塾の誇り」といわれていた。[85]

金度演と同様、卞熙瑢もやはり経済学を学ぶ意志を持って慶應義塾大学部へ進学したのだろう。卞熙瑢は執筆活動をはじめて間もない一九二〇年に、「経済学は社会科学のなかで首位を占める学問（Master of Science）」[86]と論じ、経済学に絶対的な価値を置く。こうした経済学重視の立場は、解放後に成均館大学校の経済学部の教授になるなど生涯を通じて貫かれるが、その淵源は、大学入学時に遡れるかもしれない。

次に、卞熙瑢が理財科で何を学んだのかについてみておこう。表6は一九一八年度慶應義塾大学部理財科一年のカリキュラムを復元したものである。

英語と仏語が選択科目であることを除けば、すべて必修科目であり、ほとんどが経済学に関する授業である。教員の堀江帰一、高橋誠一郎、小泉信三などは、『中央公論』をはじめとする当時の総合雑誌にたびたび寄稿しており、学界だけでなく、論壇においても影響力を持った。高橋誠一郎は後に黎明会にも参加する。卞熙瑢にとって理財科が本格的に経済学を学ぶ最初の機会であったことを想起すれば、これら理財科の授業が卞熙瑢の専

表６　慶應義塾大学部理財科第１学年教課内容（大正７年度）

科目名	時間数(週)	担当教員	備考（使用テキストなど）
経済原論	3	小泉信三	
経済史	2	高橋誠一郎	解放後、卞熙瑢が講義で高橋『経済学史』(1942)を使用
貨幣論及び銀行論	2	堀江帰一	堀江『財政学』(1909)、『増訂改版最新貨幣論』(1908)
経済政策	3	気賀勘重	気賀訳『フィリッポヴィッチ氏経済政策』(1909、原著は、Volkswirtschafts Politic)
会計学	1	三辺金蔵	講義ノートが三辺『会計学概論』として1927年に出版
民法	4	三淵忠彦	
名著研究	2	D・H・ブカナン	今日の英書講読に該当する
英語	2		
独語／仏語	2		選択科目
日本作文	月１回	佐久節	

典拠：慶應義塾編『慶應義塾百年史』別巻　大学編（1962年）50〜80・102〜127・247〜249頁；「新学年と各科の陣容」(『三田新聞』1918年５月12日付）８面；金度演『나의 人生白書』(康友出版社、1967年）65頁。

門知識の土台を築いたであろうことは想像に難くない。実際、解放後に成均館大学の教員になってからも、卞熙瑢は講義録で高橋誠一郎の著作をたびたび引用している(87)。

後に社会主義運動に参加する卞熙瑢に、理財科の授業がおよぼした影響を具体的に解明することは簡単ではない。けれども、ひとつ指摘できることがあるとすれば、それは堀江帰一の影響であろう。

理財科出身の堀江帰一は、卒業後、三井銀行勤務や、イギリス留学などを経て理財科の主任に就任し、同科の基礎を築いた。また、堀江は、第一次世界大戦中から戦後にかけて社会問題や労働問題に関する著作や論説を数多く発表し、労働者の権利の確立を積極的に主張した人物でもある。一九一三年に設立された労働団体の友愛会にも結成当初から顧問として関与している(88)。

卞熙瑢が理財科に入学した一九一八年は、日本各地で米騒動が勃発した年であった。米騒動に関しても堀江は積極的に発言し、その原因として労働者の権利が確立されていない点を挙げ、政府に対して労働組合の設立を禁じる治安警察法第十七条の改正を主張していた[89]。金度演の回顧によれば、堀江帰一は講義で積極的に政府の社会政策を論駁していたため、学生からの人気が高かったという[90]。後述するように、卞熙瑢は朝鮮人のなかでいち早く労働問題に注目することになるのだが、理財科で直接に堀江から講義を受けたことは、卞熙瑢の関心を労働問題に向かわせる一要因となったのかもしれない。なお、第四章でみたように、堀江帰一の労働問題に関する論文は、三・一運動後の朝鮮内でたびたび翻訳されることになる（本書の表3〜5を参照）。

さて、こうして理財科での学生生活をスタートした卞熙瑢であったが、前述したように卒業できなかっただけでなく、残されている成績表は一九一八年度のみであり、そこには「名著研究」と「日本作文」以外は点数が記載されていない。その原因は、独立運動の本格化に求められるであろう。慶應義塾大学部の第三学期試験が行われた一九一九年の三月中旬[91]、卞熙瑢は二・八独立宣言を契機として活発化していた朝鮮人留学生による独立運動の渦中におり、学業に専念できるような状況ではなかった。

とはいえ、官憲の報告によれば一九二四年まで大学には通い続けたようである[92]。また、卞熙瑢は一九一九年の末から執筆活動を開始するが、そのなかには慶應義塾の図書館で書かれたものもある[93]。二・八独立宣言を契機として、卞熙瑢は学生から活動家へと変貌していくが、それとともに、卞熙瑢にとっての大学の位置づけも、学位取得のための大学から、学知取得のための大学へと変化していったといえよう。

（2）二・八独立宣言への参加と大阪における独立宣言

これまで目立った活動のなかった卞熙瑢であったが、一九一九年の二・八独立宣言は、彼が活動家としての頭角を現す契機となった。もっとも、彼が深く関わったのは、二月八日の独立宣言自体ではなかった。実は一九一

表7　1919年2月・3月の独立宣言

日時	場　所	発表団体	中心人物
2月8日	在日本朝鮮基督青年会館(東京)	朝鮮青年独立団	崔八鏞、金度演、白寛洙、李光洙、徐椿など
2月24日	日比谷公園(東京)	朝鮮青年独立団	卞熙瑢、崔承萬、張仁煥、姜宗燮、崔在宇
3月19日	天王寺公園(大阪)	在大阪韓国労働者一同	廉尚燮、卞熙瑢

九年の二月から三月にかけて、留学生による独立宣言書の配布は三度試みられていた。その経過をまとめたものが表7である。

第三章第三節でみたように、二月八日の独立宣言は一九一八年の末から計画され、新亜同盟党で活動していた崔八鏞、金度演や、新韓青年党から派遣された李光洙が中心となり、「朝鮮青年独立団」名義で発表された。卞熙瑢もこれに入団していたが[94]、独立宣言計画に深く関わりはじめたのは、前日の二月七日の会議からであった[95]。二月八日の宣言書の発表後、在日本朝鮮基督青年会館が警視庁に包囲され、五〇名余りの留学生が逮捕された[96]。しかし、崔八鏞、金度演、白寛洙ら一〇名が東京地方裁判所に送られるなか、卞熙瑢は実行委員でなかったこともあり「説諭放還」となった[97]。

それまでの朝鮮人留学生界のリーダー格の人物の大半が勾留されたことは、結果的に留学生界における世代交代を促した。二月二四日に日比谷公園で行われた「朝鮮青年独立団民族大会召集促進部趣旨書」の配布、朗読は、それまで留学生界で目立った活動のなかった卞熙瑢、崔承萬、張仁煥らが中心となった[98]。卞熙瑢は趣旨書に署名しただけでなく、朝鮮にいる兄から学費として送金された二〇〇円を使って、趣旨書の印刷も担当した[99]。趣旨書の配布と同時に、計画を事前に察知した官憲によって集会は解散させられ、これにより卞熙瑢は特別要視察人（甲号）に登録された[100]。

三月一日、こうした留学生らの活動がひとつの導火線となり、朝鮮内で三・一独立運動が展開された。以降、二・八独立宣言を主導した旧世代の留学生の大半は日本を離れ、朝鮮内や上海での運動に身を投じていった（第四章・第五章）。一方、二月二四日の宣言を主導した卞熙璐や崔承萬ら新世代の留学生は、日本に残り活動を続けていった。

ところで、二月八日と二月二四日の宣言は、いずれも「朝鮮青年独立団」名義で発表され、その内容は、ウィルソンが「十四か条」の第五条項で示した民族自決主義に触発されたものであった。すなわち、日本および世界各国に朝鮮に民族自決を適用することを求め、もし日本がそれに応じない場合は徹底抗戦も辞さないというものであった。こうした傾向に変化が訪れるのが、三月一九日に大阪で発表された宣言である。

一九一九年三月一四日、卞熙璐は自身の下宿で、慶應義塾大学部の同学（予科に一九一八年入学）[101]である廉尚燮と大阪での宣言書の配布について話し合い、資金（三五円）を提供した[102]。三月一九日、廉尚燮は大阪の天王寺公園で「独立宣言書」の配布を試みた。その内容自体は、民族自決主義や日本の朝鮮支配の不当性を主張したものであるが、ここで注目すべきは、この宣言書が「在大阪韓国労働者一同」名義で発表され、在阪朝鮮労働者を対象に配布されたという点で[103]、二月の独立宣言書とは、趣が大きく異なるという点である。大阪が舞台になったのは、インテリや留学生の多い東京に対し、大阪の在日朝鮮人は労働者が大半を占めていたからであろう[104]。宣言書の配布とともに官憲によって解散させられたものの、日本在住の朝鮮人労働者を対象にした運動の先駆をなすものであった。

それでは、なぜ廉尚燮と卞熙璐は朝鮮人労働者に着目したのだろうか。第一次世界大戦の終結を背景に、「現代日本の合理的改造」を目的として組織され、さらには朝鮮人留学生との連帯の意を表明していた新人会の機関誌『デモクラシイ』で、廉尚燮は次のように述べている。

［日本は］若し彼等の行動［朝鮮人留学生の独立運動］の原因を民族的異同に基く独立と云ふ如き美名にのみ憧れての妄動なりとせんか是れを逆に推理せば昨秋日本の米暴動の如きは如何に解すべきか。凡そ内心より醞

醸勃発せる切実なる要求程真実なるものはなし。米暴動と留学生の行動とは其表面は異るもその生存の保障を得んとする真剣なる要求に就ては異る処なきなり。(105)

廉尚燮は、朝鮮独立運動も日本の米騒動も「生存の保障を得んとする真剣なる要求」という点においては同質のものであるとして、暗に朝鮮独立運動と日本労働運動の連帯の可能性を示しているのである。朝鮮内の出版物で米騒動と朝鮮民族運動との関係について言及したものは見当たらないので、朝鮮独立運動と米騒動が本質的には同じものであるという認識は、米騒動を間近でみてきた在日朝鮮人留学生の廉尚燮（おそらく卞熙瑢も）だからこそ持ち得たものであろう。それゆえ、インテリの朝鮮人留学生以上に「生存の保障」が脅かされている朝鮮人労働者に目を向けたものと考えられる。実際、廉尚燮は一九一九年一一月にわずか三週間ではあったが、「労働者としての生活を体得」するために福音印刷合資会社で植字工として勤務した。(106) もっとも、翌年には廉尚燮は朝鮮に戻り、活動家から小説家・廉想渉に転身することになるのだが。(107)

ところで、卞熙瑢がこの宣言書配布計画に参加しながらも、実際に大阪に行かなかったことには理由がある。それは、三月一九日に開かれた黎明会第四回例会に招かれていたからである。二月二四日の宣言を主導した卞熙瑢、崔承萬、張仁煥、姜宗燮の四名に、白南薫、金雨英、金俊淵、徐相国を加えた八人が代表として黎明会第四回例会に出席し、吉野作造に朝鮮独立の希望を訴えた。(108) 金雨英は、この頃の思想状況について「わが民族の思想は単一であった。左翼もなく、中間派もなく、右翼もなく、ただ独立党だけがあった」と回想しているが、(109) 卞熙瑢のなかにはすでに労働運動という選択肢が浮上しており、朝鮮人留学生の民族運動が社会主義運動に転換していく兆候が現れはじめていたのである。

(3)思想的急進化と金若水グループとの合流

第四章で述べたように、三・一独立運動が一段落すると、朝鮮内では独立運動の理論的模索期に入り、知識人によって新思想が積極的に紹介されはじめた。この点は日本の朝鮮人社会においても同様であった。そして、その担い手は、二・八独立宣言が在日本朝鮮基督青年会館で行われたことに象徴されるように、社会運動への自覚の芽生えた朝鮮YMCAの主要メンバーたちであり、一九二〇年六月に朝鮮YMCAの会計に就任した卞熙瑢もそのひとりであった。

従来、朝鮮YMCAは機関誌として、一九一七年から『基督青年』を発行していた。原則月一回の発行であり、聖書やイエスなどキリスト教に関する内容が中心であったため、発禁処分を課されることもなく、一九一九年一一月までに一五号を発行した。一九二〇年一月に誌名が『現代』に改題されると同時に宗教色が薄れ、近代思想の紹介記事が中心となった。誌名と性格が大きく変化したのは、朝鮮YMCAのメンバーたちが、自分たちが生きている「現代」という時代を深く理解し、自分たちが立っている位置をよく知ったうえで、今後進むべき方向を見定める必要があると考えたからであった(110)。その思いは卞熙瑢も同様であった。卞熙瑢にとって、植民地に転落した朝鮮の民衆に何よりも必要なものは知識の充足であり、時代に適合した思想を社会に普及させることが知識人に求められた役割であった(111)。『現代』という誌名には、時代に適合した思想の探求という思いが込められていたのであろう。

それでは、当時、卞熙瑢が『現代』などの雑誌を通して紹介しようとした思想はどのようなものだったのだろうか。表8は、一九一九年末から一九二一年のはじめにかけて卞熙瑢が執筆した記事を執筆順に配列したものである(卞熙瑢は記事の末尾に執筆日を明記することが多い)。

表8から分かるように、卞熙瑢は一九一九年一一月二二日から一九二〇年五月六日にかけて、月一本に近いペ

表8　卞熙瑢執筆記事一覧（1919～1921年）

記　事　名	掲載媒体	掲載日	執筆日
労働問題에 対한 余의 見聞 （労働問題に対する余の見聞）	『現代』第1号	1920年1月31日	1919年11月22日
社会와 経済（社会と経済）	『現代』第2号	1920年3月2日	1920年1月31日
新人의 声（新人の声）	『現代』第3号	1920年3月20日	1920年2月25日
民本主義의 精神的意義 （民本主義の精神的意義）	『現代』第5号	1920年5月10日	1920年3月12日
労働者問題의 精神的方面 （労働者問題の精神的方面）	『共済』第1号	1920年9月	1920年5月6日
랏셀의 理想의 一節 （ラッセルの理想の一節）	『現代』第6号	1920年6月18日	1920年5月28日
労働運動의 精神 （労働運動の精神）	『学之光』第22号	1921年6月21日	1920年11月7日
카-ㄹ・마륵쓰略伝 （カール・マルクス略伝）	『現代』第8号	1920年10月30日	
카-ㄹ・마륵쓰略伝（二）	『現代』第9号	1921年2月5日	

ースで論説を執筆している。また、『現代』だけでなく、学友会機関誌『学之光』や、朝鮮内で発行されていた『共済』にも寄稿しており、この時期にこれだけ多くの論説を執筆した事例は、朝鮮内の知識人を含めてもほかには確認できない。

卞熙瑢が執筆した論説は、主に労働問題、民本主義、ラッセルの三種に分類することができる。表8の「民本主義의 精神的意義」（民本主義の精神的意義）、「랏셀의 理想의 一節」（ラッセルの理想の一節）は、翻訳によって民本主義やラッセルの思想を紹介したものである。(112) 後者の執筆日（実際は抄訳なのだが）は一九二〇年五月二八日となっているが、底本であるラッセル著・松本悟朗訳『政治の理想』は一九二〇年二月に出版されている。わずか数カ月の間にラッセルの新著を抄訳していることから、朝鮮内の知識人と同様、卞熙瑢もラッセルに着目していたことが窺い知れる。

さて、この頃、卞熙瑢は労働問題に関しても精力的に論じたが、資本家階級への期待が込められ

ており、労資協調的な主張をしているのが特徴である。デビュー作の「労働問題에 対한 余의 見聞」（労働問題に対する余の見聞）では、労働問題を「社会の大多数を占める無産者を解放する方法を研究すること」と定義したうえで、その解決方法として、過激主義、社会主義、職工組合主義、温情主義などがあることを解説した[113]。そして、卞熙瑢は「労働者問題의 精神的方面」（労働者問題の精神的方面）で、労働問題解決には資本家の同情が必要であり、資本家の同情を得るためには労働者が社会的献身の観念を養う必要があるため、労働者を対象とした訓練、施設が必要であるとの見解を示した[114]。

卞熙瑢の論調が変化してくるのは、一九二〇年一一月七日に執筆した「労働運動의 精神」（労働運動の精神）からである。『労働運動（第一次）』に掲載された大杉栄の同名の論文の抄訳を通して、労働運動は資本家に対する奴隷的生活からの解放を目指す、労働者の人格確立運動だと主張し[115]、資本家階級に対する期待を払拭した。執筆日は不明であるが、一九二〇年の末からは、マルクス主義を理解しなければ「現代的生活をしていても、現代を理解できない」としてマルクスの略伝の連載も開始した[116]。マルクスの生い立ちや活動を羅列しただけの記事ではあるが、これは現存している史料のなかでは、朝鮮語による最初のマルクス伝である。

こうした一九二〇年末からの論調の急進化にともなって、一九二一年からはコスモ倶楽部、暁民会に出入りするなど、卞熙瑢は日本人社会主義者との接触を深めていった。そして、同年の春、三・一運動後から朝鮮内で活動していた金若水、鄭泰信と合流し、さらに元鐘麟を加えて、社会主義雑誌である『大衆時報』を創刊したのであった。活発的な啓蒙活動を展開するために、かねてから新しい言論発表の場を作りたいと考えていた[117]卞熙瑢にとって、『共済』の編集と発行を主導していた金若水、鄭泰信との合流はまたとない機会であった。一方、金若水らにとっても、日本での活動基盤を持ち、いちはやくマルクス伝を執筆していた卞熙瑢のような人物は必要不可欠であったから、両者の合流は必然的であったといえよう。

これまでの卞熙瑢の活動経歴を勘案すれば、彼を編集人として『大衆時報』が創刊されたこともまた必然的であったように思われる。すなわち、金若水、鄭泰信、そして一九二〇年に来日した元鐘麟は、日本で出版物を発行した経験がなかった。反面、編集人の経験こそなかったものの、卞熙瑢は二・八独立宣言以降に日本で最も活発に言論活動をしていた人物であった。さらに、『学之光』の編集委員として福音印刷合資会社に出入りしていた崔承萬は、一九一九年二月二四日の独立宣言書配布や黎明会第四回例会で活動をともにした間柄であり、福音印刷合資会社の植字工をしていた廉尚燮は、ともに大阪での独立宣言書の配布を計画した盟友であった。『大衆時報』を創刊したメンバーのなかで、卞熙瑢が福音印刷合資会社と最も近いところにいた人物であったのは間違いないだろう。[118]

もっとも、前述したように『大衆時報』は朝鮮人が日本ではじめて発行する社会主義雑誌だったため、当局の警戒は厳しく、『大衆時報』創刊号は印刷所で押収され、発禁処分となった。臨時号の編集後記では、自身の編集経験の少なさと、細かな点にまで注意を払って編集することができなかったことを悔やんでいる。[119]以降も、卞熙瑢は内務省の検閲に苦しめられることになる。

そして、一九二一年九月一日に発行された第三号から卞熙瑢は編集兼発行人を辞し、金若水に委ねることとなった。その理由は、第三号の編集後記によれば、卞熙瑢がこれまで行ってきた事務的な仕事から離脱し、全力を著述に傾けるためであったという。[120]このとき、卞熙瑢は個人雑誌を発行する計画を立てており、その背景には間接的ではあるものの、コミンテルンとの接触があった。

(4)コミンテルンの密使との接触

『大衆時報』が創刊された一九二一年五月頃といえば、コミンテルン執行委員会極東代表の朴鎮淳がモスクワから資金を携えて上海に戻ったことを契機に、彼が所属する韓人社会党の活動によって、中国や日本でコミンテルンと連なる共産主義組織が設立されていった時期であった（第五章第二節）。

その際、韓人社会党からコミンテルンの密使として李増林が派遣され、近藤栄蔵の上海行きを斡旋したことは先に述べたとおりであるが、実はこのとき、日本に在留する朝鮮人留学生とも緊密な関係を結んだといわれる。[121]実際、韓人社会党と日本在留朝鮮人に連絡があることは官憲側も察知していた。[122]そして、残されている史料から察するに、どうやら卞煕瑢は李増林と接触があったようである。

李増林の派遣に関する日本官憲の報告史料は、朝鮮総督府警務局「大正十一年 朝鮮治安状況（国外）」、朝鮮総督府慶尚北道警察局『高等警察要史』、警視庁特別高等課内鮮高等係「要視察朝鮮人要覧」の三種類がある。そのうち、『高等警察要史』には、一九二一年五月の近藤栄蔵の上海行きに関して「李増林ハ再ヒ金一千円ト別途金河球ヨリ六百円ノ資金ヲ受領シ其ノ一部ヲ内地ニ於ケル運動資金ニ投スヘク近藤栄造《ママ》ト共ニ渡滬シ金立ヨリ六千余円ヲ受領シ帰京セルヲ当時警視庁ニ於テ内乱罪トシテ検挙セラレタルコトアリ爾来李増林等ハ実行派トシテ卞煕鎔《ママ》等ハ理論派トシテ運動ヲ続ケ……[123]」とある。「要視察朝鮮人要覧」も、近藤栄蔵とともに上海に渡り「過激派ト通シ六千二百円ヲ収受」したことを記すとともに、李増林と関連する人物として卞煕瑢を挙げている。[124]

これら官憲の報告が示唆する卞煕瑢と李増林の関係を裏付ける記述が、李英宣（Ли-еншен）が一九二五年一一月に作成した文書“СОВРЕМЕННОЕ СОСТОЯНИЕ РЕВОЛЮЦИОННОГО ДВИЖЕНИЯ В КОРЕЕ”（朝鮮における革命運動の現在の状況）にみられる。以下、日本における朝鮮人社会主義勢力の形成に関する箇所を引用しよう。

最初の社会主義グループは、日本在住の朝鮮人学生および知識人の間で、一九二一年につくられた。これらのグループのひとつは、五～六人の成員で構成され、上海派と関係を持っており、彼らの援助を得て雑誌

『前進』を発行した。このメンバーの一部は朝鮮に向けて出発し、一部のメンバーは日本に残った。もう一方のグループは、日本人共産主義者と関係を持っており、雑誌『大衆時報』を発行したが、長くは続かなかった。このグループからは、ヴェルフネウディンスク党統合大会に代表が派遣された(125)。

一九二五年に作成された文書であるものの、その情報は正確である。まず、「もう一方のグループ」は、一九二一年九月に卞熙瑢から『大衆時報』の編集・発行を引き継いだ金若水、鄭泰信らのことを指しているが、実際に、一九二二年一〇月にロシアのヴェルフネウディンスクで開かれた（上海派とイルクーツク派の）高麗共産党の党統合大会に鄭泰信が参加している（後述）。そして、韓人社会党が組織した上海派（高麗共産党）の援助を得て発行されたとされる『前進』であるが、これは一九二二年に卞熙瑢が創刊する個人雑誌の名前である。

日本における朝鮮人社会主義運動の発生については、暁民会で金若水や卞熙瑢らと活動をともにしていた高津正道が一九二三年に作成した英語文書“The J.C.P and the Koreans”にも比較的詳しい記述がある。

日本プロレタリアートによる社会・労働運動の潮流の高まりが、一九二〇年くらいから、日本に在留する多くの朝鮮人をして真剣に社会問題や革命への関心を学ばせたことは疑いない。一九二一年、東京には二種類の社会主義定期刊行物があった。これらは、日本における朝鮮人によるはじめての社会的活動の現れであった。そのうちのひとつは、同志卞熙瑢が編集した『前進』であり、これは発刊当初からボリシェヴィズムに立脚していた。もうひとつは、同志金若水と鄭泰信が編集した『大衆時報』であり、これは全体として社会主義に立脚しているものの、前者ほど明確にはボリシェヴィズムに立脚してはいなかった。『前進』は上海の李東輝と関係を持っていた。これらは、日本での朝鮮語印刷が非常に費用を要したことから、長期間の刊行は不可能だった。[126]

『大衆時報』の性格や日本労働運動が日本在留朝鮮人に与えた影響をはじめとして、本章でこれまで論じてきた内容とかなり一致しており、高津正道は日本における朝鮮人社会主義運動の発生過程について正確に理解していたといえる。それだけ暁民会での交流が密なものだったということであろう。そして、高津もまた『前進』と「上海の李東輝」の関係を指摘していることから、卞熙瑢が韓人社会党（上海派高麗共産党）の援助を得て『前進』を発行したのは間違いないと考えられる。実際、コミンテルンに提出された上海派高麗共産党員の名簿には、日本で活動する人物として李元（李増林の変名）と卞熙瑢の名前が記載されている。[127]

以上の史料の内容と、卞熙瑢がロシアや上海に渡航しなかったことを総合して考えれば、次のようにまとめることができるだろう。すなわち、一九二一年五月前後、上海の韓人社会党から密使として日本に派遣された李増林は、近藤栄蔵の上海行きを斡旋する傍ら、在日朝鮮人留学生の卞熙瑢にも接触した。その際、卞熙瑢は李増林を介して韓人社会党と（間接的にコミンテルンと）関係を持ち、同党から何らかの援助を受けて『前進』の発行に着手した、と。

こうした経緯を持つがゆえに、『前進』の発行は、朝鮮人留学生界でも相当話題となっていたようである。日本在留朝鮮知識人の柳泰慶の「朝鮮留学生の過去及現在」（一九二二年一〇月）には、次のような記述がある。

吾々として最も留学生の為め半島文化のため憂ふ可きものは世人周知の如く露国共産支部とも云ふべき、頗る不真剣の細菌分子が小鍋露天式に自身の虚栄の為め、ブーロカーをやってゐることである。例の問題になってゐる露国より宣伝費を受け、取って以って申訳的に何とか云ふ貧弱下劣な「諺文雑誌」を出してゐる

のである。(128)

柳泰慶は誌名の明言こそ避けているが、「貧弱下劣な「諺文雑誌」」が『前進』を指しているのは間違いない。(129)そして、右の引用文からは、『前進』がコミンテルンとの接触によって発行されたことが、留学生界において周知の事実であったことが分かる。また、「露国より宣伝費を受け」という記述は、先に引用した李英宣文書の「上海派の援助」が資金援助であった可能性を示唆するものである。実際、当時の上海派高麗共産党の活動資金は、朴鎮淳が一九二〇年一〇月にコミンテルンから支給された四〇万ルーブルに由来していた。社会主義運動と距離をとっていた柳泰慶には「露国」共産党とコミンテルンの区別などつくはずもないから、柳泰慶が、朴鎮淳が獲得したコミンテルン資金を「露国」の「宣伝費」と表現しても不思議ではない。

柳泰慶には、『前進』は「不真剣の細菌分子」による「貧弱下劣」な雑誌と映ったようであるが、実際のところ、卞熙瑢はいかなる意図で『前進』を発行したのだろうか。また、『前進』は一体どのような性格の雑誌だったのだろうか。

(5)『前進』の刊行とマルクス主義の啓蒙

『前進』は、一九二二年五月二〇日発行の第二号と、同年一一月一三日発行の第四号が残されている。創刊号がいつ発行されたのかは不明だが、卞熙瑢は一九二二年二月の時点では執筆のため読書にふけっていたようなので、(130)三月か四月あたりであろう。編集、印刷、発行人はもちろんのこと、掲載記事の大半を卞熙瑢が執筆している。

その内容であるが（掲載記事の一覧は本書の付録に記した）、卞熙瑢は『大衆時報』第四号に載せた広告では『前

進』を「社会問題研究雑誌」と紹介していた。[131] しかし、実際は「마르쓰主義의 学術的研究」(マルクス主義の学術的研究)、「唯物史観学説의 研究」(唯物史観学説の研究)をはじめとするマルクス主義学説紹介が『前進』の紙幅の大部分を占めており、実質的には、日本で最初の朝鮮語によるマルクス主義研究雑誌である。『前進』という誌名も、マルクスがパリで刊行していた雑誌 *VORWÄRTS* からとったものと考えられる。[132] 創刊目的に関して、卞熙瑢は巻頭で、自身の役割を「社会的心理」を探求し、探求した社会的心理を無産者に伝え、自覚を促すことであると述べている。[133] 社会的心理の探求、啓蒙という立場は執筆活動をはじめた頃から変わらない。しかし、『前進』発行に至り卞熙瑢はその探求に終止符を打ち、無産者に啓蒙すべき社会的心理をマルクス主義に定めたのである。一九二〇年末の時点からマルクス主義に関心を示していた卞熙瑢ではあったが、上海派の援助が決定打となったのである。

それでは、卞熙瑢が『前進』を通して啓蒙していたマルクス主義学説は、具体的にどのようなものだったのだろうか。かねてから日本書の抄訳の多かった卞熙瑢であったが、それは『前進』においても変わらない。先述したように、『前進』では「唯物史観学説의 研究」が連載されたが、[134] これはゴルテル著・堺利彦訳『唯物史観解説』の抄訳である。[135] 原著者はオランダのマルクス主義理論家ヘルマン・ホルテル(Herman Gorter)で、一九一九年一月に堺利彦の翻訳によって出版された。同書は、発行当時の日本では、平易な叙述によるほぼ唯一の唯物史観の解説書であった。[136] 一九二二年の時点では唯物史観の解説書はいくらでもあったはずであるが、『前進』が日本で最初の朝鮮語のマルクス主義研究雑誌であることを念頭に置いて、あえて卞熙瑢は平易さを特徴とする[137] 同書を底本として選択したのであろう。

一方、「마르쓰主義의 学術的研究」は、社会主義という名称の起源から階級闘争、剰余価値説に至るまで、マルクス主義理解に必要な知識を包括的に解説したもので、抄訳や翻訳ではない。ただし、マルクス主義の特色を、

過去に関する理論の唯物史観、現在に関する理論の資本論、運動に関する理論の社会民主主義論、これらを根底で結びつける階級闘争説と説明するなど[138]、河上肇の影響を多大に受けた内容となっている[139]。

また、「마르쓰主義의 学術的研究」では、マルクス主義の原典『経済学批判』序文が日本ではじめて朝鮮語訳された[140]。ここで注目すべきは、河上肇の主張にもとづいて書かれた記事でありながら[141]、堺利彦が訳出した『経済学批判』序文[142]を底本にしていることである。河上肇の訳文はドイツ語の原文から訳出したものであるが、原文に忠実に訳すことを心がけているため分かりにくくなっている[143]。一方、堺利彦の訳文は「正確、明瞭、平易を期し」[144]て訳出されたものであった。ここでも卞熙瑢は、平易さを追求して底本の選択をしている。

以上みたように、卞熙瑢が『前進』を通して啓蒙したマルクス主義学説は、その多くを日本の成果に負ったものであった。けれども、その底本の選択には「平易さ」という基準があり、日本で最初の朝鮮語のマルクス主義研究雑誌であることを念頭に置き、分かりやすさを重視した編集がなされているといえる。

『前進』の発行がいつまで続いたのかは明らかでないが、第四号で終刊になったものと思われる。第四号が発行された一九二二年一一月、卞熙瑢は再び金若水らと合流し、日本で最初の朝鮮人共産主義団体である北星会を結成することになるからである。

第四節　北星会の結成と活動

(1)結成の背景(一)——黒濤会

一九二二年一一月、金若水、鄭泰信、李如星、卞熙瑢、白武、金鐘範、安光泉、宋奉禹らによって東京で結成された北星会は、朝鮮社会主義運動史においても、在日朝鮮人運動史においても、日本における最初の朝鮮人共産主義組織としてその名を残している。しかし、その結成過程に関しては史料的制約、何よりも機関誌『斥候隊』が一九二四年七月に発行された第七号しか残っていないため、ほとんど明らかになっていない。前節で使用した李英宣や高津正道の文書、さらにはK.H.党報告書にも詳しいことは書かれておらず、本書でも史料的制約の点は同様であるが、北星会結成の背景だけでもおさえておくこととしたい。

内務省によれば、北星会結成に先立つ一九二一年一一月、朝鮮人の社会主義思想団体である黒濤会が結成された。しかし、同組織内においてアナキズムを奉じる朴烈一派と共産主義を奉じる金若水一派が対立、金若水一派が黒濤会から独立して一九二二年一一月に北星会を設立したという(145)。既存の研究も内務省の見解にもとづいて叙述されている(146)。

ところが、この黒濤会に関しても北星会同様に手がかりが少ないため、既存の研究でもその実態が明らかになっておらず、しばしば「幻のようなもの」などと評されている(147)。とりあえず、官憲史料から情報を拾っていこう。

まず、黒濤会結成直後である一九二二年一月に作成された内務省「朝鮮人近況概要」は、日本人と朝鮮人社会主義者の関係についての項目で、暁民会とコスモ倶楽部について説明した後、「其ノ他客年〔一九二一年〕十一月二十九日甲号特別要視察人岩佐作太郎方ニ於テ「エスペラント」講習会開催ノ名義ニテ朝鮮人十二名会合シ労働問題ヲ議セムトシテ解散ヲ命セラレタル如キハ最近ニ於ケル著名ナル事実ナリトス(148)」と述べている。一九二一年一一月二九日の会合が黒濤会の結成を示唆しているのだが、この時点では、官憲側は単なる労働問題に関する会合と認識している。

一九二三年に作成された日本における朝鮮人取締りに関する史料が残っていないため少し間が空くが、一九二四年五月に作成された朝鮮総督府警務局東京出張員「在京朝鮮人状況」には、「〔大正〕十年六月同館〔東京基督教青年会館〕ニ開催シタル「コスモ倶楽部」講演会ニハ前記朝鮮人多数参加シ不穏ノ演説ヲナス等ノコトアリシカ遂ニ十年末大杉栄、堺利彦、高津政《ママ》道等ヲ背景トシテ朴烈、元鐘麟、黄錫禹、白武、孫奉元、鄭泰成等十数名ニ依リテ黒濤会ヲ組織セリ」[149]とある。つまり、この間に官憲は、一九二一年一一月二九日の会合が黒濤会の結成であったことを摑んだといえる。

もうひとつ、元朝鮮総督府警察署長の坪井豊吉が戦後に坪江汕二の名義で出版した『朝鮮民族独立運動秘史』にも記述がある。それによれば、一九二一年一〇月に元鐘麟は新人連盟という思想団体を組織するために同志を獲得する傍ら、林沢竜とともに黒洋会という団体も組織しようとしていた。偶然にも金若水、白武、朴烈一派も同じ頃に団体の結成を準備していたため、一九二一年一一月二九日に岩佐作太郎の指導のもと、同志二〇名が会合して黒濤会が結成された。これは日本における朝鮮人社会運動団体の嚆矢であったが、思想的には漠然と社会主義を研究する段階であり、結成当時の会員は、権煕国、金判権、元鐘麟、金若水、朴烈らであった[150]。

黒濤会の結成過程に関してはこの程度しか手がかりがない。しかし、内務省や朝鮮総督府東京出張員が黒濤会の結成をコスモ倶楽部の活動と関連づけて説明していることから、黒濤会がコスモ倶楽部における日本人社会主義者と朝鮮人の交流のなかから生れたことは間違いないように思われる。実際、坪井豊吉が結成当時の会員として挙げている権煕国はコスモ倶楽部設立の立役者であると同時に[151]、コスモ倶楽部以外での活動がほとんどみられない人物でもある。

また、坪井豊吉は、黒濤会を日本における朝鮮人社会運動団体の嚆矢と評価しているが、実際、社会主義雑誌である『大衆時報』は発行されていたものの、一九二一年一一月の時点では、社会主義的傾向を持つ朝鮮人が日本で思想団体を組織した形跡はみられない。したがって、黒濤会は、コスモ倶楽部を主導する日本人社会主義者の指導のもと、コスモ倶楽部に参加している朝鮮人を中心に組織された日本における最初の朝鮮人社会主義思想団体であった、と推測される。

もっとも、なぜその名称がアナキズムを連想させる黒濤会であったのかは不明である。官憲史料にアナキストの岩佐作太郎の名前がたびたび挙がっていることを勘案すれば、コスモ倶楽部の社会主義者のなかでも、とくに日本人アナキストの影響下で朝鮮人社会主義思想団体が結成され、それゆえ黒濤会という名称になった可能性はあるだろう。

しかし、仮に日本人アナキストの影響下で黒濤会が結成されたとしても、そこに、後に北星会を結成する（すなわち共産主義に傾倒する）金若水が加わっていたことは何ら不思議ではない。第二節でみたように、金若水は元鐘麟、黄錫禹ら後にアナキストになる人物と共同で、一九二一年九月発行の第三号まで『大衆時報』を発行しており、思想的にも社会主義を漠然と研究する段階であった。実際、『大衆時報』の創刊や黒濤会の結成に関わった黄錫禹は、「彼がはっきりと思想家としての頭角を現してきたのは、黒濤会分裂当時にボリシェヴィキに転換してからだろう[152]」と述べているので、黒濤会結成当初はそれほどボリシェヴィキに傾倒していたわけではなく、アナキズムに共鳴するところもあったのだろう。

とはいえ、北星会が結成される一九二二年一一月以前から、実質的に黒濤会は分裂状態にあったと考えられる。第二節で述べたように、一九二二年六月に発行された第四号から、『大衆時報』は金若水とその側近の所有物になり、内容も共産主義的なものが含まれるようになっていた。金若水とともに『大衆時報』に関わり、後にアナキストとなる元鐘麟や黄錫禹にとっては、金若水が共産主義に傾倒するにつれて『大衆時報』から排除された格好となったわけである。

このことをどの程度意識していたのかは不明だが、『大衆時報』第四号が発行された翌月である一九二二年七月には、黒濤会の結成メンバーである朴烈を編集人として、アナキズム色の強い雑誌である『黒濤』創刊号（日本語）が発行された[153]。そして、巻頭の「創刊に際して」で、同誌が黒濤会の機関誌であることが明言された[154]。つまり、アナもボルもない時代に創刊された『大衆時報』を共産主義に傾倒した朝鮮人の占有物にした金若水と同様、朴烈もまたアナとボルの分化が明確でない時代に結成された黒濤会をアナキズムに傾倒する朝鮮人の団体と規定したのである。

このように、黒濤会は一九二二年七月の時点で、実体としては完全に分裂していたと考えられる。このとき以降、アナキズム的な団体であることを表明した黒濤会の一員として活動しているという自覚など金若水にはなかっただろうし、一九二二年一一月に金若水一派が黒濤会から独立したという内務省の見解も、実際は金若水らが正式に黒濤会から離脱することで、朝鮮人アナキストとの関係を清算するといった程度の意味合いしか持っていなかったのではないだろうか。そうであるとすれば、黒濤会以外の要因、すなわち日本国外の朝鮮人社会主義運動と北星会結成との関連性についても着目すべきであろう。

(2) 結成の背景(二)――ヴェルフネウディンスク高麗共産党統合大会

北星会が結成される少し前、シベリアのヴェルフネウディンスク（現ウラン・ウーデ）では上海派とイルクーツク派による高麗共産党統合大会が開催され、統一高麗共産党の結成が目指されていた。開催期間は一九二二年一〇月一九日から二八日までの十日間におよび、中国やロシアに居住する朝鮮人活動家を中心とする総勢一二八名の朝鮮人活動家が参加した。この大会は、植民地期の朝鮮社会主義者の会合のなかで最大規模のものであり、また、その後の朝鮮社会主義運動の方向を左右する重要なものでもあった[155]。そして、一二八名の参加者のなかには、金若水の盟友である鄭泰信の姿もあった。

ヴェルフネウディンスク高麗共産党統合大会（以下、統合大会）に関しては、林京錫による詳細な研究があるので、まずこれに即して統合大会の内容を概観した後、鄭泰信の動向についてみていくこととしたい。

林京錫によれば、コミンテルンが一九二二年四月に発表した朝鮮問題決定書において、三カ月以内に両派高麗共産党の統合大会を開催する方針が示された。ここで三カ月以内という期限を設けたのは、当初は一九二二年六月に予定されていたコミンテルン第四回大会までに高麗共産党を統合させ、同大会で統一された高麗共産党を正式にコミンテルンに加入させるためであった。そして、上海派とイルクーツク派から四名ずつ代表を出して（上海派が李東輝、金錣洙、金東漢、李鳳洙、イルクーツク派が韓明世、李成、金應燮、張建相）、高麗共産党臨時連合中央委員会が組織され、コミンテルンから派遣されたロシア共産党（ボ）極東ビューローのクビャークの指導のもと、大会の準備が進められた。結局、コミンテルン第四回大会の開催が一九二二年一一月に延期されたため、統合大会もその一カ月前である一九二二年一〇月一九日（ただし、前日一八日の夜九時に責任者による予備会議が開かれている）から開催された。

一〇月一九日の開幕式には一二八名の朝鮮人が集まった。それらの大半は、上海派とイルクーツク派の高麗共産党員、および各派を支持する中国やロシアに居住する朝鮮人活動家であったが、そのなかには両派とは無関係の中立的な人物が三名いた。そのうち二名が朝鮮内の共産主義組織である朝鮮共産党（中立党）の鄭在達と曺奉岩、残る一名が日本の朝鮮人社会主義勢力を代表して参加した鄭泰信であった。

しかし、大会は、高麗共産党の統合に向けた具体的な話し合いに入る前に決裂してしまった。イルクーツク派の支持者であるロシア在住朝鮮人の参加資格をめぐって、彼らの大半がロシア共産党員であるため、大会における発言権を持たない傍聴権しか認めないとする上海派とこれに反対するイルクーツク派が対立、一〇月二三日にイルクーツク派は集団で大会から退場した。次いで、参加資格問題でイルクーツク派寄りの立場をとっていた鄭在達と曺奉岩が退場し、最後に鄭泰信も高麗共産党の統一は困難であると判断して会場を離れた。以降、会場に残った上海派は二八日まで会議を続け、コミンテルンに高麗共産党が統合されたことを告げた。

一方、退場したイルクーツク派、鄭在達、曺奉岩、鄭泰信は、場所をチタに移して二六日から二八日にかけて会議を行い、上海派と同様、コミンテルンに高麗共産党の統合を告げた。このように、両派の統合が依然としてなされぬまま、コミンテルンの第四回大会は幕を開けたのであった。

以上が、統合大会の概要である。これまでみてきたように、鄭泰信と金若水は常に活動をともにしていた。また、K.H.党報告書にも「一九二二年ノ秋ニハ鄭羊鳴ヲ代表トシテ十月二十日ベルフネウヂンツク高麗共産党連合大会（伊上両派連合大会）ニ参加」[156]とあるので、金若水と鄭泰信で協議した結果、鄭泰信がヴェルフネウディンスクに赴くことになったと思われる。その意味では、統合大会は、金若水にとっても高麗共産党や統合大会を企画したコミンテルンとの最初の接触の場であったといえるだろう。

鄭泰信の動向についてみていく前に、統合大会に参加していた朝鮮内の共産主義組織である朝鮮共産党（中立党）について触れておこう。朴哲河の研究によれば、金翰や申伯雨らによって一九二一年五月に設立された朝鮮共産党は、一九二二年八月頃、後にソウル派を結成することになる金思国と合流した。それ以降、上海派とイルクーツク派との中立を標榜したことから、中立党とも呼ばれた。そして、中立党から代表として統合大会に派遣されたのが鄭在達と曺奉岩であり、彼らはイルクーツク派の信任状を持参していたという[157]。

中立党とイルクーツク派の接触については、詳しいことは明らかになっていない。しかし、中立を標榜しながらも、統合大会で鄭在達と曺奉岩が終始イルクーツク派と歩調を合わせていたことを考えれば、統合大会以前から両者にそれなりに繋がりがあったのは間違いないだろう。

そして、金若水や鄭泰信に統合大会への参加を呼びかけたのが、中立党だったと思われる。鄭泰信は統合大会に出席する際、鄭羊鳴の名義で“Корейская Коммунистическая организация в ТОКИО”（東京における朝鮮人共産主義団体）という報告書を作成している（以下、鄭羊鳴報告書）。鄭羊鳴報告書の冒頭では、世界プロレタリアート運動に参加することを自らの課題に設定している朝鮮人共産主義者のみによって、東京で共産主義団体を組織することが決まったこと、同組織が「亡命地のグループに対して中立的な態度を取っている朝鮮の共産主義団体」と関係を有していたことが書かれている[158]。

東京で組織されたという共産主義団体に関しては後述するとして、「亡命地のグループに対して中立的な態度を取っている朝鮮の共産主義団体」が中立党を指しているのは明らかである。また、中立党の代表として統合大会に参加した鄭在達と曺奉岩は、一九二一年頃は日本で活動していた。その際、曺奉岩は暁民会と黒濤会に出入りしており、金若水とも交流があった[159]。一方、日本留学時代の鄭在達は官憲から無政府主義者としてみなされており、元鐘麟と親しかったようである[160]。鄭羊鳴報告書には、統合大会に参加することになった経緯についてはこれ以外書かれていないが、日本の朝鮮人社会主義運動の状況をよく知る鄭在達や曺奉岩が、統合大会の参加を持ちかけた可能性は高いように思われる。

次に、東京で組織されたという共産主義団体ついてみていこう。鄭羊鳴報告書では全部で四項目に分けて概要が書かれており、第一項目が名称と設立日、第二項目が組織構成、第三項目が団体の活動、第四項目が団体構成員の他組織における活動となっている。

まず、第一項目だが、名称は在日本朝鮮人共産主義団体（Корком организация в Японии）となっており、一九二一年五月七日に設立された。続いて第二項目の組織構成は、男一〇名、女三名の計一三名となっている。そして第三項目である団体の活動は、朝鮮語で『大衆時報』を出版することであり、朝鮮人労働者と青年の間に共産主義を伝播させることがその目的だとされている[161]。

K.H.党報告書と同様に鄭羊鳴報告書においても『大衆時報』の発行目的が歪曲されているのだが、朝鮮人共産主義者のみによって一九二一年五月七日に設立されたという在日本朝鮮人共産主義団体の実体も相当に怪しいものである。一九二一年五月七日という日付は、『大衆時報』の刊行が一九二一年五月一日からはじまったことを念頭において記されたものだと推測されるが、『大衆時報』の創刊には最終的にアナキズムに傾倒していった元鍾麟なども大きく関わっていた。また、前節で引用した李英宣文書や高津正道の英語文書でも、金若水と鄭泰信が『大衆時報』を編集したことや、彼らがひとつのグループを形成していたことに関しては書かれていたが、何らかの共産主義団体を組織していたことなどは一切記されていなかった。加えて、鄭泰信は鄭羊鳴報告書と同時に"ПОЛОЖЕНИИ КОРЕЙЦЕВ В ЯПОНИИ"（在日朝鮮人の状況）という文書も作成しているのだが、そこでは、彼の所属団体の名称は在日本朝鮮共産党（原文では、Кор.Ком.партии Японии）となっている。[162] 団体（организация）と党（партии）という些細な違いではあるが、このことは鄭羊鳴報告書の作成者である鄭泰信の脳内においても、在日本朝鮮人共産主義団体という名称が定着していなかったことを示していると思われる。

統合大会には、両派高麗共産党の活動家はもちろんのこと、朝鮮内の鄭在達と曺奉岩までもが朝鮮共産党（中立党）という共産主義組織の代表として参加していた。おそらく、鄭泰信は鄭在達らと同様に「共産（Ком）」の二文字を冠した組織の代表として統合大会に参加するために、大衆時報社をその創立当初からあたかも在日本朝鮮人共産主義団体という共産主義組織であったかのように誇張したのではないかと思われる。

このように誇張の多い鄭羊鳴報告書ではあるが、注目すべき記述もある。第三項目の末尾では、団体の活動が「日本における強力なアナキズム的思潮」に促されたものであったと述べている。[163] この記述は、金若水が参加していた黒濤会が、日本人アナキストの影響下に設立されたことを改めて示唆するものであろう。

最後に第四項目の団体構成員の他組織における活動だが、留学生団体である学友会や黒濤会（鄭羊鳴報告書では「進歩的思想を持つ人々の団体」とされている）とともに、日本在留朝鮮人労働者状況調査会が挙げられている。[164]

一九二二年七月、信濃川水力発電所の工事現場から逃走した朝鮮人労働者を監視役の日本人が虐殺するという信濃川朝鮮人労働者虐殺事件が起こると、金若水や朴烈などの活動家をはじめとして、留学生団体である学友会、さらには朝鮮の『東亜日報』から派遣された羅景錫が集結して真相究明に乗り出した。そして、同年九月七日には、在日本朝鮮基督青年会館で虐殺事件を糾弾する信濃川虐殺問題演説会（司会は金若水）が開かれた。[165]同演説会には高津正道などの日本人社会主義者も多数参加しており、一九二四年に片山潜が「朝鮮人の指導者と日本の労働運動、共産主義運動との結合はこのときからはじまった」[166]と述べるなど、同事件は日朝労働運動の連帯の契機として知られている。そして、この演説会の四日後である一一日に金若水らを中心として組織されたのが日本在留朝鮮人労働者状況調査会であった。すなわち、同事件は、日本における朝鮮人社会主義運動が在日朝鮮人労働者問題と本格的に向き合う契機でもあったのである。

鄭泰信が鄭羊鳴報告書と同時期に作成した「在日朝鮮人の状況」は、その成果にもとづいたものと考えられる。内容自体は、当時の在日朝鮮人人口、朝鮮人労働者の多い都道府県、職業構成などを簡略に記したものであり、当時の在日朝鮮人人口を一五万人（そのうち、一四万八〇〇〇人が労働者）とするなど実際とは大きく異なる記述もあるが、[167]これは朝鮮人活動家が作成した最初の在日朝鮮人労働者に関する文書であった。信濃川朝鮮人労働者虐殺事件を背景として、鄭泰信（および彼を代表として派遣した金若水）は在日朝鮮人労働者問題の専門家として、統合大会でその存在をアピールすることができたといえる。

もっとも、鄭泰信や金若水は、在日朝鮮人労働者について調査こそしていたが、堂々とその指導者を名乗れるほどの実績は残していなかった。すなわち、書類上では一四万八〇〇〇人にも達する在日朝鮮人労働者の組織化には、まだ着手できていなかったのである。それゆえ、鄭羊鳴報告書は、在日朝鮮人労働者階級を組織化することを当面の事業計画として挙げて締めくくられている。[168]そして、この在日朝鮮人労働者の組織化は、北星会の最初の事業として実現されることになる。

以上のような書類を持参して、鄭泰信は統合大会に参加したのであった。そして、先に述べたように、イルクーツク派や鄭在達に続いて統合大会から離脱し、一〇月二六日から二八日にかけてチタで行われた上海派抜きの会議に参加した。その後、鄭泰信はイルクーツク派の韓明世、金萬謙、中立党の鄭在達とともに朝鮮代表として一一月五日から一二月五日にかけて開催されたコミンテルン第四回大会に参加するためにモスクワに派遣された（ただし、最初の会場はペトログラード）。同大会に鄭泰信自身は出席できなかったが、大会会場には姿をみせていたようである。(169)

一方、具体的な日付は不明だが、北星会が結成されたのは一九二二年一一月であった。したがって、金若水らは鄭泰信の帰還を待たずして北星会を結成したということになる。

以上、北星会の結成の背景について考察してきた。北星会の設立経緯を示す史料が残されていないため推測にすぎないが、北星会が結成された要因として次の二点を指摘しておきたい。

ひとつは、一九二二年一〇月の統合大会に参加することによって、日本における朝鮮人社会主義運動が朝鮮人全体の社会主義運動とはじめて合流し、さらにコミンテルンにもその存在が伝わったことである。(170)にもかかわらず、その代表として大会に参加した鄭泰信や彼を派遣した金若水は、まだ朝鮮人社会主義運動を先導し得る共産主義組織を設立していなかった。鄭泰信の帰還を待たずして北星会が結成されていることをみても、統合大会の開催は、日本で早急に共産主義組織を設立する必要性を金若水（および北星会をともに結成した人物）に痛感させたのではないだろうか。

いまひとつは、一九二二年七月の信濃川朝鮮人労働者虐殺事件である。同事件によって、日本における朝鮮人社会主義運動が在日朝鮮人労働者問題と本格的に向き合いはじめ、同年九月に金若水らを中心として日本在留朝鮮人労働者状況調査会が組織された。おそらく、在日朝鮮人労働者を調査する段階から組織化へ発展させるためにも、共産主義組織の設立が必要とされたのではないだろうか。

従来、北星会の結成については、内務省の見解にもとづいて、黒濤会の分裂という要因で説明されてきた。しかし、黒濤会は実質的には一九二二年七月の時点で分裂していた。むしろ、黒濤会が実質的に分裂して以降の出来事である信濃川朝鮮人労働者虐殺事件と統合大会、すなわち在日朝鮮人労働者問題の浮上と、朝鮮人全体の社会主義運動との合流という要素こそが、北星会の結成を促したものと考えられる。実際、北星会はこの二つの要素を強く意識しながら活動していく。

(3)主な活動

北星会の内部資料といえるものは、結成から一年以上後に発行された機関誌『斥候隊』第七号(一九二四年七月)しか残っておらず、その綱領も一九二四年に片山潜が発表した論文「日本における朝鮮人労働者」からしか分からない。片山によれば、北星会の宣伝綱領は以下の三つであった。

一、朝鮮人民が敵とするものは、日本のプロレタリアートではなく日本の支配階級だということを明確にする

二、朝鮮プロレタリアートと日本プロレタリアートとのあいだの連帯思想の結合の強化

三、日本における全朝鮮人労働者の単一の大組織の創設[171]

K.H.党報告書には、北星会の初期の活動について「北星会ヲ組織シテ機関紙『斥候隊』ヲ発行シ実際運動及ビ組織的運動ニ専力ヲ注グニ至ツタ[172]」としか書かれておらず、北星会が本当に上記のような綱領を掲げていたのか

どうかは確認できないが、片山の述べた綱領どおりの活動をしていたようである。
まず、綱領の一に関して、金若水とともに日本在留朝鮮人労働者状況調査会を組織し、さらに北星会の結成メンバーとなった金鐘範は『労働者新聞』（一九二二年一二月一五日付）で次のように述べている。

従来朝鮮人は日本人は皆、敵だと思っていた。しかし目覚めた朝鮮人労働者は誤解であったことを知り、日本人労働者と団結して階級打破の戦線に立つことを宣言、連携を促すに至った。(173)

後述するが、当時金鐘範は関西の朝鮮人労働者の組織化に着手していた。金鐘範が述べていることを朝鮮人労働者がどの程度理解していたのかはともかく、北星会のメンバーが、朝鮮人の「敵」が「日本の支配階級だということ」を朝鮮人労働者に対して訴えようとしていたのは間違いないだろう。

次に綱領の二であるが、金若水ら北星会のメンバーは、一九二三年に入り、『進め』や『赤旗』などの日本人社会主義者の雑誌に寄稿するようになった。そして、金若水や金鐘範は、日本と朝鮮のプロレタリアートが協同して帝国主義支配に抵抗することにより、植民地の解放と帝国日本の崩壊が同時になされるであろうという展望を披瀝した。(174)

このように、北星会は積極的に日本社会主義運動との連帯関係を構築していった。一方、朝鮮社会主義運動との連帯関係の構築は日本共産党の方針でもあった。黒川伊織によれば、その背景にはコスモ倶楽部や暁民会以来の朝鮮人社会主義運動との連帯の経験のみならず、コミンテルンの指示があった。コミンテルンは極東の社会主義運動に積極的に関与すべく、ウラジオストクに極東ビューローを設置した。そして、その一員となったヴォイチンスキーは、朝鮮独立運動と日本の革命運動が同じ要求を掲げて表裏一体のものとして展開されるべきであると考えていた[175]。こうしたコミンテルンの意向を受けて、日本共産党は一九二三年二月に朝鮮問題を専門に扱う部署として朝鮮部を設置したり、北星会の機関誌『斥候隊』に資金援助したりしていた[176]。

最後に綱領の三の朝鮮人労働者の組織化であるが、これは北星会が真っ先に取り組んだ事業であった。まず、一九二二年一一月（日付は不明）中には、北星会結成メンバーの白武らを中心として、東京朝鮮労働同盟会が組織された。内務省によれば、同組織は日本における「朝鮮人労働組合の嚆矢」であった[177]。さらに、北星会は朝鮮人労働者人口の最も多い大阪での労働組合の組織にも着手した。北星会の主力である金若水、金鐘範が大阪まで出向くほどの力の入れようであり、日本共産党と日本労働総同盟の人的・財政的支援を得ることで、一九二二年一二月には大阪朝鮮労働同盟会の設立に成功した。もっとも、その過程で、大阪で地道な労働事業を行っていた李善洪ら朝鮮人アナキストが排除されたため、後の大阪での朝鮮人労働運動に禍根を残す結果を招いた[178]。

しかしながら、北星会にとっては、朝鮮人労働者人口の最も多い大阪で労働組合を組織することに成功したという事実こそが重要だったのかもしれない。後にコミンテルン幹部である片山潜は、「大阪における朝鮮人労働組合の組織者」である北星会に対して「日本における朝鮮プロレタリア運動の中心機関」という最高の評価を下した[179]。片山自身は日本を離れていたから、これは日本共産党から伝え聞いたものといえる。そして、この日本共産党の北星会に対する高い評価は、その後の日本における朝鮮人社会主義運動を大きく変えていくことになる。

第五節　北星会の分裂——北風会と一月会

東京と大阪での朝鮮人労働者の組織化に成功するなど、上々のスタートを切ったかにみえた北星会であったが、それ以降の活動は沈滞していった。労働運動の分野では、大阪朝鮮労働同盟会が一九二三年に朝鮮人労働者も参加する労働争議を支援したのはわずか一件にとどまった[180]。

一方、出版や講演会などの啓蒙活動に関しては活発に行われていたようで、片山によれば、機関誌『斥候隊』を通して共産主義の普及に努めていたという[181]。さらに、一九二三年七月には朝鮮内で大々的に共産主義を宣伝するために、北星会の金若水、鄭泰信、金鐘範らは、日本人社会主義者の高津正道や北原龍雄とともに「朝鮮内地巡回講演団」を組織した。そして、八月一日の京城を皮切りに、大邱、光州、金海、釜山など朝鮮各地で講演した[182]。

しかし、北星会が活発的な啓蒙活動を展開したのも、このときまでであった。金若水や金鐘範が日本に戻って活動することは、これ以降なかったのである（なお、鄭泰信は八月一五日に釜山で海水浴中に溺死している[183]）。これについて、K.H.党報告書には「一九二三年ノ夏カラハ本部ト其ノ主力トヲ朝鮮内地ニ移シ中央及ビ地方ニ組織事業ト実際運動ヲ起シテ之レオ《ママ》指導シタ[184]」と書かれている。

誇張の多いK.H.党報告書だが、巡回講演会が行われた一九二三年八月以降、北星会の主力や本部が朝鮮内に移ったのは事実とみてよい。李英宣文書にも「一九二三年秋にメンバーの大部分が朝鮮に向かった[185]」とある。さらに、官憲側も北星会について「昨夏［一九二三年］巡回講演団ヲ組織渡鮮以来鮮内ニ於ケル行動ニ注意ヲ要スヘキモノアリ[186]」という認識を示していた。それでは、なぜ北星会は朝鮮内に拠点を移したのだろうか。ここで、ヴェルフネウディンスク大会以降のコミンテルンおよび朝鮮社会主義運動全体の動向についてみていこう。

前節で述べたように、上海派とイルクーツク派の高麗共産党の統合が失敗に終わったまま、一九二二年一一月にコミンテルン第四回大会が開催された。そのため、コミンテルンは第四回大会が閉会する直前の一二月二日から朝鮮問題委員会を開き、一二月三〇日に両派高麗共産党の解党を決定した。同時に、統一された新たな朝鮮の共産党を組織するために、ウラジオストクにコミンテルン極東ビューローの傘下としてコルビューローを設立することが決定した。コルビューローの委員は、コミンテルン極東ビューローのヴォイチンスキーのほか、朝鮮人委員としてはイルクーツク派二名、上海派二名、朝鮮内共産主義グループ二名、北星会グループ一名の計七人で構成され、北星会グループに関しては日本共産党の推薦によって代表が決まることとなった(187)。

これに関して、K.H.党報告書には「金若水ヲ日本共産党カラ国際共産党ニ推薦シテコルビュロノ委員トナッタ(188)」とある。日本共産党はコミンテルンに一九二三年二月一八日付で「貴方の指令に従って、日本共産党は、朝鮮共産党のためにモスクワに派遣されるべき「在日朝鮮人」として金若水を推薦した。彼は離日の準備ができており、貴方の指令を待っている(189)」と記した英語書簡を送っており、金若水が日本共産党から推薦されたのは事実であった。ただし、実際は上海派の朝鮮人委員である李東輝が反対したため、コルビューロー委員にはならなかったようである(190)。

とはいえ、金若水がコルビューローで活躍する機会はまだ残されていた。コルビューローは新しい朝鮮の共産党の設立とともに、朝鮮共産主義運動の中心を朝鮮内と間島（朝鮮と満洲の国境地域、現・中国吉林省）に移すことを任務としていた(191)。そして、コルビューローから朝鮮内に鄭在達、辛鐵らが派遣され、一九二三年五月にコルビューロー（朝鮮）内地部(192)が組織されると金若水はこれに参加した（辛鐵は後に北風派のメンバーとなりK.H.党報告書の作成者となる）。以降、金若水は中立党の鄭在達、申伯雨、イルクーツク派の金在鳳らとともに、コルビューロー内地部の主力メンバーとなった(193)。なぜ金若水がコルビューロー内地部の主力メンバーに選ばれたのか詳しい事情は不明であるが、金若水が日本共産党と誰よりも深いコネクションを持っていたことが主な要因ではないかと思われる。実際、ヴォイチンスキーが一九二三年二月一五日付の英語書簡において、日本共産党に対して、金若水を介して中立党の鄭在達、申伯雨らと継続的な関係を構築するように求めていることが示すように(194)、金若水はコミンテルンから日本と朝鮮内の共産主義運動を結びつける役割を期待されていたのである。

いずれにせよ、こうして金若水は日本での社会主義運動や着手しはじめたばかりの在日朝鮮人労働運動を捨て、コミンテルンの指導のもと、朝鮮内で活動することを選んだのであった。したがって、一九二三年八月の北星会の朝鮮内地巡回講演は、日本に拠点を置く北星会の影響力を朝鮮内に広げるものというよりは、金若水が朝鮮内で確固たる自派勢力を築くための足がかりであったといえる。実際、金若水は巡回講演会後に朝鮮内に残留した北星会メンバーとともに、一九二四年四月に思想団体である建設社を設立（その際、地下組織としてK.H.党が組織された）している[195]。

また、北星会を母体として建設社が設立されたことからも分かるように、内地部を含めて、コルビューローによる新たな朝鮮の共産党の設立は順調には進まなかった。ウラジオストクでは上海派の李東輝とイルクーツク派の韓明世が対立し、一九二四年二月にコルビューローは解体された。さらに、内地部でもいくつかの派閥が形成された。まず、中立党のなかで、金思国を中心とするコルビューロー内地部に参加することを拒んだ勢力がソウル派を形成した[196]。一方、コルビューロー内地部では一九二三年七月に中立党の申伯雨、イルクーツク派の金在鳳らによって新思想研究会が組織され、一九二四年一一月には元上海派の兪鎮熙も加わって火曜会（火曜派）に改称された。そして、これに対抗するかのように、北星会を母体とする建設社も一九二四年一一月、北風会（北風派）に改称した[197]。そして、第一節で述べたように、派閥抗争が解消されぬまま一九二五年四月に朝鮮共産党が設立されたのであった。

以上が、一九二〇年代の朝鮮を代表する共産主義グループのひとつであった北風派の形成過程である。すなわち北風派とは、日本の成果を通して社会主義理論を受容した朝鮮人が、日本社会主義・共産主義運動との密接な繋がりをコミンテルンに対するアピール材料とすることにより、朝鮮内で確固たる基盤を築いた一派だったのである。北風派こそ、日本社会主義運動なくしては決して成立し得ない一派だったといっても過言ではないのだが、このことを誰よりも自覚していたのは、ほかならぬ北風派のメンバー自身だったように思われる。以下、北風会が一九二四年一二月一三日に日本の同志に向けて作成した宣伝文（日本語）を引用しよう（なお、▩は判読不能文字である）。

我等は斉しく日本同志の高貴なる過去に対して満腔の敬意と感謝を表します。……本会の綱領とするものは飽迄も徹底なるマルクス主義の下に於いて大衆と一層密接なる関係を保ち其の現実的要求を提げて突進せんとするものであります。しかして本会は無産階級解放運動の一大信条たる万国無産階級団結の必要を常に提唱するのは勿論であるが特に共通の利害関係を有する日鮮両無産階級の連絡と提携とを過去の如く放漫にする事なく一層有機的に完全になすべくあらゆる努力を▩せんとするものであります。先は本会の出発を同志諸君に御通知旁、今後は倍旧の御援助と御指導とを御願ひ致します

一九二四年十二月十三日　京城斉洞八四　北風会執行委員(198)

朝鮮に拠点を移して一大勢力を築いてもなお、日本社会主義運動との連携を強く主張しているのは、それこそが北風会の存在意義であるということをメンバー自身が自覚していたからではないだろうか。

それでは、一九二三年八月以降に日本に残った北星会メンバーはどのような活動をしたのだろうか。最後に、この点について述べておきたい。

主力メンバーが朝鮮内に移ったからといって、即座に北星会が解散したわけではなかった。K.H.党報告書には一九二三年夏に拠点を朝鮮内に移して以降も「機関紙ダケハ日本東京デ継続発行(199)」とある。実際に金若水らは朝鮮内で出版物を発行しなかったので、彼らは北星会の機関誌『斥候隊』に建設社の機関誌も兼ねさせようとしたものとみられる。したがって、日本に残った北星会メンバーに課せられた主たる任務は『斥候隊』を刊行するこ

とであったと推測される（少なくとも、朝鮮に戻った北星会の主力メンバーはそうみていた）。なお、日本に残留した北星会メンバーは、官憲史料によれば、かつての金若水の盟友である李如星、日本に来て間もない安光泉、一九二四年三月に朝鮮に戻ることになる卞熙瑢らであった[200]。

しかし、『斥候隊』の刊行は順調にはいかなかった。一九二三年九月一日の関東大震災とそれにともなう朝鮮人虐殺により、日本在留朝鮮人社会全体が甚大な被害を受けたのであった。以降、北星会は被害に遭った在日朝鮮人の調査や慰問に追われた[201]。また、前節で述べたように、『斥候隊』の刊行資金の援助をはじめとして、北星会は日本共産党の支援を受けていたが、それも期待できなくなった。一九二三年六月の第一次共産党事件により主要な党員のほとんどが検挙されたことに加え、関東大震災が決定打となり、日本共産党側としても朝鮮問題に割く余力がなくなったのであった[202]。

このように、関東大震災により北星会の日本残留メンバーは『斥候隊』の刊行どころではなかった。さらに、関東大震災の際に福音印刷合資会社が倒壊したことも、『斥候隊』の刊行を遅らせる一因となった。一九二四年五月の朝鮮総督府東京出張員「在京朝鮮人状況」によれば、東京在住朝鮮人の刊行物は「震災ノ打撃ニ依リテ一斉ニ休刊」となり、この時点で刊行できていたのは、かつて北星会が組織した東京朝鮮労働同盟会の機関誌『労働同盟』、『亜細亜公論』を改題した雑誌である『大東公論』、融和団体である相愛会の機関誌として一九二四年四月に創刊された『日鮮問題』の三種のみであった[203]。

これらの三誌は、いずれも朝鮮人発行による日本語雑誌である[204]。すなわち、福音印刷合資会社の倒壊によって、東京在留朝鮮人はハングルの活字を持つ新たな印刷所探しを余儀なくされ、朝鮮語雑誌の刊行そのものが長期間にわたって不可能になったのであった。現在、唯一実物を確認できる『斥候隊』第七号（一九二四年七月）は、こうした困難な状況のなかで復刊されたものであった[205]。

図11　『斥候隊』と『解放運動』

しかし、ようやく復刊した『斥候隊』も長くは続かなかったようである。K.H.党報告書には「機関紙斥候隊ハ九月号デ発行停止シ新ラタニ経営シタ月間雑誌（解放運動）ハ唯タ一号ヲ発刊シタ切デ発刊禁止ニナツタ」[206]と書かれている。まず『斥候隊』だが、一九二四年七月五日発行の第七号の表紙に「毎月一回発行」と書かれているので、順当にいけば「九月号」は九月五日頃に発行されたと考えられる。一方、新たに経営したという月刊雑誌『解放運動』だが、現存する創刊号の発行日をみると九月一四日となっている。したがって、K.H.党報告書の記述からは、『解放運動』が『斥候隊』の後継誌として創刊されたかのように見受けられるのだが、実際は、『斥候隊』九月号と『解放運動』創刊号はほぼ同時に発行された可能性が高いといえる。

その原因は、朝鮮内の建設社側にあったと考えられる。『解放運動』の巻頭では、同誌が「大衆の解放」を主旨としていること、発行元の解放運動社の本社は京城に置かれているが事情により東京で発行していることなどが述べられている。そして、最後に「解放運動社責任社員」の名前が挙がっているのだが、そこに北星会の日本残留メンバーである李如星や安光泉の名前はなく、馬鳴、金鐘範、朴昌漢、辛鐵、李憲ら建設社や北風会の結成メンバーで固められている(207)。また、東京に置かれた発行所の住所も、北星会事務所のそれとは異なっている(208)。これらの事実は、北星会の日本残留メンバーが『斥候隊』九月号の刊行を準備する裏面で、建設社もまた独自に機関誌『解放運動』の刊行に着手していたことを物語っていよう。

したがって、建設社側にとっては、『解放運動』は確かに『斥候隊』の後継誌という位置づけであったといえる。逆にいえば、建設社にとって北星会や『斥候隊』の必要性が薄れたということでもある。

このことは、『解放運動』の紙面によくあらわれている。内容はマルクス主義経済学の解説をはじめとする理論誌的なものだが、最も興味深いのが消息欄である。ここでは、朝鮮内外のいくつかの思想団体や労働団体の近況がごく簡単に書かれているのだが、北星会の動向も触れられている。

北星会　会員の大部分は夏期を利用して故国で活躍しており、東京では安光泉君外四、五人の同志が本塁を堅守しているという(209)。

まるで北星会が建設社と無関係の団体であるかのように述べられていることにも驚かされるが、注目すべきは「会員の大部分は夏期を利用して故国で活躍」という記述である。これは一九二三年八月に続き、一九二四年の夏にも建設社による北星会の日本残留メンバーの引抜きが行われた可能性を示唆するものである。このことと、『解放運動』の発行元が京城に置かれていたことを併せて考えれば、建設社は一九二四年一一月の北風会結成を念頭に置き、朝鮮内での活動をさらに充実させるために、日本からの撤収を企図していた可能性がある。

このような建設社の活動に対して、日本で北星会を「堅守」してきた李如星や安光泉が不満を持たないはずがなかった。官憲側史料は、建設社と北星会の関係について次のように伝えている。

北星会ノ安光泉、李如星一派ニアリテハ大正十三年ニ入リ北星会カ常ニ金若水一派ノ主義宣伝ニ利用セラル、嫌アリト為シ、北星会ノ改新ヲ企図シタルカ、大正十四年一月ニ至リ北星会ヲ解散シ新ニ同志ヲ糾合シテ一月会ヲ組織スルニ至レリ[210]。

官憲側史料が伝えるように、一九二五年一月三日、李如星、安光泉、そして新たな「同志」と推察される宋彦弼、朴洛鐘、河弼源、金世淵らによって、東京で一月会が結成され、北星会は正式に解散となった[211]。

北風会という制約から解き放たれた一月会が最初に取り組んだのは、朝鮮語出版の可能な印刷所の設立であり、一九二五年一月中に同聲社を設立した[212]。実に一九〇九年の大韓興学会印刷所（第一章参照）以来の朝鮮人経営の印刷所であり、以降、同聲社では、一月会機関誌『思想運動』（一九二五年三月創刊）だけでなく、学友会の『学之光』をはじめとする日本在留朝鮮人の朝鮮語出版物の大半が印刷されることとなった。

さらに、一月会のメンバーは、大阪朝鮮労働同盟会をはじめとする一一個の朝鮮人労働組合を結集して一九二五年二月に結成された在日本朝鮮人労働総同盟の幹部として活動した。以降、彼らは日本における朝鮮人社会主義運動が、在日朝鮮人社会・労働者に根ざした運動であることを意識しながら活動を展開した[213]。

こうして、北星会の分裂によって生れた一月会は、いわば日本での活動を「業績」として朝鮮内で一大派閥を築いた金若水一派とは異なる道を歩みながら、朝鮮社会主義運動における新興勢力として台頭したのであった。

終　章

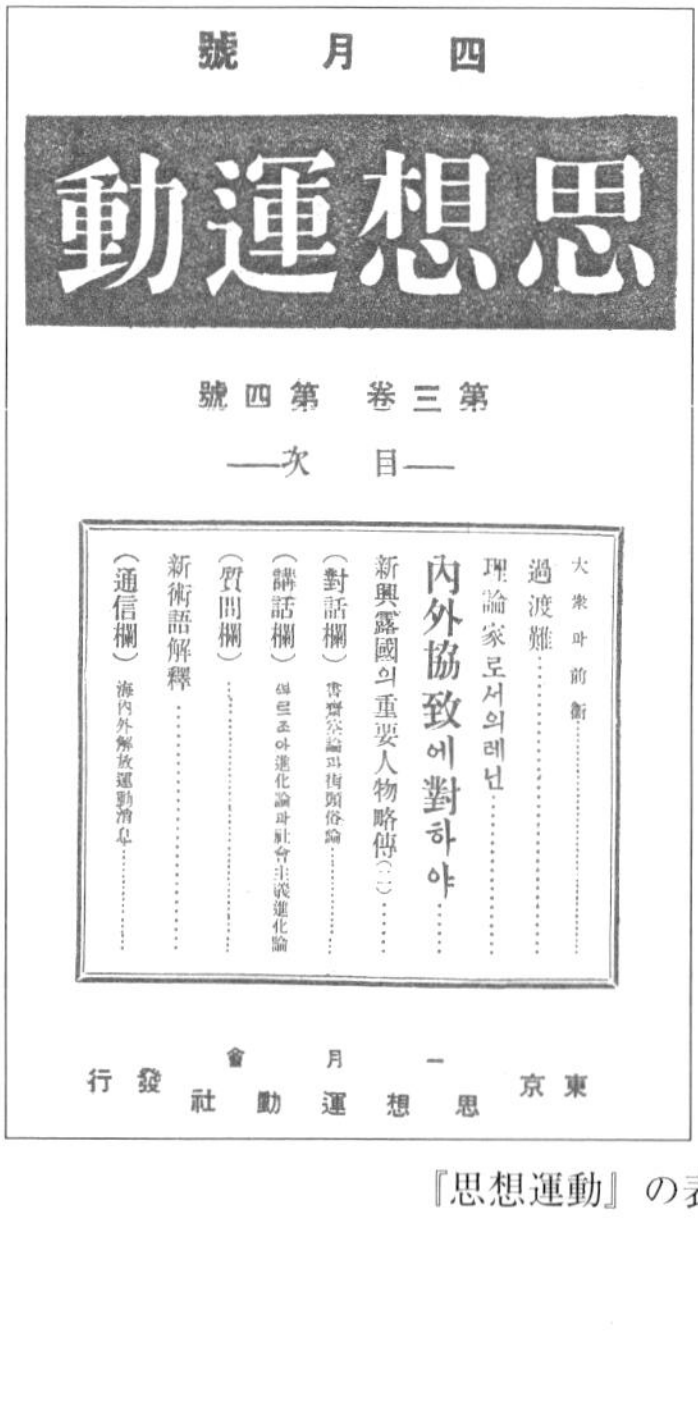

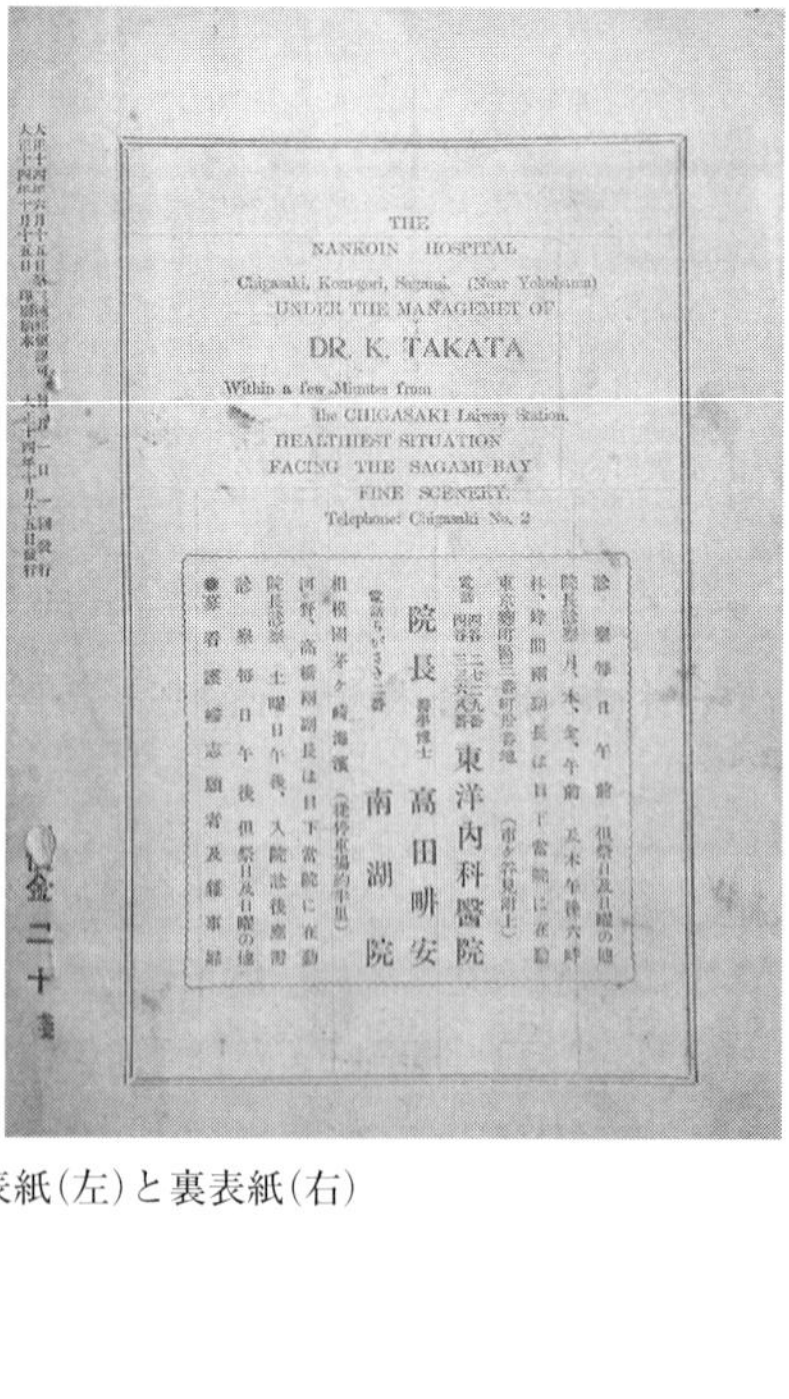

『思想運動』の表紙(左)と裏表紙(右)

第一節　朝鮮独立運動と東アジア

本書では、主として在日朝鮮人留学生と社会主義勢力に着目しながら、「朝鮮独立運動がいかなる国際的要因によって展開していたのか」、「同時代の日本、中国、台湾の社会運動や民族運動との間にはどのような相互作用があったのか」という問題を検討することによって、「朝鮮独立運動を東アジア全体の社会・運動・思想状況との相互関係のなかで展開した運動として捉えなおすこと」を試みた。

この終章では、まず本論で明らかにしたことを、朝鮮独立運動と日本の知識人・社会運動、中国の知識人・民族運動、台湾の知識人・民族運動という三つの観点から整理する。そのうえで、最後に今後の課題を挙げることで、本書を締めくくることにしたい。

最初に朝鮮独立運動と日本の社会運動や知識人との関係から述べるが、日本の知識人や思想界が朝鮮独立運動に与えた影響は多大なものがあったといえる。

まず独立運動を展開するための技術の側面でいえば、第二章で論じたように、三・一運動以前の朝鮮人留学生は、朝鮮内で言論の自由が大幅に制限されていたこともあり、出版活動を重視していた。彼らは朝鮮語で出版物を発行するのみならず、日本人経営印刷所で積極的に印刷技術も修得していた。上海の大韓民国臨時政府で出版部長となった朱耀翰、『東亜日報』で活躍した張徳秀の事例からも分かるように、日本で培った出版・印刷経験が三・一運動後の朝鮮語メディアを支え、ひいては独立運動の原動力となった。

また、思想の受容という点においても、日本からの強い影響がみられた。第四章で検討したように、朝鮮内においてマルクス主義は日本経由で伝播し、とくに堺利彦・山川均主幹の『社会主義研究』は、朝鮮知識人がマルクス主義を研究する際の必須文献となっていた。また、朝鮮独立運動に日本思想界が与えた影響はマルクス主義の受容だけにとどまらず、一九一九年頃に日本で流行していた桑木厳翼らの文化主義や、バートランド・ラッセルの著作が日本語版から翻訳されていたことをはじめ、多岐にわたっていた。とりわけ、日本で展開されていた文化主義の是非をめぐる論争が朝鮮でもそのまま展開されていたことは、朝鮮の言論界・思想界が日本のそれと連動していたことを示す端的な事例であろう。このように、三・一運動以降、朝鮮内の知識人が日本経由で新思想・理論を摂取するようになった要因としては、同じ漢字文化圏である日本を経由することの効率性に加えて、朝鮮内の知識人が同時代の日本の社会や思想状況を、朝鮮社会を改造するための手本としたことも大きかったと考えられる。

一方、朝鮮独立運動と日本の社会運動との連帯関係もみられた。しかし、その性質は三・一運動以前と以降では大きく異なるものであった。

第一章でみたように、韓国併合直後の朝鮮人留学生は、留学生の統合団体である親睦会を組織したり、その機関誌として『学界報』を発行したりしていたが、その際、日本人の関与はあまりみられず、むしろ日本人の手を借りずに運動を展開しようとする傾向さえみられた。これは、思想や政治的立場に関係なく、日本人全体を敵視するほどの根深い反日感情を反映したものであった。しかし、一九一〇年代の中盤に入ると、朝鮮人留学生は日本人キリスト者に接触し、彼らの援助を受け入れながら出版活動を繰り広げる方針に切り替えた。また、学友会が開催する講演会に招聘された日本人もすべてキリスト者であるなど、総じて、三・一運動以前の朝鮮人留学生は日本人キリスト者と緊密な関係を築いていたといえる。しかしながら、第二章第三節で述べたように、日本人キリスト教実業家は朝鮮人の同化を支持しており、両者の思想や政治的志向は必ずしも一致していたわけではなかった。当時の日本でキリスト者が朝鮮人留学生に同情的であったことや、その同情を、朝鮮人留学生が政治的立場に関係なく受け入れたことが、両者が結びついた主な要因であった。

この時期、「小日本主義」を提唱していた『第三帝国』の茅原華山・石田友治など、朝鮮人留学生との交流を持った大正デモクラットも存在していた。両者の交流は、朝鮮人留学生の「日本からの独立」という目的と茅原らの「日本における帝国主義意識の払拭」という目的が合致した連帯関係であり、このことを過小評価すべきではない。しかし、こうした事例は、朝鮮人留学生側が根深い反日感情を持っていたこともあり、当時にあってはごく一部にすぎなかった。反面、日本人キリスト者が朝鮮人留学生に寄せた同情やキリスト者としての同胞意識といった思想や政治とは何ら関係のないものが、朝鮮人留学生の民族運動の成立要因として機能してしまうほどの重要性を帯びていたという事実は、三・一運動以前の朝鮮人留学生と日本の社会運動の政治的、思想的な結びつきの希薄さを物語るものである。よく知られているように、吉野作造は早くから朝鮮ナショナリズムに理解を示し、朝鮮人留学生からも信頼されていた稀有の人物である。吉野作造がかくも朝鮮人留学生と深い関係にあったのは、彼が朝鮮ナショナリズムの理解者であったことと同時に、何よりも彼がキリスト者でもあったからだといえよう。

一九一八年の第一次世界大戦の終結は、こうした傾向に大きな変化をもたらした。第四章第一節や第六章第三節で述べたように、第一次世界大戦後に国際連盟という新たな戦後秩序が形成されていくなかで、日本と朝鮮の知識人は、いずれも戦後の世界が平和と民主主義の進歩に向かっていること、そうした「世界の趨勢」に順応して、各々の社会を「改造」していく必要性を痛感したのであった。こうした共通認識を持ち得たことにより、朝鮮内においては活発でなかったが、日本においては黎明会や新人会などの思想団体で、日本知識人と朝鮮人留学生の交流がようやく本格化したのであった。

さらに、ロシア革命の勃発、コミンテルンの設立、米騒動などを背景として日本の社会主義が「冬の時代」から復活すると、日本と朝鮮の社会主義運動における連帯が主流になっていった。一九二〇年の日本社会主義同盟の結成は、日本の社会主義運動が冬の時代から復活したことを示すものであると同時に、国際連帯という課題と向き合う契機でもあったが、「改造」を志向する朝鮮の知識人もこれを日本社会の変化として歓迎したのであった。

そして、コミンテルンが東アジアの民族運動や社会運動を共産主義運動に転換させようとしたことは、日本と朝鮮の社会主義運動の連帯を飛躍的に進展させた。第五章で述べたように、上海でコミンテルンのエージェントとして活動していた韓人社会党は、一九一五年の新亜同盟党を起源とする朝鮮、中国、台湾人の反帝国主義的ネットワークを母体として東アジア共産主義ネットワークを築いた。新亜同盟党時代は連帯の候補に入っていなかった日本人社会主義者が、この東アジア共産主義ネットワークに組み込まれていたという事実は、コミンテルンの活動こそが日朝社会主義者の連帯を強力に後押ししたことを示す端的な事例であろう。また、コミンテルンの方針もあり、日本の社会主義者は朝鮮の各派の共産主義グループのなかで、とくに金若水ら日本で活動する朝鮮人社会主義勢力（北星会）を支援していた。第六章で述べたように、金若水らは日本の社会主義との密接な関係をコミンテルンに対するアピール材料とすることで、朝鮮内で一大勢力を築いた。このことは、日本の社会主義運動がコミンテルンからいかに重視されていたのかを示すものであろう。

以上、朝鮮独立運動と日本の社会運動の関係を整理してきたが、本書が扱った一九一〇年から一九二五年という時期は、日本社会運動史の分野では、大正デモクラシー期にあたる。それゆえ、これまでの研究では、朝鮮独立運動、民族運動と日本の社会運動の関係を、「大正デモクラシーと朝鮮の連関」という観点から捉えようとする傾向が少なからずあったように思う。この観点を否定するつもりはないが、本書で詳細にみてきたように、その内実は、一九一八年頃までは、朝鮮人の根深い反日感情のなかで、キリスト教という要因が朝鮮人留学生と日本人を繋いでいた。そして一九一九年入ると、第一次世界大戦の終結による戦後世界改造の一環として日本と朝鮮の知識人の交流が生まれ、一九二〇年以降はコミンテルンの世界革命の一環として日朝の社会主義者の連帯が生じた。筆者に課せられた課題でもあるが、今後は日本と朝鮮の連関をみるにあたって、日本と朝鮮の要因のみならず、常に世界との連関を考察する必要があるだろう。

なお、三・一運動以降の留学生などの日本在留朝鮮人と日本人キリスト者との関係について付言しておくと、一九一〇年代から朝鮮人の出版物を印刷していた福音印刷合資会社は、一九二三年に関東大震災で倒壊するまで朝鮮人の出版物の印刷を引き受けていたほか、小林富次郎商店のライオン歯磨の広告は一九二四年二月発行の『大東公論』第二号まで、在日朝鮮人の雑誌に広告を載せていることが確認できる。とりわけ注目すべきは日本組合基督教会の高田畊安であり、北星会の分裂によって組織された一月会の機関誌『思想運動』の一九二六年四月発行の第三巻第四号まで、毎号というわけではないが裏表紙に南湖院の広告を載せている（終章扉裏）。一九二一年に総督府の方向転換によって日本組合基督教会が朝鮮伝道から撤退して以降も(1)、朝鮮独立運動における支援者であり続けた点は注目される。三・一運動以降の日本人キリスト者と朝鮮独立運動との関係についても、より詳細に分析する必要があるだろう。

次に、朝鮮独立運動と中国の民族運動や知識人との関係であるが、日本の事例と同様に朝鮮独立運動において重要な役割を果たしていた。

第三章で論じたように、一九一五年に朝鮮、中国、台湾の留学生によって東京で結成された秘密結社である新亜同盟党は、日本のアジア侵略からの解放という壮大な目標を掲げていた。そして、この新亜同盟党は、朝鮮人留学生にとってはじめての、また一九一〇年代の亡命地域を含めた運動全体においても数少ない日本の植民地支配からの解放を直接的な目的とした団体であった。

新亜同盟党が結成された契機は、一九一五年の対華二十一カ条要求であった。韓国併合以降、朝鮮人留学生は学友会を中心として、出版物を発行したり、講演会を開いたりしていたが、日本の植民地支配からの独立を具体的な目的とする運動はしていなかった。そうしたなか、二十一カ条要求によって日本の侵略に危機感を持った中国人留学生が、朝鮮人留学生の朝鮮独立に対する応援要請に同意したことによって新亜同盟党が結成された。そして、日本のアジア侵略からの解放という壮大な計画に乗っかる形で、朝鮮人留学生は独立運動を開始することができたのであった。

新亜同盟党の結成以降も、中国人の果たした役割は大きく、朝鮮人留学生と台湾人留学生の最初の連帯も中国人留学生の仲介によるものであった。また、三つの民族を束ねる団長の役目を担ったのも中国人留学生の黄介民であり、会合の場所の確保も中国人留学生が行っていた。このように新亜同盟党を中国人留学生が主導することになったのは、朝鮮人留学生とは異なり、中国人留学生の場合は辛亥革命に参加した経験を持つ革命家としての顔を持つ者がいたからであった。その意味で、朝鮮人留学生や台湾人留学生にとって、新亜同盟党は中国人革命家から活動家としての手ほどきを受けられる貴重な場でもあったと考えられる。

このように、一九一〇年代においては、朝鮮人留学生と日本の社会運動の連帯関係が希薄であった反面、中国の民族運動とは強固な連帯関係を築いていた。その要因は日本の知識人と中国人活動家の置かれていた環境の違いに起因すると考えられる。

第三章の小結でも述べたように、中国人にとって日露戦争や韓国併合は、日本による中国侵略に対する危機意識を持つ契機であり、朝鮮の亡国を「反面の教訓」として捉えていた。したがって、「内に立憲主義、外に帝国主義」という構造を持っていた大正デモクラシー下の（一部を除く）日本の知識人に比べて、全体的に朝鮮問題に関心を持つ中国人は多かったし、朝鮮人から敵視されることもなかったといえる。その意味で、朝鮮人留学生と中国人留学生とが「反日」を共通軸とした連帯関係を構築していく可能性は常に秘められていたといえるだろう。そして、結果的に、二十一カ条要求を背景として、中国人留学生が朝鮮を「反面の教訓」から「連帯の対象」へと格上げすることによって、朝鮮人留学生は独立運動に踏み出すことができたのであった。

新亜同盟党は一九一七年に解散してしまったが、新亜同盟党によって構築された朝鮮人、中国人、台湾人の連帯関係は維持されていた。さらに、一九一九年にコミンテルンが設立され、東アジアの民族運動に介入をはじめて以降は、コミンテルンのエージェントであった韓人社会党の朴鎮淳の働きかけによって、元新亜同盟党の朝鮮人、中国人活動家はそれぞれ共産主義組織を設立し、当時の革命運動の拠点であった上海で共産主義者として再会した。台湾人の場合は、実現こそしなかったものの、新亜同盟党に参加していた彭華英が「台湾共産党」の設立を目指し、後に上海に活動拠点を移した。このように、一九一五年に日本のアジア侵略からの解放を目的として形成された朝鮮、中国、台湾人留学生の国際連帯の理念は、ロシア革命やコミンテルンの設立を背景として、反日本帝国主義から共産主義に変容したのであった。朝鮮内における社会主義勢力の誕生とは、こうしたコミンテルンの設立に起因する、東アジア規模での民族運動の新展開の一コマであった。

最後に、台湾の民族運動との関係であるが、日本や中国との関係とは次の二つの点で大きく異なるものであった。

ひとつは、新亜同盟党の結成をまず朝鮮人留学生と中国人留学生との間で取り決め、その後に台湾人留学生を加えていたことや、第五章で論じた中国の大同党に朝鮮人活動家が加入していたことなどからも分かるように、基本的には朝鮮と中国の活動家の連帯が中心となり、それに付随する形で台湾人活動家が加わっていることである。これは、朝鮮人留学生や活動家が、台湾の民族運動を連帯の対象とはみなしていたが、主力としては認識していなかったことを示唆しているように思われる。

いまひとつは、上記の点とも関連するが、朝鮮と中国の場合は、ある程度自民族だけの運動を展開してから国際連帯に移行している反面、台湾の場合は、国際連帯が先行している点である。例えば留学生運動の場合、朝鮮人留学生は一九一二年以降、学友会を中心とする出版や啓蒙活動を展開していた。中国人留学生も一九〇五年には中国同盟会を組織していた。反面、台湾人留学生の場合は、第五章で論じたように、留学生運動が活発化するのは林献堂が日本と台湾を往復しはじめる一九一八年頃からであった。共産主義運動においても、（その程度はさておき）朝鮮や中国では、コミンテルンとの接触による国際社会主義運動への参加に先行して朝鮮内や上海で労働運動や社会主義学説の紹介が行われていた。一方、台湾の場合は、台湾島内において労働運動が本格化したり社会主義学説の紹介がなされたりする前に、まず彭華英が日本で韓人社会党からの働きかけを受け、そして、上海で朝鮮や中国の共産主義者との国際連帯を形成していた。したがって、台湾人活動家は、朝鮮や中国人活動家との国際連帯を通して留学生運動をはじめとする民族運動の新しい形態を学んでいたといえる。すなわち、朝鮮独立運動は、日本や中国の社会運動・民族運動との関係において影響を受ける立場だったとすれば、逆に台湾民族運動に対しては影響を与える立場だったといえるだろう。

第二節　これからの研究に向けて

以上、本書で明らかにしたことを整理してきた。本書を通して、朝鮮独立運動が同時代の日本、中国、台湾の運動や思想と密接な関係を持ちながら展開していたことが、それなりに伝わったものと思う。とはいえ、限界があり、課題が山積しているのも事実である。以下、雑感めいたものになるが、それについて述べていきたい。

まず、史料・論証の面でいえば、先に述べたように、本書は世界史的視野で朝鮮独立運動を捉える視点が弱かったように思う。また、中国で発行されていた出版物に関しても充分に活用できなかった。これらを踏まえていれば、本書はより詳細に朝鮮独立運動史を描くことができたであろう。

一方、内容の面でいえば、次の二つの点で課題を残したと思っている。ひとつは、朝鮮独立運動と日本、中国、台湾の社会運動・民族運動との国際連帯における民族間の葛藤や対立の側面の分析である。本書では、連帯関係が形成される過程の解明に力を注いだが、葛藤や対立といった負の側面も検討してこそ、東アジアの社会運動・民族運動の国際連帯が生じたことの意味や、そのなかで朝鮮独立運動が果たした役割を明確にできるといえるだろう。

そして、いまひとつは、本書の第三章以降、分析対象を日本の朝鮮支配からの解放を直接的な目的とする狭い意味での独立運動に限定してしまったため、いくつもの重要な事例に触れることができなくなってしまった点である。とくに、朝鮮民族運動（独立運動ではない）と台湾民族運動との関連性が充分に描き出せなくなってしまった。

本書では、日本や中国に比べて、台湾民族運動と朝鮮独立運動の関係についての叙述は、かなり少なくなっている。これは、本書で明らかにした彭華英など一部の事例を除いて、台湾民族運動と朝鮮独立運動の連帯活動自体があまり活発でなかったからにほかならない。そして、なぜあまり活発でなかったのかといえば、日本統治期、とくに左右対立が顕著になる一九二〇年代後半以前の台湾民族運動において、狭い意味での独立運動が主流ではなかったからである。そのことに関連して、王育徳の文章を引用する。

［三・一運動後の］ある日、大日本平和協会（会長阪谷芳郎男爵）が、主だった台湾と朝鮮の留学生を招待して懇談会を開いた。日本は早く二つの植民地に自治を与えなければいけないという日本人側の発言に、台湾学生は、さもわが意を得たりと喜んだのに対して、朝鮮学生は独立でなければいやだと席を蹴って退場したというエピソードがある。台湾人が意気地なしというよりも、双方の歴史的背景の相違と見るべきであろう。(2)

引用文からも分かるように、台湾人留学生や彼らが主導していた台湾民族運動は、基本的には日本の台湾に対する差別待遇の撤廃や、台湾人の自治の獲得を目的とするものであった。台湾民族運動において、台湾議会設置請願運動がその最大の運動であったことは、このことを端的に示すものである。朝鮮と台湾の留学生は、日本で出会う機会は多かったはずだが、両者の求めるものは、基本的には大きく異なっていたといわざるを得ない。今後は、必ずしも独立を直接の目標としていなかった朝鮮人勢力も分析対象に含めることで、本書では充分に扱えなかった朝鮮民族運動と台湾民族運動の関連性、交流の実体を明らかにしていきたい(3)。これは、両者の民族運動の特徴を浮き彫りにするうえでも、重要な作業であろう。これらの課題のさらなる追究を期して、ひとまずここで、本書を終えることとする。

注

〈序　章〉

(1) それゆえ、日本の朝鮮統治において治安維持は第一義的な重要性を持つ課題となり、治安の安定を担う警察機構は朝鮮支配において関鍵的位置を占めていた。朝鮮統治における警察機構に関しては、松田利彦『日本の朝鮮植民地支配と警察——一九〇五～一九四五年』(東京・校倉書房、二〇〇九年)を参照。なお、日本の支配に対する抵抗運動自体は、大韓帝国が日本の保護国になった一九〇五年以降から展開された。韓国併合以前の抗日運動と、それ以降の独立運動との関連性に関しては第一章で論じる。

(2) 三橋広夫訳『韓国の高校歴史教科書　高等学校国定国史』(東京・明石書店、二〇〇六年)を参照。

(3) 張圭植「日帝植民地期研究의 現況과 推移(韓国歴史学界의 回顧와 展望 二〇〇六～二〇〇七)」『歴史学報』第一九九号(大韓民国・歴史学会、二〇〇八年)。なお、北朝鮮の独立運動史研究に関しては、序章の第三節を参照されたい。

(4) 最近では、安東地域の独立運動を扱った金喜坤『安東사람들의 抗日闘争』(ソウル・知識産業社、二〇〇七年)や、釜山地域を扱ったカン・デミン(강대민)『近代釜山의 民族運動』(ソウル・京沅文化社、二〇〇八年)などが挙げられる。

(5) 長田彰文『日本の朝鮮統治と国際関係——朝鮮独立運動とアメリカ　一九一〇～一九二二』(東京・平凡社、二〇〇五年)。

(6) 姜徳相『呂運亨評伝1——朝鮮三・一独立運動』(東京・新幹社、二〇〇二年)、同『呂運亨評伝2——上海臨時政府』(東京・新幹社、二〇〇五年)。

(7) 許洙『李敦化研究——宗教와 社会의 境界』(ソウル・歴史批評社、二〇一一年)、同「一九二〇年代初『開闢』主導層의 近代思想紹介様相」(『歴史와 現実』第六七号、ソウル・韓国歴史研究会、二〇〇八年)、朴鐘隣「日帝下 社会主義思想의 受容에 関한 研究」(ソウル・延世大学校博士論文、二〇〇七年)。

(8) ベネディクト・アンダーソン著・山本信人訳『三つの旗のもとに——アナーキズムと反植民地主義的想像力』(東京・NTT出版、二〇一二年)四～五頁。

（9）上海で樹立された大韓民国臨時政府のみならず、三・一運動後には、京城で樹立された漢城政府（一九一九年四月）やロシアのニコリスクで樹立された露領政府（同年三月）など、朝鮮内外でいくつかの臨時政府が樹立された。これらは最終的に上海の大韓民国臨時政府に統合された。詳しくは、前掲注(5)長田彰文『日本の朝鮮統治と国際関係』一五八〜一六九頁を参照。

（10）「까이다将軍訪問記」（『独立新聞』第三七号、一九二〇年一月一三日付）一面。ガイダが朝鮮人独立運動家と面会していたことは、筆者の参加する京都大学人文科学研究所「第一次世界大戦の総合的研究」共同研究班での林忠行氏の報告「チェコスロヴァキア軍団と日本――一九一八〜一九二二年」に教えられた。なお、「까이다将軍訪問記」の記者が誰であったのかは分からないが、李光洙の可能性がある。同記事は、一九二〇年一二月に朴殷植（一九二五年に大韓民国臨時政府の二代目大統領になる人物である）が上海で刊行した『韓国独立運動之血史』に一部が収録された。内容はほとんど同じであるが、『韓国独立運動之血史』ではガイダと面会した人物として安昌浩、呂運亨、そして李光洙の名前が挙げられている。当時、李光洙は『独立新聞』の編集局長を務めていたから、記者としてガイダと面会した可能性は充分にあると思われる。

（11）ガイダがチェコスロヴァキアに帰国して以降、朝鮮人との約束を守り、彼の地で朝鮮独立運動の宣伝をしたかどうかは不明である。一方、朝鮮人の場合、「까이다将軍訪問記」の一部を前述した『韓国独立運動之血史』の「各国人之同意」という項目に収録しており、国際社会に朝鮮独立を訴えかけるためにガイダとの出会いを活用しているといえる。なお、『韓国独立運動之血史』は一九四六年にソウルでソウル新聞出版局から復刻版が刊行されているほか、一九七二年には姜徳相の翻訳による日本語版が『朝鮮独立運動の血史』というタイトルで平凡社から刊行されている。

（12）山室信一『思想課題としてのアジア――基軸・連鎖・投企』（東京・岩波書店、二〇〇一年）。

（13）山内昭人『初期コミンテルンと在外日本人社会主義者――越境するネットワーク』（京都・ミネルヴァ書房、二〇〇九年）。なお、同書は一九二二年一月の極東諸民族大会で叙述が終わっている。その後の日本共産党の活動をコミンテルンや東アジアとの関係という観点から明らかにした研究として、黒川伊織「「第一次共産党」史論――帝国日本とインタナショナルのはざまで」（神戸・神戸大学大学院総合人間科学研究科博士論文、二〇一〇年）がある。

（14）石川禎浩『中国共産党成立史』（東京・岩波書店、二〇〇一年）。

(15) 紀旭峰「雑誌『亜細亜公論』にみる大正期東アジア知識人の連携」(『아시아文化研究』第一七号、大韓民国・璟園大学校아시아文化研究所、二〇〇九年)、同「大正期在京台湾人留学生と東アジア知識人――朝鮮人と中国人とのかかわりを中心に」(『アジア太平洋討究』第一五号、東京・早稲田大学アジア太平洋研究センター、二〇一〇年)。なお、以上の論考は、同『大正期台湾人の「日本留学」研究』(東京・龍渓書舎、二〇一二年)に収録された。また、民族運動ではないが、一九三〇年代の東京の三・一劇場における朝鮮人と台湾人の交流に触れている研究として、下村作次郎「台湾詩人呉坤煌の東京時代(一九二九～一九三八)」(『関西大学中国文学会紀要』第二七号、大阪・関西大学中国文学会、二〇〇六年)がある。

(16) 朝鮮における民族の概念の受容の問題に関しては、Henry H.Em, "Minjok as a Modern and Democratic Construct : Sin ChaeHo's Historiography", in *Colonial Modernity in Korea*, ed. Gi-Wook Shin and Michael Robinson, Cambridge, Harvard University Asia Center, 1999 を参照。

(17) 一般的に「在日朝鮮人」は、日本に定住していた(あるいは定住を志向していた)朝鮮人を示す用語である。一方、本書が分析対象とする日本の教育機関に留学していた朝鮮人の場合、基本的には留学のために日本に一時的に居住していたにすぎず、定住志向があったわけではない。したがって、厳密にいえば、日本に留学していた朝鮮人を「在日朝鮮人留学生」と呼ぶことは正しくない。しかし、これまでの研究では、日本に留学していた朝鮮人について「在日朝鮮人留学生」と呼ぶことが一般的であるため、本書でも「在日朝鮮人留学生」という用語を使用している。

(18) 詳しくは前掲注(12)山室信一『思想課題としてのアジア』三一三～三八九頁を参照。

(19) 詳しくは前掲注(13)山内昭人『初期コミンテルンと在外日本人社会主義者』を参照。

(20) 前掲注(14)石川禎浩『中国共産党成立史』第一章を参照。

(21) ソ連崩壊以前に日本で発表された著書としては、金森襄作『一九二〇年代朝鮮の社会主義運動史』(東京・未来社、一九八五年)がある。

(22) Dae-Sook Suh, *The Korean Communist Movement 1918–1948*, Princeton, Princeton University Press, 1967 [邦訳 徐大粛著・金進訳『朝鮮共産主義運動史』(東京・コリア評論社、一九七〇年)]、Robert A. Scalapino & Chong-sik Lee, *Communism in Korea*, Berkeley, University of California Press, 1972, 金俊燁・金昌順『韓国共産主義運動史』

（ソウル・高麗大学校亜細亜問題研究所、一九六七〜一九七六年、全五巻）。
(23) 韓国歴史研究会一九三〇年代研究班編『日帝下社会主義運動史』（ソウル・한길社、一九九一年）、歴史学研究所『韓国共産主義運動史研究』（ソウル・아세아文化社、一九九七年）。
(24) 柳時賢「社会主義思想의 受容과 大衆運動」（前掲注23歴史学研究所『韓国共産主義運動史研究』所収）、同「一九二〇年代前半期 朝鮮의 社会主義思想受容과 発展」（『民族史의 展開와 文化』下巻、ソウル・創作과批評社、一九九〇年）。
(25) 林京錫『韓国社会主義의 起源』（ソウル・歴史批評社、二〇〇三年）。
(26) 劉孝鐘「コミンテルン極東書記局の成立過程」（「初期コミンテルンと東アジア」研究会編『初期コミンテルンと東アジア』、東京・不二出版、二〇〇七年）。
(27) 李賢周『韓国社会主義勢力의 形成――一九一九〜一九二三』（ソウル・一潮閣、二〇〇三年）。
(28) 全明赫『一九二〇年代 韓国社会主義運動研究――서울派社会主義그룹의 路線과 活動』（ソウル・선인、二〇〇六年）。
(29) 朴哲河「一九二〇年代 社会主義思想団体研究」（ソウル・崇実大学校博士論文、二〇〇三年）。
(30) ただし、コミンテルンから承認されるのは一九二六年である。これに関しては、本書第六章で述べる。
(31) 全明赫、朴哲河が一九二〇年代以降を分析対象としているのに対し、李賢周の研究は社会主義勢力の形成過程を一九一〇年代の在日朝鮮人留学生の活動、三・一運動直後の漢城臨時政府樹立運動などに遡って分析することで、コミンテルン文書一辺倒でない、多角的な視野からの考察を加えている。
(32) 朝鮮民主主義人民共和国科学院歴史研究所編・在日本朝鮮人科学者協会社会科学部門歴史部会訳『朝鮮近代革命運動史』（東京・新日本出版社、一九六四年）。
(33) 北朝鮮では三・一運動を、「三・一人民蜂起」「三・一蜂起」「反日三・一蜂起」と呼称している。
(34) ウォン・ジョンギュ（원종규）『朝鮮人民의 反侵略闘争史（近代編）』（改訂版、平壌・社会科学出版社、二〇一〇年）。一九九四年に刊行された初版本は出版社が異なり、科学百科事典総合出版社から刊行されている。
(35) 社会科学院金日成同志革命歴史研究所『歴史辞典』第三巻、第四巻（平壌・科学百科事典総合出版社、二〇〇一〜二

〇〇二年）。なお、『歴史辞典』の第一巻と第二巻は前近代編である。

（36）朴慶植『在日朝鮮人運動史——八・一五解放前』（東京・三一書房、一九七九年）、同『在日朝鮮人——私の青春』（東京・三一書房、一九八一年）、金基旺「一九二〇年代在日朝鮮留学生の民族運動——在東京朝鮮留学生学友会を中心に」（『歴史研究』第三四号、大阪・大阪教育大学、一九九七年）、同「在日朝鮮留学生の社会主義運動——その発生と展開過程を中心に」（『広島東洋史学報』第二号、広島・広島東洋史学会、一九九七年）。そのほか、金廣烈「一九二〇年代初期日本における朝鮮人社会運動——黒涛会を中心に」（『日朝関係史論集——姜徳相先生古希・退職記念』、東京・新幹社、二〇〇三年）、金仁徳『植民地時代在日朝鮮人運動研究』（ソウル・国学資料院、一九九六年）などがある。

（37）朴賛勝『韓国近代政治思想史研究——民族主義右派의 実力養成運動論』（ソウル・歴史批評社、一九九二年）。

（38）金明久「一九一〇年代 渡日留学生의 社会思想」（『史学研究』第六四号、ソウル・韓国史学会、二〇〇三年）。

（39）崔善雄「一九一〇年代 在日留学生団体新亜同盟党의 反日運動과 近代的構想」（『歴史와 現実』第六〇号、ソウル・韓国歴史研究会、二〇〇六年）、朴鐘隣「一九一〇年代 在日留学生의 社会主義思想受容과‚金錣洙그룹‛」（『史林』第三〇号、ソウル・成均館大学校史学科、二〇〇八年）。

（40）ただし、朴鐘隣の前掲論文に関しては、当時の朝鮮人留学生が幸徳秋水の『社会主義真髄』を講読していたという事実に着目し、明治期日本の社会主義思想との影響関係に指摘している。とはいえ、朴鐘隣の研究は同時代の日本の史料をあまり活用しておらず、不充分なものである。

（41）波田野節子『李光洙・『無情』の研究——韓国啓蒙文学の光と影』（東京・白帝社、二〇〇八年）、同「李光洙の第二次留学時代——『無情』の再読（上）」（『朝鮮学報』第二一七号、天理・朝鮮学会、二〇一〇年）、日本学術振興会科学研究費補助研究「植民地期朝鮮文学者の日本体験に関する総合的研究」（http://www.unii.ac.jp/~hatano/kaken/kaken-index.htm）。

（42）松尾尊兊『大正デモクラシー』（東京・岩波書店、一九七四年）、同『民本主義と帝国主義』（東京・みすず書房、一九九八年）、同「吉野作造と朝鮮・再考」（『朝鮮史研究論文集』第三五号、東京・朝鮮史研究会、一九九七年）。

（43）石坂浩一『近代日本の社会主義と朝鮮』（東京・社会評論社、一九九三年）、松尾尊兊「コスモ倶楽部小史」（『京都橘女子大学研究紀要』第二六号、京都・京都橘女子大学、二〇〇〇年）、黒川伊織「安光泉と〈東洋無産階級提携〉論」

(『在日朝鮮人史研究』第三六号、東京・在日朝鮮人運動史研究会、二〇〇六年)、同「創立期日本共産党と在日朝鮮人共産主義運動——コミンテルン文書からの再検討」(『在日朝鮮人史研究』第四〇号、東京・在日朝鮮人運動史研究会、二〇一〇年)。

(44) 佐藤由美「青山学院と戦前の台湾・朝鮮からの留学生」(『日本の教育史学』第四七号、東京・教育史学会、二〇〇四年)、同「青山学院の台湾・朝鮮留学生に関する記録——一九〇六〜一九四五(1)〜(3)」(『教育研究』第四八〜五〇号、東京・青山学院大学教育学会、二〇〇四〜二〇〇六年)など。

(45) 永田英明「戦前期東北大学における留学生受入の展開——中国人学生を中心に」(『東北大学史料館紀要』第一号、仙台・東北大学史料館、二〇〇六年)、同「資料　戦前期東北大学の留学生に関する統計調査」(『東北大学史料館紀要』第一号、仙台・東北大学史料館、二〇〇六年)。

(46) 前掲注(44)佐藤由美「青山学院の台湾・朝鮮留学生に関する記録(3)」六一頁。

〈第一章〉

(1) 日露戦争の結果、アジアで日本に対する注目が高まり、日本が欧米とアジアを繋ぐ知の結節点となっていく過程に関しては、山室信一『思想課題としてのアジア——基軸・連鎖・投企』(東京・岩波書店、二〇〇一年)を参照。また、同書を簡潔、かつ平易にまとめたものとして、同『日露戦争の世紀——連鎖視点から見る日本と世界』(東京・岩波書店、二〇〇五年)がある。そのほか、日露戦争後の日本におけるアジア主義の展開を論じた研究として、李京錫「アジア主義の昂揚と分岐——亜洲和親会の創立を中心に」(『早稲田政治公法研究』第六九号、東京・早稲田大学大学院政治学研究科、二〇〇二年)、同時期のベトナム民族運動と日本との関係を論じた研究として、白石昌也『ベトナム民族運動と日本・アジア——ファン・ボイ・チャウの革命思想と対外認識』(東京・巌南堂書店、一九九三年)がある。以下で論じる日露戦争後の日本に関する議論は、これらの研究による。

(2) 前掲注(1)山室信一『思想課題としてのアジア』三五七〜三六二頁。

(3) 前掲注(1)李京錫「アジア主義の昂揚と分岐」一七九〜一八〇頁。

(4) 潘佩珠著・長岡新次郎・川本邦衛編『ヴェトナム亡国史他』(東京・平凡社、一九六六年)一一七頁。

(5) 前掲注(1)白石昌也『ベトナム民族運動と日本・アジア』三〇七〜三二五頁。

(6) 亜洲和親会に関しては、前掲注(1)李京錫「アジア主義の昂揚と分岐」、白石昌也「明治末期の在日ベトナム人とアジア諸民族連携の試み――「東亜同盟会」ないしは「亜洲和親会」をめぐって」(『東南アジア研究』第二〇巻第三号、京都・京都大学東南アジア研究所、一九八二年)による。

(7) 越南光復会については、前掲注(1)白石昌也『ベトナム民族運動と日本・アジア』六四三〜六七二頁を参照。

(8) 一九一〇年代の在日中国人留学生に関しては、小野信爾『五四運動在日本』(東京・汲古書院、二〇〇三年)を参照。

(9) 台湾議会設置請願運動に関しては、若林正丈『台湾抗日運動史研究(増補版)』(東京・研文出版、二〇〇一年)、周婉窈「台湾議会設置請願運動についての再検討」(『新秩序の模索――一九三〇年代(岩波講座東アジア近現代通史・第五巻)』、東京・岩波書店、二〇一一年)を参照。

(10) 大韓民国臨時政府に関しては、ユン・デソク(윤대석)『上海時期　大韓民国臨時政府研究』(ソウル・서울大学校出版部、二〇〇六年)、姜徳相『呂運亨評伝2――上海臨時政府』(東京・新幹社、二〇〇五年)、金喜坤『大韓民国臨時政府研究』(ソウル・知識産業社、二〇〇四年)を参照。

(11) 中国同盟会と在日中国人留学生に関しては、兪辛焞『孫文の革命運動と日本』(東京・六興出版、一九八九年)を参照。

(12) 厳密にいえば、新民会から林献堂ら学生以外のメンバーを除いて結成された、学生だけの研究団体である東京台湾青年会の機関誌である(台湾総督府警務局編『台湾総督府警察沿革誌　第二編　領台以降の治安状況』(中巻、一九三九年七月)。引用は同史料の復刻版である台湾総督府警務局編『台湾社会運動史』(東京・龍渓書舎、一九七三年)二七〜二八頁。

(13) とりわけ、早稲田大学をはじめとする大学教員からの寄稿が多かった。詳しくは、紀旭峰「大正期台湾人「内地留学生」と近代台湾――早稲田大学専門部政治経済科を中心として」(『アジア太平洋研究科論集』第一六号、東京・早稲田大学アジア太平洋研究科、二〇〇八年)を参照。

(14) ここでは、学友会に関する基礎的な研究として、金仁徳「学友会의 組織과 活動」(『国士館論叢』第六六号、大韓民国・国史編纂委員会、一九九五年)と、金基旺「一九二〇年代在日朝鮮留学生の民族運動――在東京朝鮮留学生学友会

を中心に」(『歴史研究』第三四号、大阪・大阪教育大学、一九九七年)の二つを挙げておく。機関誌『学之光』に関しては、本書第二章を参照。

(15) 白南薫『나의 一生』(ソウル・新現実社、一九六八年)一一六頁、「日本留学生史」(『学之光』第六号、一九一五年七月)一五頁。

(16) 慶應義塾『慶應義塾百年史』(中巻(前)、東京・慶應義塾、一九六〇年)一四五~一五二頁。なお、『親睦会会報』に関しては、車培根「大朝鮮人日本留学生《親睦会会報》에 関한 研究」(『言論情報研究』第三五号、ソウル・서울大学校言論情報研究所、一九九八年)に詳しい。

(17) 「在本邦清韓国留学生員数表」(外務省記録、分類項目 三―一〇―五―九)。

(18) 以上の保護国期の在日朝鮮人留学生の活動に関しては、金淇周『韓末 在日韓国留学生의 民族運動』(ソウル・図書出版느티나무、一九九三年)による。

(19) 前掲注(6)白石昌也「明治末期の在日ベトナム人とアジア諸民族連携の試み」三四〇~三四三頁。

(20) 竹内善作「明治末期における中日革命運動の交流」(『中国研究』第五号、東京・日本評論社、一九四八年)七六頁。

(21) 同前、七八頁。なお、竹内善朔は大逆事件を契機として社会主義運動から離れ、その後は名前を竹内善作に改め、東京私立図書館や私立大橋図書館などでライブラリアンとして過ごした。詳しくは、原英樹「竹内善朔論――その生涯と思想」(『初期社会主義研究』第一四号、東京・初期社会主義研究会、二〇〇一年)を参照。

(22) 朝鮮総督府編『施政二十五年史』(京城・朝鮮総督府、一九三五年)三五~三七頁。

(23) 憲兵警察制度に関しては、松田利彦『日本の朝鮮植民地支配と警察――一九〇五~一九四五年』(東京・校倉書房、二〇〇九年)を参照。

(24) 『学界報』創刊号は延世大学校国学資料室に所蔵されている。筆者が確認した限りでは、『学界報』を活用した研究は見当たらない。しかし、金根洙編著『韓国雑誌概観 및 号別目次集』(ソウル・永信아카데미韓国学研究所、一九七三年)には『学界報』の項目がある。また、宋鎮禹の著作集である古下先生伝記編纂委員会編『巨人의 숨결――古下宋鎮禹関係資料文集』(ソウル・東亜日報社、一九九〇年)には、宋鎮禹が『学界報』創刊号に発表した「人生의 価値」が収録されている。

(25)「会録抜要」(『学界報』第一号、一九一二年四月)七三頁。
(26)同前。
(27)「卒業録」(『学界報』第一号、一九一二年四月)八九頁。
(28)「雁のたより(第六回)」(『白金学報』第四二号、一九一七年七月)五〇頁。『白金学報』は鄭世胤が通っていた明治学院(普通部)の同窓会誌である。
(29)前掲注(27)「卒業録」八九頁。
(30)朴海克が討論部員、金基炯が司祭部員、鄭世胤が評議員などを歴任した(「会録」〈『大韓興学報』第七号、一九〇九年一一月〉二頁、「会録」〈『大韓興学報』第一二号、一九一〇年四月〉五四頁)。
(31)前掲注(25)「会録抜要」七三〜七四頁。
(32)同前、七三頁、「朝鮮留学生親睦会規則」(『学界報』第一号、一九一二年四月)七九頁。
(33)前掲注(15)「日本留学生史」一〇〜一七頁。
(34)警保局保安課「朝鮮人概況(大正五年六月三十日)」(朴慶植編『在日朝鮮人関係資料集成』第一巻、東京・三一書房、一九七五年)四八頁。
(35)趙鏞殷、鄭世胤、朴海克、劉睦、李康賢、南宮営、金性洙、呉悳泳、全永植、吉昇翊、崔漢基、韓翼東、李鐘南、張澤相、宋鎭禹、殷河成、金国彦、李寅彰、朴容喜、申徳、朴元景、馬顕義、崔泰旭の二三名である。出典は『大韓興学報』に定期的に掲載された「会録」による。
(36)残りの二八名のなかで、邊縉鎬、崔東曦、鄭燦奎は大韓興学会の会員だった(「本会会員録」〈『大韓興学報』第二号、一九〇九年四月〉七七頁、「新入会員」〈『大韓興学報』第六号、一九〇九年一〇月〉六六頁)。
(37)前掲注(25)「会録抜要」七五頁。
(38)評議会総会記がどのような役職なのかについては、詳しい情報がない。
(39)前掲注(27)「卒業録」八九〜九〇頁。卒業後の進路だが、金基炯に関しては全く情報がない。李康賢は一九一一年七月に東京高等工業学校(現・東京工業大学)の機織分科を卒業して、一九一五年に朝鮮で中央学校の教師となった。その後、金性洙の勧誘を受けて京城紡績株式会社の常務取締役になるなど実業家として成功した。明治大学法科を卒業した朴海克は、朝鮮に戻り慶尚北道で弁護士となったようである（国史編纂委員会韓国史データベース　http://db.history.go.kr/）。一方、吉昇翊は一九一二年一〇月一五日に朝鮮総督府郡書記に任命されている（『朝鮮総督府官報』〈一九一二年一〇月一七日付〉五六頁）。
(40) 鄭世胤は一九一〇年三月に李寶鏡（李光洙）とともに明治学院普通部を卒業した後、東京慈恵医院医学専門学校に進学した。鄭世胤については本書第二章で述べる。
(41) 前掲注(32)「朝鮮留学生親睦会規則」七九頁。
(42) 「朝鮮留学生親睦会細則」（『学界報』第一号、一九一二年四月）八三頁。
(43) ただし、親睦会の場合、「講演体育と音楽に関して奨励する事」という項目が追加されている（同前、八三頁）。
(44) 前掲注(25)「会録抜要」七四頁。
(45) 同前、七五頁。ただし、「会録抜要」には、秋期大運動会が実際に開催されたのかについては書かれていない。
(46) 同前、七四〜七五頁。
(47) 「創刊辞」（『学界報』第一号、一九一二年四月）一頁。
(48) 前掲注(18)金淇周『韓末　在日韓国留学生의 民族運動』一〇二〜一〇三頁。
(49) 前掲注(25)「会録抜要」七七頁。
(50) 内務省警保局編『社会運動の状況　昭和四年』（東京・三一書房、一九七一年）一二〇九頁。
(51) 前掲注(25)「会録抜要」七七頁。
(52) 同前。
(53) 引用は、「東遊略抄」を現代日本語訳した武井一訳注『趙素昂と東京留学――「東遊略抄」を中心として』（新潟・県立新潟女子短期大学波田野研究室、二〇〇九年）二〇九頁。
(54) 詳しくは、第二章で述べる。
(55) 「彙報」（『大韓興学報』第一号、一九〇九年三月）七四頁。
(56) 『新韓国報』（一九一〇年七月一九日付）三面。
(57) 残念ながら「東遊略抄」には、大韓興学会印刷所のその後に関して詳しい記述がない。

(58) プロテスタント伝道と活字の開発に関しては、鈴木広光「ヨーロッパ人による漢字活字の開発」(印刷史研究会編『本と活字の歴史事典』、東京・柏書房、二〇〇〇年)を参照。
(59) 『近代思想』は一九一二年一〇月に創刊されたが、当初は凸版印刷株式会社、東京並木活版所が印刷していた。また、一九一四年二月の第二巻第五号から同年九月に終刊するまでは福音印刷合資会社東京支店で印刷された。福音印刷合資会社については、第二章で詳しく述べる。
(60) 前掲注(53)武井一訳注『趙素昂と東京留学』一五九頁。
(61) 亜細亜局第二課「朝鮮総督府調　要視察人名簿(大正十四年二月十七日)」(外務省記録、分類項目　四―三―二―二―一―一六)の「趙鏞殷」の項目。
(62) 前掲注(34)警保局保安課「朝鮮人概況(大正五年六月三十日)」四八頁。
(63) 前掲注(53)武井一訳注『趙素昂と東京留学』二一二頁。
(64) なお、二月八日の日記にみられる文一平の原稿は「利用説」、趙素昂の原稿二篇は「婦人論」と「道徳과 宗教의 関係」であり、いずれも『学界報』創刊号に掲載された。趙素昂の原稿に関しては、二篇とも趙素昂もしくは趙鏞殷名義ではなく別名で書かれているが、これらが趙素昂執筆であることは、武井一が明らかにしている(前掲注53武井一訳注『趙素昂と東京留学』二一七〜二一九頁)。
(65) 保護国期の留学生監督部の法的地位などについては、武井一「保護国韓国の在外国家機関の法的地位について――東京での民族運動の拠点「留学生監督部」の不可侵をめぐって」(『朝鮮学報』第二一九号、天理・朝鮮学会、二〇一一年)を参照。
(66) 渡辺新五郎「朝鮮留学生の現状」(『東洋時報』第一九九号、一九一五年四月)五六頁。なお、監督部の運営経費も朝鮮総督府が負担していた。
(67) 趙素昂自身も監督部から学費として二〇円を、親睦会の解散命令が下って間もない一九一二年二月二日に受け取っている(前掲注53武井一訳注『趙素昂と東京留学』二一四頁)。
(68) 留学生監督部の職員構成は監督二名、舎監二名、会計一名の計五名であり、監督二名のうちひとりは朝鮮人が担当することになっていた(前掲注66渡辺新五郎「朝鮮留学生の現状」五六頁)。

(69) 当時の朝鮮人留学生の学籍情報は、波田野節子氏を代表とする日本学術振興会科学研究費補助研究「植民地期朝鮮文学者の日本体験に関する総合的研究」の朝鮮人留学生の学籍簿調査に詳しい。詳細は波田野研究室（http://www.ni-col.ac.jp/~hatano/kaken/kaken-index.htm）を参照。

(70) 前掲注(53)武井一訳注『趙素昂と東京留学』二一八頁。

(71) 警保局保安課「朝鮮人概況　第三（大正九年六月三十日）」（前掲注34朴慶植編『在日朝鮮人関係資料集成』第一巻）八五頁。

(72) 同様の内容は、金雨英『民族共同生活과 道義』（釜山・新生公論社、一九五七年）にも書かれている。

(73) 前掲注(53)武井一訳注『趙素昂と東京留学』二一六頁。

(74) 立憲青年党については、伊東久智「大正期の「院外青年」運動に関する一考察——橋本徹馬と立憲青年党を中心に」（『東洋文化研究』第一三号、東京・学習院大学東洋文化研究所、二〇一一年）を参照。

〈第二章〉

(1) 白南薫『나의 一生』（ソウル・新現実社、一九六八年）、警保局保安課「朝鮮人概況（大正五年六月三十日）」（朴慶植編『在日朝鮮人関係資料集成』第一巻、東京・三一書房、一九七五年）。

(2) 白南薫は『学界報』を発行する際に一円を寄付しているのだが（「財務部報告」〈『学界報』第一号、一九一二年四月〉九五頁）、『나의 一生』には親睦会に関する記述がない。

(3) 前掲注(1)白南薫『나의 一生』一一六〜一一七頁。

(4) 前掲注(1)警保局保安課「朝鮮人概況（大正五年六月三十日）」四八頁。

(5) 「日本留学生史」（『学之光』第六号、一九一五年七月）一五頁。

(6) 「学界消息」（『学之光』第二号、一九一四年二月）二二頁。

(7) 金炳魯「随想断片」（『街人　金炳魯』、ソウル・街人記念会、一九八三年）二五七頁。

(8) 金性洙については、カーター・J・エッカート著・小谷まさ代訳『日本帝国の申し子——高敞の金一族と韓国資本主義の植民地起源　一八七六〜一九四五』（東京・草思社、二〇〇四年）を参照。

(9) 金炳魯については、彼の評伝である前掲注(7)『街人　金炳魯』、および韓寅燮『植民地法廷에서 独立을 弁論하다――許憲・金炳魯・李仁과 抗日裁判闘争』（ソウル・京沅文化社、二〇一二年）を参照。

(10) 前掲注(1)白南薫『나의 一生』一一七頁。

(11) 編輯人「二號之光이 出現」（『学之光』第二号、一九一四年四月）一頁。奥付によれば、第二号の編集人は金炳魯であった。

(12) 朝鮮人留学生の啓蒙活動に関しては、朴賛勝『韓国近代政治思想史研究――民族主義右派의 実力養成運動論』（ソウル・歴史批評社、一九九二年）の第二章を参照。

(13) 『学之光』第五号（一九一五年五月）の編集人であった張徳秀の住所である。

(14) 「編集余言」（『学之光』第一一号、一九一七年一月）五六頁。

(15) 前掲注(1)警保局保安課「朝鮮人概況（大正五年六月三十日）」四八頁。

(16) 朱耀翰「記者生活의 追憶」（『新東亜』第三一号、一九三四年五月）一二三頁。また、同様の内容は崔承萬の回顧録（崔承萬『나의 回顧録』〈仁川・仁荷大学校出版部、一九八五年〉六九頁）にもみられる。

(17) РГАСПИ, ф. 495, оп.135, д.64, л.42. 以下、РГАСПИ, 495/135/64/52 のように表記する。

(18) 逆に、一九一四年から一九二二年かけて、福音印刷合資会社で印刷されなかったことが確認される朝鮮人が朝鮮語で発行した出版物は、管見の限りでは、一九一九年に創刊された在東京朝鮮留学生楽友会の機関誌『三光』の創刊号と第二号（印刷所は東京国文社、横浜三協印刷所）と、一九一六年創刊の『近代思潮』（印刷所は現代社）のみである。また、この時期に創刊されたのは確かであるが現存が確認できない出版物としては、東京農業大学の留学生らによって創刊された『農会』（一九一七年七月）、家庭雑誌の『家庭新報』（一九一八年三月）、要視察人甲号の李達（李東宰）主幹による『東亜時論』（一九一七年五月）がある。李達の『東亜時論』はその後、『革新時報』『新朝鮮』に改題される。『革新時報』と『新朝鮮』は一部が現存しているが、印刷所は書かれていない。同様に、アナキストが主体となって一九二二年に創刊した黒濤会の機関誌『黒濤』も印刷所は無記名である。

(19) 近年、東洋におけるプロテスタント伝道との関連という観点から、日本における活版印刷術の伝播史研究が進展している。日本における活版印刷術の伝播史や、漢字活字の開発史に関しては、印刷史研究会編『本と活字の歴史事典』

（東京・柏書房、二〇〇〇年）に収録されている小宮山博史「明朝体、日本への伝播と改刻」と鈴木広光「ヨーロッパ人による漢字活字の開発」を参照。また、日本の活版印刷術の技術的起源である上海の美華書館に関しては、宮坂弥代生「美華書館史考――開設と閉鎖・名称・所在地について」（小宮山博史・府川充男編『活字印刷の文化史』、東京・勉誠出版、二〇〇九年）を参照。

(20) 森田忠吉編『横浜成功名誉鑑』（横浜・横浜商況新報社、一九一〇年）七〇〇～七〇一頁。

(21) キリスト者としての村岡平吉の経歴に関しては、警醒社編纂『信仰三十年基督者列伝』（東京・警醒社、一九二一年）の村岡平吉の項目と、同書をもとに書かれた奈須瑛子「村岡平吉と福音印刷――賀川ハルの系譜」（『雲の柱』第八号、東京・賀川豊彦記念松沢資料館、一九八八年）による。なお、『信仰三十年基督者列伝』は福音印刷合資会社で印刷された。

(22) 「長老　村岡平吉逝く」（『指路』第一二〇号、一九二一年五月）。

(23) *The Japan Gazette, Hong List and Directory, for 1875*, p.33. : *The Japan Directory 1883*, p.46.

(24) 以下、*L'Écho du Japon* およびレコー社に関しては、とくに注記しない限り、澤護『横浜居留地のフランス社会』（千葉・敬愛大学経済文化研究所、一九九八年）九五～一〇七頁による。

(25) *L'Écho du Japon*, 1880.12.30, p.3.

(26) リデルは一八七〇年に朝鮮教区長となり、一八七七年に布教のために朝鮮に入国した。しかし、当時朝鮮では公式的には布教が禁じられていたため翌年に国外追放となり、横浜に渡って『韓佛字典』を刊行した（日本基督教団『キリスト教人名辞典』〈東京・日本基督教団出版局、一九八六年〉一八〇二頁）。

(27) 『韓佛字典』に関しては、劉賢国「韓国最初の活版印刷による多言語『韓仏辞典』の刊行とそのタイポグラフィ」（前掲注19小宮山博史・府川充男編『活字印刷の文化史』所収）を参照。

(28) 以下、李樹廷に関しては、金文吉「明治キリスト教と朝鮮人李樹廷」（『基督教学研究』第一八号、京都・京都大学基督教学会、一九九八年）による。

(29) 前掲注(26)日本基督教団編『キリスト教人名辞典』一八四〇頁。

(30) 前掲注(20)森田忠吉『横浜成功名誉鑑』七〇〇～七〇一頁。

(31) 前掲注(20)森田忠吉『横浜成功名誉鑑』七〇一頁や、日比野重郎編『横浜社会辞彙』(横浜・横浜通信社、一九一七年)人物之部/む之部/二頁にも同様のことが書かれている。

(32) 王子抄紙横浜分社は、本木昌造の弟子・陽其二が長崎から上京し一八七一年に設立した横浜活版所を母体としている。横浜活版所は一八七三年に合資会社に改めて景諦社に改名した。その翌年の一八七四年に、製紙業だけでなく印刷製本業にも注目していた王子抄紙(現・王子製紙)と合併し、王子抄紙横浜分社となった(成田潔英『王子製紙社史』第一巻〈東京・王子製紙社史編纂所、一九五六年〉一二三~一二九頁)。「長老　村岡平吉逝く」が書かれた一九二二年の時点では、王子抄紙横浜分社は、東京分社とともに王子製紙から独立し、東京印刷株式会社の横浜分社となっていた。

(33) これに関しては、松下孝・手代木俊一「讃美歌と横浜」(横浜プロテスタント史研究会編『横浜キリスト教文化史』、横浜・株式会社有隣堂、一九九三年)を参照。

(34) 西村庄太郎『英和　商用対話』(東京・丸善商社書店、一八八八年)。

(35) 横浜指路教会一二五年史編纂委員会『横浜指路教会一二五年史』資料編(横浜・日本基督教団横浜指路教会、二〇〇四年)四二一頁。

(36) 博士平文・山本秀煌『聖書辞典』(東京・基督教書類会社、一八九二年)、K.Narumo, *Domestic Japan*, vol.1, Yokohama, Yokohama Seishi Bunsha, 1895.

(37) M「村岡平吉氏十三周年記念会」(毛利官治編『指路教会六十年史』、横浜・指路基督教会、一九三四年)六六~六七頁。

(38) 前掲注(21)奈須瑛子「村岡平吉と福音印刷」五四頁。

(39) 「賀川豊彦氏の聖書講演会」(『指路』第一一五号、一九二二年八月)。

(40) 賀川豊彦『預言者エレミヤ』(神戸・福音舎書房、一九一三年)、賀川はる子『女中奉公の一年』(東京・福永書店、一九二三年)。前者が神戸支店、後者が東京支店で印刷された。

(41) 前掲注(31)日比野重郎編『横浜社会辞彙』銀行会社商店之部/フ之部/九頁。

(42) 前掲注(37)M「村岡平吉氏十三周年記念会」六七頁。

(43) 作成年月日は書かれていないが、東京支店のメモ用紙なので、一九一四年から福音印刷合資会社の営業が停止する一九二三年の間に作成されたものである。

(44) 指路教会の機関紙『指路』第一八号（一九一四年七月）にも、アメリカ聖書協会が発行する朝鮮語聖書の広告が掲載されている。なお、『指路』も福音印刷合資会社が印刷していた。

(45) 参考までに、福音印刷合資会社で一六〇〇部印刷された『学之光』第一五号（一九一八年三月、総八二頁）の印刷費は、官憲史料の伝えるところによれば一六〇円であった（警保局保安課「朝鮮人概況　第二（大正七年五月三十一日）」〈前掲注1朴慶植編『在日朝鮮人関係資料集成』六八頁〉）。

(46) 廉想渉「横歩文壇回想記（第一回）」（『思想界』第一一四号、ソウル・思想界社、一九六二年）二〇五頁。

(47) 一九一四年四月二〇日に発行された『学之光』第二号は、これまで未発見であり、韓国で一九八三年に太学社から発行された『学之光』の影印本にも収録されていないものである。第二号は韓国・ソウルの雅丹文庫に所蔵されており、閲覧にあたっては、同文庫の朴天洪氏、図書出版サンチョロム（도서출판 산처럼）の尹良美氏、京都大学人文科学研究所の水野直樹氏のお世話になった。

(48) 現在、太学社の『学之光』の影印本に収録されているのは、全三〇号のうち一七号分である。影印本未収録分のうち、発禁処分となった第八号と一九一七年に発行された第一一号はワシントンのアメリカ議会図書館に所蔵されている。これに関する詳細は、布袋敏博「『学之光』小考——新発見の第八号と、第一一号を中心に」（大谷森繁博士古稀記念朝鮮文学論叢刊行委員会編『大谷森繁博士古稀記念朝鮮文学論叢』、東京・白帝社、二〇〇二年）を参照。また、『学之光』は従来、第二九号で廃刊になったといわれてきたが、一九三〇年一二月二七日に発行された第三〇号がソウルの雅丹文庫に所蔵されている。

(49) 前掲注(16)崔承萬『나의 回顧録』六九頁。

(50) 前掲注(35)横浜指路教会一二五年史編纂委員会『横浜指路教会一二五年史』資料篇、四二四頁。

(51) 『学之光』を活用して、一九一〇年代の朝鮮人留学生の思想動向を追った研究としては、鄭恵瓊「一九一〇年代　在日留学生의　経済認識——『学之光』을　中心으로」（『清渓史学』第一三号、大韓民国・韓国精神文化研究院韓国史学会、一九九七年）、金明久「一九一〇年代　渡日留学生의　社会思想」（『史学研究』第六四号、ソウル・韓国史学会、二〇〇三年）などがある。

(52) 前掲注(45)警保局保安課「朝鮮人概況　第二(大正七年五月三十一日)」六八頁。

(53)『女子界』、『女子時論』に関しては、井上和枝「近代朝鮮女子の自我形成のあゆみ――『女子界』・『女子時論』・『新女子』を中心に」(『国際文化学部論集』第三巻二号、鹿児島・鹿児島国際大学国際文化学部、二〇〇二年)を参照。なお、『女子時論』の編集には、後に朝鮮人共産主義者として活動し、解放後は北朝鮮に渡って粛清される朴憲永が関わっていたという説がある。詳しくは、林京錫『而丁　朴憲永一代記』(ソウル・歴史批評社、二〇〇四年)六二頁を参照。

(54) 前掲注(45)警保局保安課「朝鮮人概況　第二(大正七年五月三十一日)」六九頁。

(55) 内村鑑三「聖書와 基督教」(『基督青年』第七号、一九一八年五月)二～三頁、新渡戸稲造「人生의 意義」(『基督青年』第七号、一九一八年五月)八～九頁。

(56)『基督青年』第一五号の現存は確認できないが、『創造』第三号(一九一九年一二月)に掲載された『基督青年』第一五号の広告に、「新年より現代という名前に変える」と書かれている。

(57) 警保局保安課「朝鮮人概況　第三(大正九年六月三十日)」(前掲注1朴慶植編『在日朝鮮人関係資料集成』第一巻)九七頁。

(58) 官憲史料によれば、『現代』終刊後、一九二三年七月に『젊은이』(意味は「若人」)という誌名で再刊されたようである(朝鮮総督府警務局東京出張員「在京朝鮮人状況(大正十三年五月)」〈前掲注1朴慶植編『在日朝鮮人関係資料集成』第一巻〉一四三頁)。

(59) 従来、『学友』は京都帝国大学基督教青年会の出版物として把握されてきた(金根洙編著『韓国雑誌概観 및 号別目次集』〈ソウル・永信아카데미韓国学研究所、一九七三年〉一一三頁)。これは、編集兼発行人である金雨英の住所が「京都帝国大学基督教青年会」となっていることに起因する誤りであろう。京都帝国大学基督教青年会は当然ながら朝鮮人だけの団体ではないし、『学友』誌面においても宗教色はほとんどみられない。金雨英の住所が「京都帝国大学基督教青年会」になっているのは、当時彼が京大ＹＭＣＡの寄宿舎に住んでいたからである。金雨英については次節でも論じるほか、松尾尊兊『民本主義と帝国主義』(東京・みすず書房、一九九八年)一六三～二〇三頁も参照されたい。

(60)『三光』を活用した研究としては、ノ・チュンギ(노춘기)「黄錫禹의 初期詩와 詩論의 位置――雑誌『三光』所在의

텍스트를 中心으로」（『韓国詩学研究』第三二号、ソウル・韓国詩学会、二〇一一年）がある。

(61) 東京国文社以外にハングルの活字を持っていたことが確認できる印刷会社としては、東京築地活版製造所や秀英舎といった大企業を挙げることができる。とりわけ、秀英舎は朝鮮人留学生と関わりが深く、朝鮮人留学生が主体となって日本で発行した最初の雑誌（これは、朝鮮最初の近代雑誌とも評価されている）の『親睦会会報』（一八九六年二月創刊）や兪吉濬『西遊見聞』（一八九五年）は秀英舎で印刷された。在日朝鮮人留学生が秀英舎のような大企業で出版物を印刷することができたのは、『親睦会会報』や『西遊見聞』が福澤諭吉の影響下に発行されたことと、福澤諭吉と秀英舎に親交があったことによる。福澤が死去した一九〇一年以降に秀英舎で印刷された朝鮮人の出版物がないのは、福澤諭吉という後ろ楯を朝鮮人留学生が失ったからであろう。秀英舎に関しては片塩二朗『秀英体研究』（東京・大日本印刷株式会社、二〇〇四年）を参照。

(62) 前掲注(57)警保局保安課「朝鮮人概況　第三(大正九年六月三十日)」九七頁。

(63) 『亜細亜公論』に関しては、後藤乾一・紀旭峰・羅京洙編集解題『亜細亜公論・大東公論』（東京・龍渓書舎、二〇〇八年、全三巻）に収録されている解題も参照されたい。

(64) 前掲注(57)警保局保安課「朝鮮人概況　第三(大正九年六月三十日)」九七頁。

(65) 明治学院および明治学院同窓会の機関誌『白金学報』に関しては、明治学院同窓会百年史編纂委員会編『明治学院同窓会百年史』（東京・明治学院同窓会、二〇〇八年）を参照。『白金学報』には、明治学院の卒業生名簿、会員の近況報告だけでなく、在学生による論説や学術研究の記事なども多く掲載された。

(66) 指路教会の「指路」という名称は、ヘボンがアメリカで通っていた教会である“Shiloh Church”からとったものである。

(67) 『明治学院歴史資料館資料集』第三集（東京・明治学院歴史資料館、二〇〇六年）一八二〜一八三頁。

(68) 『白金学報』第二四号（一九一一年七月）四七頁。

(69) 一九〇二年に創刊された『白金学報』は、当初は芝印刷株式会社で印刷されていた。しかし、一九〇四年に村岡斉が明治学院普通学部に入学すると、翌年の『白金学報』第五号から印刷所が福音印刷合資会社となった。

(70) 当時の明治学院は、神学部、高等学部、普通学部によって構成されていた。普通学部は五年制で、文部大臣より、中学校と同等以上の教育機関と認められていた（「私立明治学院一覧」〈『白金学報』第一七号、一九〇九年三月〉）。

(71)「日記」（『白金学報』第三二号、一九一四年三月）一七頁。

(72)「通信及消息」（『白金学報』第三三号、一九一四年七月）三三頁。

(73)「明治学院同窓会規則」（『白金学報』第四四号、一九一八年三月）六頁。朱耀翰の卒業後は、後輩の韓弼済が編集委員に選ばれた。

(74) 前掲注(16)朱耀翰「記者生活의 追憶」一二三頁。

(75) 同前、一二三頁。

(76) 以下の明治学院の卒業生に関しては、『白金学報』に定期的に掲載されている「明治学院卒業生一覧表」、『白金学報』から同窓会誌的機能のみを独立させ一九一九年から発行がはじまった明治学院同窓会の『会報』、これらを土台にして編纂された一九九五年版『明治学院同窓会会員名簿』を参照した。

(77)「故村岡斉履歴」（『会報』第五号、明治学院同窓会、一九二四年八月）九五～九六頁。

(78)『白金学報』第一七号（一九〇九年三月）六頁。

(79)「大正三年三月改　明治学院卒業生一覧表」（『白金学報』第三二号、一九一四年三月）一五頁。

(80)「雁のたより（第六回）」（『白金学報』第四二号、一九一七年七月）五〇頁。その後の鄭世胤について簡単に言及しておくと、彼は平壌で病院を開業すると「平壌屈指の医学家」として名声を得た。一九二〇年には朝鮮労働共済会（第四章で述べる）の平壌支会の会長となり、一九二六年以降は平壌の府協議会・府会議員を務めるなど、地域有力者となった（董宣憙『植民権力과 朝鮮人地域有力者――道評議会・道会議員을 중심으로』〈ソウル・선인、二〇一一年〉一八〇～一八一頁）。

(81) 前掲注(1)白南薫『나의 一生』九六頁。

(82) 白南薫自身も、後に明治学院関係者の晩餐会で顔を会わせている（「祝賀晩餐会」〈『会報』第一号、明治学院同窓会、一九一九年八月〉四一頁）。

(83) 前掲注(57)警保局保安課「朝鮮人概況　第三（大正九年六月三十日）」一〇六～一〇八頁。

(84) 前掲注(46)廉想渉「横歩文壇回想記（第一回）」二〇五頁、廉想渉「不得已하야」（『開闢』第一六号、一九二一年一〇

月）一二八頁。廉尚燮に関しては、本書第六章と金允植『廉想渉研究』（ソウル・서울大学校出版部、一九八七年）を参照。上掲の史料には三週間とあるが、金允植は二、三カ月間勤務していたと推測している。

(85) 前掲注(16)朱耀翰「記者生活의 追憶」一二四頁。

(86) 前掲注(45)警保局保安課「朝鮮人概況　第二(大正七年五月三十一日)」六六頁。

(87)「우리消息」（『学之光』第五号、一九一五年五月）六三頁。

(88) 同前。

(89) 前掲注(87)の「우리消息」によれば、前期の会員数は三四七人であった。しかし、全員が一九一四年九月から一九一五年二月までの計六回一八銭ずつ会費を支払った場合、収入の二六四円五銭を大きく上回ってしまう。そのため、会費未納者も多かったと思われる。

(90)『学之光』第八号は検閲により発禁処分となった。第八号の現物はアメリカ議会図書館に所蔵されており目にすることができるが、奥付が欠落しているため具体的な発行日を確認できない。一九一六年三月という時期の特定に関しては、明治、大正、昭和初期の発禁処分文献をリスト化した斎藤昌三編『現代筆禍文献大年表』（東京・粋古堂書店、一九三二年）一九三頁による。

(91)「消息」（『学之光』第一五号、一九一八年三月）八一頁。

(92)「編輯室에서」（『学之光』第八号、一九一六年三月）四八～四九頁。

(93) 前掲注(32)成田潔英『王子製紙社史』第三巻（一九五八年）二二一～二二三頁、佐藤卓己『キングの時代――国民大衆雑誌の公共性』（東京・岩波書店、二〇〇二年）一二一～一二三頁。

(94) 一九二〇年一月発行の第二〇号からは、「字数や位置の好否によって広告料が変動するため、相談によって決定する」ことになった。

(95) 定家修身「『新人』、『新女界』を支えた本郷教会の実業家信徒」（同志社大学人文科学研究所編『『新人』『新女界』の研究――二〇世紀初頭キリスト教ジャーナリズム』、京都・人文書院、一九九九年）四〇一～四〇二頁。

(96) ライオン歯磨株式会社社史編纂委員会『ライオン歯磨八十年史』（東京・ライオン歯磨株式会社、一九七三年）七一～八五・一〇六頁。

(97) 三代小林富次郎編『二代　小林富次郎翁』(東京・ライオン歯磨株式会社、一九五九年)二九四頁。
(98)「朝鮮教化資金募集趣意書」(『新人』第一九巻第三号、一九一八年三月)一四〇～一四一頁。
(99) 村島歸之『高田畊安先生──人とその事業』(東京・社団法人白十字会、一九四〇年)一六～一八頁。
(100)「教会之新人　高田畊安君」(『新人』第一五巻第七号、一九一四年七月)一六〇～一六一頁。
(101)「高田畊安氏を訪ふ」(『福音新報』第八四二号、一九一一年八月)六頁。
(102) 実業家をはじめとする本郷教会の顔ぶれに関しては、前掲注(95)同志社大学人文科学研究所編『『新人』『新女界』の研究』所収の、太田雅夫「本郷教会の人びと」および前掲注(95)定家修身「『新人』、『新女界』を支えた本郷教会の実業家信徒」を参照。
(103) 金雨英『民族共同生活과 道義』(釜山・新生公論社、一九五七年)。同回顧録を最初に活用した研究として、前掲注(59)松尾尊兊『民本主義と帝国主義』所収の「吉野作造と在日朝鮮人学生」がある。
(104) 前掲注(103)金雨英『民族共同生活과 道義』二一〇～二一三頁。
(105) 金雨英の活動に関しては、前掲注(59)松尾尊兊『民本主義と帝国主義』一六四～一七七頁を参照。
(106) 具体的な参加者は明らかでないが、一九一一年七月に朝鮮牧師視察団が来日し日本メソジスト教会を訪れた際には、東京在住の朝鮮人も歓迎会を行っている(「朝鮮牧師視察団」〈『福音新報』第八三九号、一九一一年七月〉一三頁)。また、前掲注(1)白南薫『나의 一生』には、一九一〇年代中盤に東京で在日朝鮮人の通う教会が設立されたことが書かれている。
(107)「宣言」(『指路』第八八号、一九二〇年五月)一面。
(108) 組合教会の朝鮮伝道に関しては、前掲注(59)松尾尊兊『民本主義と帝国主義』二三三～二九六頁、川瀬貴也『植民地朝鮮の宗教と学知』(東京・青弓社、二〇〇九年)五八～一一九頁などを参照されたい。また、これと関連した海老名弾正の思想に関しては、宇野田尚哉「宗教意識と帝国意識──世紀転換期の海老名弾正を中心に」(柳炳徳ほか編『宗教から東アジアの近代を問う』、東京・ぺりかん社、二〇〇二年)を参照。
(109) 前掲注(98)「朝鮮教化資金募集趣意書」一四一頁。
(110) 本郷教会の「青年の教会」としての性格に関しては、前掲注(102)太田雅夫「本郷教会の人びと」、前掲注(108)宇野田尚哉「宗教意識と帝国意識」を参照。

（111）「朝鮮青年の為に訴ふ」（『新人』第一五巻第四号、一九一四年四月）六～七頁。以下、全文を記す。

凡そ多少の教養あり多少の気概と理想とを有てる青年に取り、其の歴史ある国家を失ひ亡国の民としてさすらへる程悲惨なる境遇を想像することは出来ない。之を想ふて吾人は深き同情を近き我が朝鮮の青年に寄するのである。而して特に都下在住の朝鮮学生の身上に深き同情を禁ぜざるを得ない。彼等が朝鮮一千万の同胞に対し無限の責任を感ずれば感ずるだけ彼等の苦痛は深刻である。

凡そ如何なる政治と雖も完全を期する訳に行かない。随つて我が朝鮮総督府の政治が如何に朝鮮の為に盡す所あり、施設の完全を期する所があるにしても、其の施設の誤れる所ろが無いとすることは出来まい。斯の点に於て直接間接に是と利害を覚え、其の同胞の窮状を見る彼等朝鮮青年が総督府の政治にあきたらぬは無理からぬ事であつて、吾人は之れに対して一片の同情を禁じ得ないのである。而して彼等とても総督政治の治下に於て相当の言論を要求したいであろう。然るに彼等は全く口を緘せられて其の訴ふる所を知らない。且聊か元気あり気骨ある者に対して、当局は必ず是が意地悪き監視を放さないのである。謂はゞ彼等は直ちに危険人物として取扱はれて居る。斯くして彼等は却つて当局者の暗示によりて実際の危険人物に変わりつゝあるのである。其の鬱積する所如何に就ては寔に憂慮すべき将来を認めざるを得ない。武力的抑圧は決して政治の理想ではない。吾人は最早朝鮮人の訴を聴かなければならぬ時代に接してゐるのである。

聞く所に依れば都下の六百の鮮人学生ありと云ふ而して彼等は殆ど悉く極端なる排日論者であると見てよいのである。這の事実よりすれば鮮人は日本人を理解し得ないといふよりも、先づ日本人は鮮人を理解し得ないと言はなければならぬ。事実天下何人あつて斯る六百の悲哀の青年に温き同情を寄せつゝありや。又彼等の為に幾何の誠心を以て盡しつゝある者ありや。否当局は却つて之を悪み恐るべき猜疑心の眼を以て睨みつゝあるのである。之は果して彼等を理解したやり方であらうか。斯くして彼等血気の青年をして悉く極端なる排日論に馳らしめたのである。彼等の中稀に健実なる見解を有ち稍親日的傾向を保ち得る者は内鮮人よりの甚だしき迫害を忍び、外当局よりの圧迫に堪へなければならぬ。吾人は屢斯かる訴を聞いて自ら其答ふる所を知らないのである。吾人は総督府の施政方針を云々する前に、先づ個人としての待遇に於て吾人自らの責任を感ぜなければならぬ。殊に都下の鮮人青年学生に対して吾人は特別なる同情を以て先づ彼等の温き友となり知己と成らなければならぬ。而して吾人は第一に朝鮮及び朝鮮人を理解せなければならぬ。

(112) 松尾尊兊編『続・現代史資料(1) 社会主義沿革(一)』(東京・みすず書房、一九八四年)四一一・四七七頁。なお、横田淙次郎や長谷川市松をはじめとする当時の大阪のアナキストについては、酒井隆史『通天閣――新・日本資本主義発達史』(東京・青土社、二〇一一年)第四章に詳しい。

(113) 前掲注(1)警保局保安課「朝鮮人概況(大正五年六月三十日)」四九頁。

(114) 警高機発第二五五七号「地方民情彙報(大正三年十月十三日)」(外務省記録、分類項目 四―三―二―二―一―三)。

(115) なぜ鄭泰信が中国に渡ったのかは不明である。鄭泰信が排日および社会主義思想を持つとして特別要視察人に登録されていたことや、中国で就職先を探すもみつからず、香港に移動していることからみて(「要視察鮮人ノ行動ニ関スル件(大正四年六月十一日)」、「要視察鮮人鄭泰信ニ関スル件(大正四年十一月一日)」、いずれも外務省記録、分類項目四―三―二―二―一―一)、単純に当局の監視から逃れることが目的だったように思われる。実際、鄭泰信に関する報告書は一九一六年一一月を最後に残されておらず、その後当局にとって危険な行動はしなかったものと推測される。彼が再び歴史の表舞台に立つのは三・一運動後であり、これについては第四章および第六章で詳しく述べる。

(116) 『第三帝国』や朝鮮人留学生が発表した記事の内容に関しては、前掲注(59)松尾尊兊『民本主義と帝国主義』、および同『大正デモクラシー』(東京・岩波書店、一九七四年)で詳しく述べられているため、ここでは省く。

(117) 「雨の大会」(『第三帝国』第四二号、一九一五年六月)二四頁。なお、金錣洙の後年の回顧録(韓国精神文化研究院現代史研究所編『遲耘　金錣洙』(大韓民国・韓国精神文化研究院、一九九九年)一九三頁には、この読者大会に関する記述がある。それによれば、読者大会は「ヱビスビールの会社[日本麦酒醸造会社]」で開かれ、ビールを飲みながら行われた。当初は五分間の予定であったが、金錣洙は七分間演説したという。

(118) 前掲注(103)金雨英『民族共同生活과 道義』二一八頁。

(119) 同前、二一九頁。

(120) 朝鮮人留学生の講演会活動に関しては、イ・チョルホ(이철호)「一九一〇年代後半 東京留学生의 文化認識과 実践」(『韓国文学研究』第三五号、ソウル・東国大学校韓国文学研究所、二〇〇九年)を参照されたい。

(121)『学之光』第一二号（一九一七年四月）から第一五号（一九一八年三月）にかけて定期的に掲載された「消息」もしくは「編集余言」による。

(122) 日本人キリスト者からの協力を得ながら民族運動を展開する傾向は、台湾人留学生にもみられた。例えば、一九二一年に台湾議会設置運動を展開する際、台湾人留学生に代議士の田川大吉郎を紹介したのは、富士見町教会牧師の植村正久であった。詳しくは、紀旭峰「植村正久と台湾――近代日本キリスト者を通じて」（『問題と研究』第三六巻第六号、台北・国立政治大学国際関係研究センター、二〇〇七年）を参照。

〈第三章〉

（1） 姜徳相編『現代史資料(26) 朝鮮(二)』（東京・みすず書房、一九六七年）二〇頁。

（2） 詳しくは、朴賛勝『韓国近代政治思想史研究――民族主義右派의 実力養成運動論』（ソウル・歴史批評社、一九九二年）の第二章を参照。

（3） 以下、「一〇五人事件」に関しては、長田彰文『日本の朝鮮統治と国際関係――朝鮮独立運動とアメリカ　一九一〇～一九二二』（東京・平凡社、二〇〇五年）四五～六六頁による。また、同事件などによる朝鮮総督府の治安認識の変化に関しては、松田利彦『日本の朝鮮植民地支配と警察――一九〇五～一九四五年』（東京・校倉書房、二〇〇九年）第二部「「武断政治」期の憲兵警察」を参照されたい。

（4） 前掲注(3)長田彰文『日本の朝鮮統治と国際関係』九七～一〇〇頁や、姜徳相『呂運亨評伝1――朝鮮三・一独立運動』（東京・新幹社、二〇〇二年）一〇四～一一九頁にも、新韓青年党の活動についての詳しい記述がある。なお、姜徳相は新韓青年党を一九一五年に日本で設立された新亜同盟党や、その頃に上海で設立された新亜同済会を母体にして設立されたものとして捉えているが、この見解には検討の余地があると考える。詳しいことは、新亜同盟党について扱う本章第二節で述べる。

（5） 詳しくは、趙東杰「大韓光復会研究」（『韓国史研究』第四二号、ソウル・韓国史研究会、一九八三年）、洪善杓「一九一〇年代後半　韓人社会의 動向과 大韓人国民会의 活動」（『韓国独立運動史研究』第八号、大韓民国・独立記念館韓国独立運動史研究所、一九九四年）、尹炳奭「李東輝의 亡命活動과 大韓光復軍政府」（『韓国独立運動史研究』第一

一号、大韓民国・独立記念館韓国独立運動史研究所、一九九七年)、姜萬吉編『統一志向우리民族解放運動史』(ソウル・歴史批評社、二〇〇〇年)などを参照。
(6) 前掲注(4)姜徳相『呂運亨評伝1』九二〜一〇〇頁。
(7) 石川禎浩『中国共産党成立史』(東京・岩波書店、二〇〇一年)。
(8) 三・一運動以降の朝鮮社会主義運動の展開と関連させて新亜同盟党を分析した研究としては、朴鐘隣「一九一〇年代在日留学生의 社会主義思想受容과 '金錣洙그룹'」(『史林』第三〇号、ソウル・成均館大学校史学科、二〇〇八年)、崔善雄「一九一〇年代 在日留学生団体新亜同盟党의 反日運動과 近代的構想」(『歴史와 現実』第六〇号、ソウル・韓国歴史研究会、二〇〇六年)がある。
(9) 中第二七四号「新亜同盟党組織ニ関スル件(大正六年三月十四日)」。なお、同文書の作成者は未詳である。内報先は朝鮮駐劄憲兵隊司令官、警保局長、各憲兵隊長、青島守備軍憲兵隊長、支那天津駐屯軍憲兵長となっている。文書の末尾に、新亜同盟党に参加していた朝鮮人リストを付していることから、朝鮮人取締を目的として作成されたと考えられる。
(10) 警保局「朝鮮人概況 第一(大正六年五月三十一日)」(荻野富士夫編『特高警察関係資料集成』第三二巻、東京・不二出版、二〇〇四年)五五頁。
(11) 黄紀陶「黄介民同志伝略」(『清江文史資料』第一輯、中国、一九八六年)五二〜五六頁。
(12) 韓国精神文化研究院現代史研究所編『遅耘 金錣洙』(大韓民国・韓国精神文化研究院、一九九九年)七〜八・四三〜四四・一九五〜一九六頁。以下、同書からの引用は編者名を省略する。
(13) 前掲注(12)『遅耘 金錣洙』七〜八頁。
(14) 前掲注(9)中第二七四号「新亜同盟党組織ニ関スル件(大正六年三月十四日)」一頁。
(15) 川島真「関係緊密化と対立の原型——日清戦争後から二十一カ条要求まで」(劉傑・三谷博・楊大慶編『国境を越える歴史認識——日中対話の試み』、東京・東京大学出版会、二〇〇六年)四六〜四七頁。また、二十一カ条要求に関しては、山室信一『複合戦争と総力戦の断層——日本にとっての第一次世界大戦』(京都・人文書院、二〇一〇年)も参照されたい。

(16)詳しくは、小野信爾『五四運動在日本』(東京・汲古書院、二〇〇三年)一三～四六頁を参照。
(17)今村与志雄「日韓併合と中国の日本観」(『思想』第五三七号、東京・岩波書店、一九六九年)一〇四頁。
(18)中国における国恥記念日の制定過程に関しては、山本忠士「中国の「国恥記念日」に関する一考察」(『日本大学大学院総合社会情報研究科紀要』第二号、東京・日本大学大学院総合社会情報研究科、二〇〇一年)を参照。
(19)山室信一『(増補版)キメラ――満洲国の肖像』(東京・中央公論社、二〇〇四年)二四頁。
(20)金錣洙は、中国人が「日本が中国を奪い取ろうとしているので中国、朝鮮、台湾、インド人を集めて新しいアジア同盟党を作ろう」といってきたため、新亜同盟党を結成したとも述べている(前掲注12『遅耘　金錣洙』四三頁)。
(21)姜徳相は、一九一五年に上海で結成されたとみられる朝鮮人と中国人の抗日連帯組織である新亜同済会の日本支部として、新亜同盟党は結成されたのではないかと推測している。実際、新亜同済会は二十一カ条要求を背景として結成された点や、民族独立のために朝鮮人と中国人が互いに協力するという組織の趣旨など、新亜同盟党との類似点も多い(前掲注4姜徳相『呂運亨評伝1』九六～九八頁)。しかし、新亜同済会の具体的な結成時期が不明で、新亜同盟党が組織される以前から新亜同済会が存在していたのか定かでないこと、新亜同盟党結成の当事者である金錣洙や黄介民が新亜同済会に関して一切言及していないことから、新亜同盟党を新亜同済会の日本支部とみなすのは無理があるように思われる。むしろ、日本が中国に二十一カ条要求を突き付けたことにより、朝鮮人と中国人の「反日」を共通軸とする連帯が、上海と日本で同時多発的に生まれたと捉えた方が無難だと思われる。
(22)前掲注(11)黄紀陶「黄介民同志伝略」五二頁。
(23)前掲注(12)『遅耘　金錣洙』四三頁。
(24)前掲注(10)警保局「朝鮮人概況　第一(大正六年五月三十一日)」五五頁。
(25)前掲注(9)中第二七四号「新亜同盟党組織ニ関スル件(大正六年三月十四日)」一頁。
(26)前掲注(10)警保局「朝鮮人概況　第一(大正六年五月三十一日)」五五頁。
(27)同前、五五頁。
(28)新亜同盟党が結成された一九一五年から「朝鮮人概況　第一(大正六年五月三十一日)」の作成された一九一七年にかけて、「蔡国禎」という台湾人が早稲田大学に通っていた形跡はない。一方、類似した名前の台湾人としては「蔡伯毅」が一九一七年に早稲田大学専門部政治経済科を卒業していたことが確認できる（早稲田大学校友会『会員名簿（昭和十八年用）』〈東京・早稲田大学校友会、一九四三年〉二八六頁。同史料の提供を含め、紀旭峰氏のご教示による）。また、黄介民は新亜同盟党に参加した「中国革命志士」のひとりとして「蔡北崙」という人物の名前を挙げているのだが（前掲注11黄紀陶「黄介民同志伝略」五二頁）、蔡伯毅の字は「北崙」であった（顧力仁主編『台湾歴史人物小伝――日拠時期』〈台北・国家図書館、二〇〇二年〉二五一頁）。よって、内務省の「蔡国禎」と黄介民の「蔡北崙」は、いずれも蔡伯毅のことを指していると考えられる。

(29) 白南薫『나의 一生』（ソウル・新現実社、一九六八年）一一七頁、崔承萬『나의 回顧録』（仁川・仁荷大学校出版部、一九八五年）六九頁、「우리消息」（『学之光』第五号、一九一五年五月）六三頁。

(30) 新亜同盟党の解散後は、北京の陸軍大学に通い、一九二〇年八月に京城の華渓寺で病気により死去したようである（「河相澗氏長逝」〈『東亜日報』一九二〇年八月二〇日付〉三面）。

(31) 前掲注(9)中第二七四号「新亜同盟党組織ニ関スル件（大正六年三月十四日）」一頁。

(32) 徐友春主編『民国人物大辞典』上巻（石家荘・河北人民出版社、二〇〇七年）一〇七九頁。

(33) 前掲注(7)石川禎浩『中国共産党成立史』一五〇～一五二頁。

(34) 王希天については、仁木ふみ子『震災下の中国人虐殺――中国人労働者と王希天はなぜ殺されたか』（東京・青木書店、一九九三年）を参照。

(35) 羅豁および東方書報社については、前掲注(16)小野信爾『五四運動在日本』二三七～三一七頁による。

(36) 前掲注(32)徐友春主編『民国人物大辞典』下巻、二七一五頁。中国に戻って以降は民族運動から離脱したようである。しかし、一九二三年に王希天が死去した際には、黄介民、姚薦楠、羅豁らとともに追悼文を寄せているので（前掲注(16)小野信爾『五四運動在日本』三〇七頁）、交友関係は続いていたようである。

(37) 前掲注(28)顧力仁主編『台湾歴史人物小伝――日拠時期』二五一頁。

(38) 冨田哲「日本統治期台湾をとりまく情勢の変化と台湾総督府翻訳官」（『日本台湾学会報』第一四号、東京・日本台湾学会、二〇一二年）一六七頁。

(39) 前掲注(28)顧力仁主編『台湾歴史人物小伝――日拠時期』二〇五頁。彭華英がいつ立教中学校に入学したのかは定かでない。その後は一九一八年に明治大学に入学する。彭華英については、第五章で詳しく述べる。

(40) 前掲注(9)中第二七四号「新亜同盟党組織ニ関スル件(大正六年三月十四日)」一頁、前掲注(10)警保局「朝鮮人概況 第一(大正六年五月三十一日)」五五頁。

(41) 前掲注(7)石川禎浩『中国共産党成立史』一五一頁、前掲注(11)黄紀陶「黄介民同志伝略」五二頁。

(42) 前掲注(16)小野信爾『五四運動在日本』二三頁。

(43) 前掲注(11)黄紀陶「黄介民同志伝略」五二〜五三頁。

(44) 前掲注(10)警保局「朝鮮人概況 第一(大正六年五月三十一日)」五五頁。

(45) 前掲注(12)『遲耘 金錣洙』四四頁。

(46) 前掲注(9)中第二七四号「新亜同盟党組織ニ関スル件(大正六年三月十四日)」二頁。

(47) 前掲注(12)『遲耘 金錣洙』四三〜四四頁。なお、金錣洙が早稲田大学専門部を卒業したのは一九一六年であったので(前掲早稲田大学校友会『会員名簿(昭和十八年用)』二二一頁)、卒業のため朝鮮に戻ったわけではなかったようである。

(48) 前掲注(9)中第二七四号「新亜同盟党組織ニ関スル件(大正六年三月十四日)」二頁。

(49) 警保局保安課「朝鮮人概況 第二(大正七年五月三十一日)」(朴慶植編『在日朝鮮人関係資料集成』第一巻、東京・三一書房、一九七五年)六七頁。

(50) 前掲注(10)警保局「朝鮮人概況 第一(大正六年五月三十一日)」五五頁。

(51) 前掲注(12)『遲耘 金錣洙』一九二〜一九三頁。

(52) 中華第一楼は、一九一八年夏に林献堂が蔡培火ら台湾人留学生を招き、六三法撤廃運動などについて話し合った場所である(許世楷『日本統治下の台湾——抵抗と弾圧』〈東京・東京大学出版会、一九七二年〉一八二頁)。

(53) 蔡伯毅が一九一七年に早稲田大学専門部政治経済科を卒業したことは先に述べた。前掲注(28)早稲田大学校友会『会員名簿(昭和十八年用)』によれば、この時期に早稲田大学専門部政治経済科に通っていた朝鮮人参加者としては、一九一六年卒業の金錣洙、一九一八年卒業の金明植が確認できる(いずれも、二二一頁)。そのほか、大学部の政治経済科に通っていた人物としては、一九一六年卒業の張徳秀(四一〇頁)、一九一七年卒業の金良洙(二二一頁)などが確認できる。

(54)高第一一〇三七号「上海在住不逞鮮人逮捕方ニ関スル件(大正八年四月十一日)」(外務省記録、分類項目 四―三―二―二―一―七)。

(55)前掲注(3)長田彰文『日本の朝鮮統治と国際関係』九七~九九頁。

(56)前掲注(54)高第一一〇三七号「上海在住不逞鮮人逮捕方ニ関スル件(大正八年四月十一日)」。

(57)前掲注(1)姜徳相編『現代史資料(26) 朝鮮(二)』一一頁。

(58)同前、一六頁。

(59)田栄澤「東京留学生의 独立運動」(『新天地』第一巻第二号、ソウル・서울新聞社、一九四六年)九七頁。

(60)前掲注(1)姜徳相編『現代史資料(26) 朝鮮(二)』二〇頁。

(61)前掲注(59)田栄澤「東京留学生의 独立運動」九八頁。

(62)前掲注(1)姜徳相編『現代史資料(26) 朝鮮(二)』二一頁、前掲注(59)田栄澤「東京留学生의 独立運動」九八~九九頁。

(63)前掲注(1)姜徳相編『現代史資料(26) 朝鮮(二)』二六頁。

(64)三・一運動に関しては韓国を中心に膨大な研究があるが、前掲注(3)長田彰文『日本の朝鮮統治と国際関係』が最も参考になる。

(65)高宗の毒殺説に関しては、李昇燁「李太王(高宗)毒殺説の検討」(『二十世紀研究』第一〇号、京都・二十世紀研究編集委員会、二〇〇九年)を参照。

(66)ユン・デソク(윤대석)『上海時期 大韓民国臨時政府研究』(ソウル・서울大学校出版部、二〇〇六年)三九・五三頁。

(67)小野信爾「三一運動と五四運動」(姜在彦・飯沼二郎編『植民地期朝鮮の社会と抵抗』、東京・未来社、一九八二年)六二~六七頁。そのほか、三・一運動と五四運動の関連性を扱った研究としては、小島晋治「三・一運動と五四運動――その関連性」(『朝鮮史研究会論文集』第一七号(東京・朝鮮史研究会、一九八〇年)、前掲注(4)姜徳相『呂運亨評伝1』第五章「三・一運動と五・四運動」がある。

(68)中韓互助社に関しては、孫安石「一九二〇年代、上海の中朝連帯組織――「中韓国民互助社総社」の成立、構成、活

動を中心に」(『中国研究月報』第五七五号、東京・中国研究所、一九九六年)、前掲注(67)小野信爾「三一運動と五四運動」を参照。

(69)『外事警察報』第二一号(一九二三年)四四~四五頁。

(70)前掲注(11)黄紀陶「黄介民同志伝略」五二頁。

(71)前掲注(11)黄紀陶「黄介民同志伝略」五三頁、前掲注(16)小野信爾『五四運動在日本』七九・一四一頁。

(72)前掲注(16)小野信爾『五四運動在日本』七六頁。

(73)金弘壱『大陸의 憤怒――老兵의 回想記』(ソウル・文潮社、一九七二年)五一頁。なお、趙東祜が『救国日報』の記者をしていたことは、姜萬吉・成大慶編『韓国社会主義運動人名事典』(ソウル・創作과批評社、一九九六年)の「趙東祜」の項目にも書かれている。

(74)前掲注(73)金弘壱『大陸의 憤怒』五五~五六頁。

(75)同前、五〇頁。金弘壱は呂運亨に上海大学への入学を斡旋してもらっている。ただし、英語の実力が不足したため、結局は落第してしまった。

(76)詳しくは第五章で述べるが、呂運亨は大同党には加入していた。

(77)前掲注(11)黄紀陶「黄介民同志伝略」五三頁。なお、パリ講和会議に金奎植を派遣する際、そのための資金調達にあたっていた鄭元澤によれば、趙素昂は三・一運動時期、満洲で活動していた(鄭元澤『志山外遊日誌』〈ソウル・探究堂、一九八三年〉一七二~一七五頁)。

(78)以下、中韓国民互助社総社に関しては、前掲注(68)孫安石「一九二〇年代、上海の中朝連帯組織」による。

(79)前掲注(67)小野信爾「三一運動と五四運動」、村田雄二郎「韓国併合と辛亥革命」(国立歴史民俗博物館編『「韓国併合」一〇〇年を問う』、東京・岩波書店、二〇一一年)。

〈第四章〉

(1)三・一運動後の「文化政治」の導入に関しては、松田利彦『日本の朝鮮植民地支配と警察――一九〇五~一九四五年』(東京・校倉書房、二〇〇九年)二一七~二八四頁、長田彰文『日本の朝鮮統治と国際関係――朝鮮独立運動とア

メリカ　一九一〇～一九二二』（東京・平凡社、二〇〇五年）二七五～二九三頁を参照。
(2) 前掲注(1)長田彰文『日本の朝鮮統治と国際関係』三七五頁。
(3) 詳しくは、朴賛勝『韓国近代政治思想史研究――民族主義右派의 実力養成運動論』（ソウル・歴史批評社、一九九二年）の第三章を参照。
(4) 詳しくは、尹海東「日帝下　物産奨励運動의 背景과 理念」（『韓国史論』第二七号、ソウル・서울大学校国史学科、一九九二年）、柳時賢「羅景錫의‚生産増殖‚論과 物産奨励運動」（『歴史問題研究』第二号、ソウル・歴史問題研究所、一九九七年）を参照。物産奨励運動に対する社会主義系列の知識人の対応に関しては、朴鍾隣「一九二〇年代前半期社会主義思想의 受容과 物産奨励論争」（『歴史와 現実』第四七号、ソウル・韓国歴史研究会、二〇〇三年）を参照。
(5) 金東仁「朝鮮文壇と私の歩んだ道」（『国民文学』第一号、京城・人文社、一九四一年一一月）四九頁。
(6) 前掲注(3)朴賛勝『韓国近代政治思想史研究』一六八頁。
(7) 『東亜日報』に関しては、東亜日報社史編纂委員会編『東亜日報社史』第一巻（ソウル・東亜日報社、一九七五年）、金庚宅「一九一〇・二〇年代　東亜日報主導層의 政治経済思想研究」（ソウル・延世大学校博士学位論文、一九九七年）を参照。
(8) 当時の朝鮮内の雑誌に関しては、金根洙編著『韓国雑誌概観 및 号別目次集』（ソウル・永信아카데미韓国学研究所、一九七三年）二四七～三二二頁を参照。
(9) 「発行의 辞」（『曙光』第一号、一九一九年一一月）一～二頁。
(10) 「世界를 알라」（『開闢』第一号、一九二〇年六月）、社説（金明植）「大勢와 改造」（『東亜日報』一九二〇年四月二日付）など。
(11) 黎明会に関しては、住谷悦治「民本主義思想の浸透――吉野作造・福田徳三・黎明会」（住谷悦治・山口光朔・小山仁示・浅田光輝・小山弘健編『大正デモクラシーの思想』東京・芳賀書店、一九六七年）を参照。
(12) 「黎明会記録」（『黎明講演集』第四輯、一九一九年六月）三六三～三六四頁。なお、頁数は『黎明講演集』第一輯から第六輯の合本として一九一九年八月に大鐙閣から出版された『黎明講演集』第一巻によっている。
(13) 同前、三六五～三六九頁。

(14) 新人会に関しては、H・スミス著／松尾尊兊・森史子訳『新人会の研究――日本学生運動の源流』（東京・東京大学出版会、一九七八年）、村田勝範編『帝大新人会研究』（東京・慶應義塾大学出版会、一九九七年）を参照。
(15) 大山郁夫「社会改造の根本精神」（『我等』第一巻第一〇号、一九一九年八月）二五頁。
(16) 『改造』については、関忠果ほか編『雑誌『改造』の四十年』（東京・光和堂、一九七七年）を参照。
(17) 一九一九年の日本の社会主義書籍の出版状況については、塩田庄兵衛編『日本社会主義文献解説』（東京・大月書店、一九五八年）、石川禎浩『中国共産党成立史』（東京・岩波書店、二〇〇一年）三七～三八頁。
(18) 松尾尊兊『民本主義と帝国主義』（東京・みすず書房、一九九八年）一七八～一八二頁。
(19) 『デモクラシイ』が朝鮮人留学生の間で読まれていたことは、一九二〇年一月に発行された『学之光』第一九号に掲載された朴錫胤「우리의 할일（랏셀）」（我々のなすべきこと〈ラッセル〉）が、一九一九年五月発行の『デモクラシイ』第三号に掲載された波多野謙「我々は何を為すべきか（ラッセル著）」の翻訳（厳密にいえば、バートランド・ラッセルの文章の重訳）であることから確認できる。
(20) 「東京諸新聞雑誌印刷高一覧表」（『曙光』第一号、一九一九年一一月）一六五～一六六頁。
(21) 許洙「一九二〇年代初『開闢』主導層의 近代思想紹介様相」（『歴史와 現実』第六七号、ソウル・韓国歴史研究会、二〇〇八年）。
(22) 柳時賢「植民地期 러셀의『社会改造의 原理』의 翻訳과 受容」（『韓国史学報』第二二号、ソウル・高麗史学会、二〇〇六年）。
(23) 文化主義が朝鮮思想界に与えた影響に関しては、前掲注(3)朴賛勝『韓国近代政治思想史研究』一七六～一八五頁、許洙「日帝下 李敦化의 社会思想과 天道教――'宗教的啓蒙'을 中心으로」（ソウル・서울大学校博士論文、二〇〇五年）五七～七五頁が詳しい。なお、同論文は、近年、同『李敦化研究――宗教와 社会의 境界』（ソウル・歴史批評社、二〇一一年）として公刊された。
(24) 詳しくは、山室信一『思想課題としてのアジア――基軸・連鎖・投企』（東京・岩波書店、二〇〇一年）を参照。
(25) 労働の「働」は日本で開発された漢字であるため、今日の韓国では「朝鮮労動共済会」と表記されるのが一般的であるが、解放前の朝鮮においては「働」が使用されていた。歴史史料の表記に倣い、本書では「朝鮮労働共済会」と表記している。

(26)「労働共済創立」(『東亜日報』一九二〇年四月一二日付)三面、「朝鮮労働共済会沿革大略」(『共済』第一号、一九二〇年九月)一六六頁。

(27) 朝鮮労働共済会に関する研究としては、朴愛琳「朝鮮労動共済会의 活動과 理念」(ソウル・延世大学校碩士論文、一九九二年)、愼鏞廈「朝鮮労動共済会의 創立과 労働運動」(韓国社会史研究会編『韓国의 社会身分과 社会階層』、ソウル・文学과知性社、一九九〇年)、金森襄作「朝鮮労働共済会について——果して朝鮮最初の労働団体であったか」(『朝鮮史叢』第三号、神戸・青丘文庫、一九八〇年)などがある。このうち、朴愛琳の研究が最も包括的かつ詳細であり、とくに朝鮮半島各地に設置された支会の活動に関する記述が充実している。

(28) 前掲注(26)「朝鮮労働共済会沿革大略」一六六頁。

(29)「主旨書의 配布도 申告업시는 不可」(『東亜日報』一九二〇年四月一一日付)三面。

(30) 前掲注(26)「朝鮮労働共済会沿革大略」一六六頁。

(31)「朝鮮労働共済会主旨」は一九二〇年九月発行の『共済』創刊号に掲載されたが、その内容の一部は、李敦化「最近朝鮮社会運動의 二三」(『開闢』第二号、一九二〇年七月)二四頁などでも紹介されている。

(32) 朴重華「朝鮮労働共済会主旨」(『共済』第一号、一九二〇年九月)一六七頁。

(33) 同前、一六九〜一七〇頁。

(34)「労働共済会의 労働夜学計画 래월이십일부터 중앙례배당에서」(『東亜日報』一九二〇年八月二八日付)三面。

(35)「講習生募集広告」(『共済』第二号、一九二〇年一〇月)。

(36)「朝鮮労働共済会京城本会　第一回定期総会記事録」(『共済』第七号、一九二一年四月)九二頁。一九二一年三月の時点で、生徒数は三五人であった。

(37)「共済会의 消費組合」(『東亜日報』一九二一年七月二九日付)三面。

(38) 前掲注(36)「朝鮮労働共済会京城本会　第一回定期総会記事録」九二頁。二一一名の求人に対して、斡旋できたのは六名であった。

(39) 前掲注(27)朴愛琳「朝鮮労動共済会의 活動과 理念」六〜一二頁。

(40) 兪鎭熙「寸感」(『共済』第一号、一九二〇年九月)、「一般労働界의 消息」(『共済』第一号、一九二〇年九月)など。
(41) 一九二五年まで、朝鮮内の産業の七一%を農業が占めていた(金哲『韓国の人口と経済』〈東京・岩波書店、一九六五年〉一六二～一六三頁)。
(42) 朴達成「時急히 解決할 朝鮮의 二大問題」(『開闢』第一号、一九二〇年六月)二九頁。
(43) 羅景錫「世界思潮와 朝鮮農村」(『共済』第一号、一九二〇年六月)五五頁。
(44) 金科熙(金若水)「戦後世界大勢와 朝鮮労働問題」(『共済』第二号、一九二〇年一〇月)五頁。
(45) 前田多門『国際労働』(東京・岩波書店、一九二七年)二四〇頁。同文献に関しては、松尾尊兊『大正デモクラシーの研究』(東京・青木書店、一九六六年)に教えられた。なお、松尾尊兊の同書二〇六～二〇八頁では、国際労働規約が日本の労働運動に与えた影響に関して述べられている。
(46) 前掲注(44)金科熙「戦後世界大勢와 朝鮮労働問題」七頁。
(47) 前掲注(32)朴重華「朝鮮労働共済会主旨」一七〇頁。
(48) 靄観(金翰)「全国労働者諸君에게 檄을 送하노라」(『共済』第一号、一九二〇年九月)四一頁。
(49) 「国際労働法規　平和条約労働規定」(『共済』第一号、一九二〇年九月)一四七～一五二頁、「国際労働法規(続)」(『共済』第二号、一九二〇年一〇月)一二三～一二八頁。
(50) 北崎豊二「友愛会と労働組合主義」(前掲注11住谷悦治・山口光朔・小山仁示・浅田光輝・小山弘健編『大正デモクラシーの思想』所収)二五一頁。
(51) 鈴木文治「七周年大会の辞」(『労働及産業』第九八号、一九一九年一〇月)五頁。
(52) 前掲注(45)松尾尊兊『大正デモクラシーの研究』二〇六～二〇八頁。
(53) 山川均「日本労働委員の賛美」(『山川均全集』第二巻、東京・勁草書房、一九六六年)三〇五頁。
(54) 第三回総会以降の朝鮮労働共済会に関しては、前掲注(27)朴愛琳「朝鮮労動共済会의 活動과 理念」五六～七〇頁を参照。
(55) 朴鐘隣「日帝下　社会主義思想의 受容에 関한 研究」(ソウル・延世大学校博士論文、二〇〇七年)、李賢周『韓国社会主義勢力의 形成——一九一九～一九二三』(ソウル・一潮閣、二〇〇三年)一二五～一三二頁、柳時賢「社会主義思

想의 受容과 大衆運動」（歴史学研究所『韓国共産主義運動史研究』、ソウル・아세아文化社、一九九七年）、同「一九二〇年代前半期　朝鮮의 社会主義思想受容과 発展」（『民族史의 展開와 文化』下巻、ソウル・創作과 批評社、一九九〇年）。

(56) 朴鐘隣「一九二〇年代初　共産主義그룹의 맑스主義受容과, 唯物史観要領記」（『歴史와 現実』第六七号、ソウル・韓国歴史研究会、二〇〇八年）によって、朝鮮内の合法媒体においてはじめて訳載されたマルクス主義原典『経済学批判』序文が、堺利彦からの重訳であったことが明らかにされた程度である。

(57) 管見の限りでは、一九二〇年五月八日付『東亜日報』に掲載された솔뫼（金明植の筆名）の「생각나는대로」（思いつくままに）で、朝鮮の活字媒体において唯物史観という用語がはじめて登場した。それ以前には、マルクス主義関連の記事は見当たらない。

(58) 社会革命党の設立過程については、崔善雄「一九二〇年代初　韓国共産主義運動의 脱自由主義化過程――上海派高麗共産党国内支部를 中心으로」（『韓国史学報』第二六号、ソウル・高麗史学会、二〇〇七年）を参照。

(59) 韓国精神文化研究院現代史研究所編『遅耘　金錣洙』（大韓民国・韓国精神文化研究院、一九九九年）三〇五頁。

(60) 前掲注(27)朴愛琳「朝鮮労動共済会의 活動과 理念」一六頁。

(61) 本書の第二章第三節を参照。

(62) РГАСПИ. 495/135/64/51–57.

(63) 金翰「国際連盟에 対한 我의 主張」（『独立新聞』一九一九年九月二四日付）。一九一九年九月当時、金翰は上海の大韓民国臨時政府で活動していた。

(64) 畊夫申伯雨先生記念事業会『畊夫申伯雨』（ソウル・畊夫申伯雨先生記念事業会、一九七三年）一一三～一一四頁。

(65) 一九二一年以降の朝鮮共産党の活動に関しては、朴哲河「一九二〇年代　社会主義思想団体研究」（ソウル・崇実大学校博士論文、二〇〇三年）九～四〇頁を参照。

(66) РГАСПИ. 495/135/70/2.

(67) 本書で分析した一九二〇年の朝鮮語新聞・雑誌は、朝鮮労働共済会の機関誌『共済』、日刊紙の『東亜日報』と『朝鮮日報』、総合雑誌の『開闢』、『서울』（ソウル）、『曙光』の六種である。ただし、社会革命党が『東亜日報』と朝鮮労

働共済会に深く関わっていたこともあり、社会主義関連の記事は『共済』と『東亜日報』に集中している。これらのメディアに社会革命党、金若水グループ、金翰・申伯雨グループに所属していた知識人が発表した記事のなかから、随筆や詩、文芸に関する記事を取り除くと、筆者が確認した限りでは全体で二五本程度であり（新聞紙上で何回かに分けて連載された記事に関しては、一本で計算している）、そのうち一八本程度が社会主義・労働問題に関する記事である。この表は、そのなかから日本書籍を翻訳、あるいは引用した記事を発表時期順に配列したものである。なお、※印のある記事は翻訳や引用ではなく、底本を参照して書かれたもの（内容が酷似したもの）である。

(68) 柳子明『柳子明手記――한 革命者의 回憶録』（大韓民国・独立記念館韓国独立運動史研究所、一九九九年）六九～七〇頁。

(69)「癸亥와 甲子」（『開闢』第四三号、一九二四年一月）三～四頁。

(70) 山泉進「大杉栄、コミンテルンに遭遇す――(付)李増林聴取書・松本愛敬関係資料」（『初期社会主義研究』第一五号、東京・初期社会主義研究会、二〇〇二年）一一五頁。

(71) 上海の大韓民国臨時政府の機関紙『独立新聞』では、一九二〇年に『経済学批判』序文が掲載された。孫斗煥「社会主義研究(一～五)」（『独立新聞』一九二〇年五月二九日付～六月一七日付）は河上肇『近世経済思想史論』（東京・岩波書店、一九二〇年）七六～一一六頁（頁数は『河上肇全集』第一〇巻〈東京・岩波書店、一九八二年〉による）を抄訳したものであるが、一九二〇年六月五日付「社会主義研究(三)」で『経済学批判』序文の朝鮮語訳が掲載された。もちろん河上肇からの重訳である。

(72) 尹滋瑛「唯物史観要領記」（『我聲』第一号、一九二一年三月）、申伯雨「唯物史観概要」（『共済』第七号、一九二一年四月）。

(73) 前掲注(44)金科煕「戦後世界大勢와 朝鮮労働問題」六頁。

(74) 兪鎮熙「労働運動의 社会主義的考察」（『共済』第二号、一九二〇年一〇月）一四頁。

(75) 同前、一二～一三頁。

(76) 同前、一六頁。

(77) 中澤臨川「労働問題の愛護」（『中央公論』臨時増刊労働問題号、一九一九年七月）四頁。

(78) 前掲注(77)中澤臨川「労働問題の愛護」八〜九頁、前掲注(74)兪鎮熙「労働運動의 社会主義的考察」一二〜一三頁。

(79) 加藤一夫「文化運動と労働運動」(『中央公論』臨時増刊労働問題号、一九一九年七月)。論文の構成は、第一節「序言」、第二節「文化主義」、第三節「文化主義の主張と其の結論」、第四節「文化運動より労働運動へ」、第五節「唯物史観」、第六節「時期は切迫している」。前掲注(74)兪鎮熙「労働運動의 社会主義的考察」の第二節と第五節の小見出しは、加藤論文の第二節と第四節を訳したものである。

(80) 前掲注(79)加藤一夫「文化運動と労働運動」七〇〜七二頁。

(81) 同前、七四頁。

(82) 前掲注(79)加藤一夫「文化運動と労働運動」七一頁、前掲注(74)兪鎮熙「労働運動의 社会主義的考察」一三〜一四頁。

(83) 前掲注(79)加藤一夫「文化運動と労働運動」七二頁。

(84) 前掲注(74)兪鎮熙「労働運動의 社会主義的考察」一四頁。

(85) 前掲注(57)솔뫼(金明植)「생각나는대로」一面。

(86) 金明植の思想に関しては、洪宗郁「一九三〇年代における植民地朝鮮人の思想的模索――金明植の現実認識と「転向」を中心に」(『朝鮮史研究会論文集』第四二集、東京・朝鮮史研究会、二〇〇四年)を参照。なお、同論文は、同『戦時期朝鮮の転向者たち――帝国/植民地の統合と亀裂』(東京・有志舎、二〇一一年)にも収録されている。

(87) 大山郁夫「労働問題の文化的意義」(『我等』第一巻第一二号、一九一九年一〇月)一三頁。

(88) 山川均は、資本主義社会の崩壊と社会主義の必然的な到来を無産者が自ら意識することを革命運動のひとつの要素として重視し、「マルクスの唯物史観説は、人間の精神的要素を除外しては却って成立ち得ないものである」と主張していた(山川均「マルクスとマルクス主義」〈『中央公論』臨時増刊労働問題号、一九一九年七月〉四七頁)。

(89) 山川均「無産階級の歴史的使命」。一九一九年八月一三日に脱稿されたが初出の雑誌は不明で、山川均『歴史を創造する力』(東京・三徳社、一九二一年)に収録されている。

(90) 鄭栢「無産階級의 歴史的使命」(『新生活』第九号、一九二二年九月)。

(91) 前掲注(55)朴鐘隣「日帝下 社会主義思想의 受容에 関한 研究」四二〜八四頁。

(92) この表は、表3と同様に一九二一年に社会革命党と金翰・申伯雨グループに所属していた知識人が朝鮮のメディアに発表した記事のなかから、日本書籍を翻訳、あるいは引用したものを発表時期順に配列したものである。分析した媒体は、『共済』や『東亜日報』などの表3で分析した新聞雑誌に、一九二一年三月に創刊された朝鮮青年連合会の機関誌『我聲』を加えた六種である(『曙光』は一九二一年の時点で廃刊)。社会革命党と金翰・申伯雨グループに所属していた知識人が一九二一年にこれらの媒体に発表した記事(随筆、詩、文芸は除く)は、管見の限りでは全体で二五本程度であり、そのうち一八本程度が社会主義や労働問題に関する記事である。なお、『共済』第九号は、実際には発行されなかったため、第九号に掲載予定だった記事は、第八号に掲載された「本誌第九号重要内容予告」を参考にした。また、筆者が翻訳底本を特定できなかったものに関しては表5に掲載していない。例えば、Y生(兪鎮熙)「労働価値説研究」(『共済』第七号、一九二一年四月)は、朝鮮のメディアで最初に紹介されたマルクス主義経済学に関する記事であるが、これも使用している用語などから日本書からの引用だと思われる。また、高順欽は朝鮮労働共済会の中心人物のひとりで、後にアナキストとして名を残す人物である。社会革命党や金翰・申伯雨グループに所属していたわけではないが、マルクス主義に関する記事を執筆しているため、この表に掲載した。

(93) 朴鐘隣「꺼지지 않은 불꽃、松山金明植」(『進歩評論』第二号、大韓民国・進歩評論社、一九九九年)三六三頁。なお、同連載は後に金明植『露国革命史와 레닌』(京城・新生活出版部、一九二二年)として出版された。内容は『東亜日報』に連載したものと変わらない。

(94) 「四月号予告」(『社会主義研究』第三巻第三号、一九二一年三月)九三頁。

(95) 「編集室より」(『社会主義研究』第三巻第五号、一九二一年五月)一九九頁。

(96) 日本におけるボリシェヴィズムの受容に関しては、山内昭人「ボリシェヴィキ文献と初期社会主義——堺・高畠・山川」(『初期社会主義研究』第一〇号、東京・初期社会主義研究会、一九九七年)を参照。なお、同論文は、同『初期コミンテルンと在外日本人社会主義者——越境するネットワーク』(京都・ミネルヴァ書房、二〇〇九年)にも補論として収録されている。

(97) 中国におけるマルクス主義、ボリシェヴィズム受容に関しては、前掲注(17)石川禎浩『中国共産党成立史』第一章を参照。

(98) 前掲注(17)塩田庄兵衛編『日本社会主義文献解説』九八〜九九頁。

(99) 赤旋風「文化運動者의 不徹底」(『共済』第七号、一九二一年四月)一六頁。

〈第五章〉

(1) 韓国精神文化研究院現代史研究所編『遅耘 金錣洙』(大韓民国・韓国精神文化研究院、一九九九年)九・四五頁。以下、同書からの引用は編者を略して『遅耘 金錣洙』とする。なお、一九二一年四月に八人の代表が出発する前に、社会革命党に所属していた(新亜同盟党の出身者でもある)洪震義は上海で彼らの到着を待っていたため、実質的には九人の代表が送られていたという(崔善雄「一九二〇年代初 韓国共産主義運動의 脱自由主義化過程——上海派高麗共産党国内支部를 中心으로」(『韓国史学報』第二六号〈ソウル・高麗史学会、二〇〇七年〉二九二頁)。

(2) ロシア在住朝鮮人およびイルクーツク派高麗共産党については、林京錫『韓国社会主義의 起源』(ソウル・歴史批評社、二〇〇三年)を参照。

(3) 劉孝鐘「極東ロシアにおける一〇月革命と朝鮮人社会」(『ロシア史研究』第四五号、東京・ロシア史研究会、一九八七年)。なお、李東輝については、潘炳律『誠斎 李東輝一代記』(ソウル・범우社、一九九八年)も参照。

(4) 前掲注(1)『遅耘 金錣洙』一二頁。

(5) 同前、八〜九頁。

(6) 「共産主義インタナショナルへの加入条件(一九二〇年八月六日)」(村田陽一編『コミンテルン資料集』第一巻、東京・大月書店、一九七八年)二一八頁。

(7) 中国でのヴォイチンスキーの活動に関しては、石川禎浩『中国共産党成立史』(東京・岩波書店、二〇〇一年)一〇八〜一四一頁を参照。

(8) 以上のシベリア・ビューローおよび極東ビューローに関する記述は、山内昭人『初期コミンテルンと在外日本人社会主義者——越境するネットワーク』(京都・ミネルヴァ書房、二〇〇九年)一八三〜二二四頁、劉孝鐘「コミンテルン極東書記局の成立過程」(『初期コミンテルンと東アジア』研究会編『初期コミンテルンと東アジア』、東京・不二出版、二〇〇七年)、前掲注(7)石川禎浩『中国共産党成立史』一〇三〜一〇七頁による。

(9) 以下の韓人社会党に関する記述は、とくに注記しない限り、前掲注(8)山内昭人『初期コミンテルンと在外日本人社会主義者』二二五〜二六五頁、前掲注(8)劉孝鐘「コミンテルン極東書記局の成立過程」、前掲注(2)林京錫『韓国社会主義의 起源』一七六〜二〇五頁による。

(10) 四〇万ルーブルは金貨で支給され、朴鎮淳、金立、韓人社会党員で臨時政府のモスクワ特使でもある韓馨権によって、それぞれ二二万ルーブル、一二万ルーブル、六万ルーブルずつに分配された。このうち、朴鎮淳が一九万ルーブル、金立が八万ルーブルを上海に持ち帰った（Б.Д.Пак, *СССР, Коминтерн и корейское освободительное движение : 1918–1925. Очерки, документы, материалы*, Москва, РАН, 2006, с.173–174 : 前掲注(8)山内昭人『初期コミンテルンと在外日本人社会主義者』二六二〜二六三頁）。

(11) 韓国共産党に関しては、前掲注(2)林京錫『韓国社会主義의 起源』一九四〜二〇一・二九五〜二九八頁を参照。

(12) 前掲注(7)石川禎浩『中国共産党成立史』一四八〜一六二頁。

(13) 前掲注(1)『遅耘　金錣洙』一九六頁。

(14) 大杉栄著・飛鳥井雅道校訂『自叙伝・日本脱出記』（東京・岩波書店、一九七一年）二八四〜二九五頁、前掲注(7)石川禎浩『中国共産党成立史』一三七頁、山泉進「大杉栄、コミンテルンに遭遇す――(付)李増林聴取書・松本愛敬関係資料」（『初期社会主義研究』第一五号、東京・初期社会主義研究会、二〇〇二年）。

(15) その原因としては、ヴォイチンスキーの帰国のほか、一九二〇年末に陳独秀が上海から広州に活動拠点を移したこと（前掲注7石川禎浩『中国共産党成立史』一四一頁）もあったと思われる。

(16) 前掲注(8)山内昭人『初期コミンテルンと在外日本人社会主義者』二二八〜二三〇頁。

(17) 犬丸義一『第一次共産党史の研究――増補日本共産党の創立』（東京・青木書店、一九九三年）七九頁。なお、『労働運動(第二次)』は朝鮮内でも読まれていたことが確認できる。詳しくは、本書第四章の表5を参照。

(18) 前掲注(8)山内昭人『初期コミンテルンと在外日本人社会主義者』二四一〜二四二頁。

(19) 同前、二四二頁。なお、東洋総局に関しては前掲注(2)林京錫『韓国社会主義의 起源』三八一〜三八四頁も参照されたい。ただし、林京錫の研究は、陳独秀一派と黄介民一派の連合によって中国共産党が誕生したとする先の金錣洙の回想に一部もとづいて叙述されており、それゆえ、「東洋総局」にも陳独秀一派が参加したかのように叙述されている。

(20) 黒川伊織「「第一次共産党」史論――帝国日本とインタナショナルのはざまで」(神戸・神戸大学大学院総合人間科学研究科博士論文、二〇一〇年)七二~七五頁。また、東方書報社については小野信爾『五四運動在日本』(東京・汲古書院、二〇〇三年)八〇頁も参照されたい。

(21) 大谷渡『台湾と日本――激動の時代を生きた人びと』(大阪・東方出版、二〇〇八年)九〇頁、顧力仁主編『台湾歴史人物小伝――日拠時期』(台北・国家図書館、二〇〇二年)一〇五頁、台湾総督府警務局編『台湾総督府警察沿革誌第二編　領台以降の治安状況』(中巻、一九三九年七月)。引用は同史料の復刻版である台湾総督府警務局編『台湾社会運動史』(東京・龍渓書舎、一九七三年)四五六~四五八頁。以下、同書からの引用は『社会運動史』と略す。

(22) 在日朝鮮人留学生の思想と活動に関しては、第六章第三節を参照。

(23) 許世楷『日本統治下の台湾――抵抗と弾圧』(東京・東京大学出版会、一九七二年)一八二頁。

(24) 前掲注(21)『社会運動史』二五~二七頁。

(25) 第一章でも述べたように、厳密にいえば、新民会から学生以外のメンバーを除いて結成された学生だけの研究団体・東京台湾青年会の機関誌である(同前、二七~二八頁)。

(26) 「本誌編輯在京関係者氏名如左」(『台湾青年』第一巻第一号、一九二〇年七月)漢文之部、五四頁、「本誌編輯在京関係者氏名」(『台湾青年』第一巻第二号、一九二〇年八月)漢文之部、二五頁。

(27) 台湾人留学生と日本知識人の交流に関しては、紀旭峰「大正期台湾人「内地留学生」と近代台湾――早稲田大学専門部政治経済科を中心として」(『アジア太平洋研究科論集』第一六号、東京・早稲田大学アジア太平洋研究科、二〇〇八年)、同「植村正久と台湾――近代日本キリスト者を通じて」(『問題と研究』第三六巻第六号、台北・国立政治大学国際関係研究センター、二〇〇七年)で詳しく述べられている。

(28) 山辺健太郎旧蔵「日本社会主義同盟名簿」第二冊(和光大学図書館所蔵)。なお、「日本社会主義同盟名簿」は堺利彦旧蔵名簿(大原社会問題研究所所蔵)と、山辺旧蔵名簿の二種類があり、前者には彭華英の名前はない。「日本社会主義同盟名簿」に関しては、廣畑研二「もう一つの日本社会主義同盟名簿」(『初期社会主義研究』第二二号、東京・初期社会主義研究会、二〇一〇年)を参照。

(29) 藤井正「日本社会主義同盟の歴史的意義――「大同団結」から「協同戦線」へ」(増島宏編『日本の統一戦線』上巻、

東京・大月書店、一九七八年）六一頁。
(30) 前掲注(28)山辺健太郎旧蔵「日本社会主義同盟名簿」第二冊。
(31) 堺利彦旧蔵「日本社会主義同盟名簿」第八冊（大原社会問題研究所所蔵）。
(32) コスモ倶楽部に関しては、松尾尊兊「コスモ倶楽部小史」（『京都橘女子大学研究紀要』第二六号、京都・京都橘女子大学、二〇〇〇年）を参照。
(33) 前掲注(21)『社会運動史』五八四頁。
(34) 戦後の高津正道の暁民会に関する回想では、暁民会の特徴として朝鮮、中国の参加者が多かったとして、金若水ら朝鮮人の名前を挙げているが、台湾人参加者に対する言及はない（高津正道「暁民会前後の思い出」〈『労仂運動史研究』第一二号、東京・民主主義科学者協会東京支部歴史部会労仂運動史研究会準備会、一九五八年〉一二頁）。
(35) 警視庁編「思想要注意人名簿（大正十年一月十五日調）」Microfilm Orien Japan Reel 27.
(36) 黄錫禹「人物短評　元鐘麟」（『三千里』第四年第一一号、一九三二年一〇月）四四頁。
(37) 警視庁特別高等課内鮮高等係『事務概要』大正十三年九月末「要視察朝鮮人要覧」五二頁。
(38) 警保局「朝鮮人近況概要（大正十一年一月）」（朴慶植編『在日朝鮮人関係資料集成』第一巻、東京・三一書房、一九七五年）一二四頁。
(39) 前掲注(21)『社会運動史』一八二頁。
(40) 紀旭峰「雑誌『亜細亜公論』にみる大正期東アジア知識人の連携」（『아시아文化研究』第一七号、大韓民国・環園大学校아시아文化研究所、二〇〇九年）七八～七九頁。
(41) 『大衆時報』第三号（一九二一年九月）一八頁。
(42) 彭華英「社会主義概説（上）」（『台湾青年』第二巻第四号、一九二一年五月）。
(43) 前掲注(23)許世楷『日本統治下の台湾』二六四頁。
(44) 前掲注(42)彭華英「社会主義概説（上）」五二～五三頁。
(45) 前掲注(40)紀旭峰「雑誌『亜細亜公論』にみる大正期東アジア知識人の連携」八六頁。
(46) 前掲注(42)彭華英「社会主義概説（上）」五四頁。

(47) 河上肇の社会主義理解に関しては、三田剛史『甦る河上肇――近代中国の知の源泉』(東京・藤原書店、二〇〇三年)一三一~一八四頁を参照。
(48) 高警第一九二七号「特別要視察人台湾人彭華英渡支ノ件(大正十四年二月十三日)」(外務省記録、分類項目 四―三―二―二―一二)。
(49) 前掲注(21)『社会運動史』五八四頁。
(50) 朝鮮総督府警務局「大正十一年 朝鮮治安状況(国外)」(金正柱編『朝鮮統治史料』第七巻、東京・宗高書房、一九七一年)一八六~一八七頁。
(51) ここで朝鮮内に対する働きかけが記載されていないのは、社会革命党が上海派高麗共産党の関連団体でなく、党の一部として吸収されたからであろう。
(52) 前掲注(8)山内昭人『初期コミンテルンと在外日本人社会主義者』二八四頁。
(53) 前掲注(50)朝鮮総督府警務局「大正十一年 朝鮮治安状況(国外)」一九三頁。
(54) 前掲注(21)『社会運動史』五八四頁。
(55) 在上海日本帝国総領事館警部池上虎弥・警部補向原外一の警視庁石井特別高等課長・山口県村田下関警察署長宛一九二一年五月三一日付文書(外務省記録、分類項目 四―三―二―二―一―一)、高警第一八九三六号「在上海不逞鮮人ノ組織セル社会党分裂ノ件(大正十年六月十日)」(外務省記録、分類項目 四―三―二―二―一―一)。
(56) Tony Saichi, *The Origins of the First United Front in China: The Role of Sneevliet (Alias Maring)*, Part I, Leiden, 1991, pp.312–313.
(57) 前掲注(1)『遅耘 金錣洙』九、四五頁。
(58) 前掲注(50)朝鮮総督府警務局「大正十一年 朝鮮治安状況(国外)」一七一頁、前掲注(1)『遅耘 金錣洙』九頁、前掲注(2)林京錫『韓国社会主義의 起源』三八〇頁。
(59) 前掲注(1)『遅耘 金錣洙』八頁。
(60) なお、一九二二年には朝鮮人、中国人、台湾人、日本人の交流を目的として、『亜細亜公論』という雑誌が日本で創刊される。同誌は、アジア諸民族の平等・自由の実現と差別の撤廃を日本政府だけでなく、広くアジアの諸民族に訴えかけることを基調としていた。したがって、『亜細亜公論』の創刊は、日本のアジア侵略からの解放ではなく、改善を求めていく全く新しいタイプの連帯関係が登場したことを示しており、東アジアにおける国際連帯の理念は分化していくことになる（拙稿「植民地期朝鮮・台湾民族運動の相互連帯に関する一試論――その起源と初期変容過程を中心に」（『史林』第九四巻第二号〈京都・史学研究会、二〇一一年〉六六～六七頁）。

（61）もっとも、シベリア・ビューローに有利な形でコミンテルン極東書記局がイルクーツクに設置されたため、朴鎮淳の立場はすでに危ういものとなっていた。コミンテルン極東書記局に関して詳しくは、前掲注（8）劉孝鐘「コミンテルン極東書記局の成立過程」を参照。

（62）共産主義運動から離脱して以降、黄介民は上海で中華工業協会の仕事を続けた後、故郷の江西で国民党の要職についた。一九二七年に国民党が反共化すると、黄介民は要職を辞して閑居したという（前掲注7石川禎浩『中国共産党成立史』、三八六頁）。

（63）Saichi, *op. cit.* p.313.

（64）台湾共産党（日本共産党台湾民族支部）に関しては、若林正丈『台湾抗日運動史研究（増補版）』（東京・研文出版、二〇〇一年）、陳芳明『植民地台湾左翼運動史論』（台北・麥田出版、一九九八年）を参照。

（65）前掲注（8）山内昭人『初期コミンテルンと在外日本人社会主義者』二四三頁。

（66）設立後の上海派高麗共産党国内支部の活動、および国内支部に対するその他の社会主義勢力からの批判については、前掲注（1）崔善雄「一九二〇年代初　韓国共産主義運動의 脱自由主義化過程」三〇五～三一三頁、朴鐘隣「日帝下社会主義思想의 受容에 関한 研究」（ソウル・延世大学校博士論文、二〇〇七年）四二～八四頁を参照。

（67）平社および『平平旬刊』に関しては、邱士杰『一九二四年以前台湾社会主義運動的萌芽』（台北・海峡学術出版社、二〇〇九年）一七一～一七八頁を参照。邱士杰によれば、平社内ではアナキズムとボリシェヴィズムが対立していた。

（68）前掲注（21）『社会運動史』五九〇頁。

〈第六章〉

（1）黒川伊織「日本共産党ウラジオストク在外ビューローについての基礎的検討」（『キリスト教社会問題研究』第五六号、

京都・同志社大学人文科学研究所、二〇〇八年）一六六頁、*ВКП (б), Коминтерн и Корея. 1918–1941 гг.*, Москва, РОССПЕН, 2007, c.247.

（2）外村大『在日朝鮮人社会の歴史学的研究――形成・構造・変容』（東京・緑蔭書房、二〇〇四年）一〇四頁。

（3）РГАСПИ, 495/135/124/77–92.

（4）コミンテルン文書を活用して、金若水を中心とする北風（会）派社会主義勢力の形成を分析した先駆的な研究が、全明赫「一九二〇年代前半期 까엔당과 北風会의 成立과 活動」（『成大史林』第一二・一三号、ソウル・成均館大学校史学科、一九九七年）と、朴哲河「北風派共産主義그룹의 形成」（『歴史와 現実』第二八号、ソウル・韓国歴史研究会、一九九八年）である。これらの論文は、ほぼそのままの形で、全明赫『一九二〇年代 韓国社会主義運動研究――서울派社会主義그룹의 路線과 活動』（ソウル・선인、二〇〇六年）と、朴哲河「一九二〇年代 社会主義思想団体研究」（ソウル・崇実大学校博士論文、二〇〇三年）に収録された。なお、K.H.党が具体的に何の略称であるのかは分かっていない。全明赫は、Корейский Народный（朝鮮民衆の）党の略称ではないかと推測している（前掲全明赫『一九二〇年代 韓国社会主義運動研究』一六三頁）。

（5）コルビューローに関しては、チョ・チョレン（조철행）「一九二〇年代前半期 高麗中央局의 組織過程과 運営」（『韓国独立運動史研究』第三〇号、大韓民国・独立記念館韓国独立運動史研究所、二〇〇八年）、林京錫「코민테른高麗総局 会議録研究」（『韓国史学報』第三七号、ソウル・高麗史学会、二〇〇九年）を参照。

（6）第三章で述べたように、趙東祜は一九一八年に上海で新韓青年党員として活動する一方、黄介民のいる『救国日報』の記者をしていた人物である。その後は大韓民国臨時政府の機関紙『独立新聞』の記者をしていたが、一九二三年一二月に朝鮮内に戻って『東亜日報』の記者などをしていた（姜萬吉・成大慶編『韓国社会主義運動人名事典』〈ソウル・創作과批評社、一九九六年〉四五二頁）。

（7）新思想研究会に関しては、チャン・ソクン（장석흥）「社会主義思想의 受容과 新思想研究会의 成立」（『韓国独立運動史研究』第五号、大韓民国・独立記念館韓国独立運動史研究所、一九九一年）を参照。

（8）コミンテルンの朝鮮共産党承認に関しては、とくに注記しない限り、水野直樹「コミンテルンの朝鮮共産党承認をめぐって」（『青丘学術論集』第一八号、東京・韓国文化研究振興財団、二〇〇一年）による。

（9）ソウル派に関しては、前掲注（4）全明赫『一九二〇年代　韓国社会主義運動研究』、李賢周『韓国社会主義勢力의 形成——一九一九〜一九二三』（ソウル・一潮閣、二〇〇三年）、林京錫「서울派共産主義그룹의 形成」（『歴史와 現実』第二八号、ソウル・韓国歴史研究会、一九九八年）を参照。

（10）РГАСПИ, 495/135/124/80.

（11）РГАСПИ, 495/135/124/87.

（12）РГАСПИ, 495/135/124/88.

（13）前掲注（4）朴哲河「北風派共産主義그룹의 形成」六六頁。

（14）「編集室에서」（『共済』第七号、一九二一年四月）九三頁。

（15）РГАСПИ, 495/135/125/81–100.

（16）筆者はロシア語訳された文書（РГАСПИ, 495/135/125/81–100）を入手できなかったため、前掲注（4）全明赫『一九二〇年代　韓国社会主義運動研究』一五七頁から引用した。既存の研究では、日本語の文書（РГАСПИ, 495/135/124/77–92）から引用するのが一般的であるが、全明赫はロシア語版から引用している。

（17）高等法院検事局「朝鮮社会運動——その他二篇」（京城・高等法院検事局）五頁。同史料の作成年度は未詳であるが、金若水は一九二五年末の第一次朝鮮共産党事件で逮捕され、一九二八年に懲役四年の判決が下っている。同史料はそのときに作成されたものである。

（18）又影生（鄭泰信）「톨스토이의 思想」（『共済』第一号、一九二〇年九月）。

（19）鄭泰信「真理의 聖戦」（『共済』第二号、一九二〇年一〇月）三頁。

（20）РГАСПИ, 495/135/124/79–80.

（21）РГАСПИ, 495/135/124/87.

（22）РГАСПИ, 495/135/124/92.

（23）『共済』第七号には、「金科熙［金若水］、鄭泰信両君は目下東京で社会問題研究に没頭している」と書かれている（前掲注14「編集室에서」九四頁）。

（24）警視庁特高課「朝鮮人概況（大正十年度上半期調）」（廣畑研二編『戦前期警察関係資料集』第二巻、東京・不二出版、二〇〇六年）一九〇頁。
(25)『東亜日報』（一九二一年四月一一日付）。
(26) 前掲注(14)「編集室에서」九四頁。
(27) 藤井正「日本社会主義同盟の歴史的意義――「大同団結」から「協同戦線」へ」（増島宏編『日本の統一戦線』上巻、東京・大月書店、一九七八年）六一頁。
(28)『東亜日報』（一九二〇年八月一日付）。
(29) 社説「日本社会主義者大同盟、世態의 変遷」（『東亜日報』一九二〇年八月二日付）。筆者は未詳。
(30) 金佑枰「社会主義의 意義(全三回)」（『東亜日報』一九二〇年八月一五～一七日付）。
(31) 史料的根拠については本書第五章の注(28)(30)を参照されたい。なお、コスモ倶楽部は一九二一年五月に警察から解散を命じられた日本社会主義同盟のダミー団体として、日本在留朝鮮人、中国人からの働きかけを受けて設立されたものとされてきた（松尾尊兊「コスモ倶楽部小史」〈『京都橘女子大学研究紀要』第二六号、京都・京都橘女子大学、二〇〇〇年〉三〇～三三頁）。しかし、廣畑研二「もう一つの日本社会主義同盟名簿」（『初期社会主義研究』第二二号、東京・初期社会主義研究会、二〇一〇年）によって、実際は一九二一年以降も同盟の活動が存続していたことが明らかになった。金若水らの大衆時報社の名前は一九二二年に作成された堺利彦旧蔵「日本社会主義同盟名簿」第八冊（大原社会問題研究所所蔵）に記されている。
(32) 前掲注(27)藤井正「日本社会主義同盟の歴史的意義」六一頁。
(33) 高津正道は暁民会にしきりに出入りしていた朝鮮人として金若水、曺奉岩、卞熙瑢、朴烈などの名前を挙げている（高津正道「暁民会前後の思い出」〈『労仂運動史研究』第一二号、東京・民主主義科学者協会東京支部歴史部会労仂運動史研究会準備会、一九五八年〉一二頁）。
(34) 卞熙瑢「余墨」（『大衆時報』臨時号、一九二一年五月）五四頁。また、『共済』第八号（一九二一年六月）に掲載された『大衆時報』創刊号の目次と臨時号に掲載された記事を比べると、上記の三篇だけでなく、創刊号に掲載予定であった独青学人の「労働運動의 精神」（労働運動の精神）と「文化競争과 労働問題」（文化競争と労働問題）も削除されていることが分かる。一九二一年六月一一日に発行された『学之光』第二二号に掲載された『大衆時報』第二号の広

告には、掲載予定の記事として、卞一波「文化競争과 労働問題」が記載されている。卞熙瑢の号は「一波」なので、創刊号で「文化競争과 労働問題」を発表する予定であった「独青学人」が卞熙瑢の筆名であることが判明する。そして、『学之光』第二二号には、卞熙瑢名義で「労働運動의 精神」が掲載されている。『大衆時報』創刊号が押収されたため、卞熙瑢は「労働運動의 精神」の発表媒体を『学之光』に変え、「文化競争과 労働問題」の掲載を第二号に先送りにしたのであろう。

（35）一九二一年九月に発行された『大衆時報』第三号の表紙に、「第二号押収」と書かれている。

（36）前掲注（34）卞熙瑢「余墨」五四頁。『大衆時報』は当初定価二〇銭を予定していたが、定価四〇銭に値上げせざるを得なかったという。定価四〇銭は当時の朝鮮の雑誌の相場であり、『開闢』や『我聲』は定価四〇銭、『共済』は五〇銭であった。定価がほぼ同じで、印刷料が倍であったなら大衆時報社の経営は楽ではなかったのだろう。

（37）朝鮮総督府慶尚北道警察局『高等警察要史』（大邱・慶北警察局、一九二九年、一九六七年に民族文化研究所より復刻）一五八頁。

（38）РГАСПИ. 495/135/64/42.

（39）金若水が東京に滞在していた時期に発行された『学之光』第二号から第八号（ただし、第七号は現存していない）には、消息欄も含めて金若水の名前は見当たらない。学友会の会員だったとしても、深くは関わっていなかったと思われる。三・一運動以前の金若水の活動に関しては朴泰遠著・金容権訳『金若山と義烈団――一九二〇年代における朝鮮独立運動とテロル』（東京・皓星社、一九八〇年）八～一五頁を参照。

（40）『学之光』第二二号（一九二一年六月）一〇一～一〇二頁。鄭泰信の名前がないのは、学生ではなかったからであろう。当時、金若水は日本大学の留学生でもあった。

（41）「消息」（『学之光』第一五号、一九一八年三月）八一頁。

（42）「経過事項」（『現代』第六号、一九二〇年六月）四六頁。

（43）黄錫禹に関しては、金明燮『韓国아나키스트들의 独立運動――日本에서의 闘争』（ソウル・이학사、二〇〇八年）を参照。

（44）前掲注（34）卞熙瑢「余墨」五四頁。

(45) 黄錫禹「人物短評　元鐘麟」(『三千里』第四年第一一号、一九三二年一〇月)四四頁。
(46) 前掲注(37)朝鮮総督府慶尚北道警察局『高等警察要史』一五八頁。
(47) 黄錫禹「思想界의 二人評」(『三千里』第四年第六号、一九三二年五月)五三頁。
(48) 若水「創刊辞」(『大衆時報』臨時号、一九二一年五月)二頁。
(49) 同前。
(50) 卞熙瑢「新社会의 理想」(『大衆時報』臨時号、一九二一年五月)三〜五頁。
(51) 大杉栄「社会的理想論」(『労働運動(第一次)』第六号、一九二〇年六月)一面。
(52) 高津正道によれば、卞熙瑢、金若水などは暁民会で社会主義を学んだという(前掲注33高津正道「暁民会前後の思い出」一二頁)。
(53) 又影生(鄭泰信)「巻頭에」(『大衆時報』臨時号、一九二一年五月)一頁。
(54) 鄭又影(鄭泰信)「民衆文化의 提唱」(『共済』第八号、一九二一年六月)。
(55) 鄭泰信の「民衆文化の創設」は「創造の衝動」説にもとづいたものではあるが、当時、「創造の衝動」説を援用していた大山郁夫の「民衆文化主義」と内容が似通っている。具体的に大山の文章を引用しているわけではないが、鄭泰信は、大山が一九一九年から一九二〇年頃に『我等』に発表した「民衆文化主義」に関する一連の論文と、『中央公論』一九二〇年一月号に掲載された「民衆文化の世界へ」あたりを参照して「民衆文化の創設」を主張したのではないかと思われる。
(56)「彗星點點」(『大衆時報』臨時号、一九二一年五月)五二頁。
(57) 徐丙武「五月祭와 八時間労働의 由来」(『大衆時報』臨時号、一九二一年五月)二〇〜二七頁。
(58) 山川菊栄「五月祭と八時間労働の話」(『解放』第一巻第一号、一九一九年六月)。
(59) 大杉栄は、メーデーは社会党の専有物ではなく労働者の運動であるとして、山川菊栄の論文を『労働運動(第一次)』に転載している(山川菊栄「メエ・デエ(五月祭)」〈『労働運動(第一次)』第五号、一九二〇年四月〉一二面)。
(60) 元鐘麟「社会主義의 定義」(『大衆時報』臨時号、一九二一年五月)一七〜二〇頁。
(61) 山川均「社会主義の定義」(『社会主義研究』第一巻第二号、一九一九年六月)。

(62) 若水「社会葬의 反対와 朝鮮貴族의 失望」(『大衆時報』第四号、一九二一年六月)。
(63) 若水「露西亜反動時代의 断面(一)」(『大衆時報』第四号、一九二一年六月)。
(64) 前掲注(31)廣畑研二「もう一つの日本社会主義同盟名簿」二四九頁。
(65) 前掲注(4)朴哲河「一九二〇年代 社会主義思想団体研究」六四頁、朴鐘隣「一九二〇年代初 共産主義그룹의 맑스主義 受容과,唯物史観要領記」(『歴史와 現実』第六七号、ソウル・韓国歴史研究会、二〇〇八年)八三頁など。
(66) 警視庁特別高等課内鮮高等係『事務概要』大正十三年九月末「要視察朝鮮人要覧」三九頁。
(67) 崔承萬『나의 回顧録』(仁川・仁荷大学校出版部、一九八五年)九二頁。
(68) 卞熙瑢「行動을 쫓았던 젊음의 情熱」(卞熙瑢先生遺稿刊行委員会編『一波卞熙瑢先生遺稿』、ソウル・成均館大学校出版部、一九七七年)二九六頁。当時の慶尚北道の書堂に関しては、板垣竜太『朝鮮近代の歴史民族誌――慶北尚州の植民地経験』(東京・明石書店、二〇〇八年)に詳しい。
(69) 「大正二年十月十日現在朝鮮人調」(原敬文書研究会編『原敬関係文書』第一〇巻、東京・日本放送出版協会、一九八八年)三一七頁。
(70) 東京都『東京の各種学校』(東京・東京都、一九六八年)一二九~一四八頁。
(71) 長坂金雄編『全国学校沿革史』(東京・東都通信社、一九一四年)二四四頁。
(72) 前掲注(69)「大正二年十月十日現在朝鮮人調」三〇九~三二六頁。
(73) 前掲注(70)東京都『東京の各種学校』一四六頁。
(74) 正則英語学校に通う朝鮮人留学生が多かった最も大きな理由は、この学校が予備校であるがゆえに、入学条件が「品行方正、満十二年以上ノ男子タルコト」のみで、入学試験や尋常小学校の卒業資格が求められないなど、入りやすかったためだと思われる(受験学会編『最近東京遊学案内』〈東京・東華堂書店、一九一一年〉六八頁)。
(75) 前掲注(68)卞熙瑢「行動을 쫓았던 젊음의 情熱」二九七頁、警保局保安課「朝鮮人概況(大正五年六月三〇日)」(朴慶植編『在日朝鮮人関係資料集成』第一巻、東京・三一書房、一九七五年)四九頁、および本書第二章第一節。
(76) 前掲注(68)卞熙瑢「行動을 쫓았던 젊음의 情熱」二九八頁。
(77) 前掲注(37)朝鮮総督府慶尚北道警察局『高等警察要史』一五八頁。

(78) 現在、慶應義塾福澤研究センターには、卞熙瑢の慶應義塾の在籍状況を知り得る史料として、大学部一号「大学部学籍簿見出長」と「本科成績表（理財科）一年　大正七年度」が残されている。筆者は慶應義塾福澤研究センターに卞熙瑢の在籍状況の調査を依頼し、同史料の情報の一部を開示してもらったが、原本は未見である。

(79) 慶應義塾福澤研究センターによれば、前掲「大学部学籍簿見出長」は、学生の氏名がいろは順に並んでおり、「へ」の頁には卞熙瑢の氏名が記載されている。しかし、通例、卒業した場合は「卒業」の判子が押されているが、卞熙瑢の場合は「除名」「再入」「除名」の判子が押されており、同センターでは、卞熙瑢の卒業を証明できる史料は確認できないという。また、慶應義塾の学生新聞（日本最初の学生新聞でもある）『三田新聞』には、定期的に大学部の卒業者一覧が掲載されている。当時の慶應義塾大学部理財科は三年制であったので、順当にいけば一九二一年五月に卒業したはずであるが、一九二一年五月九日付『三田新聞』の「本年度大学部卒業者氏名」に卞熙瑢の名前はない。

(80) 慶應義塾『慶應義塾百年史』別巻（東京・慶應義塾、一九六二年）二八一～二八二頁。

(81) 前掲注(66)警視庁特別高等課内鮮高等係『事務概要』大正十三年九月末、二七頁。

(82) 金度演『나의 人生白書』（ソウル・康友出版社、一九六七年）六四頁。金度演の新亜同盟党での活動については、本書第三章を参照。なお、新亜同盟党解散後は一九一九年の二・八独立宣言に参加。その後、慶應義塾大学部を中退し、コロンビア大学に留学した。一九三二年に朝鮮に戻って以降は延禧専門学校（現・延世大学校の前身）で経済学講師として教鞭を取るなど、経済学を活かした職業に就いた。

(83) 「法科の明治大学」「政治経済科の早稲田大学」という認識は、当時の台湾人留学生の間でも持たれていた（紀旭峰「大正期台湾人「内地留学生」と近代台湾――早稲田大学専門部政治経済科を中心として」〈『アジア太平洋研究科論集』第一六号、東京・早稲田大学アジア太平洋研究科、二〇〇八年〉五頁）。

(84) 例えば、一九一九年度の慶應義塾大学部本科の合格者数は、理財科六二九名、政治科一六五名、法律科一八一名、文学科五一名であった（「合格者氏名」〈『三田新聞』一九一九年四月七日付〉四面）。

(85) 「新大学の四学部」（『三田新聞』一九二〇年一月二九日付）三面。

(86) 卞熙瑢「社会와 経済」（『現代』第二号、一九二〇年三月）二四頁。

(87) 卞熙瑢は解放後に、成均館大学校での授業の講義録をもとに執筆した「重商主義時代의 経済思想」（前掲注68『一波

卞熙瑢先生遺稿』三三～七七頁）で、高橋誠一郎『重商主義経済学研究』（東京・改造社、一九三二年）と、同『経済学史』（東京・日本評論社、一九三七年）を引用している。

(88) 以下、堀江帰一の経歴に関しては、注記しない限り、前掲注(80)慶應義塾『慶應義塾百年史』別巻、二五〇～二六一頁による。

(89) 堀江帰一「現実化せる労働問題」（『読売新聞』一九一九年一月五日付）。

(90) 前掲注(82)金度演『나의 人生白書』六五頁。

(91) 残念ながら一九一九年の第三学期試験の日程を知り得る史料をみつけることができなかった。記録が残っている一九二一年の第三学期試験は、三月一〇日から同一九日まで行われた（「第三学期試験時間表」〈『三田新聞』一九二一年三月二日付〉二面）。

(92) 前掲注(66)警視庁特別高等課内鮮高等係、大正十三年九月末「要視察朝鮮人要覧」三九頁。

(93) 卞熙瑢「労働者問題의 神的方面」（『共済』第一号、一九二〇年九月）七七頁。

(94) 「年譜」（前掲注68『一波卞熙瑢先生遺稿』九頁）。

(95) 前掲注(67)崔承萬『나의 回顧録』八二頁。

(96) 前掲注(82)金度演『나의 人生白書』七四頁。

(97) 姜徳相編『現代史資料(26)　朝鮮(二)』（東京・みすず書房、一九六七年）二二頁。

(98) 同前、二九～三〇頁。

(99) 前掲注(37)朝鮮総督府慶尚北道警察局『高等警察要史』二四七頁。

(100) 前掲注(66)警視庁特別高等課内鮮高等係、大正十三年九月末「要視察朝鮮人要覧」三九頁。

(101) 金允植『廉想渉研究』（ソウル・서울 大学校出版部、一九八七年）四一頁。

(102) 前掲注(97)姜徳相編『現代史資料(26)　朝鮮(二)』三三頁。

(103) 同前、三四頁。

(104) 警保局保安課「朝鮮人概況　第三（大正九年六月三〇日）」（前掲注75朴慶植編『在日朝鮮人関係資料集成』第一巻）八三頁。

(105) 廉尚燮「朝野の諸公に訴ふ」(『デモクラシイ』第二号、一九一九年四月)二頁。

(106) 廉想渉「横歩文壇回想記(第一回)」(『思想界』第一一四号、ソウル・思想界社、一九六二年)二〇五頁。

(107) 廉想渉の文学作品については、白川豊『朝鮮近代の知日派作家、苦闘の軌跡――廉想渉、張赫宙とその文学』(東京・勉誠出版、二〇〇八年)を参照。

(108) 松尾尊兊『民本主義と帝国主義』(東京・みすず書房、一九九八年)一七八〜一七九頁。

(109) 前掲注(108)松尾尊兊『民本主義と帝国主義』一七九頁、金雨英『民族共同生活과 道義』(釜山・新生公論社、一九五七年)二二五頁。

(110) 金俊淵「現代의 使命」(『現代』第一号、一九二〇年一月)二頁。

(111) 卞熙瑢「新人의 声」(『現代』第三号、一九二〇年三月)二四〜二五頁。

(112) 「民本主義의 精神的意義」は、ニューヨークで発行された *The Outlook* の一九一八年四月号に掲載されたアボット(Lyman Abbott)の"The Spiritual Meaning of Democracy"を抄訳したものである(奥田浩司「『現代』の民本主義――文化統治期の朝鮮語雑誌研究」〈『金沢大学国語国文』第三四号、金沢・金沢大学、二〇〇九年〉二五七頁)。なお、アボットはアメリカの組合教会(会衆派)の神学者であり、朝鮮人として最初にプロテスタントの洗礼を受けた李樹廷(第二章第一節を参照)を紹介した雑誌 *The Illustrated Christian Weekly* の編集者でもあった。卞熙瑢がアボットの論文を抄訳したのは、卞熙瑢の宗教がキリスト教だったことと関連があると思われる。一方、「랏셀의 理想의 一節」は、ラッセル著・松本悟朗訳『政治の理想』(東京・日本評論者、一九二〇年)四〜四四頁の抄訳である。

(113) 卞熙瑢「労働問題에 対한 余의 見聞」(『現代』第一号、一九二〇年一月)一八〜一九頁。

(114) 卞熙瑢「労働者問題의 精神的方面」(『共済』第一号、一九二〇年九月)七三〜七六頁。

(115) 大杉栄「労働運動の精神」(『労働運動(第一次)』第一号、一九一九年一〇月)一面、卞熙瑢「労働運動의 精神」(『学之光』第二二号、一九二一年六月)六六頁。

(116) 卞熙瑢「카ㄹ・마륵쓰略伝」(『現代』第八号、一九二〇年一〇月)二八頁。なお、同記事は翻訳ではないが、一部内容が堺利彦・山川均編『マルクス伝』(東京・大鐙閣、一九二〇年)と類似しており、同書を参照して書かれたものと思われる。

(117) 前掲注(111)卞熙璐「新人의 声」一二五頁。
(118) 前掲注(67)崔承萬『나의 回顧録』六九頁。
(119) 前掲注(34)卞熙璐「余墨」五四頁。
(120) 金若水「余墨」(『大衆時報』第三号、一九二一年九月)五八頁。
(121) 林京錫『韓国社会主義의 起源』(ソウル・歴史批評社、二〇〇三年)二〇三頁。
(122) 高警第一八九三六号「国外情報　在上海不逞鮮人ノ組織セル社会党分裂ノ件(大正十年六月十日)」(外務省記録、分類項目　四―三―二―二―一―一二)。
(123) 前掲注(37)朝鮮総督府慶尚北道警察局『高等警察要史』一五八頁。
(124) 前掲注(66)警視庁特別高等課内鮮高等係、大正十三年九月末「要視察朝鮮人要覧」五二頁。
(125) РГАСПИ, 495/135/108/74.
(126) 黒川伊織「創立期日本共産党と在日朝鮮人共産主義運動――コミンテルン文書からの再検討」(『在日朝鮮人史研究』第四〇号、東京・在日朝鮮人運動史研究会、二〇一〇年)七六~七七頁、РГАСПИ, 495/127/74/98-99.
(127) РГАСПИ, 495/135/75/65.
(128) 柳泰慶「朝鮮留学生の過去及現在」(『亜細亜公論』第七号、一九二二年一〇月)六三頁。柳泰慶および『亜細亜公論』に関しては、二〇〇八年に龍溪書舎から復刻された『亜細亜公論・大東公論』の解題(後藤乾一・羅京洙・紀旭峰執筆)を参照。
(129) 一九二二年一〇月頃に日本で発行されていた諺文(朝鮮語)の、共産主義系の雑誌は『前進』のみであった。金若水の『大衆時報』はそれ以前に廃刊したとみられる。
(130) 「消息」(『青年朝鮮』第一号、一九二二年二月)七頁。
(131) 『大衆時報』第四号(一九二二年六月)八頁。
(132) 一九二一年に卞熙璐が発表したマルクス伝である「카ㄹ・마륵쓰略伝(二)」(『現代』第九号、一九二一年二月)は、マルクスがパリで「独仏年誌」を創刊・廃刊した後、ブリュッセルに追放されるまでの記述が簡略に書かれている。同記事で卞熙璐は、マルクスが「独仏年誌」廃刊後に「前進」を刊行したと述べているのだが、この部分の記述は、おそ

らく前掲注(116)堺利彦・山川均編『マルクス伝』を参照している。堺や山川はVorwärtsに訳語をあてず「フォールウエルツ」と書いている反面、卞熙瑢はあえて「前進」という訳語をあてていた。なお、『前進』の表紙にもVORWÄRTSと書かれている。

(133) 卞熙瑢「巻頭言」(『前進』第二号、一九二二年五月)四七頁。『前進』の頁番号は、創刊号からの通し番号になっており、第二号が四七頁から、第四号が一四七頁からはじまっている。

(134) 『前進』は、「唯物史観学説의 研究」の第二回が掲載された第二号と、第四回が掲載された第四号しか現存していないが、「唯物史観学説의 研究(第四回)」には、第三号で第三回が掲載されたとの記述がある(一波生「唯物史観学説의 研究(第四回)」〈『前進』第四号、一九二二年一一月〉一六六頁)。

(135) ゴルテル著・堺利彦訳『唯物史観解説』は、売文社出版部から一九一九年一月に出版されたものと、大鐙閣から一九二〇年一月に出版されたものの二種類がある。いずれもほぼ同内容であるため、どちらが底本になったのかは分からない。大鐙閣版の頁数を示せば、「唯物史観学説의 研究(第二回)」が二七〜四二頁、「唯物史観学説의 研究(第四回)」が五八〜七五頁の抄訳である。現物未確認の『前進』第三号に掲載された「唯物史観学説의 研究(第三回)」は、四二〜五七頁を抄訳したものと思われる。

(136) 塩田庄兵衛編『日本社会主義文献解説』(東京・大月書店、一九五八年)一二〇頁。なお、ホルテルについては、山内昭人『リュトヘルスとインタナショナル史研究――片山潜・ボリシェヴィキ・アメリカレフトウィング』(京都・ミネルヴァ書房、一九九六年)を参照。

(137) 堺による訳者序文によれば、『唯物史観解説』は労働者のためにあえて平易に叙述されたものであった(ゴルテル著・堺利彦訳『唯物史観解説』〈東京・売文社出版部、一九一九年〉二頁)。

(138) 卞熙瑢「마륵쓰主義의 学術的研究」(『前進』第二号、一九二二年五月)五三頁。

(139) 河上肇『近世経済思想史論』(東京・岩波書店、一九二〇年四月)を参照して書かれたものと思われる。

(140) 前掲注(138)卞熙瑢「마륵쓰主義의 学術的研究」五四〜五五頁。

(141) 卞熙瑢は『経済学批判』序文を「唯物史観의 公式」(唯物史観の公式)と表現しているが、これは河上肇の受売りである。一方、当時堺利彦は唯物史観の「要領記」という表現を用いていた。

(142)堺利彦「唯物史観概要」(『社会主義研究』第一巻第一号、一九一九年四月)あたりを底本にしたと思われる。
(143)河上肇『河上肇全集』第一〇巻(東京・岩波書店、一九八二年)二五八頁。
(144)前掲注(142)堺利彦「唯物史観概要」一六頁。
(145)警保局保安課「大正十五年中ニ於ケル在留朝鮮人ノ状況(大正十五年十二月)」(前掲注75朴慶植編『在日朝鮮人関係資料集成』第一巻、二〇九頁)。
(146)朴慶植『在日朝鮮人運動史——八・一五解放前』(東京・三一書房、一九七九年)、金基旺「在日朝鮮留学生の社会主義運動——その発生と展開過程を中心に」(『広島東洋史学報』第二号、広島・広島東洋史学研究会、一九九七年)。
(147)金廣烈「一九二〇年代初期日本における朝鮮人社会運動——黒涛会を中心に」(『日朝関係史論集——姜徳相先生古希・退職記念』、東京・新幹社、二〇〇三年)五〇四頁。
(148)警保局「朝鮮人近況概要(大正十一年一月)」(前掲注75朴慶植編『在日朝鮮人関係資料集成』第一巻)一二四頁。
(149)朝鮮総督府警務局東京出張員「在京朝鮮人状況(大正十三年五月)」(前掲注75朴慶植編『在日朝鮮人関係資料集成』第一巻、一四五頁)。
(150)坪江汕二『改訂増補 朝鮮民族独立運動秘史』(東京・巌南堂、一九六六年)二八五頁。
(151)権熙国に関しては、前掲注(31)松尾尊兊「コスモ倶楽部小史」を参照。
(152)前掲注(47)黄錫禹「思想界의二人評」五三頁。
(153)『黒濤』の内容に関しては、前掲注(147)金廣烈「一九二〇年代初期日本における朝鮮人社会運動」を参照。
(154)「創刊に際して」(『黒濤』第一号、一九二一年七月)。
(155)林京錫「一九二二年 베르흐네우딘스크大会의 決裂」(『韓国史学報』第二七号、ソウル・高麗史学会、二〇〇七年)一一〇頁。以下、とくに注記しない限り、ヴェルフネウディンスク高麗共産党統合大会に関しては同論文による。
(156)РГАСПИ, 495/135/124/80.
(157)前掲注(4)朴哲河「一九二〇年代 社会主義思想団体研究」一一〇~一三〇頁。
(158)РГАСПИ, 495/135/64/42.
(159)前掲注(33)高津正道「暁民会前後の思い出」一二頁、前掲注(150)坪江汕二『改訂増補 朝鮮民族独立運動秘史』二八五頁。

(160) 警視庁が作成した「要視察朝鮮人要覧」によれば、鄭在達は一九二一年一月に日本に留学し、以降、朴烈、元鐘麟らによって組織された、親日的な朝鮮人に集団リンチを加えていた団体である義拳団で活動したため特別要視察人に編入された。それゆえ、警視庁は鄭在達をアナキストと認識していた〈前掲注66「要視察朝鮮人要覧」五三頁〉。また、一九二四年に警察に逮捕された際、鄭在達は訊問で統合大会に参加することになった経緯について詳しく述べている。それによれば、鄭在達は東京留学当時から共産主義に興味を持っており、本格的に研究するために一九二一年九月にロシアに渡ったという。そして、統合大会の最初の予定地であったチタで朴在道という人物から、朝鮮内を代表して統合大会に参加することを持ちかけられたようである〈「鄭在達・李載馥調書」〈金俊燁・金昌順編『韓国共産主義運動史――資料編Ⅰ』、ソウル・高麗大学校亜細亜問題研究所、一九七九年〉九五・一一三頁〉。

(161) РГАСПИ, 495/135/64/42.

(162) РГАСПИ, 495/135/64/44.

(163) РГАСПИ, 495/135/64/43.

(164) Там же.

(165) 前掲注(147)金廣烈「一九二〇年代初期日本における朝鮮人社会運動」四九九～五〇一頁。

(166) 片山潜「日本における朝鮮人労働者」〈片山潜生誕百年記念会編『片山潜著作集』第三巻、東京・河出書房新社、一九六〇年〉八〇頁。

(167) РГАСПИ, 495/135/64/44–45. 内務省の調査によれば一九二二年の在日朝鮮人人口は五万九七四四人、一九二〇年と一九三〇年の国勢調査からの推計値によれば九万七四一人であり〈前掲注2外村大『在日朝鮮人社会の歴史学的研究』四二頁〉、鄭泰信の報告書とは相当の開きがある。

(168) РГАСПИ, 495/135/64/43.

(169) 水野直樹「初期コミンテルン大会における朝鮮代表の再検討――第一回大会から第五回大会まで」〈「初期コミンテルンと東アジア」研究会編『初期コミンテルンと東アジア』、東京・不二出版、二〇〇七年〉二八五～二八九頁。

(170) 高麗共産党やコミンテルンとの接触という意味では、前節で述べた卞熙瑢の方が早い。しかし、卞熙瑢は上海派高麗共産党勢力の一部として処理されており、日本における朝鮮人社会主義運動を代表してはいなかった。
(171) 前掲注(166)片山潜「日本における朝鮮人労働者」八一頁。
(172) РГАСПИ, 495/135/124/80.
(173) 『労働者新聞』(一九二二年一二月一五日付)。
(174) 前掲注(126)黒川伊織「創立期日本共産党と在日朝鮮人共産主義運動」七八頁。
(175) 第五章で述べたように、ヴォイチンスキーはロシア共産党(ボ)極東ビューローのウラジオストク分局で活動していた人物であるが、一九二三年一月にウラジオストクに設立されたコミンテルン極東ビューローとロシア共産党(ボ)極東ビューローは異なる組織である。
(176) 前掲注(126)黒川伊織「創立期日本共産党と在日朝鮮人共産主義運動」七九~八二頁。
(177) 前掲注(145)警保局保安課「大正十五年中ニ於ケル在留朝鮮人ノ状況(大正十五年十二月)」二一五頁。
(178) 大阪朝鮮労働同盟会に関しては、塚崎昌之「一九二二年大阪朝鮮労働同盟会の設立とその活動の再検討」(『在日朝鮮人史研究』第三六号、東京・在日朝鮮人運動史研究会、二〇〇六年)を参照。
(179) 前掲注(166)片山潜「日本における朝鮮人労働者」七九~八〇頁。
(180) 前掲注(178)塚崎昌之「一九二二年大阪朝鮮労働同盟会の設立とその活動の再検討」三九頁。
(181) 前掲注(166)片山潜「日本における朝鮮人労働者」八一頁。
(182) 前掲注(145)警保局保安課「大正十五年中ニ於ケル在留朝鮮人ノ状況(大正十五年十二月)」二〇九頁。また、巡回講演会は『東亜日報』でも連日報道された。
(183) 「北星会巡講中 釜山에서 鄭泰信氏溺死」(『東亜日報』一九二三年八月一五日付)三面。
(184) РГАСПИ, 495/135/124/80.
(185) РГАСПИ, 495/135/108/74.
(186) 前掲注(149)朝鮮総督府警務局東京出張員「在京朝鮮人状況(大正十三年五月)」一三九頁。
(187) 前掲注(5)チョ・チョレン(조철행)「一九二〇年代前半期 高麗中央局의 組織過程과 運営」三〇二~三一二頁。
(188) РГАСПИ, 495/135/124/80.

(189) 加藤哲郎「第一次共産党のモスクワ報告書(上)」(『大原社会問題研究所雑誌』通巻四八九号、東京・大原社会問題研究所、一九九九年)四五頁、РГАСПИ, 495/127/61/1.

(190) 前掲注(5)林京錫「코민테른高麗総局　会議録研究」二七四頁。

(191) 同前、二八四頁。

(192) ロシア語表記の正式名称はВнутреннее бюро в Корее(朝鮮内地ビューロー)だが、K.H.党報告書などの日本語報告書では「コルビュロ」の「内地部」となっている。

(193) 前掲注(4)朴哲河「一九二〇年代　社会主義思想団体研究」一三三〜一四〇頁、*ВКП (б), Коминтерн и Корея. 1918–1941 гг*, с.252–254.

(194) 前掲注(126)黒川伊織「創立期日本共産党と在日朝鮮人共産主義運動」八〇頁、РГАСПИ, 495/127/45/4–5.

(195) РГАСПИ, 495/135/124/81 ; 495/135/108/74.

(196) ソウル派については、前掲注(4)全明赫『一九二〇年代　韓国社会主義運動研究』、林京錫「서울派共産主義그룹의 形成」などを参照。

(197) РГАСПИ, 495/135/124/81, 87 : 495/135/108/74.「京城에서「北風会」創立」(『東亜日報』一九二四年一一月二七日付)三面。

(198) 「北風会組織宣伝文」(大韓民国・独立記念館所蔵)。

(199) РГАСПИ, 495/135/124/80.

(200) 前掲注(145)警保局保安課「大正十五年中ニ於ケル在留朝鮮人ノ状況(大正十五年十二月)」二〇九頁。なお、卞熙瑢の帰国は朴順天との結婚によるものであった(前掲注149朝鮮総督府警務局東京出張員「在京朝鮮人状況(大正十三年五月)」一四一頁)。

(201) 前掲注(146)金基旺「在日朝鮮留学生の社会主義運動」四九頁。

(202) 前掲注(126)黒川伊織「創立期日本共産党と在日朝鮮人共産主義運動」八四〜八六頁。

(203) 前掲注(149)朝鮮総督府警務局東京出張員「在京朝鮮人状況(大正十三年五月)」一四三〜一四四頁。

(204) 『日鮮問題』のみ現物未確認だが、上記の官憲史料には「国文」とある。

(205) 編集人は李如星で、印刷所は「ユニオン印社刷所」となっているが、この印刷所の詳細は不明である。内容に関しては、これまでの研究でもたびたび紹介されてきたため、前掲注(146)朴慶植『在日朝鮮人運動史』、前掲注(146)金基旺「在日朝鮮留学生の社会主義運動」などを参照されたい。

(206) РГАСПИ. 495/135/124/87. 92.

(207) 「本社의 経営에 関한 小言」(『解放運動』第一号、一九二四年九月)。

(208) 北星会事務所の住所が「東京市外戸塚町諏訪一七三地」、解放運動発行所の住所が「東京府下淀橋町角筈七二五」となっている。後者は東京朝鮮労働同盟会の事務所と同じ住所である。

(209) 「団体와 個人消息」(『解放運動』第一号、一九二四年九月)三三頁。

(210) 前掲注(145)警保局保安課「大正十五年中ニ於ケル在留朝鮮人ノ状況(大正十五年十二月)」二〇九頁。

(211) 「北星会解散　一月会組織」(『東亜日報』一九二五年一月六日付)一面。

(212) 「同聲社設置」(『東亜日報』一九二五年一月一六日付)二面。

(213) 一九二五年以降の在日朝鮮人運動の展開、特長に関しては水野直樹「新幹会東京支会の活動について」『朝鮮史叢』第一号(神戸・青丘文庫、一九七九年)を、一月会の全般的な活動に関しては前掲注(146)金基旺「在日朝鮮留学生の社会主義運動」五〇〜五五頁を参照されたい。

〈終　章〉

(1) 日本組合基督教会の朝鮮伝道の撤退に関しては、松尾尊兊『民本主義と帝国主義』(東京・みすず書房、一九九八年)二六五〜二九六頁を参照。

(2) 王育徳『台湾——苦悶するその歴史』(東京・弘文堂、一九六四年)一一六〜一一七頁。

(3) 必ずしも独立を直接の目的としていなかった朝鮮人と台湾人の最初の交流の事例に関しては、本書の付録二「日本における朝鮮人出版物の解説および総目次」の(6)で、不充分ながら論じているので、参照されたい。また、第五章の注(60)で述べた『亜細亜公論』もこれに該当する。

付録一　朝鮮内出版物における社会主義関連論説と日本文献

付録二　日本における朝鮮人出版物の解説および総目次

付録一　朝鮮内出版物における社会主義関連論説と日本文献

本付録は一九二〇年から一九二一年にかけて、朝鮮内の朝鮮語出版物に掲載された社会主義関連論説の中から、日本の文献を翻訳・引用・参照して書かれたものを発表時期順に配列し、解題したものである。その概要については本書の第四章第三節で論じたが、ここでは、①翻訳・引用・参照された底本と、具体的に参照された頁数の提示、②社会主義関連論説と翻訳・引用・参照された底本との異同を中心に、本論で扱うことのできなかった内容を補完した。また、本付録は社会革命党、金若水グループ、金翰・申伯雨グループ（朝鮮共産党、中立党）に所属していた人物によって書かれた記事を中心に、筆者が翻訳・引用・参照された底本を特定したものだけを扱っている。したがって、この時期の社会主義に関するすべての記事を網羅したものではないことを了承されたい。

（1）兪鎮熙「労働者의 指導와 教育」（『東亜日報』一九二〇年五月一～二日）

①福田徳三「自治、自主を主とし、無用の干渉を絶念せよ」（『解放』第一巻第二号、一九一九年七月、七〇～七二頁）

②安部磯雄「労働者の教育」（『解放』第一巻第二号、一九一九年七月、八三～八六頁）

この記事は、兪鎮熙が労働者を指導する知識階級に対して労働者の自発性を重視すべきであると主張したものである。大部分が『解放』一九一九年七月号の特集「労働運動の根拠」に掲載された福田と安部の論文を引用している。労働者の自発性に関する箇所は福田の論文を引用したものだが、福田が労働問題を解決するために社会改良を主張しているのに対し、兪鎮熙は社会改良政策の導入に関する箇所は引用していない。植民地という状況にあっては、社会改良政策の導入は難しいという判断があったものと思われる。一方、消費組合や信用組合に関する記述は安部の論文を抄訳したものである。兪鎮熙は「労働運動의 社会主義的考察」でカウツキー論文を重訳し、労働者の指導理念としてマルクス主義を提示するようになるので、一九二〇年五月から「労働運動의 社

会主義的考察」が執筆された一〇月までの五カ月の間に兪鎭熙の思想は大きく変化していったといえる。

(2)兪鎭熙「世界労働運動의 方向」(『東亜日報』一九二〇年五月五~八日)

①佐々弘雄「解放と先駆者」(『解放』第一巻第二号、一九一九年七月、四八頁)

②麻生久「世界労運動の方向」(『解放』第一巻第三号、一九一九年八月、一三三~一三九頁)

大部分が麻生久論文の抄訳であり、冒頭のクロポトキンに関する記述のみ佐々論文を引用している。佐々の論文はクロポトキンやトルストイを人道主義的な観点で評価したものだが、これは「労働運動의 社会主義的考察」でも抄訳された。麻生はロシアをアナキズムが発達した国家として把握しているのだが、兪鎭熙がこれをそのまま翻訳していることから、当時兪鎭熙にはロシア革命に対する理解がほぼなかったものと推測される。なお、佐々と麻生は、いずれも東京帝国大学新人会のメンバーである。

(3)金明鎮「青年에게 告함」(『東亜日報』一九二〇年五月二二日)

クロポトキン著・大杉栄訳「青年に訴ふ」(『労働運動(第一次)』第五号、一九二〇年四月三〇日、七面)

朝鮮で最初に翻訳されたクロポトキン文献。訳者の金明鎮については詳細は不明だが、名前の類似性からみて、社会革命党の金明植の変名の可能性がある。同記事で注目されるのは、何といっても翻訳の迅速さである。この記事の底本は、大杉栄を主幹として一九一九年一〇月六日に創刊された『労働運動(第一次)』の第五号に掲載された大杉訳「青年に訴ふ」であるが、一九二〇年四月三〇日に掲載されたものが、同年五月二二日には朝鮮語に翻訳して掲載されているのである。また、大杉によれば、「青年に訴ふ」は一九〇七年に『平民新聞』で大杉の翻訳により日本で初めて掲載されたが、同紙は発行禁止処分により廃刊となり、『労働運動(第一次)』で約一二年振りに連載が再開したという。つまり、大杉訳「青年に訴ふ」は定期刊行物の形としては、この『労働運動(第一次)』第五号に掲載されたものが、当時入手できる唯一のものであった。このことから、当時の朝鮮知識人

がいかに日本の思想界の動向に着目していたかが窺い知れる。なお、金明鎮訳「青年에게 告함」は、「青年に訴ふ」の全訳ではなく、序盤部分で終わっている。これは、底本にしていた『労働運動（第一次）』が第六号で廃刊となり、途中で連載が終了してしまったためである。

(4)孫斗煥「社会主義研究(一～五)」（『独立新聞』一九二〇年五月二九日・六月一・五・一〇・一七日）

河上肇『近世経済思想史論』（岩波書店、一九二〇年、七六～一一六頁、頁数は『河上肇全集』第一〇巻に依拠）

この記事のみ朝鮮内ではなく、上海の大韓民国臨時政府の機関紙『独立新聞』に掲載されたものだが、重要な記事であるためここに載せた。同記事は河上肇『近世経済思想史論』のなかから「第三講　カアル・マルクス」の「第一段　社会主義経済学の成立」と「第二段　唯物史観」を抄訳したものである。『近世経済思想史論』は発行当時、日本思想界に大きな影響を与えた書籍であった。河上によれば、マルクス主義には、過去に関する理論である唯物史観、現在に関する理論である経済論、未来に関する理論である社会民主主義の三大原理があり、これらを根底で密接に結びつけているのが階級闘争説であった。反面、孫斗煥は階級闘争説を過去に関する理論として、唯物史観説を三大原理を根底で結びつける理論として紹介している。孫斗煥は『近世経済思想史論』のなかから、とくに唯物史観説に関する個所を重点的に翻訳しているため、内容の整合性をとるために唯物史観説と階級闘争説の位置づけを入れ替えたものと推測される。また、一九二〇年六月五日の「社会主義研究(三)」では「経済学批判」序文が翻訳されているが、これは現存している史料のなかでは朝鮮語に翻訳された最初のマルクス主義原典である。なお、河上の『近世経済思想史論』は朝鮮内でも反響を呼び、一九二二年には、京都帝国大学経済学部に留学し、河上から直接学んでいた李順鐸によって、『東亜日報』で「말크쓰의 唯物史観」（マルクスの唯物史観、四月一八日～五月八日、全一八回）、「막스思想의 概要」（マルクス思想の概要、五月一一日～六月二三日、全三七回）というタイトルで翻訳された。

(5)又影生「막쓰와 唯物史観의 一瞥」(『開闢』第三号、一九二〇年八月)

堺利彦「唯物史観概要」(『社会主義研究』第一巻第一号、一九一九年四月、一一〜一四頁)

又影生は鄭泰信の筆名。その他の筆名としては、鄭又影、鄭羊鳴など。同記事に関しては、第四章第三節を参照。

(6)金明植「労働問題는 社会의 根本問題이라」(『共済』第一号、一九二〇年九月)

大山郁夫「労働問題と教育問題との交錯」(『我等』第二巻第一号、一九二〇年一月、八〜一二頁)

詳しくは第四章第三節を参照。労働問題を文化価値と物質価値に分けて考察したものであるが、これは大山郁夫論文を要約したものである。

(7)無我生「労働者의 文明은 如斯하다」(『共済』第一号、一九二〇年九月)

賀川豊彦「労働者崇拝論」(『解放』第一巻第三号、一九一九年八月、五六〜六七頁)

無我生は兪鎮熙の筆名。この記事は賀川豊彦の論文を抄訳したものである。賀川豊彦は当時、友愛会関西支部の指導者であり、キリスト教社会主義者と評価されることもある。実際、「労働者崇拝論」にはイエスに関する記述が多々みられるのだが、この部分に関して兪鎮熙は翻訳していない。おそらく、兪鎮熙がキリスト教信徒ではなかったからであろう。

(8)霽観「全国労働者諸君에게 檄을 送하노라」(『共済』第一号、一九二〇年九月)

①佐野学「労働者の指導倫理」(『解放』第一巻第三号、一九一九年八月、七〜八頁)

②木村久一「文芸の解放」(『解放』第一巻第二号、一九一九年七月、三三〜三五頁)

詳しくは第四章第三節を参照。霽観は金翰の筆名である。この記事が佐野や木村の論文を参照して書かれたものであることは間違いないとみられるが、翻訳や引用ではない。なお、底本となった『解放』七月号、八月号には兪鎭熙が抄訳した賀川豊彦や佐々弘雄の論文が掲載されており、当時、朝鮮知識人の間で『解放』がいかに重宝されていたかがわかる。また、一九一九年当時、佐野はそれほど社会主義的傾向を明確にはしていなかった。木村久一は黎明会のメンバーで、ラッセルの影響を受けた代表的な知識人であった。

(9)兪鎭熙「労働運動의 社会主義的考察」(『共済』第二号、一九二〇年一〇月)

(引用底本は本書の表4を参照)

第一節「人権回復運動」は、兪鎭熙が「労働者의 指導와 教育」で引用した『解放』一九一九年七月号の特集「労働運動の根拠」のなかから、北澤新次郎と山川菊栄の論文を繋ぎ合わせたものであり、人権回復運動という用語は山川論文からの借用である。第四節「労働問題에 内外의 別이 업다」では堀江帰一の論文の第三節「労働問題に内外の別なし」を引用している。これは労働問題の性格がどの国でも同一であることを解説したもので、堀江はその根拠として、日本で明治以降に機械工業をはじめとする資本主義的生産組織が発達したことを挙げている。反面、兪鎭熙は原文を修正して、機械工業の代わりに小作制度を根拠に挙げている。これは日本に比べて遥かに資本主義の発達が遅れていた朝鮮において労働問題の重要性を主張するための苦肉の策といったところであろう。第五節「時期는 切迫하다」は加藤論文の第六節を大部分引用したものである。第二節、第三節に関しては本書の第四章で詳しく述べたとおりである。

(10)尹滋瑛「唯物史観要領記」(『我聲』第一号、一九二一年三月)

堺利彦「唯物史観概要」(『社会主義研究』第一巻第一号、一九一九年四月、一四～一六頁)

詳しくは第四章第三節を参照。当時、堺利彦はマルクスの「経済学批判」序文を「唯物史観の要領記」と呼んでいた。

(11)申伯雨「唯物史観概要」(『共済』第七号、一九二一年四月)

堺利彦「唯物史観概要」(『社会主義研究』第一巻第一号、一九一九年四月、一四〜一六頁)

詳しくは第四章第三節を参照。理由は分からないが、申伯雨の翻訳文には原文の「故に此の資本家的社会形態と共に人類の歴史前紀が終結を告げるのである」という一文が欠落している。

(12)無我生訳「青年에게 訴함」(『共済』第七号、一九二一年四月)

クロポトキン著・大杉栄訳「青年に訴ふ・一、一の二」(『労働運動(第二次)』第一号、一九二一年一月、八面、第二号、一九二一年二月、六面)

『労働運動(第二次)』がヴォイチンスキーの資金を元手に、アナ・ボルの共同を目指して刊行されたことは第五章第二節で述べた。大杉栄が『労働運動』を再刊させ、「青年に訴ふ」の連載を再開したことにより、朝鮮でも同記事の翻訳、連載が可能になった。

(13)金明植「니콜라이 레닌은 엇더한 사람인가」(『東亜日報』一九二一年六月三日〜八月三一日、全七二回)

①山川均「レーニンの生涯と事業」(『社会主義研究』第三巻第四号、一九二一年四月、完訳)

②内山省三『世界革命史論』(江原書店、一九一九年、三一一〜四四三頁)

詳しくは第四章第三節を参照。同記事のなかで、レーニンに関する記述は山川の論文を完訳したものであり、ロシア革命やロシアの歴史、文学に関する記述は大半が内山の著書からの引用である。底本となった山川均「レーニンの生涯と事業」は検閲によって削除された箇所が多く、そうした箇所は○○や□□と表記されている。「니콜라이 레닌은 엇더한 사람인가」には○○と表記された箇所が若干あるが、これは原文自体が検閲によって○○と表記されていたからである。また、削除された箇所の一部は『山川均全集』第三巻で確認できるのだが、原文と「니콜라이 레닌은 엇더한 사람인가」には一致しない部分があるので、金明植は原文で削除された箇所

を文脈から予測しながら翻訳していたといえる。中国の社会主義者の場合、山川や堺などの日本人社会主義者に、検閲によって削除された内容を問い合わせるために手紙を送ったり、彼らを訪問したりする場合があったのだが、金明植の場合は山川に対して削除された内容を問い合わせなかったようである。なお、同記事は一九二二年に『露国革命史와 레닌』（露国革命史とレーニン、京城・新生活出版部）というタイトルで単行本として出版された。

(14)無我生「労働問題의 要諦」（『共済』第八号、一九二一年六月）

①筆者未詳「労働問題の要諦」（『中央公論』臨時増刊労働問題号、一九一九年七月、一頁）

②中澤臨川「労働問題の愛護」（『中央公論』臨時増刊労働問題号、一九一九年七月、九～一六頁）

題目のみ『中央公論』臨時増刊労働問題号の巻頭辞として掲載された「労働問題の要諦」から借用している。内容は兪鎮熙（無我生）が「労働運動의 社会主義的考察」で引用した中澤臨川「労働問題の愛護」を再び抄訳したものである。ただし、兪鎮熙は、中澤が使用している「文化運動」という用語をすべて「社会運動」という用語に置き換えており、ここでも文化主義に関する論文を社会主義的内容として再構成している。

(15)一記者「労働問題通俗講話」（『共済』第八号、一九二一年六月）

堀江帰一「労働問題講話」（『中央公論』臨時増刊労働問題号、一九一九年七月、一七～二五頁）

兪鎮熙が「労働運動의 社会主義的考察」で引用した堀江帰一論文のなかから、第一節から第四節までを抄訳したものである。一記者が誰なのかは不明だが、兪鎮熙ではないと思われる。兪鎮熙が、資本主義的発展が微弱な朝鮮の状況に合わせて原文を修正したのとは対照的に、一記者は堀江の論文をそのまま翻訳しているからである。いずれにせよ『共済』で二度も同じ論文が引用されたのは、朝鮮での労働問題の必然性を主張する目的があったからだろう。

(16)高順欽「따윈説과 맑스説」(『共済』第八号、一九二一年六月)

堺利彦「マルクス説とダーウィン説」(『社会主義研究』第一巻第一号、一九一九年四月、一～八頁)

この記事は「唯物史観概要」と同じ『社会主義研究』創刊号に掲載された堺利彦「マルクス説とダーウィン説」の翻訳である。「マルクス説とダーウィン説」は、前半部が生物が進化する法則を発見したダーウィンに関する解説であり、後半部が社会が進化する原因を発見したマルクスに関する解説となっている。唯物史観の社会発展の概念と、非弁証法的な生物学的進化の概念を結びつけてマルクス主義を理解しようとする傾向は、当時日本で一般的であった。以降、日本では櫛田民蔵などによって弁証法に関する研究が進展するが、朝鮮でもやはり一九二〇年代中盤から弁証法に関する記事が増加することになる。「따윈説과 맑스説」は「マルクス説とダーウィン説」の前半部を翻訳したものである。おそらく、「따윈説과 맑스説(続)」で後半部を翻訳する予定だったのであろう。なお、高順欽は一九二〇年代にアナキストとして活動した人物である。

(17)無我生訳「青年에게 訴함(続)」(『共済』第八号、一九二一年六月)

クロポトキン著・大杉栄訳「青年に訴ふ・二の一、二の二、三ノ一、四」(『労働運動(第二次)』第三号、一九二一年二月、六面、第四号、一九二一年二月、六面、第五号、一九二一年三月、六面、第七号、一九二一年三月、六面)

兪鎭熙の翻訳文は検閲によって削除された箇所が非常に多い。しかし、原文には検閲によって削除された箇所はほとんどない。文化政治によって出版物発行が許可されたとはいえ、その検閲が日本に比べていかに厳しいものだったかをこの記事は物語っている。なお、同記事においても、「青年に訴ふ」は最後まで翻訳されなかった。おそらく、『共済』第九号で完結する予定だったと思われるが、『共済』自体が廃刊となったため、「青年に訴ふ」の完訳はまたもなされなかった。

(18)尹滋瑛「相互扶助論研究」(『我聲』第三号、一九二一年七月)

大杉栄「クロポトキンの生物学 相互扶助論」(大杉栄『クロポトキン研究』アルス、一九二〇年一〇月、六四〜七五頁)

大杉栄『クロポトキン研究』所収の「クロポトキンの生物学　相互扶助論」を翻訳したものである。大杉の同論文の初出は一九一五年であるが、『クロポトキン研究』から翻訳されたことは、一九二一年に朝鮮で刊行された社会主義雑誌『新生活』で李星泰が明らかにしている。

(19)尹滋瑛「相互扶助論研究(続)」(『我聲』第四号、一九二一年九月)

大杉栄「クロポトキンの生物学 相互扶助論」(大杉栄『クロポトキン研究』アルス、一九二〇年一〇月、七五〜八六頁)

(18)の続きである。

(20)高順欽「따윈説과 맑스説(続)」(『共済』第九号、未刊行)

堺利彦「マルクス説とダーウィン説」(『社会主義研究』第一巻第一号、一九一九年四月、推定)

(一六)の高順欽「따윈説과 맑스説」の続編で、「マルクス説とダーウィン説」の後半部、すなわちマルクスに関する箇所を翻訳する予定だったと思われるが、『共済』は第八号で廃刊となった。

(21)筆者未詳「唯物史観에 対한 諸批評」(『共済』第九号、未刊行)

山川均「唯物史観に対する諸批評」(『社会主義研究』第一巻第二号、一九一九年六月、推定)

(20)と同様に、『共済』が第八号で廃刊となったため、実際は刊行されなかった。なお、堺利彦「唯物史観概要」と山川均「唯物史観に対する諸批評」は、いずれもルイス・ブディン(Louis B. Boudin)の *The Theoretical System of Karl Marx* に依拠して書かれたものである。おそらく、「唯物史観概要」を完訳した中伯雨が山川均の論文も翻訳する予定だったものと推測される。なお、日本人社会主義者のブディンの著作の受容に関しては、黒川伊織「「第一次共産党」史論」で詳しく述べられている。

付録二　日本における朝鮮人出版物の解説および総目次

本付録は一九一〇年の韓国併合後から一九二五年にかけて、朝鮮人が日本で発行した出版物（主に雑誌）の簡単な解説と目次である。日本における朝鮮人雑誌に関しては、本論の第二章を中心に随所で述べてきたが、ここでは、①朝鮮人雑誌の各号毎の発行日、目次、所蔵先などを提示するとともに、②本論で触れなかった文献についても解説することで、本論で扱うことのできなかった内容を補完した。また、目次の備考欄では、翻訳記事の場合はその底本を、変名や筆名で記事が書かれている場合はその執筆者名を、筆者が知り得た限りで記したが、必ずしも完全なものではないことを了承されたい。また、かなりの量になるため誤植がある可能性もある。なお、すでに史料集や復刻版、影印本として刊行されており（『創造』、『女子時論』、朴慶植編『朝鮮問題資料叢書』第五巻、第一二巻収録雑誌など）、閲覧が容易なものに関しては収録していない。本付録で扱う朝鮮人出版物は以下のとおりである。

（1）『学界報』（一九一二年三月創刊）

在東京朝鮮留学生親睦会の機関誌。第一章第三節で述べたように、創刊号で廃刊となったため、第二号以降は存在しない。延世大学校中央図書館国学資料室所蔵。

（2）『学之光』（一九一四年四月創刊）

在東京朝鮮留学生学友会の機関誌。一九一四年四月二日創刊だが、創刊号はまだ所在が確認されておらず、目にすることができるのは同年四月二〇日発行の第二号からである。韓国で一九八三年に太学社から影印本が出ているが、欠号が多い。そのなかで、第八号と第一一号はワシントンのアメリカ議会図書館に所蔵されており、これに関する詳細は、布袋敏博「『学之光』小考」およびクォン・ボドゥレ（권보드래）「『学之光』第八号、編集長

李光洙와 새資料」で述べられている。『学之光』は基本的には菊版だが、この度発掘された第二号に限りタブロイド版で、総頁数もわずか一三頁である。編集人が金炳魯、印刷人が金雨英、発行所は学之光発行所ではなく東洋閣となっているが、住所が編集人住所と同じなので、要するに金炳魯の下宿である。本付録では、この第二号と、従来『学之光』が一九三〇年四月五日の第二九号で終刊になったとされてきたことに鑑み、一九三〇年一二月二七日発行の第三〇号の目次も掲載しておく。第三〇号は、編集人が鄭龍模、印刷人が金東建、印刷所が大東社印刷所、発行所が学之光社（鄭龍模と同じ住所）で、総八八頁の大冊となっている。いずれも、ソウルの雅丹文庫に所蔵されている。

（3）『近代思潮』（一九一六年一月創刊）

黄錫禹が近代思潮社長兼主筆をしている文芸誌で、世界各国の文芸作品などの朝鮮語訳が中心である。雑誌のコンセプトだが、黄錫禹によれば「我が朝鮮民族団体に欧米先進国の哲学思潮、文芸思潮、宗教思潮、倫理思潮、其他学術上智識を紹介し、さらに朝鮮社会改良案に対する意見を発表する目的」であった（黄一民「創刊辞」）。また、内務省によれば、創刊号は六〇〇部発行され、そのうち二〇〇部を黄錫禹が朝鮮内に持ち帰り、同地の学生に頒布したが、総督府により発売頒布禁止処分になったという（警保局保安課「朝鮮人概況（大正五年六月三十日）」）。朝鮮民衆の啓蒙を目指した『学之光』と同じ役割を果たしていたといえるが、『学之光』よりも思想、宗教に関する内容が多い。創刊号の編集兼発行人は黄錫禹、印刷所は東京麹町の現代社、発行所は近代思潮社で黄錫禹の下宿とみられる。ソウルの雅丹文庫に所蔵されており、第二号以降も発行されていたかは定かでない。

（4）『女子界』（一九一七年七月創刊）

朝鮮女子留学生親睦会の機関誌で、一九一七年七月一二日に創刊されたが、創刊号は現存していない。創刊号を出した後、資金不足により休刊状態が続き、田栄澤や羅蕙錫が奔走した結果、ようやく第二号が一九一八年三月に刊行された（警保局保安課「朝鮮人概況　第二、第三」）。第二号から第四号までが延世大学校中央図書館国学資料室、第五号は所在不明で、第六号が高麗大学校中央図書館に所蔵されている。いつまで刊行が続いたのかは不明だが、一九二〇年代の中盤頃に朝鮮女子留学生学興会の機関誌として再刊されたようで、一九二七年に刊行された第四号が延世大学校中央図書館国学資料室に所蔵されている。目次は掲載しないが、この第四号の書誌情報を示しておけば、東京女子美術専門学校に留学していた李淑鐘が編集発行兼印刷人となっており、印刷所は一月会のメンバーが設立した朝鮮人経営印刷所の同聲社となっている。

（5）『基督青年』（一九一七年一一月創刊）

朝鮮ＹＭＣＡの機関誌で原則月一回発行、タブロイド版。第五号から第七号が延世大学校中央図書館国学資料室に所蔵されているが、第五号の最初の三頁分が欠落している。第八号の所在は不明で、第九号から第一三号までが在日韓国ＹＭＣＡに所蔵されている。第一五号まで刊行した後、『現代』に改題された。

（6）『革新時報』（一九一八年一〇月創刊）

李達が組織した東洋青年同志会の機関誌で、一九一八年一〇月二〇日発行の第一巻第三号（十月下号）が雅丹文庫に所蔵されている。李達および東洋青年同志会については、関連史料があまり残っていないが、官憲史料によれば、李達は慶應大学に籍を置いており、東洋の平和のために各民族が覚醒し、精神的結合を図ることを目的に、一九一七年五月頃に東洋青年同志会を組織、主に東京在住の朝鮮と中国の留学生を勧誘していたという。同年九月に機関誌として日本語で『東亜時論』を創刊、一九一八年四月の第三号まで刊行したが、創刊号と第三号が発禁処分となった。唯一検閲を通過した一九一七年一〇月刊行の第二号も、李達が同誌で鼓舞していた「東洋「モンロー」主義」が朝鮮人留学生の間で著しく反感を買ったため、購読者はかなり少なかったようである（「朝鮮人概況　第二」、「朝鮮人近況概要」）。『革新時報』は、『東亜時論』を一九一八年一〇月に改題したものであり、十月上号と十月下号をほぼ同時期に刊行したが、いずれも発禁処分になっている（斎藤昌三編『現代筆禍文献大年表』）。現存している十月下号の巻号が第二巻第三号となっているのは、『東亜時論』を創刊してから二年目で、一九一八年四月の『東亜時論』第三号を第二巻の第一号とカウントしているからであろう。

東洋青年同志会は、一見すると新亜同盟党と類似したコンセプトの団体のようであるが、官憲史料の叙述を信じるならば、朝鮮人留学生の間で反感を買っていた点が大きく異なる。李達の主張する「東洋「モンロー」主義」の内容についてはよく分からないが、『革新時報』には、内鮮融和を実現するには、まずは日本人が統治政策を改めるべきであるといった論調の記事も掲載されており（長白生「日本の反省を切望す」）、当時の朝鮮人留学生の反日感情を勘案すれば、確かに朝鮮人留学生から反感を買っても仕方のない内容ではある。

ただし、李達が東アジアの知識人や留学生と幅広く交流していたのは事実である。まず日本人では、宮武外骨の民本党に加入しているほか（「特別要視察人状勢一斑　第九」）、弁護士の山崎今朝弥とも親しかった。また、李達が山崎に宛てた手紙によれば、中国人留学生で、後に中国共産党の初期メンバーに名を連ねる李達と名前が同じで紛らわしいため、李東宰という名前で活動していることが書かれており（「李達氏より（山崎今朝弥氏宛）」（『社会主義』））、中国人留学生とも繋がりがあったことが窺い知れる。

さらに、『革新時報』十月下号には台湾人の東鳴生「台湾の現状（一）」という記事が掲載されており、これは朝鮮人経営の雑誌に掲載された台湾人の記事としては最初のものである。同記事は日本の台湾人に対する教育政策の改善を訴えたものであり、東鳴生は東京高等師範学校の留学生で、台湾で公学校の教諭をしていたことのある蔡培火の可能性が高い（紀旭峰『大正期台湾人の「日本留学」研究』）。この時期は、蔡培火ら留学生と林献堂の間で六三法の撤廃に向けて運動を起こすことが話し合われていた。したがって、結果的には発禁処分になったものの、李達は台湾民族運動が本格化するまさにそのとき、メディアという形でこれに協力したといえる。

(7)『学友』(一九一九年一月創刊)

京都帝国大学に通う金雨英を編集兼発行人として刊行された京都在住朝鮮人留学生の雑誌。どの団体の出版物なのか明記されていないが、一九一五年に金雨英が組織した京都朝鮮留学生親睦会の機関誌的位置づけの雑誌である。創刊号のみで廃刊になったとみられる。延世大学校中央図書館国学資料室所蔵。なお、京都では一九二六年にも京都学友会の機関誌として『学潮』が創刊される。

(8)『三光』(一九一九年二月創刊)

二・八独立宣言直後の二月一〇日に創刊された在東京朝鮮留学生楽友会の機関誌で、音楽を中心とする文芸誌。東京音楽学校に留学し、後に音楽家として名を残す洪蘭坡(本名は洪永厚)が中心となって編集していたほか、黄錫禹の詩も掲載されている。第三号まで刊行され、創刊号が延世大学校中央図書館国学資料室とソウル大学校中央図書館古文献資料室、第二号と第三号が延世大学校中央図書館国学資料室に所蔵されている。

(9)『新朝鮮』(一九一九年一一月創刊)

李達が『革新時報』を改題した日本語雑誌で、一九一九年一一月一日発行の創刊号が学習院大学東洋文化研究所に所蔵されている。台湾人の寄稿はなく、日本の朝鮮統治に対する批判が中心になっており、事実かどうかは怪しいが、李達が首相の原敬に会見した際の問答も掲載されている。また、同誌については、堺利彦が『新社会評論』で紹介しているので(堺生「寄贈書紹介」〈『新社会評論』〉)、李達は日本の知識人に同誌を送っていた可能性がある。第二号がいつ発行されたのかは不明だが、一九一九年一二月に発行された第三号と第四号が発禁処分になった。その後、李達は警察に逮捕され、一九二二年の時点で大邱の監獄に収監されていることが確認できる(「消息」〈『青年朝鮮』〉)。

(10)『緑星』(一九一九年一一月創刊)

李一海主幹の映画専門誌。無署名の記事が多いため、どのような人物が関わっていたのか不明だが、李一海が大半の記事を執筆していたのではないかと思われる。創刊号がソウル大学校中央図書館古文献資料室に所蔵されている。同誌には「疑問의 死」というミステリー小説が掲載されており、五、六回と連載が続くなかで、見事犯人を当てた読者には一〇〇円プレゼントという懸賞を行っている。したがって、長く刊行する予定だったことは確かであるが、第二号以降は実物が確認できない。

(11)『現代』(一九二〇年一月創刊)

朝鮮ＹＭＣＡの機関誌で『基督青年』を改題したもの。改題すると同時に、タブロイド版から『学之光』と同様の菊版になった。創刊号が延世大学校中央図書館国学資料室とソウル大学校中央図書館古文献資料室、第二、三、五、六、九号が延世大学校中央図書館国学資料室に所蔵されている。第四号は発禁処分により現存しておらず、第七号は刊行されたが所在が確認できない。第八号は雅丹文庫に所蔵されている。なお、『現代』を含めて、ソウル大学校中央図書館古文献資料室が所蔵している雑誌は、創刊号に限りソウル大学校中央図書館のウェブサイトで画像コンテンツとして閲覧できる。

(12)『大衆時報』(一九二一年四月創刊)

第六章で述べたように、創刊号は発禁処分となった。臨時号は韓国の円光大学校中央図書館に所蔵されている。第三号が雅丹文庫、第四号が大原社会問題研究所に所蔵されている。

(13)『前進』(一九二二年創刊)

卞熙瑢によるマルクス主義研究雑誌。創刊号が残っていないため、創刊時期は分からないが、一九二二年の三月、四月頃と思われる。現存しているのは第二号と第四号で、いずれも雅丹文庫に所蔵されている。

(14)『解放運動』(一九二四年九月創刊)

北星会のメンバーのなかで、朝鮮に拠点を移した金若水一派の雑誌。日本で発行されたが、本社(解放運動社)は朝鮮内の「京城斉洞八四」に置かれていた。創刊号で廃刊となった。大原社会問題研究所に所蔵されている。なお、解放運動社の本社は後に北風会の事務所になる。

『学界報』第一号（一九一二・四・一）

記事名	筆者	備考
創刊辞		
新年詞	編輯人	編集人は文一平
新春을 歡迎하야 留学諸吾前途의 勉励期望	趙晩夏	
親睦의 必要及発展	全永澤	
泰東文明의 由来	虎巌山人	
婦人論	無名女史	趙素昂が執筆
憶辛亥而愛壬子	鄭沂昱	
人生観	金益三	
道徳과 宗教의 関係	嘯仰	趙素昂が執筆
経済学의 大意	金尚沃	
経済応用의 三弊害	紫芝山人	
農業上古今差異의 着眼	金元漢	
人生의 価値	宋鎭禹	
宇宙	江湖散人	
自然対吾人位置	研古生	
生活帰着	李熙迪	
利用説	文一平	
修養身体	亀川江戸旅記	
世界格言		
学界月旦	長耳生	
養生法	申相武	
吊故友朴相洛君		
인생의 한（人生의 恨）	金女史	
星의 一瞬間	虎巌	
新春書懐	虎巌	
新春奉和権鶴樵韻	徐学均	
元朝酔賦三絶	翠汀生	
附録（会録抜要、朝鮮留学生親睦会規則等）		

『学之光』第二号（一九一四・四・二〇）

記事名	筆者	備考
二号之光이 出現	編輯人	第二号の編集人は金炳魯
道徳論	秋城人	

不滅論	늘샘	
苦痛은 将来의 幸福	編輯人	
半島의 経済概況과 我留学生	宜春人	
女子界의 達観	古今女史	
半島의 早婚弊害를 痛論함	玄俊鎬	
人生의 価値와 離婚의 適否	金性洙	
宗教起源의 概観	李周淵	
迷信과 偽師	그리쓰찬	
理想的刑法의 概論(一回)	金炳魯	第一回で連載終了
人体에 在한 腸寄生虫에 対한 概説	金珪	
啄枯	笑々生	
小説 밀의 월(蜜의 月)	餐霞生	
人生의 神秘	弄文子	
雑詩	右山野人	
陽春清韻(三首)	金晩興	
閑話珍談	秋城生	
学界消息		
論鋒		編集後記のようなもの

『学之光』第三〇号(一九三〇・一二・二七)

記事名	筆者	備考
巻頭言	玄海	
文学의 階級的特質	咸大勲	
偶然性과 必然性의 問題(未定稿)	独孤子	ブハーリンの唯物論に対する批判論文
新興科学概論에 関한 테제	任喆宰	
現代資本主義下의 地代論에 関한 一考察	蔡丙錫	
共産主義青年運動의 状勢와 当面任務	申哲	共産主義青年インタナショナル(KJI)第十四回中央執行委員会の決議文の翻訳

記事名	筆者	備考
世界恐慌	鄭洪錫	
古代朝鮮婚姻制度에 対한 一考察	金益鎬	
故郷에 도라와서	金廷漢	
追憶	대훈	
詩三篇	許保	
善良한 그 女工	蔡丙錫	
学友会経過報告	玄海	

『近代思潮』第一号（一九一六・一・二六）

記事名	筆者	備考
創刊辞	黄一民	黄一民は、黄錫禹の筆名
個人과 宇宙의 関係	印度타쿠얼	タゴールの翻訳
戦争과 道徳	露国쏠로위요푸	ロシアの哲学者・ソロヴィヨフ『戦争の意義』の翻訳
将来의 宗教	米国에리오트	米国人・エリオットの文章の翻訳
国家主義와 世界主義의 調和	지、에푸、빠뽀어	原題は、忠君愛国の思想と基督教の世界主義
英吉利文人 오스카、와일드	金億	アイルランド出身の作家であるオスカー・ワイルドの解説記事
긴 熟視	素月	素月は一九一七年に二六歳で死んだ詩人・崔承九の雅号
雑記雑告		編集後記

『女子界』第二号（一九一八・三・二二）

記事名	筆者	備考
巻頭辞	編輯人	第二号の編集人は金徳成
覚醒의 新春(社説)	秋湖	秋湖は田栄澤の雅号
어머니의 무릅	春園	春園は李光洙の雅号のひとつ
家庭制度를 改革하라	田栄澤	
妻女의 煩悶	春汀生	春汀生は羅蕙錫の筆名
새로 어머니가 되신 兄님께	金徳成	
女子의 力	無名隠士	
大門을 나신 兄弟들의게	朴淳愛	
新旧衝突의 悲劇	金燁	
婦人의 覚醒이 男子보다 緊急한 所以	霽月	霽月は廉尚燮（廉想渉）の雅号のひとつ
青春에서 女子界의게	六堂先生	六堂は当時、朝鮮内で雑誌『青春』を編集していた崔南善の雅号
빗(詩)	H・S・生	羅蕙錫のように思われる
첫 나드리온 兄님(詩)	ㄷ・ㅅ・生	
初夢	望洋草	望洋草は女流詩人・金明淳の筆名
泰西賢婦小伝	갈물	
家庭訪問記	一記者	

記事名	筆者	備考
家庭과 学校	洪基瑗	
育児의 二大注意	韓興教	
女子教育의 思想	李앨나	
女子界를 祝하야	金雨英	
東京에서 釜山까지	秋湖	
경회（小説）	晶月	晶月は羅蕙錫の雅号
消息		
編輯室에서		編集後記

『女子界』第三号（一九一八・九・一〇）

記事名	筆者	備考
어머니의 무릅	春園	
卒業生諸兄의게 들임	玄徳信	
女子教育論		
処女의 노래	南星	南星は李一の雅号のひとつ
天才를 만드는 早教育		
朝鮮사람 儀式에 対한 意見	極熊	極熊は崔承萬の筆名
小児를 엇지 待接할가	孤舟	孤舟は李光洙の雅号のひとつ
常識顧問室（星世界）		
小児의 口中衛生	記者	
××언니에게	望洋草	
나의 日記（셔울에셔 江西까지）	春江	
（少女歌劇）初春의 悲哀	天園	天園は呉天錫の雅号
月経論	愚谷生	
뱀의 研究	K・W・生	
家庭顧問（夏節의 幼兒）		
헬렌 켈러	秋湖	
回生한 孫女에게（小説）	晶月	
消息		
編輯余言		編集後記

『女子界』第四号（一九二〇・三・二五）

記事名	筆者	備考
復活하는 女子界의게	김환	김환は金煥のこと
自己를 知하라	金安植	
苦泣	象牙塔	象牙塔は黄錫禹の雅号
女子解放問題	極熊	

記事名	筆者	備考
帰雁의 声(詩)	東海漁夫	
RT両兄에게	흰뫼	흰뫼は金煥の筆名
少年의 죽음	天園	
新聞界의 消息		
青年女子의 自助	朴錫薫	
故郷의 곰(詩)	李一	
新女子의 自覚	春江	
人生長寿의 神薬은 即 우슴	愚谷生	
病의 原因	愚谷生	
正午	葛香	
女子界의게 一言을 告함	南星	
在東京女学生諸氏의게		開城の女学校校長の書簡
祖母의 墓前	望洋草	
팔니여 가는 꼿	葛香	
촉불이 꺼져가는 女子界의 고통	武卿	
女子의 五大天職	金弼秀	
雑誌界의 消息		
시간과 노력의 경계	松青	
中国女子의 굿은 정절	劉英俊	
팔뇌의나(小説)	M・K・生	
編輯余言		
消息		

『女子界』第六号(一九二一・一・一一)

記事名	筆者	備考
새로 오신 여러 형님에게	李良善	
両性의 地位와 貞操의 道徳的価値	崔元淳	
女子의 自覚	秋菊	
男女相互補短에 就하야	徐椿	
우리의 運命은 어대 잇소	金良	
男女交際에 対하야	星	
우리의 煩悶	ML生	
朝鮮青年女子의 希望	星	
結婚과 恋愛	玉露	
女子의 自覚과 男子의 反省을 叫함	MC生	
旧友를 生覚하면서	雪舟	
警醒	信	
婦人金句	玄徳信	
어린 英淳에게(小説)	惟香	

記事名	筆者	備考
編輯余言		
消息		

『基督青年』第五号（一九一八・三・一六）

記事名	筆者	備考
朝鮮基督教会의 覚醒	秋湖	
朝鮮青年等의 信仰上移動은 開放？堕落？	李一	
原因을 作하라		
난날	寶鏡	寶鏡は李光洙の幼名
幸福	龍洲生	
一年前露西亜를 생각하고	極熊	

『基督青年』第六号（一九一八・四・一六）

記事名	筆者	備考
基督青年会의 起源과 및 事業	鄭魯湜	
基督教会의 現代的使命	李東植	
朝鮮青年等의 信仰上移動은 開放？堕落？	李一	
図書館設立必要説를 京城人士에게 무함	秋峯	秋峯は金栄萬の筆名
聖뿌랜씨스코의 伝記를 読하고	華巌	
죠르지、윌리맘스伝	解慍	解慍は白南薫の雅号。ＹＭＣＡの創設者であるジョージ・ウィリアムズの伝記
玄相允氏의게 興하야「現時朝鮮青年과 可人不可人의 標準」을 更論함	霽月	玄相允と廉尚燮の論争
救済会에 対한 感想을 論하야 留学生諸君의게 告함	負朝陽	
貧寒漫話（二）	三田散人	

『基督青年』第七号（一九一八・五・一六）

記事名	筆者	備考
新来学生諸君을 歓迎함		

記事名	筆者	備考
聖書와 基督教	内村鑑三述	内村鑑三の講演内容を田栄澤が朝鮮語にしたもの
朝鮮人의 生活과 예수教와의 関係	鄭魯湜	
思想統一의 宗教로 基督教를 論하야 教会의 覚醒에 対한 青年의 使命에 及함	秋湖	
人生의 意義	新渡戸稲造	誰が朝鮮語訳したのか不明
調和論	李圭南	
霽月氏의 批評을 読함	玄相允	第六号掲載の廉尚燮記事に対する玄相允の応答
죠ㄹ지、윌리맘스伝	解慍	
貧寒漫話(三)	三田散人	

『基督青年』第九号(一九一八・九・一六)

記事名	筆者	備考
咸興市青年会의 創立을 祝함		
朝鮮人의 生活과 예수教와의 関係(三)	鄭魯湜	
神(하나님)人関係論	ㅅㄷㅎ	
宗教々育과 家庭	徐相賢	
教育万能論	黒眼鏡	
批評。愛。憎悪	霽月	
基督青年雑誌에 寄함		
無限한 生命		
허튼소리	句離瓶	句離瓶は朱耀翰の筆名
野球遠征		
죠ㄹ지、윌리맘스伝	解慍	
貧寒漫話(五)	三田散人	

『基督青年』第一〇号(一九一八・一〇・一六)

記事名	筆者	備考
張徳俊君을 送함		
朝鮮人의 生活과 예수教와의 関係(四)	鄭魯湜	
今後教会에 対한 余의 愚見(一)	鳳凰山人	
宗教教育과 家庭	徐相賢	

記事名	筆者	備考
青年의 堕落에 対한 矯正策을 講究하라	秋峯	
不可不知	李圭南	
野球遠征雑感		
貧寒漫話(六)	三田散人	
学窓独言의 片々	李一	
하나님은 真理를 보신다	句離瓶	

『基督青年』第一一号(一九一八・一一・一六)

記事名	筆者	備考
創刊一週年		
今後教会에 対한 余의 愚見(二)	鳳凰山人	
基督信者되기까지에	金俊淵	
物質界를 論하야 精神界에 及함	秋峯	
「自立自尊하라」	春夢	
人은 生活而已乎아	李一	
秋季陸上運動스켓취		
貧寒漫話(七)	三田散人	
하나님은 真理를 보신다	句離瓶	
連合祈禱		

『基督青年』第一二号(一九一八・一二・一六)

記事名	筆者	備考
今後教会에 対한 余의 愚見(三)	鳳凰山人	
基督信者되기까지에(二)	金俊淵	
偏見을 버려요!	秋峯	
朝鮮青年의 読書力을 増進하라	도레미生	도레미生は洪永厚の筆名
問題와 解決	凡外生	
가을	秋湖	
크리스마스	秋湖	
죠르지、윌리암스伝	解慍	
貧寒漫話(八)	三田散人	
하나님은 真理를 보신다	句離瓶	

『基督青年』第一三号（一九一九・一・一六）

記事名	筆者	備考
恭賀新年		
今後教会에 対한 余의 愚見（四）	鳳凰山人	
人格의 建設（一）	존・알・못트、셜・아드・에듸	翻訳記事
新時代와 하나님의 사랑	金雨英	
生命의 起源	文穆圭	
끗달끗날	極熊	
吾人의 主張	李圭南	
精神의 不滅에 関하야（一）	金俊淵	
크리스마스 밤		
帰省中所感	秋峯	
修養金言	도뤠미生	
죠르지、윌리맘스伝	解慍	
섹스피어니야기	구리瓶　訳	シェイクスピアに関して朱耀翰が翻訳した記事

『革新時報』第二巻第三号（一九一八・一〇・二〇）

記事名	筆者	備考
日本の反省を切望す	長白生	李光洙の雅号のひとつに「長白」があるが、この長白生は編集人の李達の筆名と思われる
世界文明の大勢	井上円了	井上が李達に語った内容とされている
教育が急務	井上円了	井上が『時事新報』に発表したものと同内容
朝鮮統治策	吉野作造	『中央公論』からの転載
耳と目と口――我等は耳目口を厳封せられたり――	白天生	白天生も李達の筆名と思われる
台湾の現状（一）	東鳴生	台湾人留学生の蔡培火の執筆と推測される
我等の悲哀	長白生	
朝鮮青年の苦情	△□▽生	読者からの投書

『学友』第一号（一九一九・一・一）

記事名	筆者	備考
発刊辞		
礼와 法	金俊淵	
労働의 神聖	朴錫胤	
教育과 遺伝	金璋龍	
衛生上의 衣服論	金時斗	
余의 飽腹者——何오	李甲洙	
余의 開城観	金在殷	
竹杖芒鞋記	鄭民澤	
東海岸突破失敗記	李鐘駿	
에류우드	朱耀翰	詩
동모들아！	方遠成	
自然人間	方仁根	
編輯余談	編集部員一同	

『三光』第一号（一九一九・二・一〇）

記事名	筆者	備考
創刊의 辞		編集人の洪永厚の執筆と思われる
祝	李丙燾	
音楽이란 何오	洪永厚	
人文発達의 三大時期	ＹＨ生	洪永厚の筆名と推測される
丁巳의 作——Ｈ・Ｒ両兄께	象牙塔	
音楽上의 新智識	蘭坡	（洪）蘭坡は洪永厚の代表的な筆名
부슬비 오는 밤	솔파生	
눈개인 아츰	珊瑚生	
서울계신 Ｋ兄께	ㄷㄹㅁ	おそらく洪永厚の筆名（洪の筆名のひとつが、도레미生のため）
音楽小説　金牌의 行方	都礼美	洪永厚の筆名
短編哀話　바람과 빗	ㅎㅇㅎ	洪永厚の筆名
蝴蝶과 蜘蛛	八克園	八克は柳志永の雅号
사랑하는 벗에게	또스토예프스키作	洪永厚によるドストエフスキー『貧しき人々』の翻訳、第一回
俗歌喜劇　理想的結婚	柳志永	
編輯余言		

『三光』第二号(一九一九・一二・二八)

記事名	筆者	備考
巻頭小言		おそらく洪永厚の執筆
三光頌	廉尚燮	
唱歌遊戯의 教育上効能	洪永厚	
米国詩壇의 鬼才	春陽生	
断章五篇(詩)	象牙塔	
獣、活、死、獣	柳和言	
곰보의 노래(詩)	石松生	石松は詩人・金炯元の雅号
사랑하난 벗에게	또스토예푸스키作	ドフトエフスキー『貧しき人々』の翻訳、第二回
○楽逸話	蘭坡生	蘭坡生も洪永厚の筆名
喜歌劇(마스콧테)	오ー드란作	
象牙塔兄끠	霽月	廉尚燮が黄錫禹に宛てた文章
理想的結婚(脚本)	八克園	
月光의 曲(로만스)	秋江生	
質疑応答欄	編輯人	編集人は洪永厚
編輯余言		

『三光』第三号(一九二〇・四・一五)

記事名	筆者	備考
第二年을 迎함		
二重解放	廉尚燮	
音楽上音의 解説	洪永厚	
「마ー크스」와「엔겔스」의 小伝(上)	春陽生	マルクスとエンゲルスについて説明した記事だが、春陽生が誰の筆名か不明
詩話	黄錫禹	
苦悩의旅(詩)	象牙塔	
사나희냐?	石松生	
舶来猫	霽月	
짜른 生命	李鐘粛	
貧民	또스토예푸스키作	ドフトエフスキー『貧しき人々』の翻訳、第三回
釈王寺遊記	蘭坡生	

理想的結婚（脚本）	八克園	
喜歌劇（마스콧테）	오-드란作	
処女魂（小説）	都礼美	
編輯余墨		

『新朝鮮』第一号（一九一九・一一・一）

記事名	筆者	備考
発刊に際して		
朝鮮人も人だ		
征服と専制を排せよ		
日本人の為に		
武装せる朝鮮に帰りて	長白生	
朝鮮独立と日本政府——首相会見の顛末報告——		李達が首相の原敬と会見した際の問答
一事一言		朝鮮統治の現状などについて書かれている
一事一言（二）		
朝鮮青年の苦痛	東園生	東園は李一の雅号

『緑星』第一号（一九一九・一一・五）

記事名	筆者	備考
巻頭語		『緑星』は大半が無署名の映画紹介記事で、主幹の李一海が執筆していると推測される
갈새		
（哀憐悲話）孤松의 歌		
活界人의 気男 로로-의 니야기		
社会悲劇 毒流		
恋愛悲劇 長恨歌		
（世界一의 喜劇俳優）雉侯麟先生의 婚姻	一記者	チャップリンの紹介記事
리다・쪼리부에嬢（表紙写真説明）		
大喜悲劇 父親大安売		
（神秘伽劇）月宮殿		
次号에는？		次号の内容予告、懸賞の案内など
（大復讐大活劇）아루다쓰		
冒険活劇 박히든 니야기		

記事名	筆者	備考
우슨 니야기		
（人情活劇）孤島의 宝物		
堂々壹百円懸賞二大問題		
（探偵小説）疑問의 死	覆面鬼	
編輯을 맛치고서		編集後記

『現代』第一号（一九二〇・一・三一）

記事名	筆者	備考
머리말	編輯人	第一号の編集人は白南薫
現代의 使命	金俊淵	
進化論上으로본 霊魂의 不滅（一）	白南薫	
識者의 研究를 要하는 実際問題（四）	秋峯	
現代青年	崔承萬	
労働問題에 対한 余의 見聞（一）	卞熙瑢	
世界文明의 移動	朴勝喆	
文化와 宗教	徐相賢	
두길（散文）	可民	
사굄의 어려움（交友難）	高永煥	
聖誕과 歳暮	李鼎魯	
「크리스맛스」 스켓취	極熊	
短詩三篇	하이네	ドイツの革命詩人であるハインリヒ・ハイネの詩を翻訳したもの
自然의 自覚	白岳	小説。白岳は李一の雅号のひとつ
経過状況		朝鮮YMCAの活動報告

『現代』第二号（一九二〇・三・二）

記事名	筆者	備考
真理를 為하야	崔承萬	
進化論上으로본 霊魂의 不滅（二）	白南薫	
生存의 意義와 要求에 対하야	崔元淳	
識者의 研究를 要하는 実際問題（五）	秋峯	

社会와 経済	卞熙瑢	
時局의 変遷과 世界金融市場	金達浩	
成功의 三大要素	車文均	
파우스트(Ⅰ)	極熊	
白岳氏의 自然의 自覚을 보고서	霽月	前号掲載の白岳「自然의 自覚」に対する廉尚燮の批評
経過状況		

『現代』第三号(一九二〇・三・二〇)

記事名	筆者	備考
머리말	編輯人	第三号の編集人は白南薫
人生과 愛	崔承萬	
예수教와 社会	金洛泳	
識者의 研究를 要하는 実際問題(六)	秋峯	
新人의 声	卞熙瑢	
崔承萬君의「現代青年」을 読함	高永煥	第一号掲載の崔承萬「現代青年」に対する感想文
윌리맘스伝(続)	解慍	白南薫が『基督青年』で連載していたジョージ・ウィリアムズ伝が再開
파우스트(Ⅱ)	極熊	
煩悩의 一夜	洪蘭坡	
어린 소크라테쓰	秋湖	田栄澤が久々に朝鮮YMCA機関誌に寄稿
経過状況		

『現代』第五号(一九二〇・五・一〇)

記事名	筆者	備考
참살음	編輯人	第五号の編集人は白南薫
改造의 根拠	崔元淳	
基督教의 伝来와 人心의 動揺	朴勝喆	
民本主義의 精神的意義	卞熙瑢	Lyman Abbott の "The Spiritual Meaning of Democracy" の抄訳
天才와 試験	高永煥	

記事名	筆者	備考
봄마지(詩)	柳井	
아 적은 산(詩)	류형긔	
高君의 批評을 읽음	崔承萬	高永煥の感想文に対する応答
가난즁에 줄거움	椒海	
日光스켓취	洪永厚	
처음으로 본 東京観	星海	
経過状況		

『現代』第六号（一九二〇・六・一八）

記事名	筆者	備考
曖昧에서 徹底에	編輯人	第六号の編集人は白南薫
뿌락만氏의 講演		
新時代의 要求에 応하라	金鐘弼	
랏셀의 理想의 一節	卞熙瑢	ラッセル著・松本悟朗訳『政治の理想』の抄訳
現代文明과 우리	金佑枰	
自覚하라	金恒福	
音楽의 起源과 밋 発達	洪永厚	
막딸 나의 마리아	卞栄魯	
생각나는대로	五山人	
孤独의 悲哀	申東起	
피(小説)	늘봄	늘봄は田栄澤の筆名
経過状況		

『現代』第八号（一九二〇・一〇・三〇）

記事名	筆者	備考
生命의 創造	一海	
向上의 意欲과 生活의 変遷	崔元淳	
新渡学生諸君의게	徐椿	
宗教에 対한 余의 管見	金恒福	
카-ㄹ・마륵쓰略伝	卞熙瑢	朝鮮語による最初のマルクス評伝
所謂知識者의 迷妄（톨스토이）	椒海	トルストイの翻訳
野球遠征通信		
経過状況		

『現代』第九号（一九二一・二・五）

記事名	筆者	備考
新年을 当하야	崔承萬	
向上的意欲	徐椿	
自由과 他由	金恒福	
理想的사람	椒海	
完全한 人生의 実現	C生	
「소씨알리즘」에 対하야	李正植	
現代思潮와 우리의 할일	尹相喆	
「朝鮮民族美術館」의 設立과 柳氏	閔泰瑗	
誤謬된 社会教育의 一二三	金鎮穆	
民族魂은 무엇이냐	裵成龍	
最近文壇及思想界의 批評	黄錫禹	
첫 아츰	雪国	
故郷墳墓의 哀歌	李薫	
哀楽曲	焦星	
Xmas Sketch	도뤠미生	
카-ㄹ・마르쓰略伝（一）	卞熙瑢	
悔改（小説）	洪永厚	
経過状況		

『大衆時報』臨時号（一九二一・五・二五）

記事名	筆者	備考
巻頭에	又影生	又影生は鄭泰信の筆名
創刊辞	若水	
新社会의 理想	卞熙瑢	大杉栄「社会的理想論」の抄訳
奴隷発生의 史的考察	鄭泰信	
土의 饗筵	象牙塔	黄錫禹の詩
政治及国家의 心理的生物学的研究	黄錫禹	
自由의 実現	朴正植	
愛人의 輪郭（노래）	水	金若水執筆の詩
社会主義의 定義	元鐘麟	山川均「社会主義の定義」の翻訳
五月祭와 八時間労働의 由来	徐丙武	山川菊栄「五月祭と八時間労働の話」の翻訳
新人의 中華	一記者	
大衆短評	黄錫禹	

記事名	筆者	備考
心頭雑草	金若水	
北風陣々		世界のニュースを集めたもの。『東京朝日新聞』からの引用もある
日本労働者는무엇을생각나?		
適者의 生存	熙瑢　訳	ダーウィンの詩を翻訳したもの
婦人의 経済的平等	卞熙瑢	エドワード・ベラミー『平等』を参照したもの
祝大衆時報創刊	崔胤基	崔胤基による祝辞
彗星點點		消息欄のようなもの
余墨	卞熙瑢	編集後記

『大衆時報』第三号（一九二一・九・一）

記事名	筆者	備考
生의 躍動	又影	
所謂書籍雑誌의 整理説을 迎함	金若水	検閲でかなり削除されている
諒解乎？密約乎？	金若水	
社会問題及階級의 意義	卞熙瑢	
文明의 再建	一記者	ラッセルが日本で行った講演を筆記、朝鮮語訳したもの
民衆村（散文詩）	又影	
子女의 解放	一波	一波は卞熙瑢の雅号
너는 너밧게 업다	元虚無	虚無は元鐘麟の雅号。本来は発行禁止になった第二号に、秋渓生の名義で掲載予定だった
社会主義途程에 立하야 余의 釈迦牟尼観	滄海	滄海は元鐘麟の筆名と思われる
理想郷의 憧（詩）	一波	
中華의 社会主義	元鐘麟	
教育乎？革命乎？	卞熙瑢	
時事短評	鄭又影	
労働祭의 雑観（日本東京）	元鐘麟	東京でのメーデーの参加記
婦人의 経済的平等（続前完結）	卞熙瑢	前号の続き
少年労働者	又影	詩
落語片々	一波	
南龍帰路	如星	如星は、金若水の側近の李如星
歓乎大衆時報	崔宗範	読者からの声
余墨	金若水	

『大衆時報』第四号（一九二二・六・一）

記事名	筆者	備考
民衆運動과 欲求（一）	又影	
朝鮮留学生의 取締에 対하야	若水	
朝鮮弁護士는 무엇을 生覚나？	若水	
英国皇太子殿下에		
露西亜反動時代의 断面（一）	若水	
愛蘭自由国의 将来（一）	又影	
朝鮮과 東京平和博覧会	若水	
盲의 少女／赤雪	李歩星	詩。李歩星と李如星が同一人物かは定かでない
不安定	若水	
浄玻璃鏡	李如星	
駅屯土地買売問題	若水	
陰謀의 文化政策	又影	
聖雄깐띄（GANDHI）와 印度（一）	都鎮	朝鮮仏教青年会の都鎮浩の執筆と思われる
消息		
改造戦線		
社会葬의 反対와 朝鮮貴族의 失望	若水	
社会主義講座	如星	
編集室에서		

『前進』第二号（一九二二・五・二〇）

記事名	筆者	備考
巻頭言		卞熙瑢による執筆
希望의 閃光	一波生	
마륵쓰主義의 学術的研究	卞熙瑢	河上肇『近世経済思想史論』を参照した記事
唯物史観学説의 研究（第二回）	卞熙瑢　訳	ゴルテル著・堺利彦訳『唯物史観解説』の抄訳
『前進』創刊号를 맞고	崔元淳	
오！前進이요!!	愛園生	
感想二題	一波生	
読書余禄	一波生	
볼쇄삑露西亜의 真相		無署名記事だが卞熙瑢による執筆と思われる
無産者示威日記	卞熙瑢	
余墨		卞熙瑢による編集後記

『前進』第四号（一九二二・一一・一三）

記事名	筆者	備考
吾人의 合同	卞熙瑢 訳	カール・リープクネヒト（Karl Liebknecht）の "Our Unity" を翻訳したもの
無産大衆의 文化史的意義	一波生	
「共産党宣言」의 歴史的意義	一波生	
唯物史観学説의 研究（第四回）	一波生	ゴルテル著・堺利彦訳『唯物史観解説』の抄訳
露国飢饉의 実状과 그 救済	卞熙瑢 訳	フリチョフ・ナンセン（Fridtjof Nansen）の講演を朝鮮語訳したもの
自由人과 共産主義者와의 問答	無産生	
帰国의 印象	桂園生	
命への巡礼（詩）	G・S・生	日本語の詩
余墨		卞熙瑢による編集後記

『解放運動』第一号（一九二四・九・一五）

記事名	筆者	備考
解放運動의 宣言	同人	
吾人의 当面観	辛鐵	
思想戦線에！	馬鳴	
라이온과 人間	堺利彦	堺利彦『猫の首つり』の一部を翻訳したもの
国際青年데ー의 意義와 歴史	壽生	
資本主義経済学説의 根底	金若水	河上肇『近世経済思想史論』を参照した記事
思想団에 対한 宣戦	申伯雨	
最後의 解放運動	安光泉	
経済的平等에	辛日鎔	
官憲의 社会主義宣伝	在明	
婦人解放運動의 一瞥——그 発達과 根本義	美世乙	
民族과 階級	山川均	山川均『社会主義者の社会観』の一部を翻訳したもの
生의 衝動	彌勒巌	
野獣	大杉栄	大杉栄『自由の先駆』の一部を翻訳したもの
無産青年의게	二能生	
朝鮮労農運動과 反動勢力	金鐘範	
農民運動의 目標	佐野学	佐野学『農村問題（科

		学思想叢書 第四)』」の一部を翻訳したもの
在日本朝鮮労働者問題	李憲	
社会運動社百人伝	馬鳴	
団体와 個人消息		

懸賞附社会主義?	光州P生	
短鋒		地方で活動する同志の消息
編輯余言		

参考文献

史料

（1）未刊行史料

【外務省外交史料館所蔵ファイル】

「在本邦清韓国留学生員数表」（分類項目　三―一〇―五―九）
「過激派其他危険主義者取締関係雑件　本邦人ノ部」（分類項目　四―三―二―一―一）
「不逞団関係雑件　朝鮮人ノ部　新聞雑誌」（分類項目　四―三―二―二―一―一）
「不逞団関係雑件　朝鮮人ノ部　在満洲」（分類項目　四―三―二―二―一―三）
「不逞団関係雑件　朝鮮人ノ部　在上海地方」（分類項目　四―三―二―二―一―七）
「不逞団関係雑件　朝鮮人ノ部　鮮人ト過激派」（分類項目　四―三―二―二―一―一一）
「不逞団関係雑件　朝鮮人ノ部　在外要注意鮮人連名簿」（分類項目　四―三―二―二―一―一六）
「不逞団関係雑件　台湾人ノ部」（分類項目　四―三―二―二―二）

【ロシア国立社会―政治史アルヒーフ（РГАСПИ）所蔵ファイル】

Корейская Коммунистическая организация в ТОКИО（498/135/64/42）
ПОЛОЖЕНИИ КОРЕЙЦЕВ В ЯПОНИИ（498/135/64/44）
История и деятерьность нейтральной Коркомпартии（498/135/64/51–57）
ИЗДАТЕЛЬСКАЯ ДЕЯТЕЛЬНОСТЬ ЧО СЕН КОНГ САН ДАНГ（498/135/70/2）
СПИСОК（498/135/75/65）
СОВРЕМЕННОЕ СОСТОЯНИЕ РЕВОЛЮЦИОННОГО ДВИЖЕНИЯ В КОРЕЕ（498/135/108/74）
報告人K. H.党（北風会内共産主義秘密結社）代表辛鐵・金泳雨「国際共産党執行委員会　貴中　一九二六年二月十一日」（498/135/124/77–92）

【その他】

中第二七四号「新亜同盟党組織ニ関スル件（大正六年三月十四日）」（大韓民国・独立記念館所蔵）

警視庁編「思想要注意人名簿（大正十年一月十五日調）」（国立国会図書館憲政資料室所蔵、Microfilm Orien Japan Reel 27）

堺利彦旧蔵「日本社会主義同盟名簿」（大原社会問題研究所所蔵）

山辺健太郎旧蔵「日本社会主義同盟名簿」（和光大学図書館所蔵）

張道政「高麗共産党ノ沿革」（大韓民国・独立記念館所蔵）

「北風会組織宣伝文」（大韓民国・独立記念館所蔵）

（2）刊行史料

荻野富士夫編『特高警察関係資料集成』第三二巻（東京・不二出版、二〇〇四年）

姜徳相編『現代史資料（25〜26）　朝鮮（一〜二）』（東京・みすず書房、一九六五〜一九六七年）

金正柱編『朝鮮統治史料』第七巻（東京・宗高書房、一九七一年）

金正明編『朝鮮独立運動』（東京・原書房、一九六七年）

坂井洋史・嵯峨隆編『原典中国アナキズム史料集成』（東京・緑蔭書房、一九九四年）

内務省警保局編『社会運動の状況　昭和四年』（東京・三一書房、一九七一年）

朴慶植編『在日朝鮮人関係資料集成』第一巻（東京・三一書房、一九七五年）

――――編『朝鮮問題資料叢書』第五巻（川崎・アジア問題研究所、一九八三年）

――――編『朝鮮問題資料叢書』第一二巻（東京・アジア問題研究所、一九九〇年）

原敬文書研究会編『原敬関係文書』第一〇巻（東京・日本放送出版協会、一九八八年）

廣畑研二編『戦前期警察関係資料集』第二巻（東京・不二出版、二〇〇六年）

松尾尊兊編『続・現代史資料（1〜2）　社会主義沿革（一〜二）』（東京・みすず書房、一九八四〜一九八六年）

村田陽一編『コミンテルン資料集』第一〜二巻（東京・大月書店、一九七八〜一九七九年）

明治学院歴史資料館『明治学院歴史資料館資料集』第三集（東京・明治学院歴史資料館、二〇〇六年）

国史編纂委員会編『韓国独立運動史　資料(35)　러시아篇(Ⅱ)』(大韓民国・国史編纂委員会、一九九七年)
金俊燁・金昌順編『韓国共産主義運動史——資料編Ⅰ』(ソウル・高麗大学校亜細亜問題研究所、一九七九年)
李在華・韓洪九編『韓国民族解放運動史資料叢書』第一巻(ソウル・京沅文化社、一九八八年)
李昌柱編『朝鮮共産党史(秘録)』(ソウル・明知大学校出版部、一九九六年)
Comintern Archives : files of Communist Party of Japan, Leiden, IDC, 2003–2004
Tony Saichi, *The Origins of the First United Front in China : The Role of Sneevliet (Alias Maring)*, Part 1, Leiden, 1991
ВКП (б), Коминтерн и Корея. 1918–1941 гг, Москва, РОССПЕН, 2007
Б.Д.Пак, *СССР, Коминтерн и корейское освободительное движение : 1918–1925. Очерки, документы, материалы*, Москва, РАН, 2006

(3) 定期刊行物

【日本語】
『外事警察報』『改造』『解放』『会報』(東京・明治学院)『革新時報』(改題『新朝鮮』)『近代思想』『黒濤』『国民文学』(京城・人文社)『社会主義研究』『社会問題研究』『指路』『白金学報』『新社会』(改題『新社会評論』『社会主義』)『新人』『進め』『青年朝鮮』(東京・大衆時報社)『第三帝国』『中央公論』『朝鮮総督府官報』『デモクラシイ』『東洋時報』『批評』『福音新報』『三田新聞』『読売新聞』『黎明講演集』『労働運動』(第一次、第二次)『労働及産業』『労働者新聞』『我等』
【朝鮮語】
『開闢』『共済』『近代思潮』『基督青年』(改題『現代』)『緑星』『大衆時報』『大韓興学報』『独立新聞』(上海・大韓民国臨時政府)『東亜共産』『東亜日報』『思想運動』『三光』『三千里』『서울』『時代日報』『新東亜』『新生活』『新韓国報』『我聲』『女子界』『女子時論』『前進』『朝鮮日報』『創造』『斥候隊』『親睦会会報』『学界報』『学友』『学之光』『解放運動』『曙光』
【日本語+中国語】
『亜細亜公論』(改題『大東公論』)『台湾青年』
【その他】

L'Écho du Japon
The Japan Advertiser
The Illustrated Christian Weekly
The Outlook
『平平旬刊』

(4)回想録・日記・著作集・伝記類

大杉栄著・飛鳥井雅道校訂『自叙伝・日本脱出記』(東京・岩波書店、一九七一年)
片山潜生誕百年記念会編『片山潜著作集』第三巻(東京・河出書房新社、一九六〇年)
河上肇『河上肇全集』(東京・岩波書店、一九八二～一九八六年、全三六冊)
近藤栄蔵『コムミンテルンの密使――日本共産党創生秘話』(東京・文化評論社、一九四九年)
三代小林富次郎編『二代　小林富次郎翁』(東京・ライオン歯磨株式会社、一九五九年)
高津正道「暁民会前後の思い出」(『労仂運動史研究』第一二号、東京・民主主義科学者協会東京支部歴史部会労仂運動史研究会準備会、一九五八年)
武井一訳注『趙素昂と東京留学――「東遊略抄」を中心として』(新潟・県立新潟女子短期大学波田野研究室、二〇〇九年)
竹内善作「明治末期における中日革命運動の交流」(『中国研究』第五号、東京・日本評論社、一九四八年)
潘佩珠著・長岡新次郎・川本邦衛編『ヴェトナム亡国史他』(東京・平凡社、一九六六年)
村島歸之『高田畊安先生――人とその事業』(東京・社団法人白十字会、一九四〇年)
山川均『山川均全集』(東京・勁草書房、一九六六～二〇〇三年、全二〇巻)
羅英均著・小川昌代訳『日帝時代、わが家は』(東京・みすず書房、二〇〇三年)
畊夫申伯雨先生記念事業会『畊夫申伯雨』(ソウル・畊夫申伯雨先生記念事業会、一九七三年)
古下先生伝記編纂委員会編『巨人의 숨결――古下宋鎭禹関係資料文集』(ソウル・東亜日報社、一九九〇年)
金度演『나의 人生白書』(ソウル・康友出版社、一九六七年)

金炳魯「随想断片」(『街人金炳魯』、ソウル・街人記念会、一九八三年)
金雨英『民族共同生活과 道義』(釜山・新生公論社、一九五七年)
金俊淵『나의 길』(ソウル・著者出版、一九六六年)
金弘壱『大陸의 憤怒——老兵의 回想記』(ソウル・文潮社、一九七二年)
羅景錫『公民文集』(ソウル・正宇社、一九八〇年)
白南薫『나의 一生』(ソウル・新現実社、一九六八年)
卞熙瑢先生遺稿刊行委員会編『一波卞熙瑢先生遺稿』(ソウル・成均館大学校出版部、一九七七年)
柳子明『柳子明手記——한 革命者의 回憶録』(大韓民国・独立記念館韓国独立運動史研究所、一九九九年)
廉想渉「横歩文壇回想記(第一回)」(『思想界』第一一四号、ソウル・思想界社、一九六二年)
李仁『半世紀의 証言』(ソウル・明知大学出版部、一九七四年)
田栄澤「東京留学生의 独立運動」(『新天地』第一巻第二号、ソウル・서울新聞社、一九四六年)
鄭元澤『志山外遊日誌』(ソウル・探究堂、一九八三年)
崔承萬『나의 回顧録』(仁川・仁荷大学校出版部、一九八五年)
韓国精神文化研究院現代史研究所編『遲耘 金錣洙』(大韓民国・韓国精神文化研究院、一九九九年)
黄紀陶「黄介民同志伝略」(『清江文史資料』第一輯、中国、一九八六年)

(5)図書

内山省三『世界革命史論』(東京・江原書店、一九一九年)
大杉栄『クロポトキン研究』(東京・アルス、一九二〇年)
警視庁特別高等課内鮮高等係『事務概要』(東京、大正十三年九月末)
警醒社編纂『信仰三十年基督者列伝』(東京・警醒社、一九二一年)
高等法院検事局「朝鮮社会運動——その他二篇」(京城・高等法院検事局、発行年度未詳)
ゴルテル著・堺利彦訳『唯物史観解説』(東京・売文社出版部、一九一九年)

堺利彦・山川均編『マルクス伝』（東京・大鐙閣、一九二〇年）
社会文庫編『大正期思想団体視察人報告』（東京・柏書房、一九六五年）
受験学会編『最近東京遊学案内』（東京・東華堂書店、一九一一年）
台湾総督府警務局編『台湾社会運動史』（東京・龍渓書舎、一九七三年）
高橋誠一郎『重商主義経済学研究』（東京・改造社、一九三二年）
――――『経済学史』（東京・日本評論社、一九三七年）
朝鮮総督府編『施政二十五年史』（京城・朝鮮総督府、一九三五年）
――――編『施政三十年史』（京城・朝鮮総督府、一九四〇年）
朝鮮総督府学務局『騒擾と学校』（京城・朝鮮総督府、一九二一年）
朝鮮総督府慶尚北道警察局『高等警察要史』（大邱・慶北警察局、一九二九年、一九六七年民族文化研究所復刻）
長坂金雄編『全国学校沿革史』（東京・東都通信社、一九一四年）
日比野重郎編『横浜社会辞彙』（横浜・横浜通信社、一九一七年）
毛利官治編『指路教会六十年史』（横浜・指路基督教会、一九三四年）
森田忠吉編『横浜成功名誉鑑』（横浜・横浜商況新報社、一九一〇年）
山川均『歴史を創造する力』（東京・三徳社、一九二二年）
ラッセル著・松本悟朗訳『政治の理想』（東京・日本評論者、一九二〇年）
早稲田大学校友会『会員名簿（昭和十八年用）』（東京・早稲田大学校友会、一九四三年）
金明植『露国革命史와 레닌』（京城・新生活出版部、一九二二年）
朴殷植著・河敬徳編『韓国独立運動之血史』（ソウル・서울新聞社出版局、一九四六年）［邦訳　朴殷植著・姜徳相訳注『朝鮮独立運動の血史』（東京・平凡社、一九七二年）］
The Japan Directory 1883
The Japan Gazette, Hong List and Directory, for 1875
Louis B. Boudin, *The Theoretical System of Karl Marx*, Chicago, Charles H. Kerr & Company, 1907

研究文献

（1）著書

【日本語】

石川禎浩『中国共産党成立史』（東京・岩波書店、二〇〇一年）
石坂浩一『近代日本の社会主義と朝鮮』（東京・社会評論社、一九九三年）
板垣竜太『朝鮮近代の歴史民族誌――慶北尚州の植民地経験』（東京・明石書店、二〇〇八年）
犬丸義一『第一次共産党史の研究――増補日本共産党の創立』（東京・青木書店、一九九三年）
岩村登志夫『在日朝鮮人と日本労働者階級』（東京・校倉書房、一九七二年）
――『コミンテルンと日本共産党の成立』（東京・三一書房、一九七七年）
王育徳『台湾――苦悶するその歴史』（東京・弘文堂、一九六四年）
大里浩秋・孫安石編『中国人日本留学史研究の現段階』（東京・御茶の水書房、二〇〇二年）
太田雅夫『大正デモクラシー研究――知識人の思想と運動』（東京・新泉社、一九七五年）
大谷渡『台湾と日本――激動の時代を生きた人びと』（大阪・東方出版、二〇〇八年）
小野信爾『五四運動在日本』（東京・汲古書院、二〇〇三年）
カーター・J・エッカート著・小谷まさ代訳『日本帝国の申し子――高敞の金一族と韓国資本主義の植民地起源　一八七六～一九四五』（東京・草思社、二〇〇四年）
片塩二朗『秀英体研究』（東京・大日本印刷株式会社、二〇〇四年）
金森襄作『一九二〇年代朝鮮の社会主義運動史』（東京・未来社、一九八五年）
川島真『中国近代外交の形成』（名古屋・名古屋大学出版会、二〇〇四年）
川瀬貴也『植民地朝鮮の宗教と学知――帝国日本の眼差しの構築』（東京・青弓社、二〇〇九年）
川端正久『コミンテルンと日本』（京都・法律文化社、一九八二年）
姜徳相『呂運亨評伝1――朝鮮三・一独立運動』（東京・新幹社、二〇〇二年）

――――『呂運亨評伝2――上海臨時政府』（東京・新幹社、二〇〇五年）
紀旭峰『大正期台湾人の「日本留学」研究』（東京・龍渓書舎、二〇一二年）
許世楷『日本統治下の台湾――抵抗と弾圧』（東京・東京大学出版会、一九七二年）
金哲『韓国の人口と経済』（東京・岩波書店、一九六五年）
金原左門編『大正デモクラシー』（東京・吉川弘文館、一九九四年）
慶應義塾『慶應義塾百年史』（東京・慶應義塾、一九五八～一九六九年、全六冊）
洪宗郁『戦時期朝鮮の転向者たち――帝国／植民地の統合と亀裂』（東京・有志舎、二〇一一年）
後藤乾一・紀旭峰・羅京洙編集解題『亜細亜公論・大東公論』（東京・龍渓書舎、二〇〇八年、全三巻）
斎藤昌三編『現代筆禍文献大年表』（東京・粋古堂書店、一九三二年）
酒井隆史『通天閣――新・日本資本主義発達史』（東京・青土社、二〇一一年）
佐藤卓己『「キング」の時代――国民大衆雑誌の公共性』（東京・岩波書店、二〇〇二年）
さねとうけいしゅう『中国人日本留学史』（東京・くろしお出版、一九六〇年）
――――『中国留学生史談』（東京・第一書房、一九八一年）
澤護『横浜居留地のフランス社会』（千葉・敬愛大学経済文化研究所、一九九八年）
塩田庄兵衛編『日本社会主義文献解説』（東京・大月書店、一九五八年）
白石昌也『ベトナム民族運動と日本・アジア――ファン・ボイ・チャウの革命思想と対外認識』（東京・巌南堂書店、一九九三年）
白川豊『朝鮮近代の知日派作家、苦闘の軌跡――廉想渉、張赫宙とその文学』（東京・勉誠出版、二〇〇八年）
H・スミス著／松尾尊兊・森史子訳『新人会の研究――日本学生運動の源流』（東京・東京大学出版会、一九七八年）
関忠果ほか編『雑誌『改造』の四十年』（東京・光和堂、一九七七年）
高瀬清『日本共産党創立史話』（東京・青木書店、一九七八年）
田中真人『高畠素之――日本の国家社会主義』（東京・現代評論社、一九七八年）
朝鮮民主主義人民共和国科学院歴史研究所編・在日本朝鮮人科学者協会社会科学部門歴史部会訳『朝鮮近代革命運動史』（東

京・新日本出版社、一九六四年）
坪江汕二『改訂増補　朝鮮民族独立運動秘史』（東京・巌南堂、一九六六年）
東京都『東京の各種学校』（東京・東京都、一九六八年）
外村大『在日朝鮮人社会の歴史学的研究――形成・構造・変容』（東京・緑蔭書房、二〇〇四年）
長田彰文『日本の朝鮮統治と国際関係――朝鮮独立運動とアメリカ　一九一〇～一九二二』（東京・平凡社、二〇〇五年）
成田潔英『王子製紙社史』（東京・王子製紙社史編纂所、一九五六～一九五九年、全五冊）
仁木ふみ子『震災下の中国人虐殺――中国人労働者と王希天はなぜ殺されたか』（東京・青木書店、一九九三年）
日本基督教団『キリスト教人名辞典』（東京・日本基督教団出版局、一九八六年）
狭間直樹『中国社会主義の黎明』（東京・岩波書店、一九七六年）
波田野節子『李光洙・『無情』の研究――韓国啓蒙文学の光と影』（東京・白帝社、二〇〇八年）
原暉之『シベリア出兵――革命と干渉　一九一七～一九二二』（東京・筑摩書房、一九八九年）
ベネディクト・アンダーソン著・山本信人訳『三つの旗のもとに――アナーキズムと反植民地主義的想像力』（東京・NTT出版、二〇一二年）
朴慶植『朝鮮三・一独立運動』（東京・平凡社、一九七六年）
――『在日朝鮮人運動史――八・一五解放前』（東京・三一書房、一九七九年）
――『在日朝鮮人――私の青春』（東京・三一書房、一九八一年）
朴泰遠著・金容権訳『金若山と義烈団――一九二〇年代における朝鮮独立運動とテロル』（東京・皓星社、一九八〇年）
前田多門『国際労働』（東京・岩波書店、一九二七年）
松尾尊兊『大正デモクラシーの研究』（東京・青木書店、一九六六年）
――『大正デモクラシー』（東京・岩波書店、一九七四年）
――『民本主義と帝国主義』（東京・みすず書房、一九九八年）
松田利彦『日本の朝鮮植民地支配と警察――一九〇五～一九四五年』（東京・校倉書房、二〇〇九年）
三田剛史『甦る河上肇――近代中国の知の源泉』（東京・藤原書店、二〇〇三年）

村田勝範編『帝大新人会研究』（東京・慶應義塾大学出版会、一九九七年）
明治学院同窓会百年史編纂委員会編『明治学院同窓会百年史』（東京・明治学院同窓会、二〇〇八年）
山内昭人『リュトヘルスとインタナショナル史研究――片山潜・ボリシェヴィキ・アメリカレフトウィング』（京都・ミネルヴァ書房、一九九六年）
――『初期コミンテルンと在外日本人社会主義者――越境するネットワーク』（京都・ミネルヴァ書房、二〇〇九年）
山室信一『思想課題としてのアジア――基軸・連鎖・投企』（東京・岩波書店、二〇〇一年）
――『（増補版）キメラ――満洲国の肖像』（東京・中央公論社、二〇〇四年）
――『日露戦争の世紀――連鎖視点から見る日本と世界』（東京・岩波書店、二〇〇五年）
――『複合戦争と総力戦の断層――日本にとっての第一次世界大戦』（京都・人文書院、二〇一〇年）
兪辛焞『孫文の革命運動と日本』（東京・六興出版、一九八九年）
米谷匡史『アジア／日本』（東京・岩波書店、二〇〇六年）
ライオン歯磨株式会社社史編纂委員会『ライオン歯磨八十年史』（東京・ライオン歯磨株式会社、一九七三年）
横浜指路教会一二五年史編纂委員会『横浜指路教会一二五年史』（横浜・日本基督教団横浜指路教会、二〇〇四年、通史篇・資料篇）
若林正丈『台湾抗日運動史研究（増補版）』（東京・研文出版、二〇〇一年）

【朝鮮語】

강대민『近代釜山의 民族運動』（ソウル・京沅文化社、二〇〇八年）
姜萬吉編『統一志向우리民族解放運動史』（ソウル・歴史批評社、二〇〇〇年）
姜萬吉・成大慶編『韓国社会主義運動人名事典』（ソウル・創作과批評社、一九九六年）
金根洙編著『韓国雑誌概観 및 号別目次集』（ソウル・永信아카데미韓国学研究所、一九七三年）
金淇周『韓末　在日韓国留学生의 民族運動』（ソウル・図書出版느티나무、一九九三年）
金明燮『韓国아나키스트들의 独立運動――日本에서의 闘争』（ソウル・이학사、二〇〇八年）
金允植『廉想渉研究』（ソウル・서울大学校出版部、一九八七年）

――『韓国現代文学年表――一九〇〇～一九八七』（ソウル・文学思想社、一九八八年）
金仁徳『植民地時代在日朝鮮人運動研究』（ソウル・国学資料院、一九九六年）
金俊燁・金昌順『韓国共産主義運動史』（ソウル・高麗大学校亜細亜問題研究所、一九六七～一九七六年、全五巻）
金喜坤『大韓民国臨時政府研究』（ソウル・知識産業社、二〇〇四年）
――『安東사람들의 抗日闘争』（ソウル・知識産業社、二〇〇七年）
董宣熺『植民権力과 朝鮮人地域有力者――道評議会・道会議員을 중심으로』（ソウル・선인、二〇一一年）
東亜日報社史編纂委員会編『東亜日報社史』第一巻（ソウル・東亜日報社、一九七五年）
朴賛勝『韓国近代政治思想史研究――民族主義右派의 実力養成運動論』（ソウル・歴史批評社、一九九二年）
潘炳律『誠斎 李東輝一代記』（ソウル・범우사、一九九八年）
社会科学院金日成同志革命歴史研究所『歴史辞典』第三巻、第四巻（平壌・科学百科事典総合出版社、二〇〇一～二〇〇二年）
成大慶編『韓国現代史와 社会主義』（ソウル・歴史批評社、二〇〇〇年）
歴史学研究所編『韓国共産主義運動史研究』（ソウル・아세아文化社、一九九七年）
오장환『韓国아나키즘運動史研究』（ソウル・国学資料院、一九九八年）
원종규『朝鮮人民의 反侵略闘争史(近代編)』（改訂版、平壌・社会科学出版社、二〇一〇年）
윤대석『上海時期 大韓民国臨時政府研究』（ソウル・서울大学校出版部、二〇〇六年）
李賢周『韓国社会主義勢力의 形成――一九一九～一九二三』（ソウル・一潮閣、二〇〇三年）
李浩龍『韓国의 아나키즘――思想編』（ソウル・知識産業社、二〇〇二年）
林京錫『韓国社会主義의 起源』（ソウル・歴史批評社、二〇〇三年）
――『而丁 朴憲永一代記』（ソウル・歴史批評社、二〇〇四年）
――ほか編『『開闢』에 비친 植民地朝鮮의 얼굴』（ソウル・모시는사람들、二〇〇七年）
임영태編『植民地時代 韓国社会와 運動』（ソウル・사계절出版社、一九八五年）
全明赫『一九二〇年代 韓国社会主義運動研究――서울派社会主義그룹의 路線과 活動』（ソウル・선인、二〇〇六年）

전상숙『日帝時期　韓国社会主義知識人研究』（ソウル・知識産業社、二〇〇四年）
鄭恵瓊『日帝時期　在日朝鮮人民族運動研究――大阪를 中心으로』（ソウル・国学資料院、二〇〇一年）
早稲田大学우리同窓会編『韓国留学生運動史――早稲田大学우리同窓会七〇年史』（東京・早稲田大学우리同窓会、一九七六年）
韓国歴史研究会一九三〇年代研究班編『日帝下社会主義運動史』（ソウル・한길사、一九九一年）
韓寅燮『植民地法廷에서 独立을 弁論하다――許憲・金炳魯・李仁과 抗日裁判闘争』（ソウル・京沅文化社、二〇一二年）
許洙『李敦化研究――宗教와 社会의 境界』（ソウル・歴史批評社、二〇一一年）

【中国語】

陳芳明『植民地台湾左翼運動史論』（台北・麥田出版、一九九八年）
顧力仁主編『台湾歴史人物小伝――日拠時期』（台北・国家図書館、二〇〇二年）
邱士杰『一九二四年以前台湾社会主義運動的萌芽』（台北・海峡学術出版社、二〇〇九年）
徐友春主編『民国人物大辞典』（石家荘・河北人民出版社、二〇〇七年）

【英語】

Robert A. Scalapino & Chong-sik Lee, *Communism in Korea*, Berkeley, University of California Press, 1972
Dae-Sook Suh, *The Korean Communist Movement 1918–1948*, Princeton, Princeton University Press, 1967［邦訳　徐大粛著・金進訳『朝鮮共産主義運動史』（東京・コリア評論社、一九七〇年）］

（2）論文

【日本語】

石川禎浩「李大釗のマルクス主義受容」（『思想』第八〇三号、東京・岩波書店、一九九一年）
伊藤秀一「コミンテルンとアジア（一）――第二回大会に関する覚書（一）」（『中国史研究』第六号、大阪・大阪市立大学中国史研究会、一九七一年）
――「コミンテルンとアジア（一）――第二回大会に関する覚書（二）」（『研究』第四七号、神戸・神戸大学文学会、一九七一

年）
伊東久智「大正期の「院外青年」運動に関する一考察――橋本徹馬と立憲青年党を中心に」（『東洋文化研究』第一三号、東京・学習院大学東洋文化研究所、二〇一一年）
井上和枝「近代朝鮮女子の自我形成のあゆみ――『女子界』・『女子時論』・『新女子』を中心に」（『国際文化学部論集』第三巻二号、鹿児島・鹿児島国際大学国際文化学部、二〇〇二年）
今村与志雄「日韓併合と中国の日本観」（『思想』第五三七号、東京・岩波書店、一九六九年）
宇野田尚哉「宗教意識と帝国意識――世紀転換期の海老名弾正を中心に」（柳炳徳ほか編『宗教から東アジアの近代を問う』、東京・ぺりかん社、二〇〇二年）
太田雅夫「本郷教会の人びと」（同志社大学人文科学研究所編『『新人』『新女界』の研究――二〇世紀初頭キリスト教ジャーナリズム』、京都・人文書院、一九九九年）
奥田浩司「『現代』の民本主義――文化統治期の朝鮮語雑誌研究」（『金沢大学国語国文』第三四号、金沢・金沢大学、二〇〇九年）
小野信爾「三一運動と五四運動」（姜在彦・飯沼二郎編『植民地期朝鮮の社会と抵抗』、東京・未来社、一九八二年）
小野容照「福音印刷合資会社と在日朝鮮人留学生の出版史（一九一四～一九二二）」（『在日朝鮮人史研究』第三九号、東京・在日朝鮮人運動史研究会、二〇〇九年）
――「植民地期朝鮮・台湾民族運動の相互連帯に関する一試論――その起源と初期変容過程を中心に」（『史林』第九四巻第二号、京都・史学研究会、二〇一一年）
加藤哲郎「第一次共産党のモスクワ報告書(上)」（『大原社会問題研究所雑誌』通巻四八九号、東京・大原社会問題研究所、一九九九年）
金森襄作「朝鮮労働共済会について――果たして朝鮮最初の労働団体であったか」（『朝鮮史叢』第三号、神戸・青丘文庫、一九八〇年）
川島真「関係緊密化と対立の原型――日清戦争後から二十一カ条要求まで」（劉傑・三谷博・楊大慶編『国境を越える歴史認識――日中対話の試み』、東京・東京大学出版会、二〇〇六年）

紀旭峰「植村正久と台湾――近代日本キリスト者を通じて」(『問題と研究』第三六巻第六号、台北・国立政治大学国際関係研究センター、二〇〇七年)
――「大正期台湾人「内地留学生」と近代台湾――早稲田大学専門部政治経済科を中心として」(『アジア太平洋研究科論集』第一六号、東京・早稲田大学アジア太平洋研究科、二〇〇八年)
――「雑誌『亜細亜公論』にみる大正期東アジア知識人の連携」(『아시아文化研究』第一七号、大韓民国・璟園大学校아시아文化研究所、二〇〇九年)
――「大正期在京台湾人留学生と東アジア知識人――朝鮮人と中国人とのかかわりを中心に」(『アジア太平洋討究』第一五号、東京・早稲田大学アジア太平洋研究センター、二〇一〇年)
北崎豊二「友愛会と労働組合主義」(住谷悦治・山口光朔・小山仁示・浅田光輝・小山弘健編『大正デモクラシーの思想』、東京・芳賀書店、一九六七年)
金基旺「一九二〇年代在日朝鮮留学生の民族運動――在東京朝鮮留学生学友会を中心に」(『歴史研究』第三四号、大阪・大阪教育大学、一九九七年)
――「在日朝鮮留学生の社会主義運動――その発生と展開過程を中心に」(『広島東洋史学報』第二号、広島・広島東洋史学研究会、一九九七年)
金廣烈「一九二〇年代初期日本における朝鮮人社会運動――黒涛会を中心に」(『日朝関係史論集――姜徳相先生古希・退職記念』、東京・新幹社、二〇〇三年)
金文吉「明治キリスト教と朝鮮人李樹廷」(『基督教学研究』第一八号、京都・京都大学基督教学会、一九九八年)
黒川伊織「安光泉と〈東洋無産階級提携〉論」(『在日朝鮮人史研究』第三六号、東京・在日朝鮮人運動史研究会、二〇〇六年)
――「日本共産党ウラジオストク在外ビューローについての基礎的検討」(『キリスト教社会問題研究』第五六号、京都・同志社大学人文科学研究所、二〇〇八年)
――「「第一次共産党」史論――帝国日本とインタナショナルのはざまで」(神戸・神戸大学大学院総合人間科学研究科博士論文、二〇一〇年)

――「創立期日本共産党と在日朝鮮人共産主義運動――コミンテルン文書からの再検討」(『在日朝鮮人史研究』第四〇号、東京・在日朝鮮人運動史研究会、二〇一〇年)
洪宗郁「一九三〇年代における植民地朝鮮人の思想的模索――金明植の現実認識と「転向」を中心に」(『朝鮮史研究会論文集』第四二集、東京・朝鮮史研究会、二〇〇四年)
小島晋治「三・一運動と五四運動――その関連性」(『朝鮮史研究会論文集』第一七号、東京・朝鮮史研究会、一九八〇年)
後藤乾一「大正デモクラシーと雑誌『亜細亜公論』――その史的意味と時代背景」(『アジア太平洋討究』第一二号、東京・早稲田大学アジア太平洋研究センター、二〇〇九年)
小宮山博史「明朝体、日本への伝播と改刻」(印刷史研究会編『本と活字の歴史事典』、東京・柏書房、二〇〇〇年)
定家修身「『新人』、『新女界』を支えた本郷教会の実業家信徒」(同志社大学人文科学研究所編『『新人』『新女界』の研究――二〇世紀初頭キリスト教ジャーナリズム』、京都・人文書院、一九九九年)
佐藤由美「青山学院と戦前の台湾・朝鮮からの留学生」(『日本の教育史学』第四七号、東京・教育史学会、二〇〇四年)
――「青山学院の台湾・朝鮮留学生に関する記録――一九〇六~一九四五(1)~(3)」(『教育研究』第四八~五〇号、東京・青山学院大学教育学会、二〇〇四~二〇〇六年)
下村作次郎「台湾詩人呉坤煌の東京時代(一九二九~一九三八)」(『関西大学中国文学会紀要』第二七号、大阪・関西大学中国文学会、二〇〇六年)
周婉窈「台湾議会設置請願運動についての再検討」(『新秩序の模索――一九三〇年代(岩波講座東アジア近現代通史・第五巻)』、東京・岩波書店、二〇一一年)
白石昌也「明治末期の在日ベトナム人とアジア諸民族連携の試み――「東亜同盟会」ないしは「亜洲和親会」をめぐって」(『東南アジア研究』第二〇巻第三号、京都・京都大学東南アジア研究所、一九八二年)
鈴木広光「ヨーロッパ人による漢字活字の開発」(印刷史研究会編『本と活字の歴史事典』、東京・柏書房、二〇〇〇年)
住谷悦治「民本主義思想の浸透――吉野作造・福田徳三・黎明会」(住谷悦治・山口光朔・小山仁示・浅田光輝・小山弘健編『大正デモクラシーの思想』、東京・芳賀書店、一九六七年)
孫安石「一九二〇年代、上海の中朝連帯組織――「中韓国民互助社総社」の成立、構成、活動を中心に」(『中国研究月報』第

五七五号、東京・中国研究所、一九九六年）
武井一「保護国韓国の在外国家機関の法的地位について――東京での民族運動の拠点「留学生監督部」の不可侵をめぐって」（『朝鮮学報』第二一九号、天理・朝鮮学会、二〇一一年）
塚崎昌之「一九二二年大阪朝鮮労働同盟会の設立とその活動の再検討」（『在日朝鮮人史研究』第三六号、東京・在日朝鮮人運動史研究会、二〇〇六年）
冨田哲「日本統治期台湾をとりまく情勢の変化と台湾総督府翻訳官」（『日本台湾学会報』第一四号、東京・日本台湾学会、二〇一二年）
永田英明「戦前期東北大学における留学生受入の展開――中国人学生を中心に」（『東北大学史料館紀要』第一号、仙台・東北大学史料館、二〇〇六年）
――「資料　戦前期東北大学の留学生に関する統計調査」（『東北大学史料館紀要』第一号、仙台・東北大学史料館、二〇〇六年）
奈須瑛子「村岡平吉と福音印刷――賀川ハルの系譜」（『雲の柱』第八号、東京・賀川豊彦記念松沢資料館、一九八八年）
波田野節子「李光洙の第二次留学時代――『無情』の再読（上）」（『朝鮮学報』第二一七号、天理・朝鮮学会、二〇一〇年）
原暉之「ロシア革命、シベリア戦争と朝鮮独立運動」（菊地昌典編『ロシア革命論』、東京・田畑書店、一九七七年）
原英樹「竹内善朔論――その生涯と思想」（『初期社会主義研究』第一四号、東京・初期社会主義研究会、二〇〇一年）
廣畑研二「もう一つの日本社会主義同盟名簿」（『初期社会主義研究』第二二号、東京・初期社会主義研究会、二〇一〇年）
藤井正「日本社会主義同盟の歴史的意義――「大同団結」から「協同戦線」へ」（増島宏編『日本の統一戦線』上巻、東京・大月書店、一九七八年）
布袋敏博「『学之光』小考――新発見の第八号と、第一一号を中心に」（大谷森繁博士古稀記念朝鮮文学論叢刊行委員会編『大谷森繁博士古稀記念朝鮮文学論叢』、東京・白帝社、二〇〇二年）
松尾尊兊「吉野作造と朝鮮・再考」（『朝鮮史研究論文集』第三五号、東京・朝鮮史研究会、一九九七年）
――「コスモ倶楽部小史」（『京都橘女子大学研究紀要』第二六号、京都・京都橘女子大学、二〇〇〇年）
松下孝・手代木俊一「讃美歌と横浜」（横浜プロテスタント史研究会編『横浜キリスト教文化史』、横浜・株式会社有隣堂、一

九九三年）
水野直樹「新幹会東京支会の活動について」（『朝鮮史叢』第一号、神戸・青丘文庫、一九七九年）
――「弁護士・布施辰治と朝鮮」（『季刊三千里』第三四号、東京・三千里社、一九八三年）
――「コミンテルンと朝鮮――各大会の朝鮮代表の検討を中心に」（『朝鮮民族運動史研究』第一号、神戸・青丘文庫、一九八四年）
――「コミンテルンの朝鮮共産党承認をめぐって」（『青丘学術論集』第一八号、東京・韓国文化研究振興財団、二〇〇一年）
――「初期コミンテルン大会における朝鮮代表の再検討――第一回大会から第五回大会まで」（「初期コミンテルンと東アジア」研究会編『初期コミンテルンと東アジア』、東京・不二出版、二〇〇七年）
宮坂弥代生「美華書館史考――開設と閉鎖・名称・所在地について」（小宮山博史・府川充男編『活字印刷の文化史』、東京・勉誠出版、二〇〇九年）
村田雄二郎「韓国併合と辛亥革命」（国立歴史民俗博物館編『「韓国併合」一〇〇年を問う』、東京・岩波書店、二〇一一年）
山泉進「大杉栄、コミンテルンに遭遇す――（付）李増林聴取書・松本愛敬関係資料」（『初期社会主義研究』第一五号、東京・初期社会主義研究会、二〇〇二年）
山内昭人「ボリシェヴィキ文献と初期社会主義――堺・高畠・山川」（『初期社会主義研究』第一〇号、東京・初期社会主義研究会、一九九七年）
――「初期ソヴェト・ロシアにおける英語出版――片山潜の盟友リュトヘルスとインタナショナル（X）」（『宮崎大学教育文化学部紀要（社会科学）』第五・六号、宮崎・宮崎大学教育文化学部、二〇〇二年）
山本忠士「中国の「国恥記念日」に関する一考察」（『日本大学大学院総合社会情報研究科紀要』第二号、東京・日本大学大学院総合社会情報研究科、二〇〇一年）
李京錫「アジア主義の昂揚と分岐――亜洲和親会の創立を中心に」（『早稲田政治公法研究』第六九号、東京・早稲田大学大学院政治学研究科、二〇〇二年）
李昇燁「李太王（高宗）毒殺説の検討」（『二十世紀研究』第一〇号、京都・二十世紀研究編集委員会、二〇〇九年）

劉賢国「韓国最初の活版印刷による多言語『韓仏辞典』の刊行とそのタイポグラフィ」（小宮山博史・府川充男編『活字印刷の文化史』、東京・勉誠出版、二〇〇九年）
劉孝鐘「極東ロシアにおける朝鮮民族運動——「韓国併合」から第一次世界大戦の勃発まで」（『朝鮮史研究会論文集』第二二号、東京・朝鮮史研究会、一九八五年）
——「極東ロシアにおける一〇月革命と朝鮮人社会」（『ロシア史研究』第四五号、東京・ロシア史研究会、一九八七年）
——「国民会とコミンテルン」（『青丘学術論集』第一八号、東京・韓国文化研究振興財団、二〇〇一年）
——「コミンテルン極東書記局の成立過程」（「初期コミンテルンと東アジア」研究会編『初期コミンテルンと東アジア』、東京・不二出版、二〇〇七年）

【朝鮮語】

권보드래「『学之光』第八号、編集長李光洙와 새資料」（『民族文学史研究』第三九号、ソウル・民族文学史学会、二〇〇九年）
金庚宅「一九一〇・二〇年代　東亜日報主導層의 政治経済思想研究」（ソウル・延世大学校博士学位論文、一九九七年）
金明久「一九二〇年代前半期　社会運動理念에 있어서의 農民運動論」（장시원編『韓国近代農村社会와 農民運動』、ソウル・열음사、一九八八年）
——「一九一〇年代　渡日留学生의 社会思想」（『史学研究』第六四号、ソウル・韓国史学会、二〇〇三年）
金仁徳「学友会의 組織과 活動」（『国士館論叢』第六六号、大韓民国・国史編纂委員会、一九九五年）
金亨国「一九一九～一九二一年　韓国知識人들의 改造論에 対한 認識과 受容에 対하여」（『忠南史学』第一一号、大韓民国・忠南大学校史学会、一九九九年）
金喜坤「尹滋瑛（一八九四～一九三八）의 生涯와 民族運動」（『韓国独立運動史研究』第二四号、大韓民国・独立記念館韓国独立運動研究所、二〇〇五年）
노춘기「黄錫禹의 初期詩와 詩論의 位置——雑誌『三光』所在의 텍스트를 中心으로」（『韓国詩学研究』第三二号、ソウル・韓国詩学会、二〇一一年）
柳時賢「一九二〇年代前半期　朝鮮의 社会主義思想受容과 発展」（『民族史의 展開와 文化』下巻、ソウル・創作과 批評社、

一九九〇年）
――――「社会主義思想의 受容과 大衆運動」（歴史学研究所『韓国共産主義運動史研究』、ソウル・아세아文化社、一九九七年）
――――「一九一〇〜二〇年代　日本留学出身知識人의 国際情勢 및 日本認識」（『韓国史学報』第七号、ソウル・高麗史学会、一九九九年）
――――「羅景錫의'生産増殖'論과 物産奨励運動」（『歴史問題研究』第二号、ソウル・歴史問題研究所、一九九七年）
――――「植民地期 러셀의『社会改造의 原理』의 翻訳과 受容」（『韓国史学報』第二二号、ソウル・高麗史学会、二〇〇六年）
文重燮「日刊誌를 통해본 一九二〇年代의 韓国民主政治思想」（『社会科学研究』第一五号、釜山・慶星大学校社会科学研究所、一九九九年）
朴愛琳「朝鮮労動共済会의 活動과 理念」（ソウル・延世大学校碩士論文、一九九二年）
박준건「解放前 日本을 통한 西洋社会思想의 受容過程에 関한 研究」（『韓国民族文化』第一六号、釜山・釜山大学校韓国民族文化研究所、二〇〇〇年）
朴鐘隣「꺼지지 않은 불꽃、松山金明植」（『進歩評論』第二号、大韓民国・進歩評論、一九九九年）
――――「一九二〇年代前半期 社会主義思想의 受容과 物産奨励論争」（『歴史와 現実』第四七号、ソウル・韓国歴史研究会、二〇〇三年）
――――「日帝下 社会主義思想의 受容에 関한 研究」（ソウル・延世大学校博士論文、二〇〇七年）
――――「一九一〇年代 在日留学生의 社会主義思想受容과'金錣洙그룹'」（『史林』第三〇号ソウル・成均館大学校史学科、二〇〇八年）
――――「一九二〇年代初 共産主義그룹의 맑스主義受容과'唯物史観要領記'」（『歴史와 現実』第六七号、ソウル・韓国歴史研究会、二〇〇八年）
朴賛勝「一九二〇年代 渡日留学生과 그 思想的動向」（『韓国近現代史研究』第三〇号、ソウル・韓国近現代史学会、二〇〇四年）
――――「一九〇四年 皇室派遣渡日留学生研究」（『韓国近現代史研究』第五一号、ソウル・韓国近現代史学会、二〇〇九年）

朴哲河「一九二〇年代前半期 社会主義青年運動과 高麗共産青年会」(『歴史와 現実』第九号、ソウル・韓国歴史研究会、一九九三年)
――「北風派共産主義그룹의 形成」(『歴史와 現実』第二八号、ソウル・韓国歴史研究会、一九九八年)
――「一九二〇年代前半期 中立党과 無産者同盟会에 関한 研究」(『崇実史学』第一三号、ソウル・崇実史学会、一九九九年)
――「一九二〇年代 社会主義思想団体研究」(ソウル・崇実大学校博士論文、二〇〇三年)
小野容照「一九一〇年代前半 在日留学生의 民族運動――在東京朝鮮留学生親睦会를 中心으로」(『崇実史学』第二七号、ソウル・崇実史学会、二〇一一年)
愼鏞廈「朝鮮労動共済会의 創立과 労働運動」(韓国社会史研究会編『韓国의 社会身分과 社会階層』、ソウル・文学과知性社、一九九〇年)
安建鎬「朝鮮青年連合会 組織과 活動」(『韓国史研究』第八八号、ソウル・韓国史研究会、一九九五年)
劉載天「日帝下 韓国新聞의 共産主義受容에 関한 研究(1~2)」(『東亜研究』第七・九号、ソウル・西江大学校東亜研究所、一九八五~一九八六年)
――「日帝下 韓国雑誌의 共産主義受容에 関한 研究」(『東亜研究』第一五号、ソウル・西江大学校東亜研究所、一九八七年)
尹炳奭「李東輝의 亡命活動과 大韓光復軍政府」(『韓国独立運動史研究』第一一号、大韓民国・独立記念館韓国独立運動史研究所、一九九七年)
尹海東「日帝下 物産奨励運動의 背景과 理念」(『韓国史論』第二七号、ソウル・서울大学校国史学科、一九九二年)
李均永「金錣洙研究」(『歴史批評』第三号、ソウル・歴史批評社、一九八八年)
이애숙「一九二二~二四年 国内의 民族統一戦線運動」(『歴史와 現実』第二八号、ソウル・韓国歴史研究会、一九九八年)
이철호「一九一〇年代後半 東京留学生의 文化認識과 実践」(『韓国文学研究』第三五号、ソウル・東国大学校韓国文学研究所、二〇〇九年)
李賢周「社会革命党上海派内地部에 関한 研究」(『韓国学研究』第一一号、仁川・仁荷大学校韓国学研究所、二〇〇〇年)

林京錫「総論――共産主義運動史研究의 意義와 課題」(『歴史와 現実』第二八号、ソウル・韓国歴史研究会、一九九八年)

――「서울派共産主義그룹의 形成」(『歴史와 現実』第二八号、ソウル・韓国歴史研究会、一九九八年)

――「一九二二年 베르흐네우딘스크大会의 決裂」(『韓国史学報』第二七号、ソウル・高麗史学会、二〇〇七年)

――「코민테른一九二二年四月二二日字 韓国問題決定書研究」(『大東文化研究』第六二号、ソウル・成均館大学校大東文化研究院、二〇〇八年)

――「코민테른高麗総局 会議録研究」(『韓国史学報』第三七号、ソウル・高麗史学会、二〇〇九年)

張圭植「日帝植民地期研究의 現況과 推移(韓国歴史学界의 回顧와 展望 二〇〇六~二〇〇七)」(『歴史学報』第一九九号、大韓民国・歴史学会、二〇〇八年)

장석흥「社会主義思想의 受容과 新思想研究会의 成立」(『韓国独立運動史研究』第五号、大韓民国・独立記念館韓国独立運動研究所、一九九一年)

全明赫「一九二〇年代前半期 까엔당과 北風会의 成立과 活動」(『成大史林』第一二・一三号、ソウル・成均館大学校史学科、一九九七年)

――「解光 金思国의 삶과 民族解放運動」(『韓国近現代史研究』第二三号、ソウル・韓国近現代史学会、二〇〇二年)

鄭恵瓊「一九一〇年代 在日留学生의 経済認識――『学之光』을 中心으로」(『清渓史学』第一三号、大韓民国・韓国精神文化研究院韓国史学会、一九九七年)

趙東杰「大韓光復会研究」(『韓国史研究』第四二号、ソウル・韓国史研究会、一九八三年)

조철행「一九二〇年代前半期 高麗中央局의 組織過程과 運営」(『韓国独立運動史研究』第三〇号、大韓民国・独立記念館韓国独立運動研究所、二〇〇八年)

車培根「大朝鮮人日本留学生《親睦会会報》에 関한 研究」(『言論情報研究』第三五号、ソウル・서울大学校言論情報研究所、一九九八年)

――「大朝鮮人日本留学生《親睦会会報》에 関한 研究(続)」(『言論情報研究』第三六号、ソウル・서울大学校言論情報研究所、一九九九年)

崔善雄「一九一〇年代 在日留学生団体新亜同盟党의 反日運動과 近代的構想」(『歴史와 現実』第六〇号、ソウル・韓国歴史

研究会、二〇〇六年）

――――「一九二〇年代初　韓国共産主義運動의 脱自由主義化過程――上海派高麗共産党国内支部를 中心으로」（『韓国史学報』第二六号、ソウル・高麗史学会、二〇〇七年）

――――「雪山　張徳秀의 마르크스主義国家観批判研究」（『史叢』第六七号、ソウル・歴史学研究会、二〇〇八年）

――――「一九一〇～二〇年代　玄相允의 資本主義近代文明論과 改造」（『歴史問題研究』第二一号、ソウル・歴史問題研究所、二〇〇九年）

――――「一九一〇年代日本留学前後　張徳秀의 行跡과 民族問題의 自覚」（『韓国史学報』第四七号、ソウル・高麗史学会、二〇一二年）

許洙「日帝下　李敦化의 社会思想과 天道教――'宗教的啓蒙'을 中心으로」（ソウル・서울大学校博士論文、二〇〇五年）

――――「一九二〇年代初『開闢』主導層의 近代思想紹介様相」（『歴史와 現実』第六七号、ソウル・韓国歴史研究会、二〇〇八年）

洪善杓「一九一〇年代後半　韓人社会의 動向과 大韓人国民会의 活動」（『韓国独立運動史研究』第八号、大韓民国・独立記念館韓国独立運動史研究所、一九九四年）

洪性讃「韓国近現代　李順鐸의 政治経済思想研究」（『歴史問題研究』第一号、ソウル・歴史問題研究所、一九九六年）

홍영두「마르크스主義哲学思想原典翻訳史와 우리의 近代性」（『時代와 哲学』第一四巻第二号、ソウル・韓国哲学思想研究会、二〇〇三年）

【英語】

Henry H.Em, "Minjok as a Modern and Democratic Construct : Sin ChaeHo's Historiography", in *Colonial Modernity in Korea*, ed. Gi-Wook Shin and Michael Robinson, Cambridge, Harvard University Asia Center, 1999

(3)インターネット・リソース

アジア歴史資料センター（http://www.jacar.go.jp）

韓国歴史情報統合システム（http://www.koreanhistory.or.kr）

国史編纂委員会韓国史データベース（http://db.history.go.kr/）
韓国独立運動史情報システム（https://search.i815.or.kr/Main/Main.jsp）
植民地期朝鮮文学者の日本体験に関する総合的研究（http://www.unii.ac.jp/~hatano/kaken/kaken-index.htm）

あとがき

本書では、植民地期の朝鮮人活動家が残した出版物を分析する際、そこに書かれている内容以上に、カネ、広告、印刷所（主に第二章）、タネ本（主に第四章）といった書物の成立要因の部分にこだわって検討してきた。本論で述べたように、それらの成立要因は、実は当時の朝鮮民族運動と日本の社会運動の関係性を反映したものであった。私がこうした要素に着目した主な理由は、思想史的センスの欠如を補うための苦肉の策というのが正直なところなのだが、朝鮮人出版物の成立過程を詳細に検討した以上、本書の成立過程についても触れておくべきだろう。最後に、これまでの研究の歩みを振り返りつつ、本書の成立に不可欠であった方々のお名前を、すべてというわけにはいかないけれども、謝辞として記しておきたい。

本書は二〇一一年一二月に京都大学大学院文学研究科に提出した博士学位論文を改訂・加筆したものだが、各章の内容の一部は既に単行の論文として発表ずみである。念のため、既発表論文と各章の対応関係を示せば左のようになる。ただし、学位論文をまとめる際、内容に体系性をもたせるために、旧稿に大幅に加筆・修正を施したり、構成がえをしたりしている。さらに、学位論文をもとに本書の原稿を作成する際にも数万字ほど補筆しているので、書き下しもかなりの割合を占めている。

「金若水の渡日と『大衆時報』創刊——日本における朝鮮人社会主義勢力の形成過程に関する一考察」（『在日朝鮮人史研究』第三八号、二〇〇八年一〇月）→第六章第二節

「植民地期朝鮮におけるマルクス主義伝播　一九二〇～一九二一」（『大原社会問題研究所雑誌』通巻六〇二号、二〇〇八年一二月）→第四章第三節

「福音印刷合資会社と在日朝鮮人留学生の出版史（一九一四～一九二二）」（『在日朝鮮人史研究』第三九号、二〇〇九年一〇月）→第二章第一節

「在日朝鮮人留学生卞熙瑢の軌跡――在日朝鮮人社会主義運動史研究のための一視座」（『二十世紀研究』第一〇号、二〇〇九年一二月）→第六章第三節

「一九一〇年代在日朝鮮人留学生メディアの成立――印刷所と広告の分析からみる留学生と日本人実業家の関係」（『在日朝鮮人史研究』第四〇号、二〇一〇年一〇月）→第二章第二～三節

「植民地期朝鮮・台湾民族運動の相互連帯に関する一試論――その起源と初期変容過程を中心に」（『史林』第九四巻第二号、二〇一一年三月）→第三章第二節・第五章第二節

「一九一〇年代　在日留学生의　民族運動――在東京朝鮮留学生親睦会를 中心으로」（『崇実史学』第二七号、二〇一一年一二月）→第一章第二～三節

二本目のマルクス主義伝播に関する論文が、私の研究の出発点である。私が朝鮮独立運動史、それも日本ではめっきり研究者の減った社会主義運動を扱った研究をしようと決めたのは、大学院に進学してから一年半が過ぎた二〇〇六年夏頃のことであり、きっかけは全くの偶然であった。

学部卒業後、私は韓国の高麗大学校大学院修士課程（韓国史学科）に留学した。韓国の大学院は、基本的には最初の一年半から二年間に厳しいコースワークが待っており、それが終わってようやく修士論文の作成に取り組むことができるというシステムになっている。授業についていくのに精一杯で、

修士論文のテーマさえも決められず、さらに辛いものが食べられないため常に胃がやられているという辛い日々を送っていたのだが、そんな私でも韓国における植民地期朝鮮の思想や民族運動に関する研究の一国史的傾向には多少の違和感を持っていた。当時、私は朝鮮における近代的思想や文化の受容史に比較的関心を持っていたが、西洋近代の諸思想に朝鮮知識人が着目した内在的要因を解明せんとした研究は数多くあるものの、それらの思想がどのようにして朝鮮に流入したのかに関して分析したものは皆無に等しかったのである（最近では変わりつつある）。実際に当時の朝鮮知識人が西洋近代思想について論じた記事を読んでみても、日本で翻訳された漢字用語が随所で使われていたり、日本語調の文章が続いたかと思えば急に漢文調になるといった不自然な箇所も多く、彼らが自分の言葉でそれらの記事を書いたとはあまり思えなかった。

このような私の研究生活（といえるほど長くもないが）において転機となったのが、本書でも何度か紹介・引用させていただいた石川禎浩著『中国共産党成立史』（岩波書店、二〇〇一年）である。二〇〇六年の夏休みに一時帰国した際、たまたま地元の図書館で手に取った本なのだが、同書を読んだときの衝撃は今でも忘れられない。以降、私は国内外の資料を活用しながら、社会主義運動を含めた朝鮮独立運動史を東アジア関係史の観点から実証的に描いてみたいと思うようになった。さっそく私は『中国共産党成立史』を参考にしつつ、朝鮮におけるマルクス主義の受容について調べてみることにした。その結果、案の定、従来朝鮮知識人が自分で書いたものと考えられてきたマルクス主義関連の記事の数々が同時代の日本文献を翻訳したものであることが分かった。その発見をまとめたものが私の修士論文であり、先述の二本目の論文、ひいては本書第四章の土台となった。

以上のような偶然に近いかたちで、私はとりたてて愛着を持っていたわけではない朝鮮独立運動史研究をスタートさせることになった。韓国の先行研究との差別化をはかる、研究対象と距離をとるという意味ではかえって良かったのかもしれないが、本書を書き終えた今でも、私は朝鮮における近代の思想や文化の受容史本を書いたつもりでいたりする。実際、本書第二章の土台となった三本目の論文は、印刷技術の受容という観点から朝鮮民族運動を考えてみたいと思ったことが執筆の動機のひとつとなっている。

このような本書であるが、こうしてかたちになるまでには、本当に多くの方々のお世話になった。

修士課程を修了した私は、国際関係史的な視点を深めたいと思い、博士課程は京都大学大学院文学研究科の現代史学専修（現代史学研究室）に進学した。以来、指導教官である永井和先生は、自由な研究環境を与えてくださったのみならず、研究に行き詰った時には問題意識の安定しない私の研究に対して本当に丁寧に指導してくださった。また、研究指導のみならず、本書の刊行にあたっても、出版社の紹介や、助成金の獲得をはじめとして、さまざまな面で協力してくださった。

京都大学人文科学研究所の水野直樹先生にも、博士課程に進学してから今に至るまで、お世話になりっぱなしである。水野先生には、研究に対するアドバイスはもちろん、貴重な一次資料も数多く提供していただいた。本書で使った植民地期の雑誌の一部は、水野先生の資料調査に同行させていただいた時に発掘したものである。本書を含めて、今日、私がどうにか研究者としてやっていけている（かもしれない）のは、永井先生と水野先生のおかげである。両先生の学恩に、心より感謝申し上げたい。

なお、水野先生を班長とする人文科学研究所の共同研究班（「移民の近代史――東アジアにおける人の移動」「日中戦争・アジア太平洋戦争期朝鮮社会の諸相」）では、専門が異なるにもかかわらず何度か発表の場をいただいた。自分の研究と並行して共同研究のコンセプトに合わせた研究をすることの難しさを痛感する日々だが、本当に貴重な経験をさせてもらっていると思う。水野班の皆様にも、お礼を申し上げたい。

現代史学研究室のご出身でインタナショナル史研究の第一人者でおられる山内昭人先生（九州大学教授）は、研究室関係者ということ以外には一切の繋がりがなかったにもかかわらず、私が論文を発表するたびにすぐにメールやお手紙で貴重なアドバイスをくださった。社交辞令を抜きにした山内先生のメールには厳しいことばかりが書かれており落ち込むこともあったが、論文を発表するにつれて、ほんの少しではあるが「興味深い個所もあった」等々のお言葉をいただけるようになった。山内先生からの便りは、自分の研究が進展しているのか否かを知るうえで、一番の指標になっていたと思う。この場を借りて、お礼申し上げたい。

松尾尊兊先生（京都大学名誉教授）にも、学内でお会いするたびに励ましのお言葉をいただくとともに、本書の土台となった諸論文に対して貴重なご意見を賜った。松尾先生の吉野作造と朝鮮人留学生に関するご研究を、朝鮮人留学生側に焦点を当てて自分なりの視点で描いてみたいと思っていた私にとって（第二章にはそうした思いも込められている）、先生からご意見を頂戴できたことはこの上ない喜びであった。また、紀平英作先生、小野沢透先生、杉本淑彦先生にも大学院ゼミでさまざまなご意見をいただいた。小野沢先生には、博士論文の審査委員にも加わっていただいた。記して、感謝の意を表したい。

博士課程修了後、日本学術振興会特別研究員として受け入れていただき、そして現在も助教としてお世話になっている京都大学人文科学研究所の先生方にもお礼申し上げたい。とくに山室信一先生には、ご多忙のなか受入教官としてご指導いただいたのみならず、先生を班長とする「第一次世界大戦の総合的研究」共同研究班にも加えていただいた。研究班自体にはあまり貢献できていないが、そこでの議論は、とくに本書の第四章を執筆するうえで大変参考になった。山室班の皆様にも、お礼申し上げたい。石川禎浩先生には、朝鮮独立運動と中国との関係を扱った第三章と第五章に関してご助言をいただいたほか、いくつかの資料も提供していただいた。伊藤順二先生には、博士課程に進んで以来、ロシア語講読の授業でお世話になっている。また、特別研究員の受け入れ先で悩んでいた私に山室先生を紹介してくださり、人文科学研究所という素晴らしい環境で勉強するきっかけを作ってくださった。

研究室の先輩で、大学院当時、人文科学研究所の助教を務めておられた李昇燁氏（佛教大学准教授）には、研究に関することからそうでないことまで、事あるごとに相談に乗っていただいた。また、李昇燁氏が主催する（結成当初は）若手研究者の勉強会「一九一〇年代日本帝国／植民地の横断的研究」の諸氏、とりわけ李大和氏（建国大学校韓国台湾比較史研究所）、竹内祐介氏（日本学術振興会特別研究員）、川嵜陽氏、中川未来氏（ともに京都大学非常勤講師）、梁仁實氏（岩手大学准教授）、洪宗郁氏（同志社大学准教授）、長沢一恵氏（奈良大学非常勤講師）にも、研究を進めるうえで大変お世話になった。長沢氏には本書の校正と索引作りも手伝っていただいた。お礼申し上げたい。

前述したように、私はとくに愛着の持っていなかった朝鮮独立運動史を専門にしてしまった。誰に強制されたわけでもない宿題のようなものと勝手に格闘しているような気分は常にしていたし、モチベーションの維持に苦労しなかったといえば、嘘になる。そうしたなかで、研究の原動力となったのは、朝鮮独立運動史の隣接分野を研究する方々からのご支援、ご教示である。

第六章で扱った在日朝鮮人社会主義運動の研究を進めるにあたっては、塚崎昌之先生と黒川伊織氏のお世話になった。戦前大阪の在日朝鮮人史の専門家である塚崎先生には、お会いするたびに研究の進展を気にかけていただき、あまり反映できなかったが、大阪の朝鮮人アナキストについて色々とご教示いただいた。日本共産党史がご専門の黒川氏とは、日本共産党と朝鮮人の関係について情報や資料を交換しながら研究を進めることができた。研究の進展の結果、朝鮮独立運動とプロテスタントの問題について考えはじめた際には、朝鮮キリスト教史を専門とする松谷基和氏に、それこそ一からキリスト教について教えてもらい、本書を執筆するうえで重要な示唆を得ることができた。また、松谷氏の紹介で四本目の論文のもととなった研究報告をした際、戦前の台湾人留学生史を専門とする紀旭峰氏（聖心女子大学非常勤講師）から、朝鮮と台湾の留学生の関係性について数多くの質問をいただいた。その時、私は何一つ答えることができず自分の視野の狭さを痛感した。以来、紀旭峰氏には台湾人留学生に関して数多くの資料やご教示をいただいているが、彼との出会いがなければ、本書における台湾民族運動関係の叙述はおろか、台湾という問題意識さえも芽生えず、従来の独立運動史研究と同様に台湾問題を無視したまま本を出してしまったに違いない。皆様に厚くお礼申し上げたい。

韓国でも多くの方々のお世話になった。確かに、高麗大学校大学院韓国史学科でのコースワークは辛く、厳しいものであった。しかし、そこで朝鮮史全般を体系的に基礎からじっくりと学んだ経験が、今日の私の研究活動を支えてくれていると思う。そして、高麗大での指導教授であった鄭泰憲先生には、私の留学生活を終始あたたかく（時にかなり厳しく）見守っていただいた。先生には、私が帰国して以降も、奨学金を申請する際の推薦状をはじめとしてさまざまな面でお世話になっている。謹んで本書を捧げたい。鄭泰憲ゼミの先輩・同学の方々にも感謝の意を表したい。とりわけ、本書でも何度か登場した張徳秀研究を専門とする崔善雄先輩には、結果的に私が独立運動を研究テーマに選んだこともあり、修士論文はもちろんのこと、本書を執筆するうえでも数々のご教示や貴重な資料を提供していただき、何から何までお世話になった。また、高麗大の先輩で現在も研究会などでお世話になっている庵逧由香氏（立命館大学准教授）は、留学したばかりで右も左も分からない私に、韓国の大学院で生き残る術を伝授してくださった。このほかの鄭泰憲ゼミの方々にも本当に良くしてもらったと思う。とくに、授業後の飲み会で、辛いものが無理な私でも安心して食べられる卵料理を多数注文して、それを私の席の前に並べてくれたことを、深く心に留めておきたい。私にとって「韓国での食事」は、まさに死活問題であったから。

高麗大以外では、朝鮮社会主義運動史の第一人者でおられる林京錫先生（成均館大学校教授）、李賢周先生（韓国・国家報勲処）に貴重な資料を提供していただき、とくに林京錫先生には修士論文の審査にも加わっていただいた。記して、感謝の意を表したい。韓国での資料調査にあたっては、雅丹文庫の朴天洪氏、図書出版サンチョロム（산처럼）の尹良美氏にご協力いただき、研究が大幅に進展した。お礼申し上げたい。

そして、厳しい学術書出版状況にもかかわらず、本書の刊行を引き受けてくださった思文閣出版に深くお礼申し上げたい。とくに原宏一氏には、数多くの私のわがままに付き合っていただき、その結果、多大なご迷惑をおかけすることになってしまった。お詫びとともに、厚くお礼申し上げたい。また、研究途上では韓国国際交流財団の奨学金と日本学術振興会の助成によって、経済的不安を抱えることなく研究に打ち込むことができた。感謝申し上げる。

さて、ここまで本書をお読みくださった方のなかには、「この人はもう独立運動史研究を辞めるのではないだろうか」と思った方もおられるのではないだろうか。実際、私自身も博士論文提出後は、次は何をしようか！とワクワクしていた。しかし、本書をまとめるなかで、やり残した課題の多さに改めて気づかされた。今では、今後もこの研究を続け、とくに朝鮮民族運動の描き方を模索していきたいと思っている。引き続きお付き合いいただければ、幸甚である。

最後になるが、両親と妻の真代に感謝の意を表して、筆を擱くことにする。

二〇一三年春

小野容照

本書は、京都大学「平成二十四年度総長裁量経費　若手研究者に係る出版助成事業」によって出版された。

人名索引

・必ずしも網羅的ではない。

・1911年5月に設立された在東京朝鮮留学生親睦会の役員のうち、人名索引にない者については52ページの表1を参照されたい。また、付録二の表にある人物に関しては採録していない。

・配列はカタカナ名を先行させ、漢字名は姓（氏）を日本語読みしたときの五十音順とした。朝鮮人名に関しては(　)内に原音に近い読みをカタカナで記した。

・数字のあとのfまたはffは、それぞれ、次のページまたは次の2ページにもその項が出ていることを示している。

ア行

長田時行 95
折坂友之 82

カ行

ガイダ(Radola Gajda) 7f, 272
カウツキー(Karl Kautsky) 159f, 163f, 333
ガンブル(William Gamble) 74
河相衍(ハ・サンヨン) 111-115, 118, 122, 297
河弼源(ハ・ピルォン) 258
賀川豊彦 79, 85, 155, 336f
賀川ハル(芝ハル) 79, 85
柏木義円 99
片山潜 167, 246, 248-251
加藤一夫 160ff, 164f, 337
茅原華山 28, 102, 132, 143, 263
河上肇 142, 154, 156, 187, 237, 306, 313, 335
——『近世経済思想史論』 306, 325, 335
韓馨権(ハン・ヒョングォン) 310
韓鎮教(ハン・ジンギョ) 123
韓明世(ハン・ミョンセ) 242, 247, 253
韓翼東(ハン・イクトン) 52, 59, 279

気賀勘重 223
北澤新次郎 160, 337
北原龍雄 251
吉昇翊(キル・スンイク) 52ff, 279f
木村久一 155, 336f
許乃昌 195
姜宗燮(カン・ジョンソプ) 225, 227
金雨英(キム・ウヨン) 83, 97f, 102f, 227, 287, 291, 343, 346
金泳雨(キム・ヨンウ) 200ff, 218
金永燮(キム・ヨンソプ) 115
金栄萬(キム・ヨンマン) 202
金應燮(キム・ウンソプ) 242
金河球(キム・ハグ) 178, 182f, 232
金翰(キム・ハン、別名は霽観) 148, 151-155, 157f, 165, 169, 193f, 243, 305f, 308, 333, 336
金基烱(キム・ギギョン) 49ff, 53, 279
金奎植(キム・ギュシク) 109, 123, 137, 180, 300
金弘壱(キム・ホンイル) 128f, 300
金鴻亮(キム・ホンリャン) 88f
金国彦(キム・クゴン) 52, 279
金在鳳(キム・ジェボン) 201, 252f
金思国(キム・サグク) 243, 253
金若水(キム・ヤクス、本名は金科熙) 147ff, 151-154, 157f, 165, 186, 194, 199-218, 230f, 233, 237-241, 243-247, 249-255, 258, 264, 306, 312, 315-319, 324, 333, 348
——と日本共産党の推薦 252
金俊淵(キム・ジュニョン) 227
金尚徳(キム・サンドク) 125
金鐘範(キム・ジョンボム) 237, 249ff, 257
金性洙(キム・ソンス) 52f, 68f, 139, 279, 282
金成麗(キム・ソンニョ) 115
金世淵(キム・セヨン) 258
金錣洙(キム・チョルス) 102, 111-115, 117-122, 152, 173ff, 180-183, 190ff, 195, 242, 293, 296, 298, 310
金亨稷(キム・ヒョンジク) 26
金喆寿(キム・チョルス) 125
金東漢(キム・ドンハン) 242
金東建(キム・ドンゴン) 343
金東仁(キム・ドンイン) 84, 138
金度演(キム・ドヨン) 114f, 120, 125, 127, 221-225, 321
金日成(キム・イルソン) 24ff
金判権(キム・パングォン) 239
金炳魯(キム・ビョンノ) 67ff, 88, 283, 343
金萬謙(キム・マンギョム) 179, 247
金明植(キム・ミョンシク、号は松山、筆名は솔뫼) 111, 114f, 120, 122, 139, 152, 155, 157, 160, 163, 166f, 191f, 195, 298, 305, 307f, 334, 336, 338f
——「ニコライ・レーニンとはいかなる人物か」 166f, 192, 338f
——『露国革命史とレーニン』 308, 339
金洛泳(キム・ナギョン) 89
金立(キム・リプ)

174, 178ff, 182, 187, 190f, 194, 232, 310
金良洙(キム・ヤンス) 111. 114f, 298

クビャーク(Kubyak) 242
クラスノシチョーコフ(Krasnoshchyekov) 173
クレイン(Charles Richard Crane) 123
クロポトキン(Kropotkin) 155, 166, 334, 338, 340
櫛田民蔵 160, 340
国木田独歩 96
桑木厳翼 143, 164, 262

権熙国(クォン・ヒグク) 239, 326
元鐘麟(ウォン・ジョンリン、号は虚無) 186, 211f, 215–218, 230f, 239f, 244f, 327
玄相允(ヒョン・サンユン) 81

呉山 129
呉詳根(オ・サングン) 152, 194f
呉悳泳(オ・ドギョン) 52, 279
小泉信三 222f
黄介民(黄覚) 111, 113, 115–118, 120–123, 127–130, 175, 179–183, 188, 192f, 266, 296f, 310, 314f
——と河相衍の京城・北京行き 118
——と上海在住朝鮮人 127ff
黄錫禹(ファン・ソグ、筆名は象牙塔、黄一民) 211f, 216, 239f, 318, 343, 346
洪永厚(ホン・ヨンフ、本名は洪蘭坡) 346
洪震義(ホン・ジニ) 115, 309
洪斗杓(ホン・ドゥピョ) 115
高順欽(コ・スヌム) 166, 308, 340f
高宗(コジョン) 126, 299
康有為 40
幸徳秋水 121, 143, 275
小林富次郎
——初代 95
——二代目(徳次郎) 95f, 99f
小松武治 103
近藤栄蔵 156, 175, 182f, 188, 194, 216, 232, 234

サ行

崔益俊(チェ・イクチュン) 111f, 115
崔漢基(チェ・ハンギ) 52, 59, 67, 279
崔謹愚(チェ・グヌ) 125
崔在宇(チェ・ジェウ) 225
崔昌益(チェ・チャンイク) 202
崔承九(チェ・スング) 81
崔承萬(チェ・スンマン) 82, 225ff, 231, 283
崔南善(チェ・ナムソン) 123f
崔八鏞(チェ・パルヨン) 114f, 125ff, 152, 225
蔡国禎→蔡伯毅
蔡培火 43, 298, 345
蔡伯毅(蔡北崙) 114–117, 122f, 297
斎藤実 137f
堺利彦 41, 142, 154–158, 165f, 174, 181f, 185, 205, 214, 217, 236f, 239, 261, 305, 325f, 336–341, 346
——・山川均『マルクス伝』 325
阪谷芳郎 269
佐久間貞一 74
佐々弘雄 155, 160, 334, 337
佐野学 155, 158, 195, 336f
三辺金蔵 223

謝扶雅 111, 115f
朱孔三(チュ・ゴンサム) 86
朱鐘健(チュ・ジョンゴン) 191
朱耀翰(チュ・ヨハン) 72f, 82, 84, 86f, 89f, 107, 261, 289
——と『独立新聞』 90
徐慶黙(ソ・ギョンモク) 52, 67
徐椿(ソ・チュン) 125, 225
徐相国(ソ・サングク) 227
蒋渭水 184
章炳麟 41
辛鐵(シン・チョル) 200ff, 218, 252, 257
申錫雨(シン・ソグ) 139
申伯雨(シン・ベグ) 151–154, 157f, 165f, 169, 193f, 201, 243, 252f, 306, 308, 333, 338, 341

──「唯物史観概要」 166, 338
申翼熙(シン・イキ) 43, 114f, 127, 129

鈴木文治 144

全永植(チョン・ヨンシク) 52, 279
鮮于赫(ソヌ・ヒョク) 123f

宋継白(ソン・ゲベク) 125f
宋彦弼(ソン・オンピル) 258
宋鎮禹(ソン・ジヌ) 43, 52, 68f, 139, 278f
宋奉禹(ソン・ボンウ) 237
曺奉岩(チョ・ボンアム) 242-245, 317
左右田喜一郎 143, 164
孫永詢(ソン・ヨンスン) 51f
孫斗煥(ソン・ドゥファン) 306, 335
孫文 40, 43, 116
孫奉元(ソン・ボンウォン) 239

タ行

高尾平兵衛 188
高田畊安 95f, 99f, 265
高津正道 182f, 185, 233f, 238f, 245f, 251, 312, 317, 319
高橋誠一郎 222f
──『経済学史』 223, 322
──『重商主義経済学研究』 322
田川大吉郎 185, 294
竹内善朔(竹内善作) 46f, 278

張継 41
張建相(チャン・ゴンサン) 242
張徳秀(チャン・ドクス) 102f, 109, 111, 114f, 123f, 127, 129, 139, 152, 194f, 216, 261, 283, 298
張仁煥(チャン・インファン) 225, 227
趙誠惇(チョ・ソンドン) 204
趙素昂(チョ・ソアン、本名は趙鏞殷) 43, 46f, 51f, 56-60, 63f, 69, 109, 118, 127, 129, 281, 300
──と亜洲和親会 46f
──による教文館印刷所との交渉 56-59
趙東祜(チョ・ドンホ) 123, 128f, 201f, 300, 315
陳其尤 115f, 123
陳独秀 175, 177, 179-182, 194, 310

鄭雲海(チョン・ウネ) 152, 203f, 206
鄭雲騏(チョン・ウンギ) 52
鄭元澤(チョン・ウォンテク) 300
鄭在達(チョン・ジェダル) 152f, 194, 242-245, 247, 252, 327
鄭世胤(チョン・セユン) 49-53, 67ff, 88, 279f, 289
鄭泰信(チョン・テシン、別名は鄭又影、鄭羊鳴など) 73, 82, 84, 101f, 152, 155, 157, 165, 186, 204-211, 213-217, 230f, 233, 237, 241ff, 245ff, 251, 293, 316, 318f, 327, 336
──と高麗共産党統合大会 241-247
──と大阪のアナキスト 101f
──と台湾人社会主義者 186
──による堺利彦「唯物史観概要」の翻訳 155, 157, 214
鄭泰成(チョン・テソン) 239
鄭龍模(チョン・ヨンモ) 343
鄭魯湜(チョン・ノシク) 111, 115, 124
寺内正毅 97, 108
田栄澤(チョン・ヨンテク) 84, 114f, 124f, 127, 343

鄧潔民 111, 115
鄧天民 115
董林(トン・リム) 190

ナ行

中澤臨川 143, 160f, 164, 166, 339
南宮営(ナム・グンヨン) 52f, 279
南相協(ナム・サンヒョプ) 204

新渡戸稲造 83

ノックス(George William Knox) 75, 78

ハ行

マ行

ヤ行

余揆之　115
姚作賓　182
姚薦楠　112f, 115f, 119, 122f, 297
横田淙次郎　101f, 293
吉野作造
28, 95f, 99, 103, 141f, 185, 227, 263

ラ行

ラーネッド(Dwight Whitney Learned)　96
ラッセル
(Bertrand Arthur William Russell)
143, 150, 158, 205, 214f, 229, 262, 302, 337
――『社会改造の原理』　143, 205
――『政治の理想』　229
羅豁　111, 115f, 183, 297
羅景錫(ナ・ギョンソク)　146, 246
羅蕙錫(ナ・ヘソク)　343

リデル(C. Ridel)　77, 284
李一海(イ・イレ)　84, 347
李寅彰(イ・インチャン)　52, 89, 279
李英宣(イ・ヨンソン)　232, 238
李益相(イ・イクサン)　210f
李憲(イ・ホン)　257
李康賢(イ・ガンヒョン)　52f, 279
李光洙(イ・グァンス、幼名は李寶鏡)
43, 88f, 103, 123, 125, 225, 272, 280
李燦雨(イ・チャヌ)　68
李燦鎬(イ・チャノ)　115
李重国(イ・ジュングク)　115
李淑鐘(イ・スクチョン)　344
李樹廷(イ・スジョン)　77f, 284, 323
李春塾(イ・チュンスク)　174, 179, 181
李順鐸(イ・スンタク)　335
李昇薫(イ・スンフン)　123f
李承晩(イ・スンマン)　43, 109, 124
李成(イ・ソン)　242
李正植(イ・ジョンシク)　210f
李善洪(イ・ソノン)　250
李琮根(イ・ジョングン)　125
李増林(イ・ジュンリム、変名は李元)
156, 174, 181f, 232, 234
李大釗　43, 112f, 116, 118, 185
李達(イ・ダル、別名は李東宰)　283, 344ff
李達(中国人)　345
李東輝(イ・ドンフィ)　108f, 156, 173ff, 178, 180ff, 191, 233f, 242, 252f, 309
李東寧(イ・ドンニョン)　108
李如星(イ・ヨソン)
216f, 237, 255, 257f, 330
李鳳洙(イ・ボンス)　242
劉師培　41
劉睦(ユ・モク)　51f, 279
柳子明(ユ・ジャミョン)　154, 156
柳泰慶(ユ・テギョン)　85, 234f, 324
梁起鐸(ヤン・ギタク)　108
梁啓超　40
梁鐘叔(ヤン・ジョンスク)　115
梁甸伯(ヤン・ジョンベク)　123f
林献堂　184, 268, 277, 298, 345
林呈禄　43, 184

ルーミス(Henry Loomis)　78, 80

レヴィー(Cerf Levy)　76
廉尚燮(ヨム・サンソプ、筆名は廉想渉)
43, 81, 89, 99, 142, 225ff, 231, 290, 323

呂運亨(ヨ・ウニョン)　6, 8, 109, 123, 129, 179–182, 195, 272, 300

事項索引

・必ずしも網羅的ではない。
・配列は五十音順とし、朝鮮の事項であっても漢字の項に関しては日本語読みを原則とした。ハングルや他言語の事項に関してはカタカナ表記に改めた。
・数字のあとの f または ff は、それぞれ、次のページまたは次の 2 ページにもその項が出ていることを示している。

サ行

タ行

ナ行

ワ行

◎著者略歴◎

小野　容照（おの・やすてる）

1982年　横浜市に生まれる
2005年　学習院大学経済学部卒業
2008年　高麗大学校大学院韓国史学科修士課程修了
2012年　京都大学大学院文学研究科博士後期課程修了
　　　　日本学術振興会特別研究員をへて
現　在　京都大学人文科学研究所助教

朝鮮独立運動《ちょうせんどくりつうんどう》と東《ひがし》アジア——1910-1925

2013（平成25）年３月20日発行

定価：本体7,500円（税別）

著　者　小野容照
発行者　田中　大
発行所　株式会社　思文閣出版
〒605－0089　京都市東山区元町355
電話 075－751－1781（代表）

印　刷
製　本　亜細亜印刷株式会社

ISBN978-4-7842-1680-2　C3022